RENCONTRES
451

Série *Civilisation médiévale*
dirigée par Richard Trachsler et Estelle Doudet
38

Les Lettres médiévales
à l'aube de l'ère typographique

Actes des journées d'étude organisées à l'université de Liège et à l'université Littoral – Côte d'Opale (Dunkerque) le 17 mai et le 9 décembre 2016

Ouvrage publié avec le soutien de l'unité de recherche sur l'Histoire, les Langues, les Littératures et l'Interculturel (H.L.L.I.), EA 4030, de l'université Littoral – Côte d'Opale et de la Fondation pour la Protection du Patrimoine culturel, historique et artisanal (Lausanne)

Les Lettres médiévales à l'aube de l'ère typographique

Sous la direction de Renaud Adam, Jean Devaux,
Nadine Henrard, Matthieu Marchal et Alexandra Velissariou

PARIS
CLASSIQUES GARNIER
2020

Renaud Adam est collaborateur au service d'histoire moderne de l'université de Liège et travaille pour la maison de ventes Arenberg Auctions (Bruxelles). Ses recherches actuelles portent sur l'industrie du livre dans les anciens Pays-Bas au XVIe siècle. Il a notamment publié l'ouvrage *Vivre et imprimer dans les Pays-Bas méridionaux (des origines à la Réforme)*.

Jean Devaux est professeur à l'université Littoral – Côte d'Opale, où il enseigne la littérature du Moyen Âge. Ses travaux portent pour l'essentiel sur les lettres françaises à la cour de Bourgogne, les écrits politiques et l'historiographie du bas Moyen Âge, la tradition textuelle du *Roman de la Rose* et la réception des textes médiévaux dans les premiers imprimés.

Nadine Henrard est professeur à l'université de Liège, où elle enseigne la langue et la littérature françaises médiévales d'oc et d'oïl. Ses recherches sont majoritairement dédiées au théâtre religieux du Moyen Âge, ainsi qu'aux chansons de geste et à leurs récritures tardives en prose, en particulier le *Roman de Guillaume d'Orange*, qu'elle a co-édité.

Matthieu Marchal est maître de conférences en langue et littérature françaises du Moyen Âge à l'université de Lille. Il est spécialiste des mises en prose du XVe siècle, en particulier de l'atelier Wavrin, et de l'édition de textes médiévaux. Plusieurs de ses travaux portent plus précisément sur le devenir de ces œuvres dans les premiers imprimés.

Alexandra Velissariou est maître de conférences en langue et littérature françaises du Moyen Âge à l'université Littoral – Côte d'Opale. Ses travaux portent sur la littérature de la fin du Moyen Âge : le récit bref, les textes didactiques adressés aux femmes, le récit de voyage, les rapports entre texte et image, la réception du Moyen Âge à l'époque moderne.

ISBN 978-2-406-09872-0 (livre broché)
ISBN 978-2-406-09873-7 (livre relié)
ISSN 2103-5636

ABRÉVIATIONS

ADN	Archives du Nord
AGR	Archives générales du Royaume
AST	Archivio di Stato di Torino
Bechtel	Guy BECHTEL, *Catalogue des gothiques français, 1476-1560*, Paris, Giraud-Badin, 2010 (1re éd., 2008).
BGE	Bibliothèque de Genève
BL	British Library
BM	Bibliothèque municipale
BnF	Bibliothèque nationale de France
BNU	Biblioteca nazionale universitaria
Bodl. Libr.	Bodleian Library
BR	Biblioteca Reale
BSB	Bayerische Staatsbibliothek
Destot	Arlette DESTOT, *Un libraire parisien au* XVIe *siècle : Jean Bonfons. Édition et littérature populaire*, Mémoire de licence, Paris, Université Paris I, 1977.
DMF 2015	*Dictionnaire du Moyen Français*, version 2015, ATILF – CNRS & Université de Lorraine (http://www.atilf.fr/dmf)
GW	*Gesamtkatalog der Wiegendrucke*, depuis 1925 (http://www.gesamtkatalogderwiegendrucke.de/)
ISTC	*Incunabula Short Title Catalogue* (https://data.cerl.org/istc/_search)
KB (Copenhague)	Copenhague, Kongelige Bibliotek
KB (La Haye)	La Haye, Koninklijke Bibliotheek
KBR	Bibliothèque royale de Belgique
ML	The Morgan Library and Museum
NYPL	The New York Public Library
OBB	Openbare Bibliotheek Brugge
ÖNB	Österreichische Nationalbibliothek
SUB	Niedersächsische Staats- und Universitätsbibliothek Göttingen

UB	Universiteitsbibliotheek
UL	University Library
USB	Universitäts- und Stadtbibliothek
USTC	*Universal Short Title Catalogue* (http://ustc.ac.uk)

INTRODUCTION

Dans un célèbre passage de sa *Recollection des merveilleuses advenues en nostre temps*, Jean Molinet ne manque pas de louer l'imprimerie pour sa capacité à reproduire à moindre coût les textes destinés à l'enseignement universitaire :

> *J'ay veu grant multitude*
> *De livres empraintés,*
> *Pour tirer en estude*
> *Povres mal argentés ;*
> *Par ces novelles modes*
> *Auront maintz escolliers*
> *Decrets, bibles et codes,*
> *Sans grand argent baillier*[1].

Le constat posé par l'indiciaire bourguignon ne doit pas se limiter aux stricts milieux académiques. L'invention de Gutenberg a en effet entraîné une multiplication sans précédent du nombre de livres en circulation et une substantielle réduction de leur prix. Dans quelle mesure ce phénomène a-t-il touché la diffusion de la littérature médiévale en langue vernaculaire, qui fut en grande partie composée pour les princes férus de lettres et leur entourage ? En outre, si cette découverte est souvent donnée comme l'un des critères fondateurs d'une ère nouvelle, et si l'on peut sans crainte d'erreur y voir en effet l'un des seuils d'entrée dans la modernité, on ne redira jamais assez que ce phénomène – communément qualifié de révolution – qu'est l'imprimerie n'a pas sonné le glas du Moyen Âge, dont l'héritage va tout au contraire trouver avec le nouveau média une opportunité de se perpétuer encore durant plusieurs décennies.

Le présent volume entend précisément questionner cette problématique. Notre ambition est d'apporter une contribution à une meilleure

---

[1] Jean Molinet, *Les Faictz et Dictz*, éd. Noël Dupire, 3 vol., Paris, Société des anciens Textes français, 1936-1939, t. 1, p. 307 (strophe LXX).

compréhension des mécanismes sous-jacents qui ont permis aux lettres françaises de vivre la transition du Moyen Âge à la première Modernité par le biais de l'imprimerie. S'intéresser à cette thématique nécessite d'explorer en priorité trois axes principaux. Tout d'abord, il convient de s'immerger dans les conditions du glissement de la littérature médiévale d'expression française du manuscrit à l'imprimé. Il importe ensuite de questionner les conditions de la réception de ces textes par les premiers imprimés avant de se pencher sur l'apport de ces témoins typographiques à l'élaboration des éditions modernes, qui nous permettent aujourd'hui d'entrer en contact avec ce corpus textuel médiéval.

Dans un premier temps, on interrogera ici l'impact qu'a eu, sur la transmission des œuvres médiévales d'expression française, le remplacement du calame du copiste par le plomb de l'imprimeur. Le changement de mode de production s'est-il accompagné d'une altération du contenu des textes ? La réponse à cette question nécessiterait assurément un ouvrage entier. Cependant, quelques pistes de réflexion sont proposées au sein des cinq contributions éditées ici et qui abordent différents genres, produits dans plusieurs zones géographiques. Les œuvres didactico-morales d'une Christine de Pizan ou d'un Jean Miélot y côtoient des romans dédiés à la figure d'Alexandre ou des ouvrages de dévotion populaire et historiques.

Le deuxième volet de ce volume s'intéresse aux questions de réception en explorant les conditions de production et de consommation. Le fil d'Ariane des huit contributions formant cette partie s'articule autour d'enquêtes sur les lieux de production et sur le rôle joué par les imprimeurs dans la transmission de ces œuvres afin de pouvoir étudier la manière dont ces hommes ont lu, compris, reçu et adapté des textes qui avaient jusqu'alors uniquement circulé sous forme manuscrite. L'arrivée de l'imprimé a de surcroît modifié en profondeur le marché du livre, obligeant les typographes à trouver sans cesse de nouveaux débouchés s'ils ne voulaient pas voir leur entreprise faire faillite. Il est dès lors très utile de comprendre les stratégies commerciales qu'ils mirent en place pour atteindre un lectorat toujours plus nombreux. Dans ce domaine, si l'attention s'est principalement portée sur les pratiques parisiennes et lyonnaises, la « périphérie » n'en a pas été pour autant oubliée. Le dernier aspect pris en compte ici est celui de la clientèle. On verra ainsi que la *res typhographica* ne s'est pas uniquement cantonnée aux *povres mal argentés* de Molinet, mais qu'elle a fini par franchir la porte des bibliothèques aristocratiques dans le courant du XVIe siècle, après avoir fait le bonheur d'une bourgeoisie lettrée, première cible des imprimeurs. D'ailleurs, les résultats obtenus par cette enquête ont permis de questionner les conditions de la rupture entre la tradition littéraire du Moyen Âge et celle de l'époque moderne.

Enfin, la troisième partie de ce recueil sera dédiée, plus particulièrement, aux différents rôles joués par les premiers imprimés dans l'édition des textes médiévaux de langue française. Il importe tout d'abord de se demander dans quelle mesure le profil du libraire-éditeur peut influer sur le rôle à accorder à tel ou tel imprimé, qu'il s'agisse de choisir le témoin qui servira de base à l'édition critique, ou d'apprécier l'importance respective des différents imprimés dans le travail d'établissement du texte. La confrontation de diverses traditions imprimées peut se révéler riche d'enseignements et éclairer la récurrence des pratiques éditoriales, ainsi que les motivations qui sous-tendent les réécritures. Par ailleurs, l'édition de nombreux textes de cette période nécessite de recourir à la fois à des témoins manuscrits et imprimés. Il convient de s'interroger, dans cette perspective, sur les transformations subies par le texte lors de cette phase de transition. Est-il possible d'identifier des rapports de filiation entre les premières éditions et l'une ou l'autre branche de la tradition manuscrite ? Dans quelle mesure l'état lacunaire des manuscrits implique-t-il le recours aux imprimés anciens ? Enfin, la tradition imprimée peut témoigner, à elle seule, de transformations substantielles, liées certes aux pratiques éditoriales, mais aussi aux sources qui ne nous sont pas parvenues. Le travail d'édition suscite dès lors, tout à la fois, un certain nombre de questionnements sur la genèse de l'œuvre et la nature exacte du texte original, mais aussi des interrogations d'ordre linguistique.

Tous les genres littéraires sont directement concernés par ces problématiques et nous ne pouvons que nous réjouir de la grande diversité des textes étudiés dans le cadre du présent volume. L'on est frappé, au reste, de la remarquable vitalité dont témoigne actuellement ce secteur de la recherche. Le colloque international organisé en octobre 2015 à l'université Littoral – Côte d'Opale (Dunkerque) a été consacré à la réception de la littérature française de Bourgogne dans la production des imprimeurs des grandes villes du Nord et à la diffusion des œuvres bourguignonnes au-delà des frontières de ce foyer culturel[2]. De même que l'ouvrage collectif *Le Roman français dans les premiers imprimés* visait à évaluer le rôle joué par l'imprimerie dans la diffusion des romans en prose de la fin du Moyen Âge[3], la publication de la thèse de Marion Pouspin est venue éclairer d'un jour nouveau la production et la circulation des livrets à bon marché imprimés en caractères gothiques aux XVe et XVIe siècles[4]. Les rencontres organisées en juin 2016 au Château de la Bretesche (Missillac) visaient à apprécier sous l'angle de la « performance » l'activité éditoriale des premiers imprimeurs[5], de même que la journée d'étude mise sur pied, le 26 août 2016, à la National University of Ireland de Galway portait plus largement sur *Les réseaux de l'imprimerie française de 1470 à 1600* et avait pour but de cerner les divers facteurs qui influèrent, durant cette période, sur la communication imprimée en français[6]. Tandis que le colloque qui s'est tenu à Utrecht les 24 et 25 novembre 2016, *European Narrative Literature in the Early Period of Print*, se trouvait consacré à la diffusion des imprimés des textes narratifs dans les différentes aires linguistiques de l'Europe occidentale, les rencontres organisées à Trente les 15 et 16 juin 2017, *Crossing Borders, Crossing Cultures. Popular Print in Europe (1450-1900)*, ont permis d'envisager, sur la longue durée, les relations entre imprimerie et littérature populaire. Les rencontres qui se sont déroulées à l'université de Liège les 19 et 20 avril 2018 portaient quant à elles sur deux aspects spécifiques de *La vie de la prose médiévale à l'aube de la modernité*, concernant, d'une part, les romans arthuriens en prose et, de l'autre, les mises en prose des textes narratifs en vers. Dans le même temps, l'exposition organisée en 2018 au Groeningemuseum de

---

2   *Les premiers imprimés français et la littérature de Bourgogne (1470-1550). Actes du colloque international organisé à l'Université du Littoral – Côte d'Opale, Dunkerque, 22-23 octobre 2015*, dir. Jean Devaux, Matthieu Marchal et Alexandra Velissariou, Paris, Champion (*Bibliothèque du XVe siècle*), sous presse.

3   *Le Roman français dans les premiers imprimés*, dir. Anne Schoysman et Maria Colombo Timelli, Paris, Classiques Garnier, 2016 (*Rencontres*, 147 – *Civilisation médiévale*, 17).

4   Marion Pouspin, *Publier la nouvelle. Les pièces gothiques, histoire d'un nouveau média (XVe-XVIe siècles)*, Paris, Publications de la Sorbonne, 2016 (*Histoire ancienne et médiévale*, 140).

5   *Manuscripts to Print, Print to Digital. Editions in Performance and Performance in Editions in Late Medieval and Renaissance France (1400-1550)*, dir. Cynthia J. Brown, *Le Moyen Français*, t. 81-82, 2017-2018.

6   *Channels of Communication : French Print Networks (1470-1600)*, dir. Catherine Emerson, Berne, Peter Lang, sous presse.

Bruges et le précieux catalogue qui l'accompagnait ont mis en lumière l'activité éditoriale de Colard Mansion, située entre tradition et innovation[7]. Enfin, le colloque organisé à Gargnano del Garda du 17 au 19 juin 2019, *Texte et images entre Moyen Âge et Renaissance (manuscrits et imprimés anciens)*, a porté plus particulièrement sur la circulation des programmes iconographiques entre manuscrits et premiers imprimés d'un même texte, visant de la sorte à éclairer sous cet angle l'apport des pratiques éditoriales à la diffusion des œuvres médiévales.

L'ouvrage que nous avons le plaisir de publier aujourd'hui réunit les contributions issues des journées d'étude qui se sont tenues tour à tour à l'Université de Liège et à l'université Littoral – Côte d'Opale (Dunkerque) le 17 mai et le 9 décembre 2016. Il nous est agréable de remercier ici l'ensemble des collègues qui nous ont, spontanément, apporté leur concours. Nos remerciements s'adressent en outre aux organismes de recherche qui nous ont accordé leur soutien financier, à savoir le Fonds national belge de la recherche scientifique (FNRS), la Fondation pour la Protection du Patrimoine culturel, historique et artisanal (Lausanne), l'Unité de Recherche sur l'Histoire, les Langues, les Littératures et l'Interculturel (université Littoral – Côte d'Opale), l'Unité de recherches sur le Moyen Âge et la première Modernité Transitions (Université de Liège) ainsi que la Faculté de Philosophie et Lettres de l'Université de Liège.

Alexandra Velissariou, qui a accompagné toute cette entreprise, n'aura malheureusement pu voir cet ouvrage sortir des presses. Elle nous manque beaucoup. Ce volume lui est dédié.

---

7   *Haute Lecture de Colard Mansion. Renouveau du texte et de l'image dans la Bruges médiévale*, Bruges, Groeningemuseum, 1er mars – 3 juin 2018 : *Colard Mansion. Incunabula, Prints and Manuscripts in Medieval Bruges*, dir. Evelien Hauwaerts, Evelien de Wilde et Ludo Vandamme, Gand, Snoeck, 2018.

LE PASSAGE
DU MANUSCRIT À L'IMPRIMÉ

ANTOINE VÉRARD, ÉDITEUR
DES *FAITS D'ARMES ET DE CHEVALERIE*
DE CHRISTINE DE PIZAN

Les *Faits d'armes et de chevalerie* sont un traité sur les aspects techniques et juridiques de la guerre dans lequel Christine de Pizan développe une réflexion approfondie sur la guerre juste et sur la chevalerie, à une époque de crise profonde après la débâcle de Nicopolis et en plein schisme d'Occident[1]. La critique accepte l'hypothèse que l'ouvrage ait été commandité vers 1410 par Jean sans Peur dans le cadre de l'éducation du dauphin Louis de Guyenne[2] et, pour cette raison, ce texte est souvent mis en rapport avec les *Enseignements moraux*, l'*Epistre Othea* et le *Livre du corps de policie*, avec lesquels il partage le but pédagogique. Dans son traité, Christine aborde également la thématique politique, comme elle l'avait fait dans le *Livre des faits et bonnes mœurs du sage roi Charles V* et dans *La Cité des Dames*.

Le succès durable dont les *Faits d'armes et de chevalerie* ont joui tout au long du XVe siècle, et même au-delà, est attesté par les 21 manuscrits anciens[3] qui nous l'ont transmis et par l'édition incunable sortie des

---

1   L'étude la plus complète sur les *Faits d'armes et de chevalerie* est constituée par le volume collectif *Une femme et la guerre à la fin du Moyen Âge. Le Livre des faits d'armes et de chevalerie de Christine de Pizan*, dir. Dominique Demartini, Claire Le Ninan, Anne Paupert et Michelle Szkilnik, Paris, Champion, 2016 (*Études christiniennes*, 13), dans lequel on trouvera toutes les indications sur la bibliographie antérieure.

2   *Cf.* surtout *The Book of Deeds of Arms and of Chivalry. Christine de Pizan*, trad. Sumner Willard, éd. Charity Cannon Willard, University Park, The Pennsylvania State University Press, 1999, p. 2 ; Liliane Dulac, Earl Jeffrey Richards, « Guerre sainte ou guerre juste ? Le nouveau discours parémiologique, juridique et humaniste chez Christine de Pizan après la débâcle de Nicopolis », *Revue des langues romanes*, t. 2, 2013, p. 321-340 ; Gabriella Parussa, « Genèse et fortune d'un texte : la tradition textuelle du *Livre des faits d'armes et de chevalerie* de Christine de Pizan », *Une femme et la guerre*, p. 31-53, en particulier p. 33.

3   La liste est fournie dans Christine Reno, « The Manuscripts of the *Livre des faits d'armes et de chevalerie* », *Digital Philology : A Journal of Medieval Culture*, t. 6, fasc. 1, 2017, p. 137-162. Ce travail complète les suivants : Angus J. Kennedy, *Christine de Pizan : a Bibliographical Guide*, Londres, Grant and Cutler, 1984, p. 100-101 ; *The Book of Fayttes of Armes and Chivalrye :*

presses de l'atelier d'Antoine Vérard en 1488[4]. Ce volume figure parmi les premiers textes publiés par l'imprimeur parisien et John MacFarlane le range parmi les « quasi-scientific books[5] ». Comme la critique l'a souvent relevé, il s'agit du premier ouvrage de Christine qui passa à l'imprimé, quoique sous forme anonyme. Les rapports entre l'imprimé et les manuscrits ont déjà fait l'objet de plusieurs recherches, concentrées surtout sur la question de la disparition de toute référence à Christine : celle-ci est due non pas à une initiative de l'atelier Vérard, mais à la parenté de l'imprimé avec l'un des deux groupes dans lesquels les manuscrits peuvent être répartis : en effet, déjà dans les codex du groupe B[6], le nom de Christine et toutes les références à l'auteur disséminées surtout dans la troisième et la quatrième partie ont été éliminés[7].

Puisque l'édition critique des Faits d'armes est en cours, et qu'on ne dispose actuellement que d'une transcription du célèbre manuscrit auctorial (Paris, BnF, ms. fr. 603[8]) et de la traduction en anglais

---

translated and printed by William Caxton from the French original by Christine de Pizan, éd. Alfred Th. Pl. Byles, London, Milford, 1932. Pour la composition des deux groupes dans lesquels les mss se répartissent, cf. aussi Parussa, « Genèse et fortune d'un texte », p. 31-53, particulièrement p. 32-33 ; pour les manuscrits que je traiterai plus en détail, j'utiliserai les sigles qui identifient les codex des Faits d'armes dans ce travail, indiqués entre parenthèses dans la liste fournie plus loin. Le manuscrit Paris, BnF, Duchesne 65 (a_9) étant un fragment du XVIIe siècle, il sera exclu du nombre des mss anciens, tout comme le ms. Turin, BR, Saluzzo 328 (XIXe siècle). Un manuscrit est en mains privées et il n'est pas pris en compte par Gabriella Parussa.

4   L'art de chevalerie selon Vegece, Paris, [Antoine Caillaut pour] Antoine Vérard, 26 VI 1488 (GW 6647). Une édition parut également en 1527 pour Philippe Le Noir à Paris (L'Art des batailles et fleur de chevalerie selon Vegece, Paris, pour Philippe Le Noir, 1527 ; USTC 55600); sur ce texte, cf. T. E. Wareham, « Christine de Pisan's Livre des faits d'armes et de chevalerie and its Fate in the Sixteenth Century », Seconda miscellanea in onore di Franco Simone, Chambéry, Turin, Centre d'études franco-italien, 1981, p. 137-142.

5   John MacFarlane, Antoine Vérard, Londres, Chiswick Press, 1900 (Illustrated Monographs issued by the Bibliographical Society, 7), p. 3, n° 6.

6   L'édition critique des Faits d'armes, à laquelle travaille Lucien Dugaz, permettra sans doute d'éclaircir définitivement la question.

7   À ce propos, cf. surtout Everett L. Wheeler, « Christine de Pizan's Livre des faits d'armes et de chevalerie : gender and the prefaces », Nottingham Medieval Studies, t. 46, 2002, p. 119-161.

8   Christine M. Laennec, Christine Antygrafe : Authorship and Self in the Prose Works of Christine de Pisan, with an Edition of B.N. Ms. 603 « Le Livre des Faits d'Armes et de Chevallerie », Ph. D., Yale University, New Haven, 1988. Sur ce manuscrit, cf. Gilbert Ouy, Christine Reno et Inès Villela-Petit, Album Christine de Pizan, coll. Olivier Delsaux et Tania Van Hemelryck, avec les conseils de James Laidlaw & Marie-Thérèse Gousset, Turnhout, Brepols, 2012 (Texte, Codex & Contexte, 14), p. 184-185 ; Karen L. Fresco, « Trois recueils manuscrits contenant les Faits d'Armes : Paris, BnF, fr. 603, Bruxelles, KBR 9009-9011 et Bordeaux, Bibl. Mun. 815 », Une femme et la guerre, p. 55-70, en particulier p. 56-59.

moderne du texte du manuscrit Bruxelles, KBR, 10476 effectuée par Charity Cannon Willard et par son mari dans les années 1990[9], une confrontation ponctuelle de la tradition manuscrite et du texte de l'édition Vérard destinée à mettre en évidence les caractères propres à celle-ci du point de vue microtextuel n'est pas encore entièrement possible ; dans le cadre de ce travail, je me limiterai donc à synthétiser et à présenter de manière ordonnée des données disséminées dans des ouvrages variés à propos des rapports entre la tradition manuscrite et l'imprimé, en les complétant par quelques dépouillements de première main. Je préciserai ensuite quelques questions concernant la mise en page de l'imprimé. Enfin, j'essaierai de contribuer modestement à construire le profil des lecteurs de l'imprimé[10] en m'attardant sur le possesseur de l'un des quatre exemplaires de l'édition Vérard conservés à Turin[11].

L'ÉDITION VÉRARD
ET LA TRADITION MANUSCRITE

Comme l'a montré Christine Reno, les *Faits d'Armes* nous sont parvenus dans 23 manuscrits[12] ; à ce chiffre il faut néanmoins soustraire deux copies modernes (Paris, BnF, ms. Duchesne 65, f°s 78-82 et Turin, BR, ms. Saluzzo 328), ce qui porte le nombre des codex anciens à 21. On sait depuis longtemps que les manuscrits se répartissent en deux groupes sur la base de quatre critères fondamentaux :

1. la forme du prologue général, qui comporte une ode à Minerve dans le groupe A, absente dans le groupe B ;

---

9   *The Book of Deeds of Arms and of Chivalry* (*cf. supra* n. 2).
10   Sur la question du public des *Faits d'armes*, *cf.* en particulier Michelle Szkilnik, « Le *Jouvencel* ou le roman des *Faits d'armes et de chevalerie* », *Une femme à la guerre*, p. 165-178 ; pour la réception anglaise, *cf.* Andrew Taylor, « 'Dame Christine' et la chevalerie savante en Angleterre », *ibid.*, p. 179-190.
11   Turin, BNU, XV-VII-155 ; Turin, BR, Inc. III, 23 et Inc. V, 7 ; Turin, AST, Biblioteca Antica, J.b.Ib.17.
12   Reno, « The Manuscripts », p. 140-154 ; Gabriella Parussa n'en cite que vingt-deux (Parussa, « Genèse et fortune d'un texte »), puisqu'elle omet un codex en mains privées (n. 3 de la liste de Christine Reno).

2. la mention explicite, dans le groupe A, du nom de Christine tant dans le prologue général que dans les deux dernières parties de l'ouvrage, dans lesquelles le personnage de l'écrivaine est mis en scène avec celui de l'auteur de l'*Arbre des Batailles*, Honorat Bonnet, dont l'ouvrage constitue la source principale des parties 3 et 4 des *Faits d'armes ;* dans le groupe B, les mentions concernant Christine sont supprimées et toutes les références à l'auteur sont au masculin[13] ;

3. la répartition de la matière en chapitres dans les quatre parties, qui sont respectivement 29, 41, 24, 17 pour le groupe A, 29, 40, 28 et 17 pour le groupe B ;

4. la présence d'une liste des rubriques des quatre parties, qui est répartie en quatre groupes, avant le début du texte de chaque partie, dans le groupe A, et réunie avant le début du prologue général dans le groupe B[14].

Suivant ces critères, l'édition Vérard a été rapprochée des manuscrits du groupe B, avec lesquels elle partage toutes les caractéristiques :

1. Bordeaux, BM, ms. 815 (B$_{10}$)
2. Bruxelles, KBR, ms. 10205 (B$_2$)
3. Cambridge MA, Harvard University of Limerick, Houghton Library, ms. fr. 168 (B$_7$)
4. Oxford, Bodl. Libr., ms. Bodley 824 (B$_1$)
5. Paris, BnF, ms. fr. 585 (B$_3$)
6. Paris, BnF, ms. fr. 1242 (B$_4$)
7. Paris, BnF, ms. fr. 1243 (B$_5$)
8. Paris, BnF, ms. fr. 23997 (B$_6$)
9. Saint-Pétersbourg, Bibliothèque nationale de Russie, ms. fr.F.p.II.0096 (B$_{11}$)
10. Turin, AST, ms. Biblioteca Antica J.b.II.15 (B$_8$)
11. Turin, BR, ms. Saluzzo 17[15] (B$_9$)

---

13 Pour une confrontation ponctuelle de l'*Arbre des Batailles* avec les parties III et IV du *Livre des faits d'armes, cf.* Hélène Biu, « 'Et la gist la maistrie' : de l'*Arbre des Batailles* au *Livre des faits d'armes et de chevalerie* », *Une femme et la guerre*, p. 149-162.

14 Cependant, dans les mss fr. 1242 et 1243, une table figure aussi devant la partie III, aux f^{os}96 r° – 98 r° et 79 v° – 81 r°.

15 Les mss du groupe A sont les suivants : Bruxelles, KBR, ms. 9009-9011 ; Bruxelles, KBR, ms. 10476 ; Cambridge, Fitzwilliam Museum, ms. Charles Fairfax Murray Add. 48

Une collation partielle entre le texte des *Faits d'armes* dans l'incunable et les manuscrits du groupe B a été menée sous la forme de sondages, dans le but de vérifier si, par delà les quatre paramètres indiqués plus haut, l'atelier de Vérard a soumis le texte à une réélaboration. La caractéristique la plus marquante que l'on observe dans l'imprimé est la forme sous laquelle se présentent les chapitres 17 à 19 de la troisième partie (chapitres 14 et 15 du groupe A), dans lesquels trois séquences de longueur variable sont déplacées par rapport au texte du ms. B_2, qui est à l'origine du groupe B. Ces passages, un pour chacun des chapitres mentionnés, échangent leur place respective. La présence d'une phrase suspecte (*Je te respons que non, voire que oui*) qui paraîtrait destinée à corriger une contradiction, permet de repérer la première de ces séquences déplacées. Dans l'incunable, au chapitre 17 – à l'origine consacré à la question de la rémunération des soldats obligés de quitter le service avant la date convenue avec le capitaine – figure un passage portant sur la légitimité pour les hommes de guerre de se nourrir aux dépens des gens du pays ; cette séquence figure normalement dans le chapitre 18. À son tour le chapitre 18, à la place du passage en question, présente une autre séquence que l'on retrouve normalement au chapitre 19 ; c'est dans celui-ci que figure enfin le passage éliminé du chapitre 17. Si l'on désigne par les sigles S1, S2 et S3 les passages intéressés dans les manuscrits du groupe A, on peut schématiser les interversions de l'incunable de la manière suivante :

chapitres	groupe A	groupe B
17	S1	S2
18	S2	S3
19	S3	S1

J'ai donc comparé ces trois chapitres dans les autres témoins du groupe B. La collation a permis de vérifier que le texte de l'incunable avec les déplacements en question est présent seulement dans les manuscrits B_6, B_7 et B_9.

CFM 21 ; Londres, BL, ms. Harley 4605 ; Londres, BL, ms. Royal 19 B XVIII ; Londres, BL, ms. Royal 15 E VI ; Paris, BnF, ms. fr. 603 ; Paris, BnF, ms. fr. 1183 ; Paris, BnF, ms. fr. 1241 ; Paris, BnF, ms. Duchesne 65 (fragmentaire, XVIIᵉ siècle) ; Turin, BR, ms. Saluzzo 328 (XIXᵉ siècle).

Malgré tout, les déplacements ne donnent pas lieu à de véritables contresens. Voilà, par exemple, le texte de l'un des manuscrits 'conservateurs' du groupe B (B₃), comparé avec celui de l'édition Vérard. Les parties mises en évidence concernent les sections intéressées par le déplacement :

Partie III, chapitre 17[16]

« *Autre question je te voeul faire. Supposons que ung seigneur eust envoyé querre et souldier gens pour ung an en estrange pays pour le venir secourir en sa guerre, qu'il esperast durer longuement ; advenist que avant que icelle gent avecques leur chevetain peussent estre arrivez ou pays dudit seigneur, quoy que de tout leur pouvoir se fussent hasté,* il auroit perdu sa terre si que du tout en tout en tout (sic) nul secours ne le pourroit plus aydier, si n'auroit plus que faire de gens. Je te demande se iceulx pourroient faire demande de toute l'annee ou seullement du temps encouru puys la convenance. Car sembleroit que ouyl, pour ce que la loy dist que se ung advocat du roy ou d'aucun seigneur pris en pension a commencié a faire son office, les gages de toute l'annee lui sont deues. Posons qu'il mourust : ses hoirs pourroient faire la demande. Pour quoy ne pourroyent doncques ceste gent joyr de ce mesme droit ? Car peut estre aussy qu'ilz en ont perdu de estre retenus autre part ou asseurez feussent pour toute l'annee. Et autres raysons tout plain se pourroyent encores dire que pour briefté je laisse. » « Et je te respons en brief que ceste raison et toutes autres que dire y pourriez sont de pou de vallue. Car je te certeffie que	« *Autre question te vueil faire. Supposons que ung seigneur est envoyé querre sauldoyers pour ung an en estrange pays pour le venir secourir en sa guerre, laquelle il esperast durer longuement ; advenist que avant icelle guerre et que icelles gens avecques leur capitaine puissent estre arrivez au pays dudit prince, quoy que de tout leur pouvoir se fussent hastez, s'ilz leur souffrent prendre tant seulement vivres necessaires en passant oultre, pour necessité de vie tant seulement soustenir, au moins de grief sur les povres laboureurs que faire se pourroit ?* » « *Je te respons que ouy, voire non pas qu'ilz feissent comme les loups, ausquelz ne souffist pas, quant au toit entrent, d'une brebis, ains estranglent tout le troppeau, comme semblablement le font plusieurs de nos gens d'armes, lesquels s'ilz ont besoing d'un poullet ou d'un pinion ilz en occient x. ou xii., et tel oultraige font de biens comme s'ilz fussent loups ravissans sans riens de conscience, et comme s'il ne fust pas de dieu ne que jamais deussent mourir. Helas, bien sont aveuglez ceulz qui le font, car plus en peril de mort vont que autre gens, et telz y ont moins de regard que autrez*[17].* »*

16 Dans B₃ ce chapitre porte le numéro 16 parce que le premier de la section est considéré un prologue et n'est donc pas compté dans la numérotation ; le texte tel qu'il se présente dans B₃ se lit également dans les mss B₁, B₂, B₄, B₅, B₈ et B₁₁, que j'ai pu collationner dans le détail ; je n'ai pu vérifier le texte de B₁₀. Dans les mss du groupe A, il s'agit du chapitre 14.

17 *L'art de chevalerie selon Vegece*, éd. Vérard, f⁰ˢ i iiii v⁰ – i v r⁰ ; mss B₆ (f⁰ 116 r⁰-v⁰), B₇ (f⁰ˢ CLXVIII r⁰ – CLXIX r⁰), B₉ (f⁰ˢ 184 r⁰ – 185 v⁰).

> pour contens se devoient tenir d'estre
> paiez seullement du temps que servi ont,
> et voy cy la raison : ilz furent souldoyez
> pour garder le païs ains que il fust perdu,
> mais puis que perduz est, ne peuent servir
> de ce pour quoy furent prins, doncques
> ne doivent ilz mie desservir les gages du
> service que faire ne pueent, c'est assavoir
> garder le pays qui ja est perdus. Et nulle
> loy ne oblige l'homme a chose impossible.
> Car se constraindre vouloient de estre
> paiez, dire on leur pourroit : 'Et on vous
> constraindra pareillement de garder ce
> qui est ja perdu. Comment sera ce fait ?'
> Et par ce concludz ce que dit est[18]. »

On constatera que dans les deux formes sous lesquelles ce chapitre se présente, l'argument principal est le traitement des soldats qui arriveraient dans une région déjà perdue par le prince qui les a engagés. Cependant, le texte transmis par B_3 et par la plupart des codex du groupe B contient une question à propos de la légitimité, pour les soldats, de demander leur solde pour toute la période convenue, malgré l'impossibilité de mener à bien la tâche qui leur avait été confiée (défendre le pays) ; par contre, dans le texte de l'incunable la question concerne le droit de piller la région.

Quant au chapitre 18 (*Cy devise s'y loist aux gens d'armes, quant ilz sont bien paiés, de prendre vivres sur le païs*), il y est question entre autres de la rémunération des soldats au cas où le prince se trouverait dans l'impossibilité de payer leurs gages ; dans l'incunable et dans les trois manuscrits apparentés, la réponse est centrée sur la partie du butin de guerre que celui-ci distribuera entre eux, tandis que dans le reste de la tradition on trouve une justification partielle des pillages faits *pour necessité de vie seulement soustenir* et une condamnation de ceux qui *telz gastz de biens font que ce fussent droits loups ravissables sans point de conscience*[19]. Bien qu'elle soit moins bien adaptée à ce qui précède par rapport au reste de la tradition, la conclusion excentrique[20] n'est pas complètement hors de

---

18   Ms. B_3, f°s 87 v°-88 r°.
19   Ms. B_3, f° 88 v°.
20   *L'art de chevalerie selon Vegece*, éd. Vérard, f^o i v r^o-v^o ; mss B_6, f°s 116 v° – 117 v°, B_7, f^{os} CLXIX r^o – CLXX r^o, B_9, f°s 185 v° – 187 r°.

propos : sous la nouvelle forme, le prince incapable de payer la solde à ses soldats serait excusé et, en cas de victoire, il ne serait pas tenu de distribuer plus de biens du butin de guerre que de coutume, quoique les gens qui risquent leur vie à la guerre méritent d'être rémunérés avec largesse[21].

Ces déplacements permettent donc de formuler l'hypothèse qu'on puisse isoler au moins deux sous-ensembles à l'intérieur des manuscrits du groupe B, et d'affirmer que l'imprimé reproduit fidèlement le texte transmis par le sous-groupe que j'appellerai B2[22]. En effet, aucun travail de neutralisation ni de remaniement ne me paraît avoir été effectué, même dans les parties du texte où figurent les allusions les plus claires au contexte de la guerre franco-anglaise qui sévissait à l'époque de la composition de ce traité par Christine. Pareillement, l'allusion à la bataille d'Othée au chapitre 23 de la partie I, où le duc de Bourgogne obtint une victoire importante, est bien présente (f⁰ d i v⁰), comme dans les manuscrits du groupe B2.

Seule une collation systématique, qui ne saurait rentrer dans le cadre du présent travail parce qu'il sera peut-être mené en vue de l'édition critique, pourra éclaircir dans le détail les rapports entre l'incunable et la tradition manuscrite du groupe B2 et retrouver peut-être l'antigraphe de l'imprimé[23]. Je me limiterai, pour ma part, à fournir un exemple de l'effort que l'atelier Vérard me paraît avoir déployé pour rajeunir la langue, en remplaçant des termes désuets et en privilégiant un ordre de

---

21 *L'art de chevalerie selon Vegece*, éd. Vérard, f⁰ i v r⁰-v⁰ ; au chapitre 19, consacré à l'attribution *des proies et choses qui sont prinses en armes*, dans l'incunable et dans les quatre manuscrits 'excentriques', la présence de la partie sur la rémunération des soldats obligés de quitter le service avant le terme, normalement prévue pour le chapitre 17, n'est pas complètement dépourvue de sens, elle non plus : sous cette forme, le chapitre paraît traiter d'abord des cas où le prince serait victorieux et à même de partager un butin de guerre, puis des cas où il subirait une défaite, avec la question de la rémunération des soldats obligés de quitter le service avant le terme (*ibid.*, f⁰ i vi v⁰ – i vi r⁰).

22 L'incunable contient, après l'*explicit*, un poème sur les douze vertus de l'homme d'armes, que l'on retrouve dans le ms. Saint-Pétersbourg, Bibliothèque nationale de Russie, fr.F.v.XIV.7. *Cf.* Olivier Delsaux, « L'autorité du texte et de l'auteur chez un copiste français du XVᵉ siècle. Guillebert de Mets, un suspect idéal pour l'attribution de la version anonyme des *Fais d'armes et de chevalerie* de Christine de Pizan ? », *Le Moyen Français*, t. 78-79, 2016, p. 31-50.

23 Les recherches de Lucien Dugaz, que je tiens à remercier pour les informations précieuses qu'il m'a fournies, montrent que la *varia lectio* permet de confirmer un regroupement comprenant B₆, B₇, B₉, l'incunable et l'édition de Philippe Le Noir de 1527.

la phrase plus conforme aux usages du français préclassique. L'exemple est tiré du chapitre 17 de la quatrième partie, où il est question de la hiérarchie des couleurs en héraldique :

Vérard	Ms. B$_9$ (et mss B$_6$, B$_7$)
Mais pource que en ceste matiere entrez sommes et que ramentu me as les banieres et armez des grans seigneurs, je diray des couleurs que on y repute les plus haultes et les plus riches, car difference y a de noblesse pour la representation qu'elles font selon nature Les maistres de loy d'armes treuvent que *couleur d'or est la plus riche et la raison est pource que l'or en sa nature est cler et luisant, vertueux et confortant tellement que les maistres de phisique le donnent pour souverain confort a l'omme debilité pres de mort et avec ce represente le soleil* qui est tresnoble lumiere, car la loy dit qu'il n'est chose plus noble que clarté[24].	*Mais pource que en ceste matiere entrez sommes et que ramentu me as*[1] *les banieres et armez des grans seigneurs, je diray des couleurs que on y repute les plus haultes et les plus riches, car difference y a de noblesse pour la representation qu'elles font selon nature.* Si tiennent les maistres d'armes que *couleur d'or est la plus riche et la raison est pource que l'or en sa nature est cler et luisant, vertueux et confortant tellement que les maistres de phisique le donnent pour souverain confort a l'omme debilité pres de mort et avec ce represente le soleil* qui tresnoble luminaire est, car dist la loy que chose n'est plus noble que clarté[25].

Par ailleurs ces interventions, qui nécessitent d'être vérifiées sur l'ensemble de la tradition manuscrite du groupe B, restent minimales.

En laissant de côté les problèmes de transmission du texte, ce qu'il importe de souligner pour mon propos est que la comparaison avec la tradition manuscrite montre que le rôle joué par l'atelier de l'imprimeur parisien dans la transmission de cet ouvrage christinien a été vraiment celui d'un passeur. Par-delà la question – probablement insoluble – des raisons qui ont amené au choix d'un manuscrit 'dépersonnalisé' comme modèle pour l'incunable[26], on reconnaîtra à Vérard le mérite d'avoir compris l'intérêt que cet ouvrage pouvait susciter auprès de ses contemporains et d'avoir transmis fidèlement un témoin de la tradition.

---

24 *L'art de chevalerie selon Vegece*, éd. Vérard, f⁰ n iii r⁰-v⁰.

25 Ms. B$_9$, f⁰ 239 r⁰ (et mss B$_6$, f⁰ 161 r⁰ ; B$_7$, f⁰ ccxxxv r⁰).

26 Liliane Dulac et Earl J. Richards, « Le *Livre des faits d'armes et de chevalerie* : une critique féminine cachée de la chevalerie ? », *Une femme et la guerre*, p. 191-203 ont récemment émis l'hypothèse que le remaniement des mss du groupe B, où la présence de Christine a été effacée, aurait été effectué à l'intention de la cour de Bourgogne et s'adapteraient à un contexte dominé par une conception nostalgique de la chevalerie, à cause de la promotion de la croisade après la chute de Constantinople.

La fidélité de l'incunable aux manuscrits se reflète aussi dans l'aspect typographique du texte. Dans la page de titre, isolée et ornée par l'un des L si caractéristiques des textes publiés pour Vérard[27], l'ouvrage est présenté sous la forme *L'art de chevalerie selon Vegece*; la critique a souvent mis en évidence la volonté que l'imprimeur-libraire parisien aurait manifestée de rendre son produit plus alléchant pour sa clientèle grâce à la popularité dont l'auteur de l'*Epitoma rei militaris* jouissait à l'aube de la Renaissance. Si la page de titre est une nouveauté qui appartient en propre à l'univers de l'imprimé, le choix de la formule dans l'édition est en réalité moins originale; en effet, déjà dans le ms. B$_3$ l'incipit du texte mentionne explicitement Végèce et met au premier plan le substantif *chevalerie*, renvoyant à un concept dont la définition est au cœur de l'ouvrage de Christine[28]. Pour le choix du titre non plus, Vérard n'est donc pas novateur. Cela est d'autant plus vrai qu'au folio a ii r°, dans la rubrique qui introduit le premier chapitre en forme de prologue, la mention de l'ouvrage est identique à celle qui figure dans le groupe de manuscrits les plus proches (*Cy après s'ensuit le livre des fais d'armes et de chevalerie lequel est divisé en quatre parties [...]*[29]).

Un autre élément de la mise en page dans l'incunable permet d'étoffer les considérations avancées sur la proximité avec la tradition manuscrite; dans la table des rubriques, qui occupe les folios i-vi, non seulement les titres de chapitre sont tous réunis au début de l'ouvrage comme dans les manuscrits du groupe B[30], mais leur disposition aérée, avec l'initiale en relief n'est pas sans rappeler celle qui caractérise le manuscrit Saluzzo

---

27   C'est le n° 3 dans MacFarlane, *Antoine Vérard*, planche LVI de la section *Illustrations*. *Cf.* aussi Denise Hillard, « Histoires d'L », *Revue française d'histoire du livre*, t. 118-121, 2008, p. 79-104.

28   *De la chose de chevalerie en fais d'armes composé par Vegece tressouverain clerc et expert en drois et loix, de Frontin et plusieurs autres* (ms. B$_3$, f° [A] r°). Par contre, dans le ms. B$_2$ l'ouvrage est désigné par la mention *Livre qui comprent tous ars de guerre* dans la rubrique de la table initiale (ms. B$_2$, f° 1 r°) et par *Livre intitulé l'art de guerre* à l'*incipit* (*ibid.*, f° 9 r°).

29   Ms. B$_2$ f° a ii r° col. a. C'est de cette manière que l'ouvrage est désigné dans les mss B$_6$, f° 8 r°, B$_7$, f° [II] r°, B$_9$ f° 1 r°, ainsi que dans les mss B$_4$, B$_5$. Les mss B$_8$ et B$_{11}$ sont acéphales et l'*explicit* se présente respectivement sous les formes *Explicit Vegece* et *Explicit*.

30   Dans les mss B$_4$ et B$_5$ la table des rubriques de la troisième partie est répétée avant le début de cette section; en outre, dans B$_4$ la table initiale regroupe sous une même numérotation les chapitres de la première et de la deuxième partie; le copiste entendait ainsi marquer la différence entre une première grande section consacrée aux différents aspects de l'art de la guerre et une deuxième, centrée davantage sur des questions d'ordre juridique.

17 et le codex de la Houghton Library ; en outre, dans l'incunable aussi, chaque rubrique reproduit tel quel le titre analytique des différents chapitres, sans l'abréger. Quant à la mise en page du texte, par delà la disposition sur deux colonnes, caractéristique des ouvrages didactiques[31], l'incunable manifeste le même souci de lisibilité qui parcourt les manuscrits du groupe B2 : les quatre images délimitent les quatre parties, les *tituli* permettent d'articuler la matière à l'intérieur de chacune de celles-ci, les pieds-de-mouche ponctuent les paragraphes.

À une époque où l'imprimé n'a pas encore une physionomie caractéristique, l'incunable des *Faits d'armes* prouve, si besoin était, que la copie manuscrite est encore un modèle idéal à reproduire fidèlement.

QUEL PUBLIC POUR *L'ART DE CHEVALERIE*
SELON VEGECE ?

Dans deux des trois manuscrits appartenant au groupe B2, un court texte liminaire précède le prologue proprement dit et met en scène un 'je' soucieux de souligner l'utilité de son *traittié* ; celui-ci permettrait de synthétiser *les plus necessaires similitudes et articles touchiés et au long designez en Vegece, Frontin et aultres souffisans acteurs competans*, afin de faciliter la tâche et *alegier la paine des bons couraiges vertueux qui a la perfection du loable stille d'armes desirent prouffiter*. Les destinataires de l'ouvrage sont donc *les jeunes princes ou seigneurs et les nobles bachelers*[32] qui voudraient se former à l'*exercice d'armes* sans pourtant consacrer un temps considérable à l'étude.

Cette petite préface est très utile pour comprendre à quel type de public l'ouvrage de Christine s'adressait dans la forme dépersonnalisée, mais non pas défigurée, représentée par le texte du groupe B2 ; en outre, il n'est pas impossible que ce soit grâce à la présence de cette pièce de l'apparat liminaire, si explicite sur l'identification du lectorat potentiel, que Vérard ait pu saisir l'intérêt commercial de la publication de l'œuvre. D'ailleurs, comme le rappelle Sara Fourcade dans un article

---

31 *Mise en page et mise en texte du livre manuscrit*, dir. Henri-Jean Martin et Jean Vezin, préface de Jacques Monfrin, Paris, Cercle de la Librairie-Promodis, 1990, p. 267.

32 Ms. B_7, $f^o I r^o$ et B_9, $f^o 1 r^o$.

récent, « la guerre et les lettres apparaissent bien associées chez les nobles guerriers de la fin du Moyen Âge[33] » et, si les pédagogues, pour leur part, soulignent les bénéfices que les chefs de guerre peuvent tirer des connaissances qui leur viennent de la lecture, quelques inventaires de bibliothèques des capitaines du xve siècle montrent bien la présence de chroniques, traités, mais aussi romans, ce qui confirme que la formation des hommes de guerre prévoyait des connaissances historiques, juridiques, techniques et politiques.

D'autre part, si les premiers destinataires étaient les rejetons des familles nobles françaises, désireux d'apprendre les notions théoriques et pratiques utiles à l'exercice du *noble mestier des armes*, la vocation pédagogique de l'ouvrage, composé pour contribuer à l'éducation d'un prince, se trouverait confirmée. Cependant, on sait que les *Faits d'armes* vont bien au-delà d'un simple manuel d'art militaire, et qu'ils sont l'expression de « l'éclosion d'une nouvelle réflexion humaniste sur la chevalerie[34] » ; les observations de Christine sur la guerre juste inspirées des légistes et juristes italiens, la fusion qu'elle opère entre sagesse et art militaire ont une portée culturelle et savante dont l'importance dépasse largement le contexte troublé dans lequel l'œuvre fut conçue.

Quant à l'incunable, il fut publié par Vérard à une époque où la guerre n'avait pas cessé de sévir en France : en 1488, le conflit pour la succession de la Bretagne était encore en cours et la thématique du traité restait d'une actualité brûlante. En bon entrepreneur, notre imprimeur publiait un ouvrage destiné à avoir un succès considérable. Le nombre de copies parvenues jusqu'à nous et conservées dans des institutions publiques atteint 14 exemplaires d'après le ISTC et 15 selon le GW. Ce chiffre peut encore être augmenté de deux unités, car dans les bibliothèques de Turin les copies conservées sont au nombre de quatre, et non de deux[35]. Comme j'ai déjà eu l'occasion de le signaler ailleurs[36], l'une de ces quatre copies contient une note de possession, que l'on peut lire au verso

---

33 Sara Fourcade, « De l'utilité des lettres dans la carrière des armes. Guerre et culture écrite en France au xve siècle », *Le pouvoir par les armes. Le pouvoir par les idées*, dir. Jonathan Dumont et Christophe Masson, *Le Moyen Âge*, t. 121, 2015, p. 21-40. *Cf.* aussi Taylor, « 'Dame Christine' et la chevalerie savante en Angleterre », p. 179-190.

34 Dulac, Richards, « Guerre sainte ou guerre juste ? », p. 321.

35 *Cf. supra*, n. 11.

36 Je me permets de renvoyer à mon article sur le sujet : Paola Cifarelli, « Exemplaires d'ouvrages publiés par Antoine Vérard dans les bibliothèques turinoises », *Le Moyen*

du dernier feuillet et qui nous informe sur le fait que l'un des anciens propriétaires de cette copie, à une époque à peine postérieure par rapport à la date de publication de l'ouvrage, a été le Lyonnais Jehan Sala. L'inscription, à peine visible, est la suivante : *ce livre est a moy, Jehan Sala* et elle constitue l'ex-libris simple et essentiel de ce bibliophile qui possédait, avec son frère Pierre, une bibliothèque considérable[37]. Né entre 1457 et 1468 dans une famille bourgeoise, Jehan Sala fut à plusieurs reprises membre du conseil de la ville et obtint aussi la charge de capitaine, office qui consistait à commander les milices bourgeoises pour la défense de la ville même. Par delà l'intérêt pratique que les *Faits d'armes* ont donc pu susciter chez lui pour les parties consacrées à la technique du siège et à la défense d'une place assiégée, leur contenu cadre bien avec les intérêts culturels des frères Sala, dont la bibliothèque comprenait aussi bien les œuvres didactiques classiques figurant dans les collections princières que des textes liés à l'actualité politique et historique ou à la réflexion sur les thématiques liées à l'exercice du pouvoir[38] ; en outre, l'influence du milieu culturel parisien sur la formation de la bibliothèque des frères Sala est bien visible par la présence de manuscrits précieux, mais aussi d'autres incunables sortis des presses de Vérard, comme le *Miroir historial*. Enfin, les goûts de Jehan et Pierre Sala en matière de livres en font des représentants emblématiques d'une culture où l'héritage médiéval et les nouvelles instances issues de l'Humanisme et de l'aube de la Renaissance s'harmonisent et s'interpénètrent. Dès lors, la présence dans leur bibliothèque d'un ouvrage qui associe un discours emprunté aux remaniements médiévaux de Végèce, de Valère Maxime et de Frontin avec les discussions humanistes autour des aspects juridiques de la guerre juste pour construire une réflexion originale et moderne sur le concept de chevalerie ne saurait étonner.

Les *Faits d'armes et de chevalerie* étaient donc susceptibles d'intéresser, au tournant du XVe siècle, un public vaste et varié, et de remplir tant la fonction d'outil pédagogique que celle d'instigateur d'une réflexion consciente sur les questions de la guerre.

Français, t. 69, 2011, p. 15-34.

37 Giovanni Palumbo, « 'Des livres verrez cent, A vostre choiz, du grant jusqu'au mineur'. À propos de la bibliothèque de Pierre et Jean Sala », *Studi francesi*, t. 52, 2008, p. 528-541.

38 Tels, par exemple, le *Livre de Mellibee et Prudence*.

CONCLUSION

Le premier des ouvrages de Christine de Pizan à être diffusé par l'imprimerie est aussi le dernier des textes christiniens à faire l'objet d'une édition critique moderne. Pourtant, la critique a depuis long-temps souligné l'intérêt de cette œuvre pour une connaissance plus approfondie des connexions entre littérature, politique et réflexion sur la guerre chez Christine.

Le succès de l'ouvrage, attesté par la tradition manuscrite touffue, mais aussi par le passage précoce à l'imprimé et par les traductions-adaptations dont il fut l'objet dès la seconde moitié du XVᵉ siècle[39], prouve que les lecteurs de l'aube de la Renaissance ne cessaient de s'intéresser à ce traité, à la fois bien ancré dans la réalité de son temps et ouvert sur des questions qui traversent les époques.

L'histoire de la réception de ce texte est donc une preuve ultérieure du fait que l'opposition radicale entre tradition médiévale et renouvellement renaissant, si souvent rabâchée autrefois par la critique s'appuyant sur des périodisations rigides, doit être définitivement dépassée au profit d'une vision plus lucide, capable de saisir les continuités qui relient Moyen Âge tardif et Renaissance.

Paola CIFARELLI
Università degli Studi di Torino

---

39 Le texte fut traduit en allemand et en anglais ; *cf.* Danielle Buschinger, « Le *Livre des faits d'armes et de chevalerie* de Christine de Pizan et ses adaptations anglaise et haut-alémanique », *Christine de Pizan et son époque. Actes du Colloque international des 9, 10 et 11 décembre 2011 à Amiens*, dir. Danielle Buschinger, Liliane Dulac, Claire Le Ninan et Christine Reno, Amiens, Presses du « Centre d'études médiévales », Université de Picardie – Jules Verne, 2012, p. 32-45.

LES *QUINZE JOIES DE MARIAGE*, DES MANUSCRITS AUX INCUNABLES

Les *Quinze Joies de Mariage*, qui nous ont été transmises par quatre manuscrits[1], passèrent rapidement à l'imprimé et jouirent d'un succès éditorial durable. L'*editio princeps* fut publiée à Lyon chez Guillaume Le Roy vers 1479-1480 dans un volume in-2° de 50 feuillets dont on conserve actuellement deux exemplaires[2] ; une réimpression parut, toujours à Lyon,

---

1   Rouen, BM, ms. Y.20, f°s 84 v° – 150 v° ; Chantilly, Musée Condé, ms. 686 (C) ; Saint-Pétersbourg, Bibliothèque nationale de Russie, ms. fr.F.p.XV.4 ; Genève, BGE, ms. Comites latentes 169, f°s 59-121. Le manuscrit de Chantilly a été édité par Arnold Dressler : *Die Chantilly-Handschrift der* Quinze joyes de Mariage, *herausgegeben und erläutert*, éd. Arnold Dressler, Greifswald, Abel, 1903. Le manuscrit de Genève, qui faisait autrefois partie de la collection Phillips, est à la base de l'édition de Joan Crow : *Les quinze joyes de mariage*, éd. Joan Crow, Oxford, Blackwell, 1969. Sur le manuscrit de Saint-Pétersbourg, *cf.* Otto Soelter, *Beiträge zur Überlieferung der* Quinze joyes de mariage *mit besonderer Berücksichtigung der Handschrift von St. Petersburg*, Greifswald, Abel, 1902. Quant au manuscrit de Rouen, il a fait l'objet de quatre éditions critiques : *Les quinze joyes de mariage. Nouvelle édition conforme au manuscrit de la Bibliothèque publique de Rouen. Avec les variantes des anciennes éditions, une notice bibliographique et des notes*, éd. Pierre Jannet, Paris, Jannet, 1853 (*Bibliothèque Elzévirienne*) ; *Les quinze joyes de mariage avec une préface, une bibliographie et un glossaire*, éd. Fernand Fleuret, Paris, Garnier, 1936 ; *Les .XV. joies de mariage*, éd. Jean Rychner, Genève, Droz, 1963 (*Textes littéraires français*, 100) ; *Les quinze joies du mariage. Édition et traduction du manuscrit Y.20 de la bibliothèque municipale de Rouen suivies d'un dossier*, éd. Michèle Guéret-Laferté, Sylvain Louis, Carmelle Mira, Isabelle Bétemps, Jean Maurice, Nicolas Lenoir et Jean-Claude Arnould, Mont-Saint-Aignan, Publications des Universités de Rouen et du Havre, 2009. Tout récemment, l'édition Jeannet revue par Albert Pauphilet pour la collection de la Pléiade a été reproduite et utilisée pour une traduction en français moderne : *Poètes et romanciers du Moyen Âge*, éd. Albert Pauphilet, Paris, Gallimard, 1952 (*Bibliothèque de la Pléiade*, 52), p. 591-672 ; *Les Quinze Joies du mariage*, éd. et trad. Nelly Labère, Paris, Gallimard, 2016 (*Folio Classique*, 6164). J'utiliserai comme référence l'édition Rychner.

2   *Les quinze joyes du mariagge*, Lyon, Guillaume Le Roy, [1479-1480] : Paris, BnF, Rés. Y2-150 (exemplaire consulté, disponible sur Gallica). *Cf.* GW M15044 ; ISTC iq00030100 ; CIBN Q-27 ; Bechtel J-142 ; Pell 9746. Par erreur, le GW renvoie à la copie numérisée de Jena – qui pourtant correspond à l'édition Trepperel citée à la n. 4. Il en va de même pour la copie conservée à Chantilly. Pour la datation, le GW indique les années 1480-1483, tandis que Bechtel propose 1479-1480. Une transcription a été fournie dans *Les quinze*

entre 1480 et 1490 chez l'éditeur Pierre Pincerne dit Boutellier[3], tandis que l'édition parisienne de Jehan Trepperel est datée d'avant 1499[4].

Deux éditions de 1504 et 1520, parues respectivement chez Pierre Mareschal et Barnabé Chaussard, et chez Claude Nourry[5], attestent l'intérêt que ce petit ouvrage narratif, à mi-chemin entre la satire contre le mariage et le didactisme, continue de susciter au sein du monde de l'imprimerie lyonnaise au début de la Renaissance, malgré une « réception défavorable » auprès des écrivains. En effet, selon Jean-Claude Arnould, on assiste à une véritable disparition du texte dans la prose narrative du XVIe siècle, car à quelques exceptions près[6], aucune trace d'une utilisation intertextuelle des *Quinze Joies* ne peut être décelée. La cause

---

joyes de mariage, texte de l'édition princeps du XVe siècle. Première réimpression, éd. Ferdinand Heuckenkamp, Halle, Niemeyer, 1901.

3   *Les quinze joyes de mariage*, Lyon, Pierre Pincerne dit Boutellier, [1480-1490] : Paris, BnF, Arsenal, Rés. 4-BL-4368. Il s'agit là, semble-t-il, de la seule copie conservée. *Cf.* Bechtel J-143. La description fournie dans le catalogue en ligne de la BnF date l'exemplaire de 1480 environ, tandis que Bechtel indique la fourchette 1490-1499 sans nom d'éditeur. Selon Henri Baudrier, Pierre Pincerne, alias Pierre Boutellier, fut éditeur à Lyon entre 1485 et 1492 environ, mais il ne ferait qu'un avec Pierre Schenck, qui travailla à Vienne en Dauphiné entre 1483 et 1484 pour s'installer ensuite à Lyon. Henri Baudrier, *Bibliographie lyonnaise : recherches sur les imprimeurs, libraires, relieurs et fondeurs de lettres de Lyon au XVIe siècle*, Lyon, A. Brun, 1895-1921, t. I, p. 343 ; sur cet imprimeur, *cf. L'imprimerie à Vienne en Dauphiné au XVe siècle*, dir. Claude Dalbanne et Émilie Droz, Genève, Slatkine Reprints, 1977 (1re éd., 1930) (*Documents typographiques du XVe siècle*, 2), p. 47-50 ; dans cet ouvrage on cite bien le volume contenant les *Quinze Joies de mariage*, qui est attribué à l'atelier de Schenck-Boutellier en raison de la gravure figurant au f[o] f viii r[o] et représentant deux amoureux à cheval. Une variante de cette édition, parue à Lyon entre 1490 et 1499, n'est connue qu'à travers les catalogues de vente (Bechtel J-144).

4   *Les quinze joyes de mariage*, Paris, Jehan Trepperel, [avant 1499] : Paris, BnF, Rothschild. II. 3. 24 ; Iéna, Thüringer Universitäts- und Landesbibliothek, 4 Op.theol.IV, 17(4) ; Poitiers, BM, INC D 11 ; Chantilly, Musée Condé, IV-E-029. *Cf.* GW M1504910 ; Bechtel J-145 ; Pell 9745 ; CRF XIV 417 ; CIBN Q-28 ; ISTC iq00030200. Le texte a été reproduit dans Arthur Fleig, *Der Treperel-Druck der* Quinze Joyes de Mariage, Greifswald, Abel, 1903.

5   *Les quinze joyes de mariage*, Lyon, Pierre Mareschal et Barnabé Chaussard, 1504 ; *Les quinze joyes de mariage*, Lyon, Claude Nourry, 1520. *Cf.* USTC 64788 et 73004. Une édition sans date aurait paru également chez Olivier Arnoullet (USTC 63463).

6   Il s'agit des *Cent Nouvelles nouvelles* bourguignonnes (nouvelle 17), des *Cent Nouvelles Nouvelles* de Philippe de Vigneulles, (nouvelle 69) et du *Grand Parangon des Nouvelles Nouvelles* de Nicolas de Troyes (nouvelles 133 et 179). *Les Cent Nouvelles nouvelles*, éd. Franklin P. Sweetser, Genève, Droz, 1996 (1re éd., 1966) (*Textes littéraires français*, 127), p. 115-119 ; Philippe de Vigneulles, *Les Cent Nouvelles Nouvelles*, éd. Charles H. Livingston, Genève, Droz, 1972 (*Travaux d'Humanisme et Renaissance*, 120), p. 281-282 ; Nicolas de Troyes, *Le Grand Parangon des Nouvelles Nouvelles (choix)*, éd. Krystyna Kasprzyk, Paris, Didier, 1970 (*Société des Textes français modernes*), p. 303-314 (nouvelle 179).

de ce désintérêt serait à rechercher dans « l'obsolescence culturelle et linguistique qui frappe[rait] aux yeux des humanistes un certain nombre de textes perçus comme des productions tardives du moyen âge[7] ». Cela rejetterait notre recueil « dans l'obscurité gothique[8] », et cela malgré la parution, vers la fin du siècle, de trois nouvelles éditions à Rouen et à Paris entre 1595 et 1596[9].

Les spécialistes qui se sont penchés sur les incunables des *Quinze Joies de Mariage* ont déjà observé que dans l'*editio princeps*, le texte est publié sous une forme considérablement plus brève par rapport à celui du célèbre manuscrit de Rouen ; cela a permis d'émettre l'hypothèse que l'archétype qui est à la base des éditions incunables, aujourd'hui disparu, aurait fait partie d'une autre branche de la tradition textuelle, à laquelle auraient appartenu également les manuscrits de Chantilly et de Saint-Pétersbourg ainsi que, plus indirectement, celui de Genève[10].

Sans remettre en discussion les questions de critique textuelle, par cette contribution je me propose de décrire les caractéristiques du texte que les lecteurs lyonnais des années 1480 avaient sous les yeux[11], en essayant d'observer en quoi leur perception des particularités qui distinguent l'ouvrage tel que nous le lisons actuellement a pu différer de la nôtre, fondée sur la lecture du manuscrit rouennais. En particulier, l'analyse de quelques éléments de la macrostructure et de la technique narrative que la critique a identifiés comme distinctifs de cet ouvrage dans la version 'longue' aura comme but de prouver qu'à la lecture du

---

7   *Les quinze joies du mariage. Édition et traduction du manuscrit Y. 20*, éd. citée, p. 252.

8   *Ibid.*

9   L'édition citée par la base de données USTC sous le n° 95582 d'après le catalogue de Brunet aurait paru sans nom d'éditeur en 1595, mais Jean Rychner, dans son édition critique des *Quinze Joies* (*Les .XV. joies de mariage*, éd. citée, p. LXII), l'attribue à François de Rosset sur la base de la thèse d'Otto Soelter (*cf.* n. 1) ; en 1596, l'éditeur rouennais Raphael du Petit Val (USTC 19345) publia une édition in-12 ; la même année, le texte fut édité aussi par Jacques Maillet (USTC 75955). *Les quinze joyes de mariage*, Paris, s.n., 1595 ; *Les quinze joyes de mariage*, Rouen, Raphaël du Petit Val, 1596 ; *Les quinze joyes de mariage*, Rouen, Jacques Maillet, 1596.

10 *Les .XV. joies de mariage*, éd. citée, p. LXII ; cependant, les recherches d'Otto Soelter ont permis d'exclure que les manuscrits de Chantilly et de Saint-Pétersbourg soient à la base de l'édition lyonnaise de Guillaume Le Roy.

11 Le texte contenu dans l'incunable publié par Pincerne est le même que celui qui figure dans l'*editio princeps*, exception faite pour quelques fautes d'impression et quelques variantes non significatives ; il s'agit donc d'une réédition du texte de la *princeps*. C'est pourquoi je ne ferai pas référence à cette deuxième édition lyonnaise dans mon analyse.

texte transmis par les deux incunables lyonnais, qui sont très proches l'un de l'autre, l'impression de dépaysement que le lecteur moderne éprouve face à un texte *sui generis*, véritable « énigme de l'histoire littéraire » souvent jugé comme inclassable[12] est partiellement atténuée, surtout à cause de l'absence de la conclusion et des différences dans la proportion de plusieurs nouvelles ; cependant, malgré quelques traces d'un malaise initial de l'éditeur pour l'alternance des temps verbaux et la répétition des locutions adverbiales si caractéristiques de ce texte, les premiers imprimés nous transmettent un texte où la coexistence de théorisation, historicisation et théâtralisation du discours brise les conventions de la prose narrative, comme dans le manuscrit de Rouen.

L'oubli dans lequel les *Quinze Joies* sombrèrent au xvie siècle serait alors causé plutôt par le caractère atypique de ce recueil parcouru par l'ironie, dont l'auteur anonyme pratique le mélange des genres et multiplie les perspectives pour traiter de manière originale une matière conventionnelle[13]. Dès lors, on ne s'étonnera pas si parmi les rares auteurs qui font allusion au recueil pendant la Renaissance figure Rabelais qui, dans son *Quart Livre*, achève un long parcours d'expérimentation du langage et de la technique romanesque.

Si l'on compare le texte de l'*editio princeps* avec celui du manuscrit de Rouen, la différence la plus évidente au niveau de la macrostructure est, même à un premier regard, l'absence de l'épilogue, qui contient aussi l'énigme cachant le nom de l'auteur[14]. La critique a souvent souligné que l'une des fonctions les plus importantes de la conclusion qui

---

12 *Cf.* par exemple Alexandre Lorian, « Thématique narrative et énonciation non narrative », *Le Moyen Français*, t. 33, 1993, p. 33-46 (ici p. 34) ; Kristina Kasprzyk n'hésite pas à le comparer à un « manteau mal taillé » : Kristina Kasprzyk, « Les Quinze Joies d'un mariage », *Mélanges de langue et de littérature du Moyen Âge et de la Renaissance offerts à Jean Frappier par ses collègues, ses élèves et ses amis*, 2 vol., Genève, Droz, 1970 (*Publications romanes et françaises*, 112), t. 1, p. 499-508 (ici p. 508). Pour ce qui est du nom de l'auteur caché dans la devinette figurant dans les manuscrits de Rouen et de Chantilly, les critiques qui se sont interrogés sur ce point sont très nombreux. Je me bornerai à citer les derniers en date : Stéphanie Benson, Nelly Labère et Gilles Mangard, « Le nom de l'auteur des *Quinze joies de mariage* », *Romanische Forschungen*, t. 127, 2015, p. 52-68.

13 Pour une analyse des lectures que l'auteur des *Quinze Joies* a pu faire dans le cadre de la littérature antiféminine et antimatrimoniale, *cf.* l'introduction à l'édition Rychner. *Les .XV. joies de mariage*, éd. citée, p. x-xix.

14 Le manuscrit de Saint-Pétersbourg n'en reproduit que les 15 premières lignes, tandis que dans celui de Genève il est absent.

se lit dans le manuscrit de Rouen et dans celui de Chantilly est celle de renverser la thèse que les *Joies* sont censées démontrer, à savoir que les hommes mariés endurent *les plus grans tourmens, douleurs, tristesses et maleurtez qui soient en terre* en les prenant pour des *joies, plaisances et félicités*[15] ; en effet, dans l'épilogue le je narratif annonce qu'il est prêt à écrire un autre ouvrage *a la louenge des femmes* car, dit-il, *j'ay plus belle matiere de le faire que ce n'est, veu les grans tors, griefs et oppressions que les hommes font aux femmes*[16]. Le narrateur désavoue donc son propre travail en le comparant à un *jeu*[17] et crée une impression de confusion par l'ambivalence de ses propos, ce qui a été interprété comme le signe de son intention de brouiller les pistes pour mettre en garde le lecteur contre toute interprétation univoque du texte[18]. L'effet ludique qui se dégage de cette conclusion contribuerait puissamment à la construction d'un je ironiste qui n'énoncerait son propos que pour mieux exprimer son contraire. Il va de soi que, sans cet épilogue, la perspective est beaucoup moins ambivalente parce que la critique anti-féminine parcourant toutes les Joies n'est pas mise en discussion explicitement : le regard parodique sur un motif si fréquent dans la littérature française depuis le *Roman de la Rose* est donc plus sobrement présent dans l'incunable, et confié à des éléments propres au tissu narratif de l'ouvrage. Partant,

---

15   *Les quinze joyes du mariagge*, éd. Le Roy, f° a iv v° – v r° ; *Les .XV. joies de mariage*, éd. citée, p. 4, l. 120-121, l. 117. On remarquera au passage que dans l'incunable, le passage *ay advisé que en mariage a quinze simonies* contient une *lectio difficilior* qui me paraît plus correcte par rapport à la variante des manuscrits, où figure le terme *seremonie* ; en effet, d'après le DMF 2015, *ad vocem*, le substantif *simonie* a aussi le sens de 'tromperie, piège'. La présence de la leçon *joie* dans les manuscrits de Genève (que Rychner appelle P) et de Chantilly atteste probablement le malaise des copistes face à un mot rare dans cette acception.

16   *Les .XV. joies de mariage*, éd. citée, p. 115-116, l. 45, 54-56.

17   *Si doit chacun se garder de se moquer des aultres, car je ne voy nul exempt des joies dessus dictes, mais chacun endroit soy croit le contraire et qu'il est preservé et beneuré entre les aultres, et qui mieulx le croit mieulx est embridé. Je ne scey que c'est sinon la nature du jeu qui le vieult (Les .XV. joies de mariage*, éd. citée, p. 115, l. 30-36). Pour les occurrences du mot *jeu* dans le texte, *cf.* entre autres Per Nykrog, « Playing games with fiction », *The Craft of Fiction : Essays in Medieval Poetics*, éd. Leigh A. Arrathoon, Rochester, Solaris, 1984, p. 423-452 ; Jean Batany, « Peut-on rire de la description médicale d'un syndrome ? Les *Quinze joies de mariage* », *Grant Risee ? The Medieval Comic Presence. La présence comique médiévale. Essays in Honour of Brian J. Levy*, éd. Adrian Tudor et Alan Hindley, Turnhout, Brepols, 2006 (*Medieval texts and cultures of Northern Europe*, 11), p. 49-72.

18   Nazli Rizk, « Didactisme et contestation dans les *Quinze joies de mariage* », *Hommage à la mémoire de Franco Simone (1913-1976), Le Moyen Français*, t. 1, 1977, p. 33-89.

le lecteur est tenu à un travail plus subtil de lecture du texte pour y
déceler les indices d'une mise en question du discours monovalent ; en
même temps, il est moins déconcerté par cet ouvrage, qui garde ainsi
un rapport plus fort avec la tradition antérieure.

Une autre fonction-clé de l'épilogue figurant dans les manuscrits de
Rouen et Chantilly est de former avec le prologue une sorte de récit-
cadre qui permet d'enchâsser les différentes unités formelles dont se
composent les *Quinze Joies de Mariage*[19], comme il arrive dans la plupart
des recueils de récits brefs à partir du Moyen Âge tardif ; en effet, dans
le discours liminaire le je narratif se met d'abord en scène dans l'acte
d'écrire *a la consolacion* des hommes mariés en évoquant la condition
de ceux-ci par la célèbre métaphore de la nasse qu'il filera tout le long
des Joies : une situation favorable à la narration est donc créée. Dans
l'épilogue, le narrateur instaure un véritable dialogue à distance avec
ceux qui souhaiteraient lui *demender de bouche* quels remèdes on pourrait
trouver à l'abêtissement et aux pièges du mariage et convoque donc
ses lecteurs, assimilés dès lors aux *causeurs* des recueils de nouvelles.
Bien que ces *devisants* potentiels ne fassent pas entendre leur voix de
manière explicite, ils ne contribuent pas moins à orienter implicitement
l'interprétation de l'ouvrage en assimilant le mariage à un mal auquel
il est nécessaire de trouver un remède.

Dans l'incunable, l'absence de cette partie de l'ouvrage a donc aussi
comme effet de rendre moins évidente l'identification des liens avec le
genre de la nouvelle et d'accentuer du coup la valeur exemplaire des
récits au sein d'une argumentation qui n'est pas sans intentions pseudo-
moralisantes ; en effet, dans un passage bien connu du discours liminaire
qui figure aussi bien dans le manuscrit de Rouen que dans l'incunable,
la voix narrative affirme, non sans ironie, que les mariés *font bien, pour
ce que nous ne suymes en ce monde que pour faire penitances, souffrir afflictions
et mater la chair affin d'avoir paradis*[20]. Les lecteurs de l'*editio princeps*, ne

---

19   Roger Dubuis, « L'indifférence du genre narratif aux problèmes politiques du XVe siècle »,
      *Culture et politique en France à l'époque de l'Humanisme et de la Renaissance. Atti del convegno
      internazionale promosso dall'Accademia delle scienze di Torino in collaborazione con la Fondazione
      Giorgio Cini di Venezia, 29 marzo-3 aprile 1971*, dir. Franco Simone, Turin, Accademia
      delle scienze, 1974, p. 213-217 ; Werner Söderhjelm, *La nouvelle française au XVe siècle*,
      Paris, Champion, 1910 (*Bibliothèque du XVe siècle*, 12), p. 29-72.
20   *Les quinze joyes du mariagge*, éd. Le Roy, f[o] a iiii v[o] ; *Les .XV. joies de mariage*, éd. citée, p. 4,
      l. 125-128.

disposant pas de l'élément structurant constitué par l'épilogue, sont donc poussés à assimiler d'abord l'ouvrage aux genres moralisants, tandis que le jeu avec les conventions des recueils de nouvelles est davantage laissé dans l'ombre ; l'absence, dans le corps des joies III-XV, de plusieurs passages qui, dans la version longue, permettent d'inscrire le discours sur le mariage dans une réalité concrète par l'évocation de cas particuliers me paraît aller dans la même direction.

En effet, les passages du texte transmis par le manuscrit de Rouen dont on constate l'absence dans l'*editio princeps* sont assez fréquents et ne me paraissent pas répondre uniquement à un souci d'économie ou de proportion entre les différentes Joies ; en effet, ces lacunes n'intéressent pas seulement les dernières Joies, comme la nouvelle XV, ou les plus longues, comme la nouvelle III, mais aussi celles qui, dans le manuscrit de Rouen, occupent un espace textuel plus limité, comme les nouvelles IV, IX ou XIV[21]. C'est plutôt la forme des passages absents qui permet de repérer un lien entre eux, car il s'agit dans la plupart des cas de dialogues, de discours directs d'un personnage ou de descriptions destinées à évoquer des détails réalistes.

Quelques exemples, qui pourraient être multipliés, permettront de le montrer : dans la Joie III, le passage qui occupe les l. 209-241 de l'édition Rychner[22], et qui contient un échange plutôt vif entre le mari et sa femme à propos des dépenses que comportent les rites liés aux relevailles après l'accouchement, ne figure pas dans l'incunable[23] ; pareillement, dans la Joie IX[24], le long dialogue entre le mari envieilli, la femme et le fils aîné sur la gestion des affaires et du patrimoine familial figure sous une forme beaucoup plus brève, tout comme celui entre la femme et un ami du mari, venu lui rendre visite parce que son âge et ses conditions de santé ne lui permettent pas de quitter la maison, est absent dans l'édition lyonnaise[25].

La Joie VIII, quant à elle, ne contient pas le passage consacré à l'énumération des peines que la femme fait endurer au mari ayant décidé de l'accompagner dans un pèlerinage : les détails sur les exigences

---

21 Pour une évaluation du pourcentage de texte occupé par chaque Joie par rapport au total, *cf. Les quinze joies du mariage. Édition et traduction du manuscrit Y.20*, éd. citée, p. 221.

22 *Les .XV. joies de mariage*, éd. citée, p. 24-25.

23 *Les quinze joyes du mariagge*, éd. Le Roy, f° b vii r°-v°.

24 *Les .XV. joies de mariage*, éd. citée, p. 74-75, l. 94-120.

25 *Les quinze joyes du mariagge*, éd. Le Roy, f° e vii r°-v°.

alimentaires de la femme, ou sur les objets précieux qu'elle exige comme
souvenir du voyage, ou encore sur les difficultés que le mari rencontre
pour acheter un cheval à la place de celui qui *se recroira ou demourra par
aucun accident de morfonture*[26], ainsi que les allusions au sanctuaire du
Puy en Auvergne permettent aux lecteurs du manuscrit de Rouen de
situer le récit dans un contexte plus précis et d'imaginer une scène bien
vivante, alors que pour le public de l'incunable, le texte correspondant
reste plus vague et abstrait[27]. Ailleurs, c'est la langue du manuscrit,
proche de l'oral avec ses locutions imagées, qui présente moins de
correspondances dans le texte de l'incunable, beaucoup moins riche en
expressions figées[28].

Dans celui-ci, la proximité avec les techniques narratives propres à
la nouvelle est donc moins évidente, bien qu'elle ne soit pas effacée[29]. En
effet, nombre de passages de ce genre sont identiques dans le manuscrit et
dans l'incunable : seulement, la dimension du phénomène d'hybridation
entre l'*exemplum* et la nouvelle, qui pour Jean Rychner était à l'origine
de la veine satirique de l'auteur anonyme[30], est plus limitée dans la *princeps* ; aussi l'alternance entre Joies longues et courtes, qui pour certains
critiques crée un effet mélodique voulu et recherché dans le manuscrit
de Rouen[31], n'est-elle pas aussi régulière dans l'imprimé. Plus généralement, l'élément qui n'est pas aussi accentué dans l'incunable est la
tendance à la *copia*, que les critiques ont évoquée pour rendre compte
de certaines redondances, et qui est parfois à l'origine d'une impression
de vertige chez le lecteur, accrue par l'absence de véritables points de
repère chronologiques ou spatiaux.

---

26 *Les .XV. joies de mariage*, éd. citée, p. 70, l. 136-137.

27 *Les quinze joyes du mariagge*, éd. Le Roy, f⁰ e vi r⁰ : *Maintenant* [la femme] *dit qu'elle a un
     estrié trop long et l'autre trop court, maintenant dit que le cheval trotte trop dur et en est malade,
     maintenant fault qu'elle descende et qu'il la remonte et fault qu'il la maine par la bride pour
     passer un long pont ou ung maulvais pas* ; le passage correspondant dans l'édition Rychner
     occupe cinquante-deux lignes de texte (*Les .XV. joies de mariage*, éd. citée, p. 68-70,
     l. 94-146).

28 Je me bornerai à citer le cas de la locution *faire qqn paistre l'herbe* ('le tromper') figurant
     dans la Joie VII (*ibid.*, p. 64, l. 258), que le DMF 2015, s.v. *paître*, C1 enregistre sous la
     forme *faire qqn le foin paistre*.

29 Par exemple, dans la Joie VII les dialogues entre le mari et la femme se retrouvent à
     l'identique dans l'incunable.

30 *Les .XV. joies de mariage*, éd. citée, p. VIII-IX.

31 À ce propos, *cf. Les quinze joies du mariage. Édition et traduction du manuscrit Y.20*, éd. citée,
     p. 221.

Si les deux états du texte des *Quinze Joies* diffèrent au niveau de la macrostructure, au niveau micro-structurel les caractéristiques les plus originales du style narratif choisi par l'auteur anonyme, à savoir l'emploi des temps verbaux et l'utilisation de locutions adverbiales généralisantes comme *à l'aventure, aucunesfois* ou *avient souvent*, ne subissent pas de modifications importantes. Dans une étude consacrée aux proses françaises du XVIe siècle, Luca Pierdominici[32] a montré que l'auteur des *Quinze Joies* a rapproché savamment, à l'intérieur d'un même passage, des modes et des temps verbaux différents pour créer un effet de variation entre types d'énonciation opposés ; la pratique d'une « écriture intermittente[33] » alternant théorisation, particularisation[34] et théâtralisation de la voix narrative trahirait la volonté d'expérimenter les effets créés par le rapprochement d'options stylistiques diverses. Certains passages en particulier, où le futur prédictif côtoie le présent historique ou le passé simple « sanctionnant l'univocité et la singularité du fait raconté », se jouent des principes qui assurent la cohérence du discours démonstratif et mettent en scène l'opposition entre généralisation et focalisation. Or, cette pratique ne donne lieu que très sporadiquement à des 'normalisations' dans l'incunable, et cela se produit surtout dans la première Joie ; la comparaison systématique de l'incunable avec le manuscrit me paraît montrer que le clerc travaillant à l'édition lyonnaise a vite dépassé le malaise qu'un tel procédé a suscité chez lui de prime abord, et a ensuite secondé l'auteur, une fois compris le mécanisme sous-jacent. En effet, les quelques ajustements au niveau des temps verbaux figurant dans la Joie I paraissent bien être le signe que les alternances si inusuelles présentes dans tous les témoins manuscrits ne vont pas sans provoquer quelques réactions de sa part :

> *[Il] regarde les autres mariés qui sont en la nasse bien embarrez, qui s'esbanoient, ce lui semble, pour ce qu'ilz ont l'apast emprés eux dedens la nasse, c'est assavoir la femme, qui est belle, bien paree et bien abillee de tieulx abillemens que a l'aventure son mari **n'a pas paiez**, car l'en lui **fait** acroire que son pere ou sa mere les li **ont donnez** de leur livree [...][35].*

---

32 Luca Pierdominici, *Prose francesi del XV secolo. Antoine de La Sale, Martial d'Auvergne, le Quinze Joies de mariage, le Nouvelles de Sens*, Pise, Rome, Istituti editoriali e poligrafici internazionali, 2002, particulièrement p. 97-117.
33 *Ibid.*, p. 109.
34 Par l'évocation de faits uniques et de détails précis.
35 *Les .XV. joies de mariage*, éd. citée, p. 6-7, l. 11-18.

[Il] regarde les autres mariés qui sont en la nasse bien avant embarrez, qui s'esbanoyent, ce lui semble, pour ce qu'ilz ont la pasture auprés d'eulx dedens la nasse, c'est assavoir la femme, qui est belle, bien paree et bien paree et bien habillee de telz habillemens que son mari **n'avoit** *pas tous* **paiez**, *car on lui* <u>avoit fait</u> *acroire que son pere ou sa mere les lui* **avoient donnés** *de leur livrees [...]*[36]

Par contre, quelques lignes plus loin, un autre passage de la même Joie, où l'alternance entre présent, futur et passé montre la volonté de passer brusquement « du descriptif au 'prescriptif', du général au particulier[37] », ne subit qu'une légère variation dans l'incunable, où seul le premier passé simple est modifié pour s'adapter au temps de la phrase précédente coordonnée :

Il [le mari] *se joue et delite ung pou de temps liens et ne s'esmoie point d'en yssir, jusques ad ce qu'il s'avise ung pou aucuneffois, mes il n'est pas temps. Sa femme* convient *mectre en estat ainxin qu'il appartient et a l'aventure el* avra *le cuer bon et gay et* **avisa** *l'autre jour a une feste ou el* fut *les autres damoiselles, bourgeoises ou aultres femmes de son estat qui estoient abillees a la nouvelle fasson ; si appartient bien a elle que elle soit abillee comme les aultres. Lors regarde lieu et temps et heure de parler a son mary [...]*[38].

Il se delite et joue ung peu dedans et ne s'esmaie point de soy en issir jusques a ce qu'il s'en advise ung pou aulcuneffois, mais il ne est point heure ne temps ne heure de se repentir. Sa femme lui *convient* mectre en estat ainsi comme il appartient. A l'aventure elle *aura le cuer bon et gay et* **avisera** *l'autre jour a une feste ou elle* fut *les aultres femmes de son estat qui estoient toutes abillees a la novelle façon. Si dit en soi mesme que bien appartient a son lignaige et a ses parens qu'elle soit aussi bien habillee comment elles. Lors regarde et advise temps et lieu de parler de sa matiere a son mari [...]*[39].

Pareillement, à la Joie V, les deux passages où des alternances verbales du même genre donnent lieu à « un mouvement pendulaire[40] » entre singularité et généralité pour servir les plaisirs de l'ironie et rire du *gentil galant* comme du mari, que la femme tient tous les deux *a son estat*,

---

36 *Les quinze joyes du mariagge*, éd. Le Roy, f° a v v°.

37 Pierdominici, *Prose francesi del XV secolo*, p. 99.

38 *Les .XV. joies de mariage*, éd. citée, p. 6-7, l. 27-38.

39 *Les quinze joyes du mariagge*, éd. Le Roy, f° a vi r°. La *varia lectio* de l'édition Rychner ne signale pas de variantes pour les verbes en question. On remarquera dans l'incunable quelques passages qui complètent le texte de R et facilitent la compréhension. Quant à la locution adverbiale *a l'aventure*, elle n'est pas modifiée non plus, alors que quelques lignes plus haut, elle avait été supprimée (*Les .XV. joies de mariage*, éd. citée, p. 6, l. 16).

40 Pierdominici, *Prose francesi del XV secolo*, p. 107.

restent inchangés dans l'incunable[41]. Celui-ci ne modifie en rien la forme du cadre formulaire qui, par la reprise de l'énoncé final du prologue, sert à ouvrir et à clore chaque Joie en assurant la cohésion des 'chapitres'.

Seuls les cas où la voix narrative fait irruption dans la narration pour rire des tourments du marié, le blâmer ou par contre l'approuver dans un jeu apparemment contradictoire, sont un peu moins nombreux dans le texte de l'incunable, comme conséquence des lacunes déjà signalées. Bien que dans le prologue le narrateur conserve son rôle de détenteur ironique d'une vérité[42], dans le corps des nouvelles une partie de ses interventions les plus significatives ne figurent pas ; c'est le cas de celle qui permet, dans la version de la nouvelle XIV du manuscrit de Rouen, d'énumérer les dangers d'une alliance avec une femme plus jeune[43], ou encore de la reprise dérisoire, dans la nouvelle IV, de la valeur expiatoire du mariage énoncée dans le prologue[44]. On pourra remarquer aussi une utilisation plus fréquente de la réduplication synonymique[45] ; globale-ment donc, la richesse lexicale du texte, qui puise aux domaines les plus divers, n'est pas moins étonnante.

En conclusion, le mélange des genres reste une caractéristique évi-dente de ce recueil qui, à l'aube de l'âge de l'imprimerie, continue de surprendre le lecteur pour son caractère excentrique par rapport à la tradition des œuvres didactiques et des recueils narratifs, avec lesquels il a pourtant des liens très forts.

Au chapitre XXIII du *Quart Livre*, dernier volet de l'épisode célèbre de la tempête en mer, Rabelais met dans la bouche de Panurge une allusion aux *Joies de mariage*, à la fin d'une prise de parole où le compagnon de

---

41 Il s'agit des passages correspondant aux l. 268-280 (*Les quinze joyes du mariagge*, éd. Le Roy, fᵒ c viii vᵒ ; *Les .XV. joies de mariage*, éd. citée, p. 41) et aux l. 509-517 (*Les quinze joyes du mariagge*, éd. Le Roy, fᵒ d iii rᵒ ; *Les .XV. joies de mariage*, éd. citée, p. 48).

42 Rizk, « Didactisme et contestation », p. 58.

43 Joie XIV : *Quant je voy faire telles chouses, je m'en ry en considerant la fin qu'il en avendra, car sachez : si l'omme veil prent jeune femme, ce sera grant aventure si elle se ratent a lui de ses besongnes* (*Les .XV. joies de mariage*, éd. citée, p. 101, l. 88-91).

44 *Ibid.*, p. 29, l. 91-96 : *Et quant a moy, je croy que Dieu ne donne adversité aux gens que selon ce qu'il les sceit et cognoist francs et debonaire pour paciamment endurer, et ne donne froit aux gens sinon selon ce qu'ilz sont garniz de robes.* Ce passage fait écho à celui du prologue où le je narratif dit que le mariage est une pénitence on ne peut plus âpre (*ibid.*, p. 4, l. 124-131).

45 Pour se borner au début de la Joie I, on citera les cas suivants : *frois, net et plaisant* (*ibid.*, p. 6, l. 2-3) > *frais et tendre, net et plaisant* ; *largement* (*ibid.*, p. 6, l. 10) > *largement et habondamment* ; *plus grant mal* (*ibid.*, p. 8, l. 83-84) > *plus grant dueil et plus grant mal*.

Pantagruel s'interroge sur les souffrances que l'homme doit endurer et sur la précarité de l'existence[46]. L'évocation d'un texte ludique, où l'ironie se manifeste tant au niveau du contenu que dans le choix d'une forme hybride et à l'apparence contradictoire, à l'intérieur d'un chapitre du *Livre* entièrement joué sur la figure rhétorique de l'antonomase, n'est certainement pas un hasard de la part d'un auteur qui fait de son ouvrage un lieu d'expérimentation littéraire, par la coexistence de genres aussi divers que l'épopée et la farce, le récit de voyage et l'encyclopédie.

Le petit livret diffusé par les ateliers d'imprimerie lyonnais à partir des années 1480 avait tout pour stimuler la curiosité d'un intellectuel qui s'est longuement interrogé sur la question du mariage dans le *Tiers Livre* et qui a fait du rire et de l'enjouement l'instrument pour véhiculer des réflexions profondes sur son temps, ses principes philosophiques, ses orientations culturelles et surtout sur le langage, véritable objet de sa création artistique. Les *Quinze Joies de Mariage*, qui traitent beaucoup plus modestement d'un sujet à la fois traditionnel et d'actualité à l'époque où Maître Alcofribas composait sa « mythologie pantagruéline », ne peut certes rivaliser avec les chefs-d'œuvre rabelaisiens, mais témoigne d'une volonté de concevoir un projet esthétique original et de le réaliser avec verve et gaieté ; l'excentricité de son style, qui contraste vivement avec la banalité du sujet, a peut-être déconcerté une partie du public renaissant, mais c'est encore ce qui fait tout l'intérêt de cet ouvrage pour les lecteurs de nos jours, qui ne cessent de goûter à ce « document qui éclaire la préhistoire du réalisme moderne[47] ».

Paola CIFARELLI
Università degli Studi di Torino

---

46 *Vertu Dieu (Dist Panurge) nous sommes doncques continuellement à deux doigtz près la mort. Est-ce cy une des neuf joies de mariage ?* François Rabelais, *Quart Livre* dans *Id.*, *Œuvres complètes*, éd. Mireille Huchon, Paris, Gallimard, 1994, p. 595 (*Bibliothèque de la Pléiade*, 15). Pour le chiffre neuf, on sait que Rutebeuf est l'auteur des *Neuf joies de la Vierge* en vers.

47 Erich Auerbach, *Mimesis. La représentations de la réalité dans la littérature occidentale*, Paris, Gallimard, 1977, p. 261.

DES MANUSCRITS AUX IMPRIMÉS
DU *ROMAN DE PHILIPPE DE MADIEN*
ET DU *ROMAN DE FLORIMONT*

Deux stratégies éditoriales

Le *Roman de Philippe de Madien* ou la *Conqueste de Grece faicte par le tres preux et redoubté en chevalerie Philippe de Madien, aultrement dit le chevalier a l'esparvier blanc* est un roman chevaleresque que Perrinet du Pin écrit à la cour de Savoie en 1448 et qu'il dédie à la duchesse de Savoie Anne de Chypre, un peu avant qu'il ne devienne historiographe officiel de Yolande de Savoie. Très peu étudié faute d'édition moderne, ce roman prend la forme d'une continuation par l'avant du *Roman de Florimont* d'Aimon de Varennes et prolonge la généalogie imaginaire d'Alexandre le Grand que l'auteur lyonnais a inventée au XIIᵉ siècle. Ainsi relate-t-il longuement (284 folios dans le manuscrit de Berne), à l'aide de scénarios romanesques en vogue au XVᵉ siècle dans les romans dits idylliques et les romans chevaleresques à épisodes orientaux, la vie de son arrière grand-père Philippe de Madien : la thématique de la reconquête de la Grèce, en résonance avec l'actualité historique, s'y impose fortement[1]. Si les manuscrits ne sont pas très nombreux, deux éditions parisiennes diffusent plus largement le texte au XVIᵉ siècle[2]. Comme ces deux romans

---

1 Nous nous permettons de renvoyer à nos articles sur le sujet : Catherine Gaullier-Bougassas, « Les ancêtres romanesques d'Alexandre à la fin du Moyen Âge : les romans de *Florimont* et de *Philippe de Madien* », *Figures d'Alexandre à la Renaissance*, dir. Corinne Jouanno, Turnhout, Brepols (*Alexander Redivivus*, 2), 2012, p. 108-126 ; *Ead.*, « Perrinet du Pin et le mécénat de la duchesse de Savoie Anne de Lusignan : le *Roman de Philippe de Madien* et les rêves orientaux d'une princesse chypriote », *Les femmes, la culture et les arts en Europe, entre Moyen Âge et Renaissance*, dir. Cynthia J. Brown et Anne-Marie Legaré, Turnhout, Brepols, 2016 (*Texte, Codex & Contexte*, 19), p. 345-356 ; *cf.* de même *La fascination pour Alexandre le Grand dans les littératures européennes (Xᵉ-début du XVIᵉ siècle). Réinventions d'un mythe*, dir. Catherine Gaullier-Bougassas, 4 vol., Turnhout, Brepols, 2014 (*Alexander Redivivus*, 5), t. 1, p. 318-321 et t. 4, p. 179-184.

2 Quatre manuscrits du XVᵉ siècle : Berne, Burgerbibliothek, ms. 59 ; Paris, BnF, mss fr. 12578 et 19168 ; Turin, BNU, ms. L-IV-1. Deux imprimés : Paris, Galliot du Pré,

de *Florimont* et de *Philippe de Madien* se recoupent dans leur intrigue pour l'évocation des derniers exploits de Philippe de Madien, qu'ils sont complémentaires au point d'être devenus concurrents ou du moins d'avoir dû susciter la concurrence de leurs imprimeurs du XVIe siècle, je souhaiterais analyser quelques aspects de l'édition *princeps* de *Philippe de Madien*, celle de Galliot du Pré de 1527, à travers une comparaison avec l'édition *princeps* de *Florimont* imprimée en 1528 par Jean Longis[3]. Il s'agira d'étudier les choix différents que font les imprimeurs pour la transmission de textes médiévaux proches par leurs intrigues, mais bien distincts par leur date et leur forme d'écriture : leurs imprimés nous donnent en effet à observer deux modes différents de passage du manuscrit à l'imprimé, deux appropriations différentes de l'héritage littéraire antérieur, que nous disons médiéval, avec sans doute à l'arrière-plan une rivalité commerciale d'imprimeurs qui se disputent des textes à succès.

Les intrigues des deux romans ont donc en partage la création et la recréation d'ancêtres imaginaires idéaux d'Alexandre le Grand, dans une négation implicite des données historiques disponibles. Les récits des histoires universelles latines sur la Macédoine, à commencer par celles de Justin et d'Orose, sont alors bien connus et leur évocation des débuts de la Macédoine est négative, avec une dénonciation des crimes incestueux de la grand-mère d'Alexandre, Eurydice, et de la tyrannie de son père Philippe. Une synthèse en est donnée en français dès le XIIIe siècle dans l'*Histoire ancienne jusqu'à César*, très vite reprise et édulcorée dans l'*Alexandre en prose*, cette adaptation du *Roman d'Alexandre* du Pseudo-Callisthène via l'*Historia de preliis*[4]. L'*Alexandre en prose* a fait l'objet d'au

---

1527 (exemplaire de Paris, BnF, Rés. Y2-161) ; Paris, Jean Bonfons (exemplaire de Paris, BnF, Rés. Y2-702-704). Sur le manuscrit de Turin, *cf.* Alessandro Vitale Brovarone, « *Beati qui non viderunt et crediderunt ?* Opinions et documents concernant quelques manuscrits français de la Bibliothèque nationale de Turin », *Quant l'ung amy pour l'autre veille. Mélanges de moyen français offerts à Claude Thiry*, dir. Tania Van Hemelryck et Maria Colombo Timelli, Turnhout, Brepols, 2008 (*Texte, Codex & Contexte*, 5), p. 449-461.

3 Le texte a été édité par Théodore Nicholas Kendris : *Florimont. Édition critique de l'édition de 1528 (Paris, Jehan Longis) avec introduction, notes et étude comparative*, éd. Théodore Nicholas Kendris, Thèse de doctorat, Laval, Université de Laval, 2001. L'éditeur a travaillé à partir de l'exemplaire de Londres, BL, G.10404. Pour l'édition Galliot du Pré de *Philippe de Madien*, nous avons étudié l'exemplaire de Paris, consulté à la BnF. Il est aussi reproduit sur Gallica : http://gallica.bnf.fr/ark:/12148/bpt6k5577256c.r=philippe%20de%20 madien?rk=64378;0 (consulté le 5 janvier 2020).

4 *Der altfranzösische Prosa-Alexanderroman nach der Berliner Bilderhandschrift nebst dem lateinischen Original der* Historia de preliis *(Rezension J³)*, éd. Alfons Hilka, Halle, Niemeyer,

moins huit éditions au XVIᵉ siècle et d'une édition au XVIIᵉ siècle selon la liste établie par David Ross[5]. La première, due à Michel Le Noir, date de 1506 et précède d'une vingtaine d'années celles de *Philippe de Madien* et de *Florimont*. L'ouverture historique sur la Macédoine est conservée, sans aucun ajout, même sous forme d'allusions, aux ancêtres d'Alexandre inventés par les romanciers Aimon de Varennes et Perrinet du Pin[6]. Dans les premiers imprimés de *Florimont* et de *Philippe de Madien*, rien ne rappelle non plus la vie d'Alexandre selon l'*Alexandre en prose*. La fin du texte de l'imprimé de *Florimont* n'introduit aucune annonce sur un livre qui serait consacré à Alexandre. Son auteur supprime ce qui rappelait, dans le *Florimont* en vers, l'intrigue du Pseudo-Callisthène autour du lien de filiation entre Nectanabus et Alexandre[7]. La séparation de ces deux traditions littéraires bien distinctes se confirme donc dans leurs imprimés du XVIᵉ siècle : d'un côté l'héritage de l'*Historia de preliis*, sans doute encore largement considéré comme historique, de l'autre l'écriture de fictions anachronisantes sur des ancêtres fictifs idéaux. Ainsi, les éditions de *Philippe de Madien* et de *Florimont* ne semblent pas avoir été suscitées par celle de l'*Alexandre en prose* en 1506, et aucun rapprochement n'a été établi entre leurs textes. En outre, dans *Florimont* et *Philippe de Madien*, le lien généalogique avec Alexandre, certes bien maintenu, n'est pas au cœur des intrigues : ces ancêtres sont des héros qui existent pour eux-mêmes, comme modèles politiques, chevaleresques et amoureux.

Par ailleurs, on constate aussi – et cela peut apparaître encore plus étonnant – que d'après les exemplaires conservés, il n'existe pas de mise en cycle imprimée de *Florimont* et de *Philippe de Madien*, malgré la filiation de leurs écritures, la continuité directe de leurs intrigues et le partage de plusieurs épisodes. Il aurait été pourtant aisé de réunir les deux textes. Mais, lors de leurs premières éditions, les intérêts divergents des deux imprimeurs semblent avoir joué dans une rivalité où, pour ce

---

1920 (*Alexandre en prose du* XIIIᵉ *siècle*) ; *L'Histoire ancienne jusqu'à César ou Histoires pour Roger, châtelain de Lille. L'Histoire de la Macédoine et d'Alexandre le Grand*, éd. Catherine Gaullier-Bougassas, Turnhout, Brepols, 2012 (*Alexander Redivivus*, 4).

5   David J. A. Ross, « The Printed Editions of the French Prose *Alexander Romance* », *The Library. Transactions of The Bibliographical Society*, 5ᵉ série, t. 7, 1952, p. 54-57.

6   Paris, Michel le Noir, 1506 : nous avons consulté l'exemplaire de Londres, BL, C-39-d-64.

7   Aimon von Varennes, *Florimont, ein altfranzösischer Abenteuerroman*, éd. A. Hilka, Göttingen, Niemeyer, 1932 (*Gesellschaft für romanische Literatur*, 48).

qui est de l'antériorité de la publication, l'emporte celui de *Philippe de Madien*, Galliot du Pré. C'est en effet curieusement *Philippe de Madien*, ce surgeon tardif du *Florimont*, qui est imprimé le premier, un an avant *Florimont*. Pourtant *Philippe de Madien*, création originale du XVᵉ siècle qui s'est nourrie du *Florimont*, avait été jusqu'alors bien moins diffusé que ce dernier, qui nourrit un intérêt soutenu depuis le XIIᵉ siècle[8].

Quelles traces gardons-nous plus précisément de la diffusion de *Philippe de Madien* ? Des quatre manuscrits en papier de la seconde moitié du XVᵉ siècle, de facture modeste et de petit format, sans illustration, les plus anciens et les plus soignés sont ceux de Berne et de Turin, mais celui de Berne, bien conservé et bien lisible, comporte un certain nombre de lacunes, tandis que celui de Turin a été très endommagé par l'incendie de la bibliothèque en 1904. Les deux autres, sans doute postérieurs, sont de facture plus modeste, avec une écriture peu soignée, et l'un d'eux (BnF, ms. fr. 12578) est incomplet du début. Pourtant Perrinet du Pin écrivait pour une cour fastueuse, la cour de Savoie, et le comte Amédée VIII avait beaucoup œuvré pour sa bibliothèque. Quant à la mécène de Perrinet, Anne de Lusignan, fille de Charlotte de Bourbon et de Janus de Chypre, elle avait apporté de Chypre en Savoie au moins deux manuscrits luxueux de l'*Histoire ancienne jusqu'à César* et de la *Pharsale*, et vraisemblablement le célèbre manuscrit musical chypriote de chants religieux et profanes conservé à Turin sous la cote J-II-9, qui montre le rayonnement de l'*Ars nova* et de la poésie courtoise française dans l'île. D'après les inventaires conservés, elle a contribué à la conservation des manuscrits de la bibliothèque et à la commande d'œuvres religieuses, mais sans qu'il soit fait mention de *Philippe de Madien*[9]. Perrinet du Pin est surtout connu pour la carrière officielle d'historiographe de la cour de Savoie qu'il poursuit peu après pour Yolande de Savoie. Quoi qu'il en soit, aucun exemplaire de dédicace de *Philippe de Madien* ne nous est parvenu.

Le texte a néanmoins été très vite diffusé hors de la cour de Savoie. Comme *Florimont*, il a été adapté en italien dans un *volgarizzamento* du

---

8   Nous conservons ainsi 17 manuscrits du *Florimont* en vers, 3 mises en prose, dont celle imprimée qui nous occupe. Pour une synthèse sur cette diffusion, *cf. La fascination pour Alexandre le Grand*, t. 4, p. 77-82, 197-202.

9   Pour la bibliographie afférente, faute d'espace ici, nous renvoyons à notre article déjà cité : Gaullier-Bougassas, « Perrinet du Pin et le mécénat de la duchesse de Savoie ».

XVe siècle[10]. Au XVIe siècle et en France, sa transmission est assurée selon deux voies très différentes, une voie manuscrite dans le manuscrit de Paris, BnF, fr. 1636, et une voie imprimée dans deux éditions parisiennes. Bien qu'il ait parfois été classé parmi les manuscrits de *Philippe de Madien*, le texte du manuscrit BnF, fr. 1636 est profondément différent. Il s'agit bien d'un récit sur Philippe de Madien, mais l'auteur remonte plus haut dans le temps et invente une intrigue en grande part nouvelle.

Alors que cette adaptation manuscrite du XVIe siècle témoigne ainsi de la complète liberté que s'octroie son auteur pour refondre le *Roman de Philippe de Madien*, c'est exactement le choix inverse que reflètent les deux imprimés de ce roman. Ces derniers montrent en effet la conservation fidèle du texte de Perrinet du Pin, un respect scrupuleux, avec la transmission du nom de l'auteur et de celui de la mécène. Ce choix de la reproduction précise les différencie aussi, mais d'une autre manière, de l'édition *princeps* du *Florimont* par Jean Longis. Cette dernière, en effet, ne réinvente pas l'intrigue, mais elle renouvelle son écriture car elle constitue une mise en prose inédite du roman en vers d'Aimon de Varennes[11].

Que révèlent de ces choix les paratextes ? Les éditions premières de *Philippe de Madien* et de *Florimont*, des in-folio, contiennent toutes deux un privilège et le reproduisent intégralement, ce qui signale le succès escompté auprès des lecteurs et sans nul doute des enjeux commerciaux. Dans l'édition de *Philippe de Madien* par Galliot du Pré, le texte du privilège indique que ce dernier a été demandé et obtenu à deux reprises, en 1525, puis en 1527, car l'imprimeur a eu besoin d'un délai supplémentaire pour la réalisation de l'imprimé. Nous apprenons que le premier privilège sollicité portait sur deux œuvres, *Mabrian* et *Madien*, pour deux imprimés différents. Aucune justification n'est donnée à la demande. Les œuvres sont simplement présentées comme des « livres fort anciens », à l'opposé de la mise en avant d'une nouveauté qui légitimerait plus facilement la protection. L'association des deux textes, avec des correspondances phoniques sans doute dues au hasard

---

10   Il a été étudié dans Marco Bernardi, « Il volgarizzamento toscano del *Livre du gentil chevalier Philippe de Madien* di Perrinet du Pin (ms. Marc. It. Z. 48 ; 4806, XV. Sec.) », *Critica del testo*, t. 17 (1), 2014, p. 177-243.

11   Laurence Harf-Lancner l'a montré dans l'article suivant : Laurence Harf-Lancner, « *Florimont* : du roman d'Aimon de Varennes (1188) à la mise en prose de 1528 », *Lancelot-Lanzelet, hier et aujourd'hui*, dir. Danielle Buschinger et Michel Zink, Greifswald, Reineke-Verlag, 1995, p. 187-206.

mais tout de même frappantes, laisse à penser que *Madien* jouissait de la même popularité que *Mabrian*. Or, on le sait, les mises en prose autour des *Quatre filz Aymon* ont connu un grand succès. Galliot du Pré semble avoir commencé par éditer *Mabrian*. Nous conservons un *Mabrian* publié sous son enseigne avec le texte d'un privilège accordé en 1525[12] : ce privilège indique que Galliot du Pré a *a grans fraitz faict traduyre de vieil et ancien langaige en vulgaire françoys*. Galliot du Pré se serait ensuite attelé à l'impression de *Philippe de Madien* ; un délai aurait été nécessaire, d'où la demande d'un second privilège. Dans les termes de ce dernier, rien n'explique la raison du retard ni la nature des difficultés éventuelles, mais l'intérêt soutenu de l'imprimeur pour ce roman laisse bien penser qu'il était connu et apprécié. Une première explication pourrait être sa longueur et donc le coût, mais l'imprimeur ne l'invoque pas. L'imprimé de *Philippe de Madien* compte 117 feuillets, contre 78 pour celui du *Florimont* de Jean Longis.

Par ailleurs, c'est le même Jean de la Barre, garde de la prévôté de Paris, qui accorde à la fois le privilège de l'édition Jean Longis du *Florimont* et celui de l'édition Galliot du Pré de *Philippe de Madien*. S'il n'explique pas les raisons de la demande de Galliot du Pré, le texte du privilège est plus précis pour Jean Longis et son *Florimont*. Il invoque la légitimité que l'imprimeur aurait de vouloir rentrer dans ses frais avec la vente de l'imprimé :

> *Sçavoir faisons que veue la requeste a nous presentee par Jehan Longis libraire demourant a Paris, contenant qu'il a fait diligence de recouvrer certain livre auquel sont contenus plusieurs faitz et proesses du roy Florimont, en quoy il a desbourcé et frayé gros deniers – pour recouvrer partie desquelz il feroit voulentiers imprimer le dit livre pour le vendre a qui bon sembleroit, mais il doubte que après l'impression et communication d'icelluy les autres libraires et imprimeurs de ceste dicte ville en vouldroient faire imprimer d'autres sur sa copie pour les vendre [...], nous, audit Jehan Longis et non a autres avons permis et permettons faire imprimer et vendre ledit livre a pris competant et raisonnable [...][13].*

Que signifie ici « recouvrer » le livre ? Il ne s'est pas agi simplement de se le procurer, d'acheter un manuscrit dont le texte serait reproduit sans

---

12 L'imprimé ne porte pas lui-même de date ; *cf.* l'exemplaire de la BnF, Rés. M-Y2-896, en ligne sur Gallica (http://gallica.bnf.fr/ark:/12148/btv1b8600032h/f8.image.r=mabrian, consulté le 5 janvier 2020).

13 *Florimont. Édition critique de l'édition de 1528 (Paris, Jehan Longis)*, éd. Kendris, p. 3.

grand changement. Les études ont montré que le texte de l'imprimé de 1528 est une réécriture nouvelle du *Florimont* en vers, une troisième mise en prose qui succède aux précédentes sans les exploiter. Ces deux premières mises en prose, conservées dans très peu de manuscrits, semblent avoir été peu diffusées, alors que les manuscrits du texte en vers circulaient toujours. L'histoire restait donc connue, mais sans doute peu accessible dans son écriture en vers du XIIe siècle, d'où la nécessité de moderniser le récit en l'adaptant en prose dans la langue du début du XVIe siècle. L'imprimeur aurait donc procédé à des dépenses pour cette adaptation, l'aurait peut-être commandée à son auteur, que Verdun-Louis Saulnier a identifié au Champenois Girart Moët de Pommesson à partir de l'acrostiche de l'épilogue rimé qui a été ajouté[14]. L'argent engagé sert ainsi de justification au privilège. Aucune mention n'apparaît en revanche de l'édition alors toute récente de *Philippe de Madien* ni de la concurrence probable entre Galliot du Pré et Jean Longis.

La présence des privilèges est néanmoins signifiante. L'étude d'Elizabeth Armstrong[15] a montré que l'obtention d'un privilège était rare dans la première moitié du XVIe siècle pour les récits de chevalerie, et que la reproduction intégrale du texte juridique du privilège dans l'imprimé était encore plus exceptionnelle. Les deux privilèges de *Philippe de Madien* et de *Florimont* témoignent donc bien du succès escompté et des retombées financières attendues pour les imprimeurs. Cet enjeu économique, objet d'une rivalité possible, suppose les attentes du lectorat autour de ces textes. La concurrence pouvait être bien sûr d'autant plus importante que les intrigues des deux romans se recoupent pour plusieurs chapitres. Comme le *Florimont* était sans doute plus connu que le roman récent sur Philippe de Madien, ce qui peut surprendre, c'est que l'édition *princeps* de *Philippe de Madien*, cette continuation de *Florimont*, précède d'une année celle de *Florimont*. Contrairement à ce qu'on aurait pu attendre, serait-ce l'édition de *Philippe de Madien* qui aurait suscité celle de *Florimont* ? L'épilogue de *Philippe de Madien* annonçait bien, sans donner de détails, l'existence d'un second livre qui relate la vie de Florimont, mais ce n'est donc pas le même imprimeur qui le publie. Galliot du pré prévoyait-il lui aussi d'imprimer

---

14   Verdun-Louis Saulnier, « L'auteur du *Florimont en prose* imprimé, Girard Moët de Pommesson », *Humanisme et Renaissance*, t. 17, 1955, p. 207-217.

15   Elizabeth Armstrong, *Before Copyright. The French Book-Privilege System, 1498-1526*, Cambridge, Cambridge University Press, 2002 (*Cambridge Studies in Publishing and Printing History*).

un *Florimont* ? Ainsi l'hypothèse peut-elle être émise que les imprimeurs sont entrés en concurrence pour l'exploitation de ces deux textes. Le travail de réécriture du *Florimont* par Girart Moët de Pommesson pour Jean Longis était déjà peut-être commencé au moment où est publié *Philippe de Madien*. Peut-être Jean Longis a-t-il craint de voir Galliot du Pré éditer avant lui un *Florimont*, d'où la nécessité de protéger son texte, la nouvelle mise en prose, dont la réalisation a forcément demandé un délai.

Si nous ne pouvons pas reconstituer davantage les circonstances ni les conditions de leur entreprise, en revanche nous pouvons étudier plus précisément les stratégies très différentes qu'ils adoptent pour la publication imprimée de deux romans médiévaux intimement liés par leur intrigue et par leur filiation d'écriture. Le passage du texte manuscrit à l'imprimé s'opère en effet avec de grandes différences. Ce ne sont pas seulement des intérêts commerciaux qui séparent ici ces deux imprimeurs, mais aussi leur politique éditoriale. Tout d'abord, au-delà des privilèges, qu'en est-il des prologues et des épilogues ? L'édition de *Philippe de Madien* reproduit fidèlement le prologue de Perrinet du Pin, que l'on lit dans les deux manuscrits complets ou presque, ceux de Berne et de Paris (BnF, ms. fr. 19168). L'imprimeur a eu le souci de préserver le nom de l'auteur du XVe siècle, ainsi que de rappeler les circonstances de son écriture, la date, le lieu et l'identité de la mécène :

> *A la grace de vous, tres excellante princesse, Anne, fille du roy de Chypre, duchesse de Savoye, princesse de Pymont, contesse de Geneve et dame de plusieurs contez, baronnies et haultes seigneuries, se recommande vostre tres humble et obeïssant subgect et serviteur Perrinet du Pin, natif de la ville de la Rochelle ou royaulme de France, lequel considerant que oysiveté est dommageable au corps et a l'ame de l'homme, s'est voulu occuper et de faict commença le premier jour du moys de juing en l'an de grace mil quatre cens quarante sept a veoir et a visiter les livres de Celerius roy de Caldee, Ysambart de Calvaire, Menoys roy d'Afrique, Ermand de Cartage, Florimont de Duras et aultres jusques au nombre de neuf ou dix faisans mencion des batailles anciennes, esquelles il a trouvé plusieurs clauses traictant des faitz et vaillances du gentil roy Philippe de Madien, lesquelz luy ont semblé tres plaisans et delectables a ouyr*[16].

Il garde aussi les adresses à la mécène que Perrinet avait inscrites à la fin du récit. Aucun autre paratexte n'est ajouté, sinon le colophon

---

16   *La conqueste de Grece faicte par le trespreux et redoubté en chevalerie Philippe de Madien aultrement dit le chevalier a l'esparvier blanc, hystoire moult recreative et delectable*, Paris, Jacques Nyverd pour Galliot du Pré, 1527 : Paris, BnF, Rés. Y2-161, f° A i r°.

de l'imprimeur[17]. La seule figure d'auteur reste ainsi Perrinet du Pin. Autrement dit la propriété littéraire de l'écrivain médiéval est bel et bien respectée, d'autant que son texte est fidèlement reproduit, comme nous allons le voir.

L'édition de *Florimont* supprime en revanche le prologue d'Aimon de Varennes. Le nom de l'auteur médiéval disparaît dans la rapide ouverture assez conventionnelle qui lui est substituée et qui est consacrée à l'enseignement que les lecteurs retireront de leur lecture sur les exploits du preux exemplaire qu'est Florimont. Les ambitions didactiques priment sur toute considération historique, d'autant que le héros n'est pas mis en relation avec Alexandre. La question de la généalogie était pourtant très importante dans le *Florimont* en vers et Aimon de Varennes annonçait qu'il allait retracer la « vraie » histoire des parents d'Alexandre. L'imprimé se clôt avec l'ajout d'un épilogue versifié qui reformule des ambitions didactiques et permet l'inscription en acrostiche d'un nom, vraisemblablement celui de l'auteur. Telle est cryptée cette signature ultime, selon une mode qui continue à s'affirmer au début du XVIe siècle. Ce nom, masqué, remplace celui de l'auteur médiéval, qui était pourtant encore connu à la fin du Moyen Âge et au début du XVIe siècle. L'auteur de la mise en prose du XVe siècle qui reste la plus fidèle au *Florimont* au vers, celle des manuscrits de Paris, BnF, Arsenal, 3476 et BnF, fr. 1490, transmet le nom d'Aimon de Varennes. Quant à Girart Moët de Pommesson, Laurence Harf-Lancner a montré qu'il travaille à partir d'un manuscrit de l'œuvre en vers, proche du manuscrit de Paris, BnF, fr. 792[18]. Il connaît donc vraisemblablement son prologue. Au reste une preuve en est donnée par les échos précis que l'on lit dans le chapitre 1, lorsqu'il évoque *cette hystoire, laquelle fut trouvee à Phelipope, ville grecque, et apportee en France par ung homme de tel souvenir que sa memoire toutes autres passoit. Et en lyonnois comme vertu l'enhortoit la convertit de Grec en latin, et de latin en françoys*[19]. Ainsi peut-on gager qu'il connaissait

---

17 Avant la marque de Galliot du Pré, le texte se termine sur un colophon qui indique le nom de l'imprimeur Jacques Nyverd (*ibid.*, fᵒ CXIIII rᵒ), marquant ainsi sa collaboration avec Galliot du Pré, qu'atteste aussi l'imprimé de *Mabrian* évoqué plus haut.

18 Harf-Lancner, « *Florimont* : du roman d'Aimon de Varennes (1188) à la mise en prose de 1528 », p. 187-206.

19 *Florimont. Édition critique de l'édition de 1528 (Paris, Jehan Longis)*, éd. Kendris, p. 5. *Cf.* dans le prologue d'Aimon de Varennes les vers 27-41 : Aimon von Varennes, *Florimont, ein altfranzösischer Abenteuerroman*, éd. citée, p. 2.

le nom d'Aimon de Varennes. Mais il choisit de l'effacer afin de faire passer son texte pour une œuvre nouvelle. Et effectivement c'est bien un texte neuf par son écriture, puisqu'il s'agit d'une mise en prose inédite, réalisée directement à partir du texte en vers et différente des deux mises en prose antérieures. Cette nouvelle conversion des vers à la prose reste dans le même temps fidèle aux données de l'intrigue. La nouveauté est formelle et l'origine réelle du texte est soigneusement occultée.

Dans l'édition de *Philippe de Madien,* la préservation du nom de l'auteur médiéval et de son prologue s'inscrit en revanche dans une pleine cohérence avec l'absence de réécriture au sens plein du terme. Le texte hérité, déjà écrit en prose et à une date beaucoup plus rapprochée de celle de l'imprimé, est conservé presque à l'identique, et aucune figure nouvelle d'auteur n'apparaît pour chercher à se l'approprier. En procédant à une collation précise d'un groupe de chapitres avec le texte du manuscrit de Berne, j'ai constaté une reprise très fidèle du texte manuscrit. Quelques éléments de modernisation de la langue, très légers, quelques modifications de détail apparaissent, mais l'on ne relève aucune variante qui serait vraiment significative, aucune transformation de l'intrigue. La structuration du roman du Perrinet du Pin à l'aide de rubriques, que l'on trouve dans les manuscrits, est aussi reprise sans changement, à une exception près. Il s'agit de l'omission de deux chapitres consacrés à des insertions lyriques, les chapitres 27 et 28, avec les poèmes intitulés *La chanson que Philippe fist et chanta pour amour de sa dame* et *La complainte que fit Amordellis pour Philippe qui pour amour d'elle estoit monté sur mer* (17 et 103 octosyllabes). Ces deux chapitres et leurs poèmes sont présents dans les manuscrits conservés. Sur leurs folios, alors que le texte en prose est écrit à longues lignes, sur une colonne, les vers, bien séparés par des retours à ligne, se détachent nettement de la prose. Ce sont les seuls exemples d'enchâssement de poèmes. Galliot du Pré disposait-il d'un manuscrit où ces poèmes avaient disparu ? On ne peut l'exclure, mais l'hypothèse n'est pas très plausible. Ou bien a-t-il supprimé les insertions lyriques comme le faisaient souvent les auteurs de mise en prose du XVe siècle ? Ces poèmes venaient renforcer l'exemplarité amoureuse du couple d'amants et avaient aussi sans doute pu plaire à la mécène, Anne de Lusignan, d'autant que l'on sait que la cour de Chypre appréciait la poésie française et que c'est sans doute sa mère Charlotte de Bourbon qui a commandé le célèbre manuscrit musical chypriote conservé à Turin[20]. L'imprimeur Jean Longis a pu en revanche juger que ces deux poésies venaient rompre l'unité formelle de l'œuvre – d'autant que ce sont les deux seuls enchâssements lyriques –, et surtout qu'elles ne correspondaient plus au goût de ses lecteurs, d'où leur suppression. On ne les trouve pas non plus dans la seconde édition de *Philippe de Madien*.

En guise de conclusion, quelques mots sur cette deuxième édition, un in-quarto réalisé à Paris par Jean Bonfons, sans doute dans les années 1540 ou 1550, mais non daté précisément. L'imprimeur reprend le texte de la première édition, sans innovations. Le choix d'un format plus petit semble impliquer la perspective d'une diffusion plus large. L'exemplaire conservé à la Bibliothèque nationale de France, celui que nous avons consulté[21], est en outre l'assemblage de trois textes : *Philippe de Madien* (sous le titre long indiqué en note), *Histoire et chronique du noble et vaillant Baudouyn, conte de Flandres, lequel espousa le diable* et *Conquestes du tres noble et vaillant Geoffroy a la grant dent*. Ces trois romans du XVe siècle introduisent ou évoquent à des titres divers des personnages historiques ou pseudo-historiques et accordent une place importante à l'Orient et à l'imaginaire de la croisade. Le second relate les aventures de Baudouin de Flandre, éphémère empereur de Constantinople, le troisième les actions du fils le plus célèbre de Mélusine, Geoffroy la Grant Dent, d'après le *Roman de Melusine* de Jean d'Arras. Néanmoins rien ne permet de dire que l'assemblage des trois romans soit le fait de Jean Bonfons. Il est même très vraisemblable qu'il soit postérieur : la reliure de l'imprimé date en effet de la fin du XVIIe ou du début du XVIIIe siècle ; les feuillets des deux derniers romans ne sont pas foliotés et ne présentent pas de titres courants à la différence de ceux de *Philippe de Madien*. De cet assemblage nous ne pouvons donc pas tirer d'indication sur la réception

---

20 *Cf.* la bibliographie sur ce manuscrit dans Gaullier-Bougassas, « Perrinet du Pin et le mécénat de la duchesse de Savoie Anne de Lusignan » ; *cf.* de même Isabelle Fabre et Gilles Polizzi, « 'Pour haut et liement chanter' : l'art poétique du 'Maître de chant' dans la Ballade 21 du recueil de Chypre (ms. Torino J.II.9) », *Cahiers de recherches médiévales et humanistes*, t. 26, 2013, p. 153-175. Gisèle Clément et Isabelle Favre ont organisé un colloque en 2015 sur « Poésie et musique à l'âge de l'*ars subtilior* (1380-1430) : autour du manuscrit de Turin, BNU, J. II. 9 ».

21 *L'hystoire et conqueste de Grece faicte par Philippe de Madien, aultrement dict le chevalier a l'esparvier blanc, lequel par ses vertueuses oeuvres fut couronné roy de sept royaulme quant il fist plusieurs grans fais d'armes comme pourrez ouyr cy après*, Paris, Jean Bonfons, [1543-1566] : Paris, BnF, Rés. Y2-702-704.

de ces textes au début du XVIe siècle. Cette deuxième édition est en tout cas la dernière connue pour le *Roman de Philippe de Madien*, qui semble alors tomber dans l'oubli, alors que le *Roman de Florimont* sera réédité quatre fois, jusqu'en 1625[22] : si Galliot du Pré avait réussi à imposer *Philippe de Madien* dans le monde des imprimés un peu plus tôt que *Florimont*, cette victoire n'a été que de courte durée.

Catherine GAULLIER-BOUGASSAS
Université de Lille –
Institut universitaire de France

---

22 Lyon, Olivier Arnoullet, 1529 : Paris, BnF, Arsenal, Rés. 4-BL-4285 ; Lyon, Olivier Arnoullet, 1555 : Paris, BnF, Rés. Y2-687 ; Rouen, Nicolas Mulot, s. d. : Paris, BnF, Arsenal, Rés. 4-BL-4284 ; Rouen, Nicolas Mulot, 1625 : Londres, BL, 12450.c.18[4].

LE PASSAGE À L'IMPRIMÉ
DES ŒUVRES DE JEAN MIÉLOT

Les traductions de Jean Miélot[1], chanoine de Lille et « secrétaire aux honneurs » de Philippe le Bon, furent accueillies pour la première fois par l'imprimerie à Bruges, capitale culturelle des États bourguignons[2], qui était devenue vers la fin du XVe siècle un véritable centre international pour la production du livre. Ce fut Colard Mansion, homme de lettres en même temps qu'entrepreneur attentif à l'état du marché du livre[3], qui décida de les imprimer ; d'après la critique[4], il aurait notamment publié quatre traductions en français : deux disputations humanistes, *La controversie de noblesse* et le *Debat d'honneur des trois chevaleureux princes*, et deux dissertations didactico-morales, le *Traittié des quatre dernieres choses advenir* et *La science de bien mourir*.

Dans le cadre de cette contribution, nous souhaiterions revenir sur ces ouvrages en adoptant une double perspective. Premièrement, il s'agira de vérifier le bien-fondé des affirmations concernant le rapport entre les traductions de Miélot et les incunables qui sortirent dans les décennies

---

1 Sur Jean Miélot traducteur, *cf.* Robert Bossuat, « Jean Miélot, traducteur de Cicéron », *Bibliothèque de l'École des Chartes*, t. 99, 1938, p. 82-124 ; Frédéric Duval, *La traduction du* Romuleon *par Sebastien Mamerot. Étude sur la diffusion de l'histoire romaine en langue vernaculaire à la fin du Moyen Âge*, Genève, Droz, 2001 (*Publications romanes et françaises*, 228) ; Sylvie Lefèvre, « Jean Miélot, traducteur de la première *Lettre* de Cicéron à son frère Quintus », *La traduction vers le moyen français*, dir. Claudio Galderisi et Cinzia Pignatelli, Turnhout, Brepols, 2007 (*The Medieval Translator. Traduire au Moyen Âge*, 11), p. 125-147.

2 Ludo Vandamme, « Colard Mansion et le monde du livre à Bruges », *Le berceau du livre imprimé. Autour des incunables*, dir. Pierre Aquilon et Thierry Claerr, Turnhout, Brepols, 2010 (*Études Renaissantes*, 5), p. 177-186, notamment p. 178.

3 Renaud Adam, « Colard Mansion : passeur de textes ? », *Le roman français dans les premiers imprimés*, dir. Anne Schoysman et Maria Colombo Timelli, Paris, Classiques Garnier, 2016 (*Rencontres*, 147 – Civilisation médiévale, 17), p. 11-24.

4 Jean Van Praet, *Notice sur Colard Mansion, libraire et imprimeur de la ville de Bruges en Flandre, dans le quinzième siècle*, Paris, De Bure, 1829, p. 52-55 ; Olivier Delsaux, « Bibliographie de et sur Jean Miélot », *Le Moyen Français*, t. 67, 2010, p. 157-202, notamment p. 159-161, p. 164, p. 165.

1470 et 1480 des presses de Mansion : une mise en parallèle des imprimés avec leurs sources potentielles permettra d'apporter un nouvel éclairage sur le passage à l'imprimé des travaux du *translateur* picard. Deuxièmement, on tentera de dégager une réflexion sur la réception de ces traités à partir d'une comparaison entre les paratextes des incunables qui virent le jour dans les Pays-Bas méridionaux et ceux des imprimés parisiens qui proposèrent les traductions de Miélot aux lecteurs des années 1490.

LES DISPUTATIONS HUMANISTES

Entre 1449 et 1450, à la demande de Philippe le Bon, Miélot se consacra à la traduction de deux traités latins sur la noblesse : les *Orationes de vera nobilitate* de Buonaccorso da Pistoia[5] et la version latine par Giovanni Aurispa du remaniement, par Libanius, du XIIe *Dialogue des morts* et de l'*Histoire veritable*, II, 9 de Lucien[6]. Dans le premier ouvrage, un noble chevalier paresseux et un jeune érudit engagé dans la vie publique se disputent la main de la belle Lucrèce et se voient jugés par le Sénat romain au nom de la « vraie noblesse » ; dans le deuxième traité, trois des personnages les plus réputés de l'Antiquité – Alexandre le Grand, Hannibal et Scipion – sont soumis à un arbitrage analogue par Minos, juge des Enfers. Le débat humaniste sur la vertu qui l'emporte sur la noblesse de lignage passionne évidemment les milieux bourguignons[7] : le succès de ces traductions en français est

---

5   Cf. *Translations médiévales. Cinq siècles de traduction en français au Moyen Âge (XIe-XVe siècles). Étude et répertoire*, dir. Claudio Galderisi, 3 vol., Turnhout, Brepols, 2011, vol. 2, t. 1, p. 393.

6   Cf. *ibid.*, vol. 2, t. 1, p. 667-668.

7   Du traité théorique au miroir du prince, les auteurs de la deuxième moitié du XVe siècle réfléchissent sur la signification de la noblesse : en 1454, Diego de Valera écrit le *Traité de noblesse* pour le roi Jean II de Castille et sa traduction par Hugues de Salve (dont Miélot réalise un remaniement) précède la rédaction de l'*Advertissement au duc Charles* de George Chastelain. De plus, Miélot revient lui-même sur la définition de la « véritable noblesse » avec la traduction de deux chapitres de la *Genealogia deorum gentilium* de Boccace et la transcription de la traduction française par Henry de Gauchy du *De regimine principum* de Gilles de Rome. Cf. Gianni Mombello, « Per la fortuna del Boccaccio in Francia. Jean Miélot traduttore di due capitoli della *Genealogia* », *Studi sul Boccaccio*, t. 1, 1963, p. 415-444 ; Charity Cannon Willard, « The Concept of True Nobility at the Burgundian Court », *Studies in the*

attesté par la survivance de plusieurs copies manuscrites[8]. La potentialité des traductions de Miélot n'échappa pas à Mansion qui décida de les imprimer en 1476. Les incunables sortis de ses presses, qui subsistent en sept exemplaires, ont un format in-folio et comptent 38 feuillets non numérotés à 23 longues lignes de texte[9].

Une comparaison entre la version la plus ancienne des traductions en français, conservée dans le manuscrit Bruxelles, KBR, ms. 9278-9280[10], et le texte imprimé par Mansion atteste de leur rapport. Dans un article portant sur les techniques de traduction employées par Miélot, Anne Schoysman a constaté que les traités sur la noblesse du chanoine de Lille se caractérisent par l'ajout d'un bon nombre de gloses explicatives et de réduplications synonymiques qui révèlent un souci d'adaptation des ouvrages classiques aux goûts littéraires modernes[11]. Ces quelques exemples montrent que Mansion reproduisit le texte de Miélot, qui avait parfois modifié certains passages des traités pour en améliorer la lisibilité :

Manuscrit de Bruxelles	Incunable de Mansion
Il fut engendré de povres gens : son pere fu ouvrier de marbre et sa mere fu mere aleresse, c'est a dire une *femme qui reçoit les enfants au saillir hors du ventre de leur mere*[12].	*Il fu engendré de povres gens : son pere fut ouvrier de marbre et sa mere fut mere aleresse, c'est a dire femme qui reçoit les enfants au partir du ventre de leur mere.*

Renaissance, t. 17, 1967, p. 33-48 ; Anne Schoysman, « Recueil d'auteur, recueil thématique ? Le cas de la diffusion manuscrite de textes sur le thème de la 'vraie noblesse' traduits par Jean Miélot », *Le recueil au Moyen Âge : la fin du Moyen Âge*, dir. Tania Van Hemelryck et Stefania Marzano, Turnhout, Brepols, 2010 (*Texte, Codex & Contexte*, 9), p. 277-288.

8   Pour un classement des manuscrits recensés jusqu'à aujourd'hui, *cf.* Delsaux, « Bibliographie de et sur Jean Miélot », p. 159-161.

9   GW M44584. L'ISTC im00846200 signale deux copies à la OBB de Bruges, une à la BL de Londres, une à la Bibliothèque Alpha de Liège, une à la BnF de Paris, une à la Mazarine de Paris et une, incomplète, à la SUB de Göttingen.

10 Pour la description du ms., on se reportera à *La librairie des ducs de Bourgogne. Manuscrits conservés à la Bibliothèque royale de Belgique*, dir. Bernard Bousmanne, Frédérique Johan, Tania Van Hemelryck et Céline Van Hoorebeeck, 5 vol., Bruxelles, Bibliothèque royale de Belgique, Turnhout, Brepols, 2000-2015, t. 2, 2003, p. 78-82. Pour une transcription, *cf.* Arjo Vanderjagt, *Qui sa vertu anoblist. The Concepts of* noblesse *and* chose publicque *in Burgundian Political Thought*, Groningen, Miélot & Co., 1981.

11 Anne Schoysman, « Jean Miélot traducteur du *Débat de la vraie noblesse* de Buonaccorso da Pistoia », *La traduction vers le moyen français*, dir. Claudio Galderisi et Cinzia Pignatelli, Turnhout, Brepols, 2007 (*The Medieval Translator. Traduire au Moyen Âge*, 11), p. 323-336, notamment p. 328-331 et 333-335.

12 Bruxelles, KBR, ms. 9278-9280, f° 30 r°.

Que *diray je de ceulx qui sont nez de bas lieu et de povres parens, est sont tantost devenus nobles, riches et puissans*[13] ?	Sy *diray je de ceulx qui sont nez de bas lieux et de poures parens et tantost sont devenus nobles, riches et puissans* ?
Ne il n'est homme qui en ce tresbon et tresexcellent don de humanité puist accroistre[14] *la grant largesse de nature, laquelle baille le courage egal a chascun par soy, et ne considere point le lignage, ne richesse, ne puissance*[15].	*Ne il n'est homme qui en ce tresbon et tresexcellent don de humanité puist accroistre la grande largesse de nature, laquelle baille le corage egal a chascun par soy, et ne considere point le lignage, la richesse, ne* ossy *la puissance*[16].

En l'état actuel de la recherche, il n'est pourtant pas possible de se prononcer sur le manuscrit qui aurait pu constituer la source directe de l'incunable. À ce propos, Arjo Vanderjagt a souligné que par rapport au codex bruxellois, l'imprimé de Mansion présente deux lacunes au sein de la *Controversie*[17] qui permettraient de le rapprocher davantage des versions transmises par deux manuscrits en papier (Oxford, Bodl. Libr., ms. Lyell 48[18] et Londres, BL, ms. Harley 4402[19]), respectivement datables de la deuxième moitié et de la toute fin du xve siècle. Les liens entre ces témoins

---

13 *Ibid.*, f° 28 v°.

14 Dans le texte latin, on rencontre une leçon très probablement détériorée du type : *Nemo [...] naturae largitionem* accusare *potest. Cf.* Schoysman, « Jean Miélot traducteur », p. 334.

15 Bruxelles, KBR, ms. 9278-9280, f° 28 v°.

16 Buonaccorso da Pistoia, *La controversie de noblesse*, trad. Jean Miélot, Bruges, Colard Mansion, [1476] : Paris, BnF, Rés. D-862 (4-5), sans foliotation.

17 L'incunable de Mansion omet les passages en romain : *Je le esliray a mary et espoux sans jamais le changier* tant que je vive. Pour laquelle cause s'esmeut une grant controversie *entre ces deux gentilz hommes* (Bruxelles, KBR, ms. 9278-9280, [f° 17 v°]) ; il est doncques nécessité que la gloire de pere et mere soit espandue en leurs enfans comme es parties venues de leurs deux corps. *Et semblablement des enfants se entretient le lignaige en toute la posterité consequente* (Bruxelles, KBR, ms. 9278-9280, [f° 18 v°]). *Cf.* Vanderjagt, *Qui sa vertu anoblist*, p. 88.

18 Le codex transmet aussi la mise en prose anonyme du *Livre de Clamadés et de la belle Clermonde*. Pour une description du manuscrit, *cf.* Albinia de La Mare, *Catalogue of the collection of Medieval Manuscripts bequeathed to the Bodleian Library by J. P. R. Lyell*, Oxford, Clarendon Press, 1971, p. 128-130 ; Fanny Maillet, « Clamadés », *Nouveau Répertoire de mises en prose (xive-xvie siècle)*, dir. Maria Colombo Timelli, Barbara Ferrari, Anne Schoysman et François Suard, Paris, Classiques Garnier, 2014 (*Textes littéraires du Moyen Âge*, 30 – *Mises en prose*, 4), p. 175-181, notamment p. 176.

19 Ce manuscrit présente plusieurs points de contacts avec les presses brugeoises, car il s'ouvre avec le *Quadrilogue invectif* d'Alain Chartier, dont la préface fut imprimée par Mansion vers 1479-1480, et il transmet la même introduction au *Debat* que celle qu'on lit dans l'incunable de Mansion. Pour une description du manuscrit, *cf. A Catalogue of the Harleian Manuscripts in the British Library*, 4 vol., Londres, George Eyre et Andrew Strahan, 1808-1812, t. 3, p. 141.

mériteraient sans doute d'être éclaircis afin de vérifier si les textes transmis par les manuscrits anglais pourraient avoir constitué le modèle reproduit par Mansion ou si, bien au contraire, ils auraient été copiés sur l'incunable.

En 1497, la *Controversie* attira également l'attention d'Antoine Vérard. Lors du retour en France de Charles VIII, son premier mécène, le *libraire* lui dédia un somptueux imprimé rassemblant quatre traités[20] : *Le gouvernement des princes* issu des *Secreta secretorum* d'Aristote ; *Le tresor de noblesse,* traduction par Hugues de Salve du *Espejo de verdadera nobleza* de Diego de Valera ; *La controversie de noblesse* de Miélot ; *Les fleurs de Valere le Grant,* résumé par Jean de Hangest de la traduction française de Valère le Grant par Simon de Hesdin et Nicolas de Gonesse. Le recueil subsiste actuellement en sept exemplaires[21] : la copie sur vélin de dédicace au roi est conservée à la Bibliothèque nationale de France ; elle comporte trois volumes dont les feuillets ne sont pas numérotés. Le texte de la *Controversie* transmis par cet imprimé n'a certainement pas été copié sur l'incunable de Mansion, car il ne présente pas les deux lacunes qui caractérisent l'édition brugeoise[22]. Toutefois, il ne dérive pas non plus des versions transmises par les témoins manuscrits actuellement recensés, car il présente un grand nombre de leçons différentes[23].

La comparaison entre les paratextes des imprimés fournit quelques informations sur leurs milieux de circulation. Dans l'incunable de Mansion, la mise en page ainsi que l'organisation du texte manifestent une grande fidélité aux modèles manuscrits. L'imprimeur de la Venise du Nord adopta un alphabet s'inspirant de l'écriture des calligraphes bourguignons : une grosse gothique bâtarde remplit des pages à la composition très régulière. Aucune image n'agrémente le produit destiné à la vente, mais des lettrines

---

20 *Cf.* Mary Beth Winn, *Anthoine Vérard. Parisian Publisher, 1485-1512. Prologues, Poems and Presentations,* Genève, Droz, 1997 (*Travaux d'Humainsme et Renaissance,* 313), p. 119-120.

21 GW 2489. L'ISTC ia01051000 signale que les exemplaires sont détenus par six établissements : la BL de Londres, l'ÖNB de Vienne, la BM de Lyon, la BnF de Paris (deux copies), la BGE de Genève, la ML de New York.

22 *Mon pere faictes que le plus noble de ces deux jouvenceaulx soit vostre gendre et je le esliray a mary et espoux sans jamais le changer* tant que je vive. Pour laquelle cause se meut une grande controversie *entre ces deux gentilx hommes, a sçavoir lequel des deux estoit le plus noble. Et de ce sourdit une nouvelleté merveilleuse ; Que peut on autre chose dire de nos enfans sinon que se soient les propres parties de nos corps ?* Il est doncques necessité que la gloire de mere soit espandue en leurs enfans comme es parties venues de leurs corps. *Et semblablement des enfans s'entretient le lignage en posterité consequente.* Buonaccorso Da Pistoia, *La Controversie de noblesse,* trad. Jean Miélot, Paris, Antoine Vérard, 1497 : Paris, BnF, Vélins 413, sans foliotation.

23 Vanderjagt, *Qui sa vertu anoblist,* p. 89.

en rouge et des signes de paragraphes forment un système de repérage bien connu des lecteurs de l'époque. En ce qui concerne l'articulation textuelle de la *Controversie*, l'incunable de Mansion garde la subdivision originale du traité : un titre calqué sur la formule qu'on lit dans les versions manuscrites (*Ici commence la controversie de noblesse plaidoyee entre Publius Cornelius Scipion d'une part, et Gayus Flaminius de autre part, laquelle a esté faicte et composee par un notable docteur en loix et grant orateur nommé Surse de Pistoye*[24]) précède le prologue de l'auteur, le discours de Scipion et la réponse de Flamininus. La ressemblance formelle entre ces premiers incunables et les manuscrits nous laisse supposer qu'ils s'adressaient au même public, celui des fonctionnaires qui gravitaient autour de la cour ducale[25]. L'imprimé de Vérard constitue lui aussi un livre créé à l'image des manuscrits[26] : il présente un texte en bâtarde parisienne, élégamment disposé sur deux colonnes et précieusement enrichi par des lettrines et des pieds-de-mouche enluminés. Toutefois, au sein du recueil thématique, la traduction en français de Miélot se caractérise par des procédés d'actualisation. Ainsi, par rapport au long titre descriptif retenu par Mansion, l'incunable de Vérard propose un raccourcissement destiné à exciter la curiosité du lecteur, conformément aux goûts du marché : *S'ensieut a ce propos la translation d'une controversie et debat de deux vaillans hommes contendans avoir la belle Lucresse en mariage*[27]. Pareillement, il antépose un prologue renouvelé aux chapitres consacrés aux discours de Scipion et de Flamininus. En effet, sans vouloir s'approprier la traduction de Miélot[28], l'imprimeur reprend le *prologue de l'acteur* et l'adapte à ses besoins : il l'abrège et le modifie[29] dans le but de le transformer en une

---

24 Buonaccorso Da Pistoia, *La Controversie de noblesse*, éd. Mansion.

25 *Cf.* Renaud Adam, « Les livres imprimés en langue française avant 1500 dans les Pays-Bas méridionaux : réflexions sur leur mise en page », *L'écrit et le manuscrit à la fin du Moyen Âge*, dir. Tania Van Hemelryck et Céline Van Hoorebeeck, Turnhout, Brepols, 2006 (*Texte, Codex & Contexte*, 1), p. 17-33, notamment p. 31.

26 *Cf.* Winn, *Anthoine Vérard*, p. 31.

27 Buonaccorso Da Pistoia, *La Controversie de noblesse*, éd. Vérard.

28 *Cf.* Masami Okubo, « Antoine Vérard et la transmission des textes à la fin du Moyen Âge. Les prologues », *Romania*, t. 125, 2007, p. 434-480.

29 Il modifie notamment le début du prologue : il attribue les circonstances de la réalisation du livre à une promesse qu'il avait faite à Charles VIII. En outre, le remplacement de *J'ay proposé que ce debat de noblesse lequel* puis peu de jours *en ça j'ay fort estudié* (Bruxelles, KBR, ms. 9278-9280, [f° 14 v°]) par *J'ay proposé que ce debat de noblesse que j'ay depuis certain temps estudié* semble attester d'un engagement personnel dans la réussite de son entreprise de renouvellement d'une œuvre plus ancienne.

dédicace au souverain vouée à placer au premier plan la « nouveauté » de son produit[30].

LES DISSERTATIONS DIDACTICO-MORALES

Une partie considérable de la production littéraire de Miélot fut consacrée à la rédaction de textes favorisant le repliement de l'homme sur soi-même. Les traductions du *Cordiale de quatuor novissimis* de Gérard de Vliederhoven[31] (1455) et du *Tractatus artis bene moriendi* attribué à plusieurs écrivains, parmi lesquels Matthieu de Cracovie (1456), se révèlent complémentaires. Le *Cordiale* décrit les dernières phases de la vie humaine (la mort, le Jugement dernier, l'enfer et le ciel), tandis que le *Tractatus* est conçu comme un manuel destiné tant au clergé qu'aux laïcs qui se préparent aux derniers instants de vie sur terre[32] : le *translateur* picard semble avoir été guidé par la volonté de réfléchir sur la mort et l'au-delà, deux points fixes dans l'imaginaire du peuple chrétien du XVe siècle[33].

Contrairement à ce qui a été affirmé par la critique, seule la traduction du *Cordiale* fut reprise par Mansion. En effet, le texte de l'incunable portant le titre d'*Art de bien mourir*[34], sorti des presses brugeoises entre 1477 et 1484, n'a rien à voir avec la *Science de bien mourir* de Miélot, qui nous est actuellement transmise par deux codex, le manuscrit Paris, BnF, fr. 12441[35] et le manuscrit Lille, BM, 127[36], qui ont respectivement appartenu à la bibliothèque des ducs de Bourgogne et à celle de

---

30 *Cf.* Winn, *Anthoine Vérard*, p. 45.

31 *Cf. Translations médiévales*, vol. 2, t. 1, p. 400-401.

32 *Cf.* Alberto Tenenti, *Il senso della morte e l'amore della vita nel Rinascimento*, Turin, Einaudi, 1957, p. 94-102.

33 *Cf.* Jean Leclerq, François Vandenbroucke et Louis Bouyer, *La spiritualité du Moyen Âge*, Paris, Aubier, 1961, p. 577-579.

34 GW 2584. L'ISTC ia01121800 atteste la survivance de quatre exemplaires, dont deux sont conservés à Bruges, un à la BnF de Paris et un autre à la BM de Lille.

35 Sur ce manuscrit, *cf.* Maria Colombo Timelli, « Les *Proverbes en françois* de Jean Miélot », *Romania*, t. 125, 2007, p. 370-399, notamment p. 373-377.

36 Pour la description du manuscrit *cf. Catalogue général des manuscrits des bibliothèques publiques de France*, t. 26, Paris, Plon, 1897, p. 96-97.

la famille de Lannoy. Les différences entre le petit in-folio publié par Mansion et la traduction du chanoine de Lille sont si frappantes qu'elles n'échappent même pas à une première comparaison. Le *Tractatus* traduit par Miélot se compose de six parties : une louange de la mort corporelle accompagnée de réflexions tirées de la littérature classique et chrétienne ; la description des cinq tentations que subira le mourant ; les questions à poser au moribond, qui évoquent la *Médecine de l'âme* de Gerson, mais aussi l'*Admonitio morienti* de saint Anselme ; les règles de conduite pour imiter la mort du Christ, avec les prières que le mourant est invité à réciter ; les règles de conduite pour ceux qui assistent le mourant et les prières que ces derniers doivent réciter. En revanche, Mansion publia la traduction, dont on ignore s'il en fut l'auteur, d'un abrégé anonyme connu sous le nom d'*Ars moriendi*, qui constitue une version dramatisée issue du matériel narratif du *Tractatus*[37], suivi du *Miroir de la mort* de saint Jérôme et de l'*exemplum* d'un pape qui prescrit à son chapelain le *Pater Noster* qu'il devra prononcer à son chevet[38]. Les *Artes moriendi* se caractérisent surtout par la présence de onze gravures représentant les tentations, les inspirations et l'instant final de la bonne mort[39]. L'absence d'illustrations dans l'incunable de Mansion pourrait s'expliquer tant par l'absence d'images dans son modèle que par des soucis d'ordre économique, car les coûts de réalisation d'un ouvrage illustré auraient été plus élevés ; elle pourrait pourtant aussi être justifiée par le souhait de créer un manuel pour l'éducation d'une élite qui était déjà bien formée à l'art de l'introspection et qui n'avait donc pas besoin de supports visuels.

Quelques années avant de s'intéresser aux *Artes moriendi* (1482-1483), Mansion décida de publier le *Traittié des quatre derrenieres choses advenir* de Miélot[40]. Le texte transmis par l'incunable suit de près les versions

---

37   *Cf.* Mary Catherine O' Connor, *The Art of Dying Well. The Developement of the* Ars moriendi, New York, AMS Press, 1966, p. 7-10.

38   Cet *exemplum* n'accompagne que les versions longues du *Tractatus* et il fait donc partie de la traduction de Miélot ; c'est peut-être pour cette raison que la critique a longtemps soutenu l'hypothèse selon laquelle Mansion aurait repris le texte de Miélot. En réalité, il est permis de supposer que Mansion a publié une traduction rare de l'*Ars moriendi* associée au récit du pape et du chapelain ; l'on ne peut attribuer pour autant ce caractère hybride au choix du traducteur plutôt qu'au modèle latin dont il s'est servi.

39   Henri Zerner, « L'art au morier », *Revue de l'art*, t. 11, 1971, p. 7-30.

40   GW 7530. L'ISTC ic00908000 atteste la survivance de deux exemplaires : une copie est conservée à la ML de New York et une autre copie, lacunaire, est conservée à la BL de Londres.

manuscrites, actuellement conservées dans six codex[41]. Bien que la rareté des études sur la traduction du chanoine picard ne facilite pas la tâche, une comparaison entre le texte copié dans le manuscrit Paris, BnF, fr. 993 et celui retenu par l'édition brugeoise révèle que les adaptations demeurent légères et que l'imprimé suit ligne à ligne les leçons du manuscrit. Ces deux exemples montrent que les textes ne se différencient que par de petites variations morphosyntaxiques et lexicales qui pourraient néanmoins être attribuées au modèle que l'imprimeur eut sous les yeux :

Manuscrit de Paris	Incunable de Mansion
A divise comment les yeulx te tourneront en la teste, les vaines se romperont dedens ton corps et le cuer se partira en deux pieces pour la tresaguë douleur de la mort. Qui est doncques celui qui ne craindera maintenant *et ne se humiliera quant il scet trescertainement qu'il doit ja retourner en terre[42] ?*	*Advise comment les yeulx te tourneront en la teste, les vaines se rempront dedens ton corps et le cuer se partira en deux pieces pour la tresaguë doleur de la mort. Qui est doncques cellui qui ne craindra et ne se humiliera quant il scet certainement qu'il doit ja retourner en terre ?*
Ung jour vendra que les hommes requer-ront *la mort et ne le trouveront point. Ilz* desireront *morir, mais la mort s'en fuira arriere d'eulx[43].*	*Ung jour viendra que les hommes* desire-ront *la mort et ne le trouveront point. Ilz* requerront *morir, mais la mort s'en fuira arriere d'eulx[44].*

La traduction de Miélot fut successivement reprise par deux imprimeurs parisiens : Antoine Caillaut[45] (1490) et Le Petit Laurens[46] (1491). Le tableau

---

41   Bruxelles, KBR, ms. 9048 ; Bruxelles, KBR, ms. 11129 ; Paris, BnF, ms. fr. 993 ; Saint-Omer, BM, ms. 657 ; un manuscrit en mains privées mis en vente à Paris au *Louvre des Antiquaires*. *Cf.* Delsaux, « Bibliographie de et sur Jean Miélot », p. 164 ; http://www.textmanuscripts. com/tm-assets/tm-descriptions/tm0051-description.pdf (consulté le 5 janvier 2020).

42   Paris, BnF, ms. fr. 993, [f⁰ 5 r⁰].

43   *Ibid.*, [f⁰ 76 v⁰].

44   *Les quatre choses derrenieres*, trad. Jean Miélot, Bruges, Colard Mansion, [1475-1476] : Londres, BL, IB.49437.

45   Sur Antoine Caillaut (1483-1505), *cf.* Philippe Renouard, *Répertoire des imprimeurs parisiens du XVIᵉ siècle, libraires, fondeurs de caractères et correcteurs d'imprimerie*, Paris, Minard, 1965, p. 65. Sur l'incunable, *cf.* GW 7533. L'ISTC ic00909250 atteste la survivance d'un seul exemplaire, conservé à la UL de Cambridge.

46   Sur Le Petit Laurens (1490-1500), *cf.* Anatole Claudin, *Histoire de l'imprimerie en France au XVᵉ et au XVIᵉ siècle*, 4 vol., Paris, Imprimerie Nationale, 1900-1914, t. 2, p. 117-140. Sur l'incunable, *cf.* GW 7534. L'ISTC ic00909270 atteste la survivance d'un seul incunable, conservé à l'UB de Gand. Cet exemplaire s'ouvre curieusement sur deux gravures tirées du *Cathon en françois* d'Antoine Caillaut (1490), dont la page de titre aux armes de France

ci-dessous, issu d'une confrontation entre les imprimés, illustre une relative stabilité textuelle. Toutefois, quelques variations ont été introduites dans le texte publié par Caillaut. En premier lieu, il s'agit d'interventions qui portent sur le vocabulaire (suppression des citations latines, rajeunissement lexical, amplification sémantique par le biais de gloses), mais elles touchent parfois aussi au tissu syntaxique du texte (insertion de questions rhétoriques, passage du discours direct au discours indirect) :

Incunable de Mansion	Incunable de Caillaut	Incunable du Petit Laurens
Memorare novissima et in eternum non peccabis. Eclesiastici septimo capitulo. *Eclesiaste dist en son septiesme chapitre les parolles qui s'ensuivent.* [Prologue d'ouverture]	*Ecclesiaste en son septieme chapitre* en advertissant les poures pecheurs *dit les parolles qui ensuivent.*	Memorare novissima et in eternum non peccabis. Ecclesiastici septimo capitulo. *Ecclesiaste dit en son septiesme chapitre les parolles qui s'ensuivent.*
Ou sont jeux et esbatements ? Ou sont les beubans *et orgueilz mondains ?* [Ire partie, Ier chapitre]	*Ou sont les jeux et esbatemens ? Ou sont les* pompes *et les orguilz mondains ?*	*Ou sont les jeux et esbatemens ? Ou sont les* boubans *et les orgueilz mondains ?*
Las moy se j'ay fait quelque tricherie a mon prochain, las moy se je n'ay point dit verité. La cuignie est mise a la rachine *de l'arbre.* [Ire partie, IIIe chapitre]	*Helas, se j'ay fait quelque tricherie a mon prochain et je n'ay point dit verité,* que pourraige devenir *puisque la congnie,* c'est a dire le glaive de la mort, *est ja mise au pié de l'arbre,* c'est assavoir a mon poure corps pour l'envoier a pourriture ?	*Las moy se j'ay fait quelque tricherie a mon prochain, las moy se je n'ay point dit verité. La coignee est mise a la* racine *de l'arbre.*
Un sage homme envoyé de par ses parens l'amonnestast qu'il [ung jenne filz] s'en partist ainçois qu'il feist profession, en lui disant : « Tu as esté delicieusement nourry, sy ne pourras soustenir	*Ung sage homme envoyé de par ses parens l'amonnestant qu'il [ung jeune filz] s'en partist ançois qu'il fist profession,* en luy disant et remonstrant comme il avoit esté delicieusement nourri et que	*Ung saige homme envoyé de par ses parens l'amonestat qu'il [ung jeune filz] s'en partist ainçois qu'il fist profession,* en luy disant : « Tu as esté delicieusement nourry, sy ne pourras

et de la ville de Paris, encadrée par la devise de l'atelier de Caillaut (*Ung Dieu, ung Roy, ungne Loy, ungne Foy*). *Cf.* Claudin, *Histoire de l'imprimerie en France*, t. 1, p. 301-302, 304 ; t. 2, p. 14-15.

l'aigreur et aspreté de l'ordre ». [IIIe partie, IIIe chapitre]	il ne pourroit pas soustenir l'aigre rigueur et aspreté de l'ordre desditz precheurs[47].	soustenir l'aigreur et aspreté de l'ordre[48] ».

En ce qui concerne le paratexte, les mises en page des incunables se ressemblent. Imprimées à longues lignes au nombre de 34 sur les pages entières pour Caillaut et de 28 pour Mansion et Le Petit Laurens, ces éditions ont été réalisées à l'aide de caractères gothiques et ne présentent pas de décorations, sauf des lettrines et des pieds-de-mouches en rouge chez Caillaut[49] ; les volumes sortis des presses de ce dernier se caractérisent en outre par des titres composés dans une police plus grande. Dans tous ces incunables, l'organisation textuelle suit le schéma des manuscrits : un prologue d'ouverture précède les quatre parties dont se compose l'ouvrage ; par la suite, chaque partie est constituée par un prologue et trois chapitres. Les seuls écarts entre les imprimés se manifestent au niveau de la présentation des sections ; par exemple, ce n'est que Le Petit Laurens qui achève les prologues par la mention : *Cy finist le prologue*. Une deuxième différence concerne le positionnement de la table des matières. Placée en tête de l'ouvrage chez Mansion et Le Petit Laurens, elle clôt par contre l'édition de Caillaut ; l'imprimeur avait néanmoins déjà évoqué sa présence dans le prologue : *Et est a noter que ce present livre contient en soy quatre principalles parties dont chascune partie contient trois chapitres aincy que plus a plain est declaré en la table mise en la fin de ce present oeuvre*[50]. Le déplacement de cet instrument de rappel des titres est pourtant significatif, car il fournit des informations sur le public auquel l'édition était adressée ; en effet, si d'après l'usage classique, une table en ouverture se borne à annoncer le contenu du texte, une table en fin de volume favorise la lecture intellectuelle[51].

---

47   *Les quatre choses derrenieres*, trad. Jean Miélot, Paris, Antoine Caillaut, [*ca* 1490] : Cambridge, UL, Inc. 5.D.1.12[2449].

48   *Les quatre choses derrenieres*, trad. Jean Miélot, Paris, Le Petit Laurens, [*ca* 1491] : Gand, UB, Rés. 345.

49   La présence d'espaces vides réservés aux rubricateurs dans l'exemplaire de Mansion conservé à Londres et dans celui du Petit Laurens conservé à Gand montre que le même type de décoration été vraisemblablement prévu.

50   *Les quatre choses derrenieres*, éd. Caillaut.

51   *Cf.* Gérard Genette, *Seuils*, Paris, Éditions du Seuil, 1987 (*Poétique*), p. 292.

En conclusion, les trois traductions de Miélot qui passèrent à l'imprimé – *La controversie de noblesse*, le *Debat d'honneur des trois chevaleureux princes* et le *Traittié des quatre dernieres choses advenir* – furent d'abord publiées dans les anciens Pays-Bas, où la révolution technique déclenchée par les incunables se propagea en douceur[52] : les exemplaires sortis dans les décennies 1470 et 1480 de l'atelier de Mansion témoignent aussi bien de la proximité aux manuscrits que de la volonté de contribuer à la diffusion de la culture bourguignonne parmi des lecteurs qui en étaient déjà imprégnés. En revanche, dans la plupart des cas, les incunables parisiens des années 1490 montrent un souci d'adaptation des œuvres à un nouveau public : les micro-variations textuelles et les changements paratextuels correspondent à des variations sur le plan de la réception. Des ouvrages intimement bourguignons s'ouvrirent donc enfin à une circulation de plus longue haleine.

Elisabetta BARALE
Università degli Studi di Torino

---

52   Paul Saenger, « Colard Mansion and the Evolution of the Printed Book », *The Library Quaterly*, t. 45, 1975, p. 405-418.

LES PASSAGES D'OUTREMER
DE SÉBASTIEN MAMEROT

Des manuscrits aux imprimés

En 1474 Sébastien Mamerot termine à Vierzon la composition d'une œuvre historique commandée par Louis de Laval-Châtillon (1411-1489), grand seigneur riche et puissant au service du roi Louis XI. Il s'agit d'une histoire des croisades entreprises par les Français pendant les siècles précédents. Cet ouvrage a été rédigé par Sébastien Mamerot, chapelain et secrétaire de Louis de Laval, entre 1472 et 1474[1]. L'un des manuscrits, conservé à la Bibliothèque nationale de France sous la cote fr. 5594, destiné à ce grand seigneur, a été somptueusement enluminé par un peintre réputé, Jean Colombe[2], et décoré par un cycle exceptionnel de 66 enluminures en pleines pages. Ce peintre – qui est l'un des plus grands artistes enlumineurs de son temps – exerça son activité à Bourges entre 1465 environ et 1493. Le résultat est un volume splendide copié sur parchemin et digne de figurer dans les collections d'un bibliophile dans les dernières décennies du xve siècle.

Les *Passages d'outremer* sont la dernière œuvre composée par Sébastien Mamerot. Auparavant il rédigea en 1458 les *Croniques martiniennes*[3],

---

1   Au folio 5 du manuscrit Paris, BnF, fr. 5594, dans son prologue, l'auteur indique qu'il entreprend sa rédaction le 14 janvier 1472 à la demande de Louis de Laval, alors gouverneur de Champagne. Dans le colophon il dit l'avoir achevé à Vierzon le 19 avril 1474, peu après Pâques.

2   *Cf.* Marie Jacob, « Le programme iconographique du manuscrit de dédicace des *Passages d'outremer* de Sébastien Mamerot : une tentative d'exhortation à la croisade au temps de Louis XI », *Quand l'image relit le texte. Regards croisés sur les manuscrits médiévaux*, dir. Sandrine Hériché-Pradeau et Maud Pérez-Simon, Paris, Presses Sorbonne Nouvelle, 2013, p. 185-197.

3   On connaît cinq manuscrits des *Croniques martiniennes*, dont l'un fut fait pour Louis de Laval (Paris, BnF, ms. fr. 6360) et une édition réalisée dans l'atelier d'Antoine Vérard vers 1504-1507. Cette édition porte le titre de *La cronique martiniane de tous les papes qui furent jamais et finist jusques au pape Alexandre derrenier, decedé mil cinq cens et trois, et avecques les additions de plusieurs croniqueurs, c'est assavoir de messire Verneron, chanoyne de*

puis de 1460 à 1468 une *Histoire des neuf preux*[4] et à partir de 1466 le *Romuleon*[5]. Pourquoi et comment les *Passages d'outremer* ont-ils été repris par les imprimeurs au début du XVIe siècle? Ce texte était-il encore d'actualité? Il convient de se demander si ces éditions sont très éloignées des manuscrits ou bien si elles leur sont fidèles et à quel public elles s'adressent.

LES PASSAGES D'OUTREMER, DES MANUSCRITS AUX ÉDITIONS

LES MANUSCRITS DES *PASSAGES D'OUTREMER*

Trois manuscrits ont conservé le texte des *Passages d'outremer* :

1. Le plus célèbre est le manuscrit français 5594 conservé à la Bibliothèque nationale de France (f°s 5 r° – 277 v°) : 293 feuillets, réalisé sur un vélin de qualité, de grandes dimensions (32 × 23 cm). Il a été reproduit en fac-similé par les éditions Taschen grâce à Thierry Delcourt en 2009[6].
2. Le manuscrit Paris, BnF, fr. 4769, sur parchemin.
3. Le manuscrit Paris, BnF, fr. 2626, sur parchemin.

Lyege, monseigneur le croniqueur Castel, monseigneur Gaguin, general des Mathurins, et plusieurs autres croniqueurs.

4   Cf. Richard Trachsler, « Le seigneur et le clerc. Sébastien Mamerot et la naissance du dixième Preux », *Le clerc au Moyen Âge*, Aix-en-Provence, CUERMA, 1995, (*Senefiance*, 37), p. 539-553.

5   Ce texte est conservé par trois manuscrits. Cf. Frédéric Duval, *La Traduction du* Romuleon *par Sébastien Mamerot. Étude sur la diffusion de l'histoire romaine en langue vernaculaire à la fin du Moyen Âge*, Genève, Droz, 2001 (*Publications romanes et françaises*, 228).

6   Sébastien Mamerot, *Une chronique des croisades. Les Passages d'outremer. Fac-similé du manuscrit de 1474 enluminé par Jean Colombe*, Cologne, Taschen, 2009. Le second volume joint à ce fac-similé contient une introduction et une traduction du texte par Thierry Delcourt et Danielle Quéruel. Ce fut le dernier ouvrage de ce très grand savant que fut Thierry Delcourt, directeur des manuscrits de la Bibliothèque nationale de France, avant de mourir et il avait eu la courtoisie de nous y associer. Sébastien Mamerot, *Une chronique des croisades. Les Passages d'outremer. Édition complète, adaptée et commentée*, éd. Thierry Delcourt, Danielle Quéruel et Fabrice Masanès, Cologne, Taschen, 2009.

Ces deux derniers manuscrits sont moins somptueux que le premier, mais de bonne qualité. Nous ne savons pas pour qui ils ont été copiés. Ils présentent un texte le plus souvent identique[7].

Lorsque Sébastien Mamerot entreprend cette chronique des croisades, il obéit à une commande précise de Louis de Laval et à sa demande il souligne la part prise par les seigneurs français dans ces expéditions passées. Il intitule ainsi son œuvre *Les passages faiz oultremer par les roys de France et autres princes et seigneurs françois contre les Turcqs et autres sarrazins et mores outre marins*[8].

Il peut paraître surprenant qu'un grand seigneur à la fin du XVᵉ siècle s'intéresse aux croisades et aux motivations qui poussèrent les chrétiens d'Occident à se rendre outremer. Les croisades appartiennent aux siècles passés et les relations avec les pays d'outremer ont changé. Louis de Laval, féru d'histoire et de beaux livres, a sans doute voulu, comme bien des seigneurs lettrés de la fin du Moyen Âge, se constituer une bibliothèque personnelle et, de 1458 à 1474, il a commandé à son chapelain plusieurs ouvrages aujourd'hui bien identifiés qui tous traitent d'événements historiques. Louis de Laval aimait incontestablement les livres d'histoire. Peut-être a-t-il voulu posséder comme les ducs de Bourgogne un somptueux manuscrit consacré aux expéditions vers les pays d'outremer. Peut-être aussi, en demandant à son secrétaire une chronique qui exaltait le rôle des Français, voulait-il rappeler que Philippe le Bon n'avait pas été le seul à se préoccuper de la situation au Moyen Orient. Le duc de Bourgogne en effet a longtemps caressé le désir d'être le chef d'une nouvelle croisade. Mais les souverains d'alors – et en particulier le roi de France – ne l'ont pas suivi et le projet de croisade n'a pas abouti. Cependant, tout au long du XVᵉ siècle, les bibliothèques et en particulier celles de Bourgogne se remplissent de recueils qui parlent de l'Orient : romans reprenant des chansons de croisade anciennes comme le cycle de Bouillon ou l'histoire de Saladin, chroniques racontant les différents épisodes de la présence des chrétiens dans les états situés de l'autre côté de la Méditerranée, relations de pèlerinage outremer, etc. Tous ces textes prouvent que, à la fin du XVᵉ siècle, bien que les Occidentaux ne soient plus d'accord pour partir combattre outremer, ils sont préoccupés par la présence des sarrasins dans des terres chrétiennes et surtout par le sort

---

7   Nous espérons pouvoir fournir sous peu une édition critique de ce texte.
8   Sébastien Mamerot, *Passages d'outremer*, Paris, BnF, ms. fr. 5594, fᵒ 1 rᵒa.

de Constantinople. Les événements survenus dans cette ville – le siège pendant deux mois en 1453, les pillages qui permirent aux troupes du sultan ottoman Mehmet II d'entrer dans Constantinople qui désormais échappe à toute influence byzantine et chrétienne – ont douloureusement touché et inquiété les Occidentaux.

LES VERSIONS IMPRIMÉES DES *PASSAGES D'OUTREMER*

Ces préoccupations sont-elles encore vivaces au début du XVIᵉ siècle ? Sans doute car les successeurs du sultan Mehmet s'emparent successivement de la Syrie, de la Palestine avec Jérusalem et de l'Égypte avec la Mecque. L'Occident chrétien demeure inquiet devant ces conquêtes et la disparition de la présence chrétienne dans ces pays. Le texte composé en 1472 par Sébastien Mamerot est donc encore d'actualité quarante ans plus tard lorsqu'un libraire-imprimeur, Michel Le Noir, le reprend et décide de l'imprimer.

L'édition de Michel Le Noir est datée du 27 novembre 1518. Il en subsiste encore quelques exemplaires[9] dont certains sont conservés dans les bibliothèques suivantes :

- Paris, BnF, Rés. LA9-2, LA9-2 (ALPHA) et FOL-LA9-2 (BETA). C'est cet exemplaire qui a été examiné pour cette étude.
- Paris, BnF, Arsenal, Rés. 4-H-5169, 5170 et FOL-H-3069
- Amiens, BM, Lescalopier 4944, Rés. 336 C
- La Haye, KB, 231-A-19
- Londres, BL, 595.g.19
- Lyon, BM, Rés. 105176
- New York, NYPL, Spencer Coll. French 1518, 80-267
- Vienne, ÖNB, 45.R.15

CONFUSION AVEC L'HISTOIRE DE GODEFROY DE BOUILLON

L'édition des *Passages d'outremer* de Sébastien Mamerot par Michel Le Noir en 1518 a souvent été confondue avec une autre édition de l'histoire des croisades réalisée par François Regnault en 1517. Toutes deux portent en effet un titre proche qui a certainement entraîné cette confusion. François Regnault a réalisé un volume intitulé :

---

9   Un autre exemplaire a été mis en vente à la Librairie Sourget, 93 rue de Seine, 75005 Paris.

Les Passages de outremer. Du noble Godefroy de Buillon qui fut roy de Jherusalem. Du bon roy sainct Loys et de plusieurs vertueux princes qui ce sont croisez pour augmenter et soustenir la foy crestienne. Avecques autres nobles faitz des roys d'Espaigne et de Hongrie contre les ennemys de nostre saincte foy catholicque[10].

Certains auteurs de catalogues se fiant seulement au début de ce titre ont pensé qu'il s'agissait d'une édition des *Passages d'outremer* de Mamerot. Il n'en est rien. Ce texte consacré en grande partie à Godefroy de Bouillon a été imprimé à deux reprises par l'imprimeur François Regnault en 1517 et 1525[11]. Il s'agit certes d'une histoire des croisades passées mais qui ne reprend pas le texte de Sébastien Mamerot[12]. L'intention n'en est pas très éloignée car les deux textes vantent les expéditions engagées au cours des siècles précédents et déplorent que la Sainte Église ait perdu tant de terres chrétiennes. L'édition de François Regnault s'ouvre sur un bois gravé représentant l'église du *Sepulchre de nostre Seigneur Jesuchrist* et, après la table des chapitres suivie par des tableaux de l'alphabet en arabe, en hébreu, en grec et en chaldéen, le récit lui-même commence par un texte intitulé *Compendieuse lamentation sur les roys et princes chrestiens pour la deffence de nostre foy catholique en exhortant les vrays et bons chrestiens pour la deffence d'icelle* (f° 1). Ce texte a longtemps été attribué par erreur à Sébastien Mamerot et présenté comme le prétendu récit du voyage à Jérusalem de cet auteur[13]. Il commence par une longue exhortation (f°s 1-6) aux rois et princes chrétiens afin qu'ils n'oublient pas le courage, les sacrifices et la mort de ceux qui ont combattu autrefois pour maintenir la foi chrétienne outremer. L'auteur y dénonce en particulier les actions cruelles des Turcs et la perte des Lieux saints. Ces premières pages jouent le rôle d'un prologue avant que la narration ne commence et que soit évoqué le rôle de Godefroy de Bouillon.

Les différences entre le texte de Sébastien Mamerot et l'édition de François Regnault sautent rapidement aux yeux. Dans l'histoire imprimée par François Regnault, il n'y a pas de récit consacré à Charlemagne, premier croisé mythique. La narration commence par le départ de la

---

10　Paris, BnF, Rés. 4-LA9-1, page de titre.
11　Édition de 1517 : Paris, BnF, Rés. 4-LA9-1 et 4-LA9-1 (ALPHA). Édition de 1525 : Paris, BnF, Rés. J-2173.
12　Le catalogue des livres imprimés de la Bibliothèque nationale de France commet une erreur en attribuant cet ouvrage à Sébastien Mamerot.
13　Erreur dénoncée dans Frédéric Duval, « Sébastien Mamerot », *Romania*, t. 116, 1998, p. 461-491 (ici p. 476).

première croisade et souligne le rôle de Pierre l'Ermite et de Godefroy de Bouillon. Après avoir évoqué les combats menés par Baudouin, roi de Jérusalem, puis le rôle du roi Guy de Lusignan et les succès de Saladin, le récit se prolonge jusqu'à la fin de la croisade dirigée par Saint Louis, s'attardant sur les affaires liées aux Templiers, puis aux pastoureaux, mais surtout au rôle néfaste joué par le comte d'Artois. Il s'agit donc d'un récit qui évoque parfois les mêmes règnes et parfois les mêmes épisodes que le début du texte de Sébastien Mamerot, mais qui n'a pas la même ampleur. Par ailleurs la rédaction en est totalement différente.

Pourquoi – alors que ces deux éditions sont éloignées – s'attarder ici sur celle de François Regnault ? Toutes deux insistent sur le sort de Constantinople et sur les dangers qui menacent les chrétiens. Le chapitre 73 édité par François Regnault par exemple se termine par des réflexions générales sur le rôle des rois chrétiens, sur leurs efforts pour secourir la chrétienté mais aussi sur leurs échecs :

> *Les Turcs et nations infideles ont gaigné toutes les bonnes villes et pays de la terre saincte ce que redonde au detriment et deshonneur de toute la chrestienté. Pleust a Dieu que tous les princes chrestiens feussent en bonne paix et vision que chascun fust content de la terre et qu'ilz eussent tous ung bon vouloir et sans fiction de recouvrer la terre saincte sur les infidelles qui l'ont par long temps tenue et occupee et qu'ilz s'i voulsissent employer comme font par ce jour le roy de Hongrie et les chevaliers de Rhodes sans lesquelz je croy que les Turcs occupassent desja toute la chrestienté. S'ilz faisoient ainsi ilz feroient beaucoup mieulx que de faire guerre chrestien contre chrestien. Dieu par Sa saincte grace les vueille a ce inspirer et mener. Amen[14].*

Il s'agit donc clairement d'une nouvelle exhortation à combattre les ennemis de la foi chrétienne. Mais le chapitre suivant (chap. 74) change de sujet. L'auteur dans le chapitre précédent rappelle comment Robert d'Artois persuada le roi d'Angleterre Édouard III de défier le roi de France et de s'emparer de son royaume. Les voyages d'outremer ne sont plus ici la première priorité des seigneurs occidentaux. L'auteur s'intéresse aux événements d'Espagne et du Portugal et aux expéditions du roi Garbus contre le royaume de Grenade. On retrouve alors dans l'édition proposée par François Regnault exactement le même texte que dans l'édition des *Passages d'outremer* de Michel Le Noir : *Comment le roy Garbus vint a tout grand nombre de sarrazins en la terre de Grenade et comment les*

---

14   *Les Passages de outremer*, Paris, François Regnault, 1517, f° 107 r°.

roys d'Espaigne et de Portingal vindrent contre ledict Garbus et eurent victoire contre les sarrazins et y fust occis Pizar le filz au roy de Bellemarine[15]. Les deux éditions sont alors semblables pendant quelques pages : l'édition de François Regnault aux chapitres 74, 75, 76, 78 et l'édition de Michel Le Noir aux folios 220 à 223. L'édition de François Regnault prolonge le texte en racontant dans les chapitres 79 à 95 comment les chrétiens vainquirent les sarrasins, puis évoque les trêves accordées par les Turcs, les combats en Hongrie, le siège de Constantinople, le siège du château de Betltrago en Hongrie et enfin la conquête de Grenade par le roi catholique d'Aragon. L'édition de Michel Le Noir, suivant davantage le texte de Sébastien Mamerot, se contente de raconter à partir du folio 225 comment la ville de Constantinople fut prise d'assaut.

Les deux éditions – celle de Michel Le Noir et celle de François Regnault – reprennent alors en partie toutes les deux un texte inspiré par les *Grandes Chroniques de France* (elles-mêmes imprimées dès 1477 par Pasquier Bonhomme à Paris). Les deux versions correspondent exactement jusqu'au folio 225 recto de Le Noir et au chapitre 79 de Regnault ; ensuite Le Noir saute neuf chapitres et reprend le récit pour raconter le siège de Constantinople. L'édition de Regnault continue en évoquant les combats qui se déroulèrent au port de Sambrine entre le chevalier blanc, maréchal de Hongrie, et les Turcs, et insiste sur la défaite du grand Turc devant le château de Beltrago en Hongrie ainsi que sur la conquête par le roi catholique d'Aragon du royaume de Grenade. Le texte édité par François Regnault est dans l'ensemble plus concis que celui de Michel Le Noir. Les chapitres sont plus courts et moins détaillés, la narration ne développe pas tous les événements historiques racontés par Michel Le Noir.

Une autre divergence importante apparaît entre ces deux éditions : François Regnault termine son texte sur des faits favorables aux chrétiens, ce que ne faisait pas Sébastien Mamerot qui déplorait dans sa conclusion que les croisades se soient arrêtées dans le passé. Le Noir quant à lui développe son récit jusqu'au siège de Constantinople. Il a donc lui aussi prolongé le texte proposé par Sébastien Mamerot en insistant sur les victoires obtenues par les Turcs.

Faut-il se demander si ces deux imprimeurs se connaissaient et travaillaient ensemble ? Ils recourent en tout cas aux mêmes procédés :

---

15 *Les Passaiges d'oultremer faitz par les Françoys*, Paris, Michel Le Noir, 1518, f° 220 r°.

partir de plusieurs manuscrits anciens sans toujours en indiquer l'origine, en choisir certains chapitres et les compléter en insérant des extraits d'œuvres qui peuvent donner un air plus actuel à leur édition. Ils s'accordent une certaine liberté en composant leur texte et ont – chacun à leur façon – le souci de donner à ce montage une unité. Leur projet commun est de dire les grands dangers courus par la chrétienté à la fois du côté de Constantinople et du côté de Grenade. Les deux éditeurs le font en présentant des œuvres composites différentes.

L'ÉDITION DES *PASSAGES D'OUTREMER* D'APRÈS SÉBASTIEN MAMEROT PAR MICHEL LE NOIR

Cette édition est conservée à la Bibliothèque nationale de France sous la cote Rés. LA9-2, LA9-2 (ALPHA) et FOL-LA9-2 (BETA). Il s'agit d'un volume de 227 feuillets composé de la façon suivante :

1. La page de titre. Elle reprend le début du titre du manuscrit : *Les Passaiges d'oultremer faitz par les Françoys* et l'éditeur ajoute la mention *Nouvellement imprimé.* Deux grands bois gravés et superposés couvrent le reste du feuillet. En haut une scène officielle représente le pape entouré d'hommes d'Église sur sa droite et de chevaliers en armure sur sa gauche. Il bénit Saint Louis agenouillé devant lui et lui remet une croix. Un phylactère indique le nom de ce roi : *S. Loys.* En bas sont représentées les armées turques et chrétiennes, séparées par un bras de mer sur lequel vogue une galère. À gauche les Turcs sont à cheval et en armes (un drapeau avec le croissant de lune flotte au-dessus des combattants) ; à droite les chrétiens armés eux aussi suivent leur chef à cheval qui tient un drapeau avec les trois fleurs de lys. Au sein du volume se trouvent plusieurs petits bois gravés de facture plus simple dans des épisodes inspirés par des textes ajoutés au texte original. Leur place n'est pas due au hasard mais correspond souvent à l'insertion d'un texte complémentaire, donc à l'utilisation d'une nouvelle source. Par ailleurs la présence continue de lettrines joliment ornées donne une grande élégance à l'ouvrage.

2. On trouve sur le feuillet suivant le texte d'un privilège qui couvre presque entièrement la page. Il contient le texte du privilège demandé au roi de France afin que plusieurs livres fabriqués par Michel Le Noir soient protégés de la concurrence d'autres libraires pendant trois ans à partir du jour de l'impression de chaque ouvrage concerné. La demande est signée par un certain Maillard et a été déposée à Rouen le *.xii. jour d'aoust l'an de grace mil cinq cens et dixsept et de nostre regne le troysyesme* auprès des prévôts chargés de la décision. Maillard se fait ici l'intermédiaire entre l'imprimeur concerné, Michel Le Noir, désigné comme libraire juré de l'Université de Paris, et le roi ainsi que les prévôts qui auront pour rôle de décider de l'octroi de ce privilège. Les arguments avancés pour obtenir ce privilège sont ceux du travail accompli : *dresser, corriger et mectre en forme deue a ses grans frais et mises*. Il s'agit donc d'abord de se faire *rembourser* de ces *frais et mises* à la fois pour le travail effectué et pour le papier et l'impression. Ensuite il s'agit d'éviter la concurrence d'autres libraires qui pourraient avoir envie d'imprimer le même texte. Ce privilège concerne quatre ouvrages : *le livre appellé les Passaiges d'oultremer faict par les Françoys contre les Turcqz et mores oultre marins, le petit Saintré, Guerin de Montglave et l'instruction du jeune prince*. Dans chacune des éditions de ces quatre textes, on retrouve exactement le même privilège[16].

3. Après le privilège on trouve sur cinq feuillets recto verso la table des chapitres de l'ouvrage. Elle est disposée sur deux colonnes et à la fin de chaque rubrique est indiqué le numéro du feuillet correspondant au chapitre présenté.

4. Après la table des chapitres est imprimé le texte lui-même, du *fueillet premier* au *fueillet CCxxvii* verso, ce qui représente 181 chapitres. Chacun commence par une élégante lettrine ornée de personnages ou de végétaux. Les premières lignes au premier feuillet reprennent le texte du manuscrit, reproduisant donc les dates et circonstances indiquées par Sébastien Mamerot alors qu'il explique pourquoi il a entrepris de composer *Les Passages d'outremer* :

---

16 Il s'agit des ouvrages suivants : *Les Passaiges d'oultremer faitz par les Françoys*, Paris, Michel Le Noir, 1518 ; *L'hystoyre et plaisante cronicque du petit Jehan de Saintré, de la jeune dame des belles cousines [...]*, Paris, Michel Le Noir, 1518 ; *Les deux tresplaisantes hystoires de Guerin de Montglave et de Maugist d'Aigremont*, Paris, Michel Le Noir, 1518 ; *L'instruction d'ung jeune prince pour ce bien gouverner envers Dieu et le monde*, Paris, Michel Le Noir, 1518.

*Parce que durant les trefves qui courent cest an mil.cccc.lxxii. sont venues nouvelles
complainctes des griefves executions faictes sur les terres et pays chrestiens par l'adversité
de toute chrestienté, Machomet, d'aultemay appellé le Grant Turcq, lequel, non
ayant encores assez fait a son gré grans conquestes par les prises de la tresexcellente
cité de Constantinoble et de Trapesonde et aultres provinces, villes, chasteaulx et pays
de Grece et tresgrant nombre, s'efforce encores de jour en jour vouloir extirper a son
povoir le nom et gloire des chrestiens par plusieurs grans appareilz de guerre qu'il a
assemblez et assemble continuellement. Tendant en brief comme aucuns congnoissans
les manieres par luy tenues en ses premieres conquestes, entreprendre de rechief sur
le peuple chrestien, a voulu et veult mon tresredoubté seigneur, monseigneur Loys de
Laval, seigneur de Chastillon en Vendeloys et de Gael, lieutenant general du roy
Loys l'onziesme a present regnant, et pour luy gouverneur de Champaigne, que par
moy, Sebastien Mamerot de Frixons, chantre et chanoine de l'église monseigneur sainct
Estienne de Troyes et son chappellain et serviteur domesticque, ayent esté et soyent
reduyz en ung compendieux traictié et volume par especialté les passaiges d'oultremer
faiz tant par le tresexcellent et treschrestien roy de France et empereur des Rommains
sainct Charles le grant, autrement et communement appellé Charlemaigne, et par
les autres roys, princes, barons, chevaliers, gentilz hommes et peuples des François,
comme par plusieurs autres empereurs, roys, princes et peuples de divers royaulmes,
provinces et pays par leur especial esmeute et conduycte, depuis la saincte conqueste de
Jherusalem faicte par iceluy tresexcellent conquerant Charlemaigne, jusques aux temps
modernes et presens. Auquel mon tresredoubté seigneur complaisant j'ay commencé ce
present volume en ceste cité de Troyes l'an prealleggué et le jeudi .xiiii. jour de janvier,
esperans le reduyre ainsi que requis en suis a la gloire de Dieu, honneur et prouffit
des François et de tous autres chrestiens qui passeront ou temps advenir oultremer, les
advisans des infortunes, perilz et dommaiges des precedens excercent le sainct voyage*[17].

Seules quelques légères variantes stylistiques et orthographiques sont
apportées par l'éditeur au texte du manuscrit qu'il recopie avec fidélité[18].

---

17   *Les Passaiges d'oultremer faitz par les François*, Paris, Michel Le Noir, 1518, f⁰ 1 r⁰.
18   *Cf.* le texte de Sébastien Mamerot : *Par ce que durant les treves qui courent cest an mil.cccc.
      lxxii. sont venues nouvelles complaintes des griefves entreprises, execucions et conquestes faictes sur les
      terres et pays cristiens par l'adversaire de toute cristienté, Machomet, d'aultreman appellé le Grant
      Turcq, lequel, non ayant encores a son gré assez fait grans conquestes des prises des tresexcellens
      citez de Constantinople et de Trapesonde et de plusieurs provinces et autres citez, villes, chasteaulx et
      pays de Grece par lui ja subjuguees en tresgrant nombre, s'efforce encores de jour en jour de vouloir
      extirper a son povoir le nom et gloire des cristiens par plusieurs grans appareilz de guerre qu'il a
      assemblez et assemble trescontinuellement, tendant en brief, comme aucuns congnoissans les manieres
      par lui tenues en ses premieres conquestes, entreprendre et conquester de rechief sur le peuple cristien,
      a voulu et veult mon tresredoubté seigneur, monseigneur Loys de Laval, seigneur de Chastillon
      en Vendelois et de Gael, lieutenant general du roy Loys l'onziesme a present regnant, et pour lui
      gouverneur de Champaigne, que par moy, Sebastien Mamerot de Soissons, chantre et chanoine de
      l'eglise monseigneur saint Estienne de Troyes et son chappellain et serviteur domestique, ayent esté
      et soyent reduyz en ung compendieux traictié et volume par especialité les passages d'oultremer faiz
      tant par le tresexcellent et trescristien roy de France et empereur des Rommains sainct Charles le*

Tout se présente comme si Michel Le Noir avait choisi d'imprimer l'ouvrage écrit par Sébastien Mamerot pour Louis de Laval et revendiquait son choix. De même, les dernières lignes du texte de l'édition reprennent exactement celles que composa Sébastien Mamerot à la fin de son manuscrit :

> *[…] desquelz je faictz la fin, louant Nostre Seigneur Dieu Jhesucrist par la grace duquel je Sebastien Mamerot prestre natif de Soissons et chantre de Sainct Estienne de Troyes ay mis a chief cestuy present traictié a Vierzon, ce mardy dixneufviesme jour d'avril mil quatre cens et cinquante quatre apres Pasques*[19].

Ces lignes imprimées recopient le texte de Sébastien Mamerot mais introduisent une erreur sur la date. L'éditeur indique 1454 au lieu de 1474. La mention finale du manuscrit *Cy finent les passages d'oultremer faiz par les nobles François* est également reprise, mais elle est suivie du colophon inséré par l'éditeur :

> *Cy finist les passaiges d'oultremer faictz par les Françoys avecques plusieurs addicions recueillies de plusieurs operations dudict voyage et faictz d'armes faictz par les dictz Françoys et aultres seigneurs ayans eu la devotion de deffendre ladicte terre saincte. Nouvellement imprimé a Paris le vingtseptiesme jour de novembre l'an mil cinq cens et dixhuyt par Michel Le Noir libraire juré en l'université de Paris demourant en la rue Sainct Jacques a l'enseigne de la Rose blanche couronnee*[20].

Michel Le Noir cite donc son modèle et situe son travail dans la continuité de celui de l'auteur du manuscrit, mais il n'omet pas de rappeler également son rôle d'imprimeur.

> *grant, autrement et communement appellé Charlemaigne, et par les autres roys, princes, barons, chevaliers, gentilz hommes et peuples des François, comme par plusieurs autres empereurs, roys, princes et peuples de divers royaumes, provinces et pays par leur especial esmeulte et conduicte, depuis la sainte conqueste de Jherusalem faicte par cellui tresexcellent conquerant Charlemaigne jusques aux [temps] modernes et presens. Auquel mon tresredoubté seigneur complaisant, j'ay commencé ce present volume en ceste cité de Troyes l'an preallegué et le jeudi xiiii* jour de janvier, esperant le deduire ainsi que par lui m'a esté commandé a la gloire de Dieu, honneur et prouffit des François et de tous autres cristiens qui passeront ou temps advenir oultre mer, les advisans des infortunes, perilz et dommages precedens excerçans le saint voyage, et par especial du Saint Sepulcre et de Jherusalem, invocant la grace de Nostre Seigneur Dieu Jhesu Crist et lui aydant et donnant en ceste matiere* (Sébastien Mamerot, *Passages d'outremer*, Paris, BnF, ms. fr. 5594, f° 5 r°b-v°b).

19   *Les Passaiges d'oultremer faitz par les Françoys*, Paris, Michel Le Noir, 1518, f° 227 v°. *Cf.* le texte de Sébastien Mamerot : *Desquelz je faiz la fin, loant Nostre Seigneur Dieu Jhesuscrist par la grace duquel je, Sebastien Mamerot, prestre natif de Soissons et chantre de Saint Estienne de Troyes, ay mis a chief cestui present traictié a Vierzon le mardi .xix.ᵉ jour d'avril mil.cccc. soixante et quatorze aprés Pasques (ibid., f° 277 r°b-v°a).*

20   *Les Passaiges d'oultremer faitz par les Françoys*, Paris, Michel Le Noir, 1518, f° 227 v°.

5. Pour clore ce volume se trouve une image de l'emblème de Michel Le Noir avec sa marque d'imprimeur. Sur cette marque n'est pas repris le motif de la rose blanche, correspondant à ses œuvres de jeunesse ; il est abandonné au profit de celui du More, en lien avec son patronyme. On y voit un personnage aux caractéristiques mauresques (tête sombre, turban enroulé autour du crâne, d'où s'échappe un long ruban). Cette tête est posée sur un casque couronné, qui surmonte un écu portant le chiffre de Michel Le Noir. Son nom est ajouté dans l'angle gauche en haut de l'image. Le tout est encadré par sa devise : *C'est mon desir / De Dieu servir / Pour acquerir / Son doulx plaisir.*

La question essentielle est de savoir si – malgré le fait que Michel Le Noir cite le nom de Sébastien Mamerot – son édition est proche du modèle proposé par les manuscrits des *Passages d'outremer* écrits plus de quarante ans auparavant.

FIDÉLITÉ OU TRAHISON
DE L'ÉDITION DE MICHEL LE NOIR ?

LE PROLOGUE

L'exercice de réécriture du prologue est tout à fait remarquable. L'éditeur a choisi de ne pas reproduire la lettre écrite en 1488 par le sultan Bajazet II à Charles VIII de Valois, roi de France de 1483 à 1498, qui ouvre le manuscrit et a préféré reprendre directement le prologue de Sébastien Mamerot. Celui-ci rappelle comment en 1472 le Grand Turc a rompu les trêves conclues avec les chrétiens. Les premières lignes de l'édition reproduisent ainsi fidèlement le prologue de Sébastien Mamerot et contiennent tous les renseignements qui étaient déjà donnés par les manuscrits : le nom de l'auteur, celui du commanditaire, la date et le lieu de rédaction. Tout se passe donc au début de l'édition de 1518 comme si l'éditeur annonçait que l'auteur du texte reproduit à la suite était bien Sébastien Mamerot. Mais quelques lignes avant la fin du prologue – alors que l'auteur fait l'éloge des croisés – cet éditeur du XVIe siècle ajoute quelques lignes pour préciser le public auquel il s'adresse. Il évoque alors ceux qui continuent à aller dans les pays d'outremer et ont remplacé les croisés, c'est-à-dire les pèlerins[21]. L'éditeur quitte alors le texte de Mamerot pour définir un nouveau projet et prolonge ainsi le texte :

> *Et par especial j'ay bien voulu de mon petit povoir et labeur satisfaire aux devotz pellerins chrestiens qui desirent acomplir le voyage de Jherusalem iceulx advertir des passaiges perilleux par les chemins par ou il fault aller et passer [...]*[22].

Tout naturellement les dangers auxquels les croisés, puis les pèlerins ont été et sont encore confrontés sont évoqués et l'auteur du XVIᵉ siècle engage de façon logique une réflexion sur les deux chemins à suivre pour se rendre outremer. S'adresser aux pèlerins est ici une volonté nouvelle ; le récit est sans doute toujours destiné à plaire à une clientèle friande de récits sur ces pays lointains, mais surtout à ceux qui voudraient s'y rendre. Le texte trouve ainsi une nouvelle justification et un nouveau public.

LES RUBRIQUES

La simple lecture de la table des rubriques démontre que l'édition proposée par Michel Le Noir est en partie infidèle au manuscrit contenant le texte de Sébastien Mamerot. Les rubriques imprimées sont de deux sortes :

— soit elles reprennent les chapitres du manuscrit des *Passages d'outremer.* Dans ce cas elles reproduisent fidèlement le texte initial de la table, puis le prolongent de plusieurs lignes en reproduisant la rubrique placée, dans le manuscrit, en tête de chapitre ; les rubriques prennent ainsi une certaine ampleur et le lecteur est longuement averti de ce qu'il va lire dans le corps du chapitre. Citons comme exemple le titre du premier chapitre de Sébastien Mamerot figurant dans la table du manuscrit : *Comment la saincte cité de Jherusalem fut prise sur les cristiens par les sarrazins*[23]. Il est repris et allongé dans l'édition de Michel Le Noir au moyen du titre placé, dans le manuscrit, au début du chapitre : *Comment la saincte cité de Jherusalem fut prinse sur les chrestiens par les sarrazins. La fuitte du patriarche de Jherusalem.*

---

21 *Cf. supra*, n. 17.

22 *Les Passaiges d'oultremer faitz par les Françoys*, Paris, Michel Le Noir, 1518, fᵒ 1 rᵒ. *Cf.* le texte de Sébastien Mamerot cité *supra*, n. 18.

23 Sébastien Mamerot, *Passages d'outremer*, Paris, BnF, ms. fr. 5594, fᵒ 1 rᵒa.

La vision de Constantin, empereur de Constantinoble et les ambassadeurs envoyez en France a Charlemaigne[24].
— soit elles annoncent des chapitres nouveaux et sont dans ce cas très courtes, mais fidèles au modèle suivi qui n'est plus *Les Passages d'outremer.* C'est le cas du titre du premier chapitre de l'édition : *De la riche cité de Venise*[25].

On peut en conclure que l'imprimeur a pris soin de lire minutieusement le texte manuscrit qu'il prétend reproduire et a choisi de prévenir le lecteur des transformations qu'il souhaitait y apporter. Mais jamais il n'indique les sources des textes qu'il ajoute à celui de Sébastien Mamerot. En effet, dès les premiers chapitres, l'éditeur choisit de ne pas tenir la promesse contenue dans le prologue et de s'éloigner du texte du manuscrit. Celui-ci sera repris un peu plus tard et est en fait – tout au long du volume – entrelacé avec d'autres textes qui rejoignent les nouvelles intentions du texte.

UN TEXTE COMPOSITE

L'édition réunit en fait cinq textes différents :

1. Folios 1 recto – 8 recto :
De la fin du folio 1 recto, c'est-à-dire de la fin du prologue repris à Mamerot en grande partie, jusqu'au folio 8 recto est développé un itinéraire de Paris à Jérusalem. La source directe demeure inconnue mais le texte est tout à fait conforme à d'autres itinéraires composés à l'époque. L'éditeur du XVIᵉ siècle rappelle d'abord qu'il y a deux chemins pour faire le *sainct voyage,* par terre et par mer et choisit ensuite de décrire les différentes étapes franchies par les voyageurs qui vont de *la bonne ville et cité de Paris* jusqu'à Jérusalem. Les villes traversées sont indiquées, les distances parcourues aussi : *Et premier de la ville de Paris fault aller a Essonne ou on compte sept lieues [...]*[26]. Certains lieux sont mis en avant comme le

---

24 *Les Passaiges d'oultremer faitz par les Françoys*, Paris, Michel Le Noir, 1518, fᵒ Aii rᵒ. *Cf.* le texte de Sébastien Mamerot : *Comment la saincte cité de Jherusalem fut prise sur les cristiens par les sarrazins. La fuyte du patriarche de Jherusalem et vision de Constantin, empereur de Constantinople. Et comme les ambassadeurs furent envoiez en France a Charlemaigne* (Sébastien Mamerot, *Passages d'outremer*, Paris, BnF, ms. fr. 5594, fᵒ 6 rᵒa).
25 *Les Passaiges d'oultremer faitz par les Françoys*, Paris, Michel Le Noir, 1518, fᵒ Aii rᵒ.
26 *Ibid.*, fᵒ 1 rᵒ.

passage des Alpes par Chambéry, Montmélian, Aiguebelle, Saint-Jean-de-Maurienne, Saint-Michel, Lanslebourg et enfin le Mont-Cenis, souvent couvert de neige. L'arrivée en Italie est scandée par l'énumération des ponts et rivières qu'il faut passer pour découvrir Milan avec sa somptueuse église de marbre blanc, puis Padoue où sont les corps de saint Antoine, de saint Luc et saint Matthieu et enfin Venise. Plusieurs chapitres s'attardent sur la description de cette ville, de ses palais et ses boutiques luxueuses, de la chapelle de Saint-Marc avec ses mosaïques et ses reliques, de sa flotte. Le voyageur qui peut payer son passage est alors conduit jusqu'à Raguse, puis au port de Candie dont on vante les vins. La ville de Rhodes, puis l'île de Chypre sont également longuement évoquées, puis Jaffa est présenté comme *le port des pellerins et le commencement de la terre saincte*[27]. Les formalités permettant aux voyageurs de quitter leur embarcation et d'entrer dans la ville sont explicitées : il faut d'abord s'inscrire et demander au soudan ou à son sénéchal un *congé*, puis payer un tribut. Les hommes d'Église sont reçus par des cordeliers installés à Jaffa tandis que les pèlerins sont conduits par les sarrasins dans une grotte. La ville de Rame est la dernière étape évoquée avant que soit nommée la ville de Jérusalem. Toutes les recettes habituelles des guides de voyage sont reprises ici[28]. Depuis les croisades la rédaction de ce type de récit a pris de plus en plus d'ampleur surtout aux XIVe et XVe siècles et l'importance des pèlerinages a rendu nécessaire ces relations[29].

Lorsqu'il nomme la ville de Jérusalem, l'auteur du XVIe siècle peut alors interrompre cet itinéraire et de façon naturelle revenir au premier chapitre des *Passages d'outremer*[30]. À la description de la ville de Jérusalem est substitué le récit de la prise de Jérusalem par les sarrasins et de la vision de l'empereur Constantin. L'intérêt historique est alors mis en avant et l'imprimeur mêle ainsi ces deux œuvres sans rompre la cohésion du texte.

---

27 *Ibid.*, f° 7 r°.
28 *Cf.* Béatrice Dansette, « Les pèlerinages occidentaux en Terre sainte : une pratique de la "Dévotion moderne" à la fin du Moyen Âge. Relation inédite d'un pèlerinage effectué en 1486 », *Archivum franciscanum*, t. 72, 1979, p. 106-428 ; *Croisades et pèlerinages. Récits, chroniques et voyages en Terre sainte XIIe-XVIe siècle*, dir. Danielle Régnier-Bohler, Paris, Robert Laffont, 1997 (*Bouquins*).
29 *Cf.* Jean Richard, *Les récits de voyages et de pèlerinages*, Turnhout, Brepols, 1985 (*Typologie des sources du Moyen Âge occidental*, 38).
30 *Les Passaiges d'oultremer faitz par les Françoys*, Paris, Michel Le Noir, 1518, f° 8 r°. *Cf. supra*, n. 24.

2. Folios 8 recto – 14 recto :

Le texte des *Passages d'outremer* composé par Sébastien Mamerot est
ici repris fidèlement. Il s'agit des chapitres 1 à 5 du manuscrit[31] racontant la prise de Jérusalem sous le règne de Charlemagne, l'expédition
de l'empereur à Constantinople, les reliques de la Passion qu'il rapporta
en Occident.

3. Folios 14 recto – 22 recto :

L'imprimeur relate ici l'expédition de Charlemagne en Espagne jusqu'à
la mort de l'empereur. Sébastien Mamerot, sans doute pour ne pas
quitter son sujet consacré aux croisades, ne raconte pas ces épisodes. Il a
choisi de reprendre le récit mythologique du voyage de Charlemagne à
Constantinople en le présentant comme la première véritable croisade.
Après avoir raconté l'expédition de l'empereur Charlemagne, son retour et
le dépôt des reliques à Aix-la-Chapelle, il évoque le rôle du pape Urbain II
qui prêcha la croisade en 1095. Soucieux de respecter son sujet – les
expéditions outremer – il n'avait pas choisi de poursuivre le récit de la vie
de Charlemagne, d'ajouter ses derniers combats en Espagne et sa mort.

L'éditeur du XVIe siècle éprouve quant à lui le besoin de prolonger le
récit des expéditions de Charlemagne et intègre à son récit les dernières
aventures de l'empereur : il raconte ainsi comment il fut invité par saint
Jacques à aller délivrer l'Espagne, ses combats contre le roi Agouland
(présence d'un bois gravé, f° 16 v°), le combat de Roland contre le géant
Ferracud (présence d'un bois gravé, f° 18 r°), la bataille de Roncevaux,
les sépultures des chevaliers chrétiens tombés à cette occasion et enfin
la mort de Charlemagne. Ces chapitres s'inspirent de la *Chronique du
Pseudo-Turpin* ou plus exactement de la tradition dite « Johannes » du
Turpin qui ajoutait à la version commune le récit de l'expédition de
Charlemagne en Orient et en particulier le passage sur les reliques. Ce
texte qui, depuis le XIIe siècle[32], a eu un rayonnement extraordinaire en
Occident est repris ici tout naturellement dans un contexte favorable aux

---

31 Sébastien Mamerot, *Passages d'outremer*, Paris, BnF, ms. fr. 5594, f°s 6 r° – 18 v°.
32 *Cf. Descriptio qualiter Karolus Magnus clavum et coronam Domini a Constantinopoli Aquisgrani
     detulerit qualiterque Karolus Calvus hec ad Sanctum Dionysium retulerit*, dans *Die legende
     Karls des Grossen im 11. und 12. Jahrhundert*, éd. Gerhard Rauschen, Leipzig, Duncker &
     Humblot, 1890 (*Publikationen der Gesellschaft für rheinische Geschichtskunde*, 7), p. 103-125.
     Ce récit fut vraisemblablement composé dans la deuxième moitié du XIe siècle avant la
     première croisade par un moine de Saint-Denis. L'auteur y insère la légende du voyage

croisades et à l'exaltation des *cors sains*. L'éditeur a ainsi choisi de quitter pendant quelques chapitres le cadre des pays d'outremer. À plusieurs reprises il indique que sa source est la *Chronique du Pseudo-Turpin*[33] : *Turpin en l'hystoire de Charlemaigne dict que [...]* ; *Turpin archevesque parlant des faitz de Charlemaigne dict que [...]* ; *A cestuy jour dit Turpin que [...]*[34].

4. Folios 22 recto – 69 verso :

On retrouve ici dans l'édition le texte de Sébastien Mamerot, c'est-à-dire les chapitres 6 à 34 du manuscrit[35]. Michel Le Noir suit à nouveau fidèlement le texte du manuscrit et reprend les faits historiques qui se sont déroulés depuis la prédication du pape Urbain II jusqu'à l'élection de Godefroy, duc de Lorraine, comme roi de Jérusalem.

5. Folios 69 verso – 133 verso :

Le chapitre suivant est intitulé *S'ensuyt compendieuse description de la terre de promission*. L'éditeur introduit ici le texte des *Sainctes Peregrinations de Jherusalem et des lieux prochains, du mont Synay et de la glorieuse Caterine* rédigées en 1488 par un moine carme originaire de Pont-Audemer, Nicole Le Huen. Il s'agit d'une longue description de la terre sur laquelle règne ce nouveau roi. Celle-ci ne se trouvait pas dans Les *Passages d'outremer* et a été ajoutée dans l'édition de 1518, sans doute pour répondre à une curiosité nouvelle sur ces pays lointains. Nicole Le Huen avait effectué un pèlerinage à Jérusalem en 1487 et le texte avait été publié à Lyon dès 1488 par Michel Topié et Jacques Heremberck, puis à Paris en 1517. Ces récits se multiplient en même temps que les pèlerinages des clercs. Il s'agit d'un guide géographique et spirituel dans lequel Nicole Le Huen a inséré la relation faite par un célèbre pèlerin allemand, chanoine de la cathédrale de Mayence, Bernard de Breydenbach. Les imprimeurs semblent friands de ces textes. Les premiers incunables consacrés

---

de Charlemagne à Jérusalem. Le texte se répandit en français et a été la source de nombreuses versions.

33 *Cf. The Old French Johannes Translation of the Pseudo-Turpin Chronicle*, éd. Ronald M. Walpole, 2 vol., Berkeley, Los Angeles, Londres, University of California Press, 1976 ; *Le Livre de saint Jacques et la tradition du Pseudo-Turpin : sacralité et littérature*, dir. Jean-Claude Vallecalle, Lyon, Presses universitaires de Lyon, 2011 (*Collection d'histoire et d'archéologie médiévales*, 24), p. 87-110.

34 *Les Passaiges d'oultremer faitz par les Françoys*, Paris, Michel Le Noir, 1518, f° 15 r°, 16 v°, 20 r°.

35 Sébastien Mamerot, *Passages d'outremer*, Paris, BnF, ms. fr. 5594, f°s 18 v° – 101 r°.

aux récits occidentaux de pèlerinage en Terre sainte répondaient à la demande d'élites intellectuelles, représentant une assurance marchande pour les libraires et les imprimeurs, et permettent aujourd'hui de saisir l'importance de l'imprimerie dans la vogue de ces migrations religieuses qui prolongeaient celles du temps de la colonisation latine. Dans certains exemplaires, le récit d'un pèlerinage traditionnel aux Lieux saints est accompagné de textes polémiques incitant à la guerre contre les Turcs ottomans, relançant l'idée de croisade. Il convient de souligner que, à plusieurs reprises, lorsque l'auteur Nicole Le Huen présente certaines populations, sarrasins, Juifs, Jacobites, Grecs, etc., il ajoute sous forme de tableaux des éléments permettant de connaître leurs monnaies, leurs langues et leurs lettres. Michel Le Noir conserve ces tableaux[36].

Cette partie se termine par la vision horrible de Charles le Chauve[37] contenue également dans le texte de Nicole Le Huen, sans doute lui-même inspiré par *Les Grandes Chroniques de France*. Il s'agit de la descente miraculeuse du roi aux Enfers où il rencontre ses aïeuls qui lui recommandent de régner sur l'empire romain. Est ajouté un glossaire de la langue turque[38] qui est présent lui aussi dans le texte de Nicole Le Huen. La traduction en français est indiquée en colonnes.

6. Folios 134 recto – 220 recto :

Du folio 134 recto au folio 220 recto, l'édition de 1518 revient au texte des *Passages d'outremer* de Sébastien Mamerot, soit les chapitres 35 à 88 du manuscrit[39]. Cette partie commence par rappeler l'arrivée des princes chrétiens, Bohémond et Baudouin, à Jérusalem et l'élection de Baudouin comme roi après la mort de Godefroy de Bouillon. Un bois gravé représente l'entrée des princes chrétiens à Jérusalem et le couronnement de Baudouin (f° 134 r°). Le récit se prolonge jusqu'à la visite de l'empereur Karamanli en France. Le texte de Sébastien Mamerot se termine sur une évocation des rois qui, depuis le couronnement de Philippe de Valois en 1328, n'ont pu prolonger ces passages d'outremer en grande partie par la faute des Anglais qui ont contraint la France à supporter tant de guerres.

---

36 *Les Passaiges d'oultremer faitz par les Françoys*, Paris, Michel Le Noir, 1518, f° 99 v° (sarrasins), 100 v° (Juifs), 101 v° (Grecs), 102 r° (Chaldéens), 103 r° (Jacobites), 105 r° (Indiens).

37 *Ibid.*, f°ˢ 132 r° – 133 r°.

38 *Ibid.*, f°ˢ 133 r°-v°.

39 Sébastien Mamerot, *Passages d'outremer*, Paris, BnF, ms. fr. 5594, f°ˢ 101 v° – 277 r°.

7. Folios 220 recto – 227 verso :

Du folio 220 recto au folio 227 verso, l'imprimeur quitte à nouveau le texte de Sébastien Mamerot et ajoute quelques chapitres supplémentaires dans lesquels – nous l'avons vu plus haut – on reconnaît des extraits proches des *Grandes Chroniques de France*. On y trouve l'histoire du roi Garbus qui envahit la terre de Grenade (bois gravé, f° 220 r°), celle du roi d'Arménie qui fit tuer 30000 turcs en Hongrie, le siège de Constantinople (bois gravé, f° 225 r°) et le texte s'achève sur un *remede pour aller contre le dict turcq*[40]. Cet épisode a été également inséré dans l'édition des *Passages de Outremer* publiée par François Regnault[41].

8. Folio 227 verso :

Les quelques lignes de conclusion sont empruntées à Sébastien Mamerot.

9. Folio 227 verso :

Figure à la suite le colophon composé par Michel Le Noir.

L'édition de Michel Le Noir réalisée en 1518 se présente donc comme une reprise fidèle et complète du texte de Sébastien Mamerot, mais morcelée et retravaillée de façon concertée. Quatre textes sont insérés au texte initial des *Passages d'outremer* afin de l'enrichir et de l'adapter aux préoccupations du temps.

La conclusion est bâtie sur le même procédé. Il faut que le lecteur se souvienne qu'il lit une histoire des croisades écrite par Sébastien Mamerot. Celui-ci dans ses dernières lignes rappelait les mérites des rois de France des siècles passés tout en excusant le fait que les derniers rois depuis Philippe de Valois n'aient pu continuer leurs passages outremer à cause des guerres causées par les Anglais. L'éditeur du XVIᵉ siècle termine son ouvrage en rappelant que des gentilshommes sont restés à Constantinople et forme une prière pour eux : *Dieu leur vueille ayder quoy qu'il leur couste pour despescher et saulver leur vie*[42]. Il reprend alors la conclusion de Sébastien Mamerot comme si elle s'appliquait aux deux discours[43]. Le colophon bien détaché du texte redit encore que l'ouvrage

---

40   *Les Passaiges d'oultremer faitz par les Françoys*, Paris, Michel Le Noir, 1518, f° 225 r°.
41   *Cf. supra*, n. 15.
42   *Les Passaiges d'oultremer faitz par les Françoys*, Paris, Michel Le Noir, 1518, f° 227 v°.
43   *Cf. supra*, n. 19.

était consacré aux croisades faites par les Français comme l'était son modèle, *Les Passages d'outremer*[44].

Pendant tout le Moyen Âge et en particulier au XVe siècle, à l'époque des grands remaniements, la pratique de l'écriture reposait sur un usage immuable. Un auteur pouvait écrire une œuvre nouvelle en s'inspirant de sources multiples, souvent antérieures, composées parfois depuis plusieurs siècles. Il s'adonnait alors à un long travail de compilation et d'adaptation. Il n'éprouvait presque jamais le désir de donner ses sources, s'inscrivant dans une tradition. Michel Le Noir, pour exercer son métier d'imprimeur, respecte cet usage en construisant un texte nouveau. Il n'indique que rarement l'origine des textes qu'il intègre dans sa trame principale. Certes, lorsqu'il prépare l'édition des *Passages d'outremer*, il reconnaît qu'il reprend – on peut dire ici qu'il recopie – le texte de Sébastien Mamerot ; il ne s'en cache pas et répète avec force le nom de l'auteur qu'il imprime. Mais il le complète en insérant d'autres textes et attribue finalement à Mamerot un texte différent du sien, réalisant un montage qui, avec nos yeux de modernes, pourrait passer pour un faux.

L'édition de 1518 est particulièrement intéressante car elle correspond à un intérêt toujours présent pour l'Orient ; elle se fait l'écho de ses rapports difficiles avec l'Occident et d'une curiosité accrue pour des pays que la chrétienté ne peut plus conquérir ni gérer mais qui restent des lieux dont on rêve. Il ne s'agit plus d'exhorter les chrétiens à partir en croisade mais de les encourager à accomplir le pèlerinage à Jérusalem.

Michel Le Noir n'édite pas un texte destiné à quelques lecteurs cultivés, curieux d'histoire. C'est ce que faisait Sébastien Mamerot en écrivant pour Louis de Laval. Il s'inscrivait alors dans la même veine que beaucoup d'autres auteurs, par exemple Jean Miélot, copiste et traducteur au service de Philippe le Bon qui rédigea les versions françaises de la *Descriptio terre sancte* et du *Directorium ad passagium faciendum*. Le passage du récit manuscrit au texte imprimé a permis de publier des textes qui exprimaient encore les préoccupations des commanditaires et des auteurs, mais qui s'adressaient à un public plus large. Il ne s'agit plus seulement de mobiliser les princes dans des projets de croisade, mais de rappeler à tous les chrétiens leurs liens profonds avec ces pays lointains où est née leur religion. Le nombre des pèlerinages outremer

---

44 *Cf. supra*, n. 20.

augmente au début du XVIe siècle. Les voyageurs occidentaux, religieux et laïcs, sont conscients des bouleversements de leur époque. Ils ont besoin de connaître le passé, l'histoire des croisades et des affrontements entre chrétiens et sarrasins, mais aussi de comprendre ce que ces pays lointains sont devenus, comment on y va, comment on y vit. C'est pourquoi selon les besoins de son récit, l'éditeur ajoute tantôt des extraits de chronique, tantôt des descriptions et des relations de voyage.

Le travail de Michel Le Noir se situe ainsi dans une double perspective. Il reste dans la tradition des auteurs médiévaux en compilant, mêlant, empruntant des sources qui lui permettent de reconstruire un nouveau texte, mais il pense avant tout à produire une œuvre d'actualité, convenant à un public nouveau et assurant le succès commercial de son ouvrage.

Danielle QUÉRUEL
Université de Reims –
Champagne Ardenne

LA RÉCEPTION DES TEXTES MEDIÉVAUX
PAR LES PREMIERS IMPRIMÉS

MISES EN PROSE
ET ÉDITEURS « PÉRIPHÉRIQUES »

Quels titres pour quels lecteurs ?

C'est avec une certaine ironie teintée d'indulgence que Dominique Coq constatait en 1982, dans le premier numéro de la *Gazette du livre médiéval*, la « parfaite indifférence » « des littéraires, médiévistes ou modernes [...] pour tout ce qui supporte le texte qu'ils étudient » ; en observant d'autre part la nette séparation entre codicologues et historiens du livre, il invitait très cordialement les médiévistes à accepter de s'aventurer « dans un domaine qu'ils estiment hors de leur ressort et inaccessible à leur entendement », le domaine des incunables et des éditions anciennes justement, pour reconnaître enfin dans le livre imprimé « leur enfant naturel[1] ».

Plus de trente ans après, un bout du chemin a indubitablement été parcouru, quelques médiévistes ayant osé cette « aventure », et d'abord ceux qui, éditant ou étudiant des œuvres en moyen français, ont dû observer, parfois avec effroi, qu'au-delà d'une certaine date la diffusion de leurs textes s'opérait tant par la copie faite à la main que par l'imprimé[2]. De toute manière, ignorer cette double transmission reviendrait à négliger ce qui caractérise la réalité culturelle – littéraire, mais aussi commerciale – des dernières décennies du XVᵉ siècle et jusqu'aux trois premières du siècle suivant ; comme on l'a maintes fois observé, le rôle des premiers imprimeurs-éditeurs à l'égard de la production littéraire médiévale – celle qui nous intéresse ici –, qu'ils en fussent conscients ou non, fut double : offrir à ces œuvres une diffusion jamais connue auparavant, tout en opérant un tri au sein d'une production abondante,

---

1   Dominique Coq, « L'incunable, un bâtard du manuscrit ? », *Gazette du livre médiéval*, t. 1, 1982, p. 10-11.

2   Les enquêtes ont indubitablement été facilitées par la mise en ligne d'un certain nombre d'outils : GW, ISTC, USTC, pour ne mentionner que les plus connus.

en créant par conséquent un canon de titres qui se maintiendra parfois, par le biais des éditions de colportage, jusqu'au XIXe siècle[3].

À l'intérieur de ce vaste corpus[4], les « mises en prose » rédigées entre XVe et XVIe siècle constituent un sous-ensemble homogène, et ce non seulement à nos yeux, dans la mesure où la matière des œuvres était présentée comme « ancienne » par les auteurs mêmes, et ne pouvait qu'être perçue et appréciée en tant que telle par les lecteurs de cette époque et par ces intermédiaires que furent les premiers éditeurs. C'est donc sur la base de notre *Nouveau Répertoire*[5] que j'ai recensé une liste des adaptations en prose ayant connu une transmission soit double, manuscrite et imprimée, soit uniquement imprimée : parmi ces 38 titres (sur un total de 78), un tri ultérieur a été opéré, en visant les éditions publiées en dehors des deux grands centres que furent Paris et Lyon. Cette sélection devrait nous permettre de répondre à deux questions qui, à ma connaissance tout au moins, n'ont pas été abordées jusqu'ici :

– quelles furent les villes et les éditeurs concernés ? à quelle date ? cette diffusion provinciale précède-t-elle ou suit-elle la grande diffusion lyonnaise et parisienne ?
– quels sont les titres qui furent privilégiés ? quelle est leur histoire (précédente et future[6]) ?

---

3   À savoir jusqu'à l'époque où un autre canon se mettra en place, par l'intervention des premiers philologues et éditeurs critiques des textes du Moyen Âge français.

4   Sur la base de l'ISTC, Giovanni Matteo Roccati a pu dénombrer une quarantaine de titres de « romans » dont l'*editio princeps* parut entre 1473 et 1499 (Giovanni Matteo Roccati, « Le roman dans les incunables : l'impact des stratégies éditoriales dans le choix des titres imprimés », *Le Roman français dans les premiers imprimés*, dir. Anne Schoysman et Maria Colombo Timelli, Paris, Classiques Garnier, 2016 (*Rencontres*, 147 – *Civilisation médiévale*, 17), p. 95-126) : il faut préciser que Giovanni Matteo Roccati entend par « roman » toute « prose narrative longue » (*ibid.*, p. 106), épique ou romanesque, y compris la nouvelle de *Griseldis*, qui comme l'on sait a circulé isolément.

5   *Nouveau Répertoire de mises en prose (XIVe-XVIe siècle)*, dir. Maria Colombo Timelli, Barbara Ferrari, Anne Schoysman et François Suard, Paris, Classiques Garnier, 2014 (*Textes littéraires du Moyen Âge*, 30 – *Mises en prose*, 4) ; c'est des notices réunies dans ce volume que je tire toutes les données commentées ici.

6   Cette enquête trouve un cadre de référence essentiel dans les recherches menées par Giovanni Matteo Roccati, notamment dans Roccati, « Le roman dans les incunables », auquel je renverrai constamment. Un complément d'information se trouve aussi dans Maria Colombo Timelli, « Du manuscrit à l'imprimé : le cas des 'mises en prose' », *Au prisme du manuscrit. Regards sur la littérature française du Moyen Âge (1300-1550)*, dir. Sandra Hindman et Elliot Adam, Turnhout, Brepols, 2019, p. 219-239, qui aborde en particulier trois questions :

VILLES, ÉDITEURS, DATES

Une dizaine de villes sont en question : en suivant l'ordre chronologique de parution de nos titres, il s'agit de Genève, Vienne (Isère),
Chambéry, Abbeville et Troyes au XVe siècle ; Rouen / Caen, Poitiers
et, beaucoup plus tardivement, Anvers et Louvain, au siècle suivant.

Parmi les premiers éditeurs, certains sont bien connus : il en est ainsi,
par exemple, pour le prototypographe genevois Adam Steinschaber, à qui
l'on doit l'*editio princeps* du *Fierabras* de Jean Bagnyon (28 novembre 1478),
et, l'année suivante, celle de la *Destruction de Jerusalem* / *Vengeance de Notre
Seigneur*, illustrée (les deux titres alternent, tant dans les manuscrits que
dans les éditions). Véritable pionnier, Steinschaber n'avait été précédé dans
l'édition de romans en langue française que par William Caxton à Bruges,
et par Guillaume Le Roy et Nicolaus Philippi et Marcus Reinhart à Lyon[7].

En 1484, une autre *princeps* apparaît, à Vienne en Dauphiné cette fois,
sous les presses de Peter Schenck / Pierre Boutellier : il s'agit de *Clamadés*,
mise en prose du roman d'Adenet le Roi dans une version « allégée[8] ».
Venant d'Allemagne, mais ne publiant que des ouvrages en français,
Peter Schenck est le troisième imprimeur qui se soit installé à Vienne,

---

la date du passage à l'imprimé ; le succès des proses sous les deux formes, manuscrite et
imprimée ; les modalités de diffusion des titres, parallèles ou s'excluant mutuellement.

7   Roccati, « Le roman dans les incunables », p. 108-113 (Annexe 1). Steinschaber, qui ne
fut actif que de 1478 à 1480, imprima aussi la célèbre *princeps* de *Melusine* (1478). *Cf.*
Antal Lökkös, *Catalogue des incunables imprimés à Genève, 1478-1500*, Genève, Bibliothèque
publique et universitaire, 1978 (disponible en ligne), p. 18 (*Fierabras*), p. 19-21 (*Destruction*).
Sur *Fierabras*, *cf.* aussi *Id.*, « La production des romans et des récits aux premiers temps de
l'imprimerie genevoise », *Cinq siècles d'imprimerie genevoise. Actes du colloque international sur
l'histoire de l'imprimerie et du livre à Genève (27-30 avril 1978)*, dir. Jean-Daniel Candaux
et Bernard Lescaze, 2 vol., Genève, Société d'histoire et d'archéologie, 1980-1981, t. 1,
p. 15-30, en particulier p. 20-22 (*Fierabras*), p. 24 (*Destruction*). Sur ces trois titres de
Steinschaber, *cf.* Roccati, « Le roman dans les incunables », p. 98-99 ; Sergio Cappello,
« Répertoire chronologique des premières éditions de romans médiévaux français aux
XVe et XVIe siècles », *Studi in ricordo di Guido Barbina. Est Ovest. Lingue, stili, società*, t. 2,
Udine, Forum, 2001, p. 167-186, ici p. 172-173.

8   Danielle Bohler, « Du roman au récit 'light' : la mise en prose de *Cleomadés* au XVe siècle.
Réflexions sur le remaniement par abrègement », *Mettre en prose aux XIVe-XVIe siècles*, dir.
Maria Colombo Timelli, Barbara Ferrari et Anne Schoysman, Turnhout, Brepols, 2010
(*Texte, Codex & Contexte*, 11), p. 77-86 ; une adaptation plus développée, qui porte le titre
de *Cleomadés*, est transmise par un manuscrit unique : *cf.* Fanny Maillet, « *Cleomadés* »,
Nouveau Répertoire, p. 171-174 ; *Ead.*, « *Clamadés* », *ibid.*, p. 175-181.

après deux Bâlois, Johannes Solidi et Johann Frommolt; dès 1485, il déplaça son activité à Lyon, où il donna une des nombreuses éditions de la *Destruction de Jerusalem* (édition sans date, mais *ca* 1487-1495[9]).

La même année, très exactement le 29 novembre 1484, Antoine Neyret imprime à Chambéry *Baudouin de Flandre*, dont la *princeps* avait paru à Lyon en 1478; cette édition savoyarde rencontra certainement les goûts des lecteurs, puisque le même éditeur fut amené à en donner une deuxième édition en décembre 1485 déjà. Il faut néanmoins reconnaître que Chambéry demeura un centre éphémère : l'ISTC ne dénombre que neuf éditions parues dans cette ville avant 1500, dont six dues à Neyret et trois à l'Imprimeur du *Breviarium Sedunense* (Henricus Wirtzburg ?).

Pendant la même décennie, c'est dans le Nord qu'on voit apparaître une nouvelle *princeps* : le 30 mai 1487, Pierre Gérard, installé à Abbeville, publie en effet la version en prose de *Bertrand du Guesclin*, en ajout à son édition du *Triumphe des neuf preux*; deux autres titres seulement lui sont attribués : la *Somme rurale* de Jean Boutillier (1486) et la version française de la *Cité de Dieu* en collaboration avec le Parisien Jean Du Pré (1486-1487). L'activité éditoriale fut de courte durée à Abbeville aussi, car, après ces trois éditions, elle ne reprit qu'un siècle plus tard, avec l'*Edict et declaration [...] par laquelle Sa Majesté* [Henri IV] *a confirmé tous les anciens privileges d'Abbeville* (André du Mesnil, [1594[10]]).

Guillaume Le Rouge, à Troyes, participe à la diffusion de nos titres par l'édition de deux « proses » : sous ses presses ont passé en effet la *Destruction de Jerusalem* (*ca* 1492 : pas moins de neuf éditions précédentes), puis *Clamadés* (*ca* 1493 : deux éditions précédentes). À en juger par l'ISTC, sa production comprend au moins deux autres titres français à succès : la *Danse macabre*, qu'il publia en 1491, et *Griseldis* en français, traduction de la version latine de Pétrarque[11].

9 *Cf.* Denise Hillard, *Traité des eaux artificielles ou vertus des eaux et des herbes. Édition critique. Le texte, ses sources et ses éditions (1483 à 1625)*, Genève, Droz, 2012 (*Cahiers d'Humanisme et Renaissance*, 102), p. 137-138.

10 *Cf.* USTC et Catalogue de la BnF. Sur les origines de l'imprimerie à Abbeville, *cf.* Alcius Ledieu, *L'imprimerie et la librairie à Abbeville avant 1789*, Abbeville, Imprimerie du Pilote de la Somme, 1887 (sur le *Triumphe*, p. 9-10); Prisca Hazebrouck, « L'imprimerie à Abbeville en 1486 et 1487 », *Bulletin de la Société d'émulation historique et littéraire d'Abbeville*, t. 25, 1984, p. 63-71 (sur le *Triumphe*, p. 66-70).

11 Pas moins de 6 éditions incunables : Genève 1482, Vienne 1483, Bréhan-Loudéac 1484, Troyes 1491, Lyon 1495, Paris 1499; on mesure facilement ici le rôle d'avant-garde joué par les éditeurs périphériques.

Une fois passé le seuil du nouveau siècle, deux changements majeurs concernent notre corpus : d'un côté, aucune *princeps* n'apparaît plus dans des villes de province[12] ; d'autre part, quatre centres d'édition entrent en scène : Rouen d'abord, avec une production riche et diversifiée, Poitiers ensuite, et enfin Anvers et Louvain.

De nombreux éditeurs et imprimeurs normands, installés à Rouen ou à Caen – Raulin Gaultier, François Regnault, Charles Mallet, Richard Macé, Jean Burges, Michel Angier, Guillaume de La Motte, Robert et Jean Dugort, Romain de Beauvais, Richard Le Prévost – se lancent dans la publication de titres qui en règle générale ont déjà fait leurs preuves sur le marché du livre imprimé :

– les *Quatre fils Aymon* [1507-1510], dont au moins 8 éditions – 6 incunables – avaient paru précédemment ;
– *Fierabras* de Jean Bagnyon [1515] – édition précédée de 10 incunables et d'une édition lyonnaise (1501) ;
– *Robert le Diable* [*ca* 1515] – 5 éditions plus anciennes, dont 4 incunables ;
– *Destruction de Jerusalem* [*ca* 1518] – édition précédée de 13 incunables et 5 éditions entre 1501 et 1517 ;
– *Livre de Regnart* (1550) – 2 éditions parisiennes entre 1516 et 1534 ;
– *Huon de Bordeaux*, s. d. [*inter* 1564-1600] – édition précédée de 9 éditions entre 1513 et *ca* 1550[13].

Aucun nouveau titre donc, et aucun risque assumé par ces acteurs qui opèrent dans une perspective sans doute moins culturelle que

---

12 Ces *editiones principes*, toutes parisiennes, sont cependant nombreuses ; pour les titres connaissant une double transmission, en ordre chronologique sont publiés : *Theseus de Cologne* (1504) ; *Livre de Regnart* (1516) ; *Belle Hélène de Constantinople* anonyme (1517-1525, mais une édition précédente a dû exister) ; *Maugis* (1518) ; *Gerard de Nevers* (1520) ; *Berinus* (1521-1522) ; *Guy de Warwick* (1525) ; *Mabrian* (1525-1526) ; *Ciperis* (1531-1532). Pour les œuvres dont aucun manuscrit n'est conservé, 13 autres titres paraissent entre 1501 et 1549 : *Doolin de Mayence* (Paris, 1501), *Milles et Amys* (Paris, 1507), *Huon de Bordeaux* (Paris, 1513), *Conqueste de Trebisonde* (Paris, 1517), *Guerin de Montglave* (Paris, 1518), *Jourdain de Blaves* II (Paris, 1520), *Giglan* (Paris ou Lyon, *ante* 1521), *Guillaume de Palerne* [Paris, 1527-1530/1532], *Florimont* (Paris, 1528), *Perceval le Gallois* (Paris, 1530), *Richard sans paour* [Paris, *ca* 1536], *Meurvin* (Paris, 1540), *Gerard d'Euphrate* (Paris, 1549).

13 À cette liste on pourrait ajouter une édition de *Florimont* de Richard le Prevost, s. d., dont aucun exemplaire n'est localisé : *cf.* Chiara Concina, « *Florimont* imprimé », *Nouveau Répertoire*, p. 277-284, ici p. 283 (*princeps* parisienne : Jean Longis, 1528 ; puis Lyon, Olivier Arnoullet 1529 et 1555).

commerciale, le nombre des éditions précédentes leur faisant espérer un succès vraisemblablement durable encore[14]. C'est ce qui se produisit en effet, avec la seule exception du *Livre de Regnart*, qui connut une seule édition ultérieure et sur lequel nous reviendrons : *Fierabras* fut publié jusqu'en 1588 ; *Robert le Diable* et la *Destruction de Jerusalem* jusqu'à la fin du xviiie siècle ; les *Quatre fils Aymon* et *Huon de Bordeaux* jusqu'au xixe siècle[15].

À Poitiers, les frères Jean et Enguilbert de Marnef, imprimeurs-libraires, misèrent également sur une valeur sûre, en publiant deux fois, à la suite d'une *Vie de Jesus Christ*, la *Destruction de Jerusalem* (*ca* 1530-1535[16]).

Après le milieu du xvie siècle, des éditeurs installés dans les limites de la Belgique actuelle interviennent dans la transmission de nos « proses », une fois de plus avec des titres dont le succès durait depuis des décennies : on retrouve alors les *Quatre fils Aymon* à Anvers, ([Jan van Waesberge], 1561[17]). Plus tard encore, l'imprimeur-libraire de Louvain Jean Bogard

---

14 Sur l'édition normande, *cf.* Jean-Dominique Mellot, « 'Miettes' ou 'créneau' ? Le premier siècle de l'édition rouennaise (1485 – fin du xvie siècle) », dans *id.*, *L'édition rouennaise et ses marchés, vers 1600 – vers 1730. Dynamisme provincial et centralisme parisien*, Paris, École des Chartes, 1998 (*Mémoires et documents de l'École des Chartes*, 48), p. 27-36, en particulier p. 31 ; Pierre Aquilon et Alain R. Girard, *Bibliographie normande. Bibliographie des ouvrages imprimés à Caen et à Rouen au seizième siècle*, fasc. 5-7, Baden-Baden, V. Koerner, 1980-1991 (*Bibliotheca bibliographica Aureliana*, 82, 107, 118) ; Pierre Aquilon, coll. Alain R. Girard, *Bibliographie normande. Bibliographie des ouvrages imprimés à Caen et à Rouen au seizième siècle*, t. 1, Baden-Baden, V. Koerner, 1992.

15 Certains de ces titres ont fait l'objet d'études monographiques portant sur la longue durée : Sarah Baudelle-Michels, *Les avatars d'une chanson de geste : de 'Renaut de Montauban' aux 'Quatre Fils Aymon'*, Paris, Honoré Champion, 2006 (*Nouvelle Bibliothèque du Moyen Âge*, 76) ; Élisabeth Gaucher, *Robert le Diable. Histoire d'une légende*, Paris, Honoré Champion, 2003 (*Essais sur le Moyen Âge*, 29) ; Denise Hillard, « La *Destruction de Jérusalem* en bande dessinée (Paris, vers 1515) », *Bulletin du bibliophile*, 1996, p. 302-340, en particulier p. 337-339 (liste des éditions).

16 Fils de l'imprimeur-libraire de Paris Jean Ier, Jean III et Enguilbert II de Marnef s'établirent à Poitiers en 1530 ; leur association fut constante jusqu'en 1550, mais – après leur séparation – ils continuèrent à publier ensemble jusqu'en 1568. La *Vie de Jesus Christ* fut donc un de leurs premiers titres (l'USTC n'en donne qu'un autre pour la même année : *Les triumphes de la noble amoureuse dame et l'art de honnestement aymer* de Jean Bouchet, dont le surnom, *Traverseur des voyes perilleuses*, apparaît dans le colophon : il n'est peut-être pas superflu de rappeler qu'il s'agit de la *princeps* d'un poète local).

17 *Cf.* Andrew Pettegree et Malcolm Walsby, *Netherlandish Books. Books Published in the Low Countries and Dutch Books Printed Abroad Before 1601*, 2 vol., Leyde, Boston, Brill, 2011, t. 2, p. 1160, n. 26470. Rappelons que la version néerlandaise en prose des *Heemskinderen* circulait depuis 1489 (*editio princeps*, Gouda) ; une autre édition en est connue, parue à

publie à son tour le *Fierabras* de Jean Bagnyon et *Maugis* en 1588, les
Quatre fils Aymon vers 1590[18].

TITRES

Dans le panoramique dressé jusqu'ici, une douzaine de titres ont été
passés en revue : cela veut dire qu'un peu plus de 30 % des « mises en
prose » imprimées ont connu une ou plusieurs éditions « provinciales ».
Reste à nous interroger sur les raisons qui ont poussé ces éditeurs à
publier des livres dont ils comptaient tirer des profits tout matériels.

Une partie de la réponse se trouve dans ce que nous avons dit à
l'égard des œuvres qui avaient déjà connu un grand succès, manuscrit ou
imprimé. Le choix de certains imprimeurs-éditeurs-libraires provinciaux
de publier des mises en prose pour lesquelles la faveur du public était
assurée ne requiert pas d'autre explication : *Baudouin de Flandre*, *Huon
de Bordeaux*, *Maugis*, les *Quatre fils Aymon*, avaient ainsi déjà fait leurs
preuves sur les étals des libraires lyonnais ou parisiens.

D'autres œuvres méritent quelques remarques, et d'abord celles qui
ont connu une *editio princeps* en dehors de Paris et de Lyon.

La célébrité de Bertrand du Guesclin, personnage historique devenu
héros littéraire de son vivant déjà, loin de se démentir au XVᵉ siècle[19],
lui valut d'être associé aux Neuf Preux dans deux éditions imprimées,

---

Leyde en 1508 ; cette rédaction dérive du poème néerlandais en vers, et non pas de la prose
française. L'USTC n'attribue à Jan van Waesberge qu'un seul autre titre en français : le
Recueil et eslite de plusieurs belles chansons joyeuses [...], 1576.

18 Actif de 1564 à 1616, sa production en français est largement minoritaire par rapport à
celle en latin et en néerlandais ; une petite dizaine d'œuvres littéraires en français semblent
lui revenir : pour nous en tenir aux textes narratifs en prose, on rappellera *Geoffroy a
la grand dent* (1570) et *Morgant le Geant* (1588) ; *Florent et Lyon* (s. d.) et *Valentin et Orson*
(1596) apparaissent dans la liste de l'USTC, mais aucun exemplaire n'en a été repéré. *Cf.*
Pettegree et Walsby, *Netherlandish Books*, t. 1, p. 331, n° 7478 (*Fierabras*), p. 577, n° 13218
(*Geoffroy a la grand dent*) ; t. 2, p. 904, n° 20763 (*Maugis*), p. 1145, n° 26107 (*Morgant le
Geant*), p. 1160, n° 26471 (*Quatre fils Aymon*, daté 1586).

19 On connaît deux versions en prose (l'une de 1387, l'autre de 1389), très proches dans
le temps de la rédaction originale en vers (1380-1385) : *cf.* Yvonne Vermijn, « *Bertrand
du Guesclin*, versions A et AC », *Nouveau Répertoire*, p. 83-98 ; *Ead.*, « *Bertrand du Guesclin*,
versions B et BC », *ibid.*, p. 99-113 ; c'est la première qui nous intéresse ici.

dont la *princeps* de Pierre Gérard (Abbeville, 30 mai 1487) ne manque pas de souligner cet ajout dans le colophon : *Le triumphe des neuf preux, ouquel sont contenus tous les fais et proesses qu'ilz ont achevez durant leurs vies, avec l'ystoire de Bertrand de Guesclin*[20]. Il s'agissait sans doute d'attirer l'attention sur une mise à jour qui associait désormais aux triades traditionnelles – trois héros païens, trois juifs, trois chrétiens – une figure mythique bien plus proche dans le temps et certainement bien connue des lecteurs.

Ainsi que d'autres poèmes en vers – la *Belle Hélène de Constantinople* ou *Florimont*, par exemple – *Fierabras* a fait l'objet de deux adaptations en prose, l'une anonyme, qui n'eut aucune suite[21], et la version de Jean Bagnyon, destinée en revanche à une très longue fortune. Cette histoire composite, constituée à partir de trois sources (le *Speculum historiale* de Vincent de Beauvais, la chanson de geste *Fierabras*, le *Pseudo-Turpin*), associe donc matière historique carolingienne – l'histoire des rois de France, puis les expéditions de Charlemagne en Espagne – et légendaire, avec l'histoire fantaisiste du géant Fierabras[22]. Si le lieu de parution de la *princeps* s'explique sans difficulté par la présence dans la même ville de l'éditeur, Adam Steinschaber, et de l'auteur (originaire de Lausanne, Jean Bagnyon s'établit plus tard à Genève, où il fut reçu bourgeois en avril 1487), les deux éditions successives, de Simon Dujardin [*ca* 1479]

---

20 Sur cette édition, *cf.* Martine Thiry-Stassin, « *Bertrand du Guesclin*. Approches du *Triumphe des Neuf Preux* (Abbeville, Pierre Gerard, 30 mai 1487) », *Le Roman français dans les premiers imprimés*, p. 143-157. Remarquons que Sébastien Mamerot aussi avait l'intention de procéder à la même intégration, en faisant de Bertrand le dixième preux et de Jeanne d'Arc la dixième preuse ; son projet n'aboutit pas : *cf.* Matteo Milani, « *Neuf Preux* de Sébastien Mamerot », *Nouveau Répertoire*, p. 611-622, notamment p. 614-615.

21 François Suard, « *Fierabras* anonyme », *Nouveau Répertoire*, p. 223-227.

22 Sur la figure de Charlemagne à la fin du Moyen Âge, on peut renvoyer maintenant à la thèse de Magali Cheynet (Magali Cheynet, « *Joindre le chief avecques les membres* ». *Remembrer et compiler l'histoire de Charlemagne dans la deuxième moitié du XV* siècle, Thèse de doctorat, Paris, Université Sorbonne Nouvelle – Paris 3, 2015) : son corpus est constitué des *Chroniques et conquestes de Charlemaine* de David Aubert (*ante* 1458), de l'*Histoire de Charlemagne* de Jean Bagnyon (*ante* 1478, notre *Fierabras*) et de la *Cronique associee de Charlemaine tres loable et Anseis* [de Carthage] (sans doute *ante* 1484, texte édité en annexe, selon le manuscrit unique, Paris, BnF, Arsenal, 3324). *Cf.* aussi le bel article de Giovanni Palumbo faisant le point sur la survivance de la matière rolandienne à la fin du Moyen Âge : Giovanni Palumbo, « Un texte en éclats. La *Chanson de Roland* à l'épreuve de la prose », *Pour un nouveau répertoire des mises en prose. Roman, chanson de geste, autres genres*, dir. Maria Colombo Timelli, Barbara Ferrari et Anne Schoysman, Paris, Classiques Garnier, 2014 (*Textes littéraires du Moyen Âge*, 28 – *Mises en prose*, 3), p. 229-243.

et de Louis Garbin, dit Cruse (1483), celle-ci superbement illustrée, reflètent sans doute le succès « d'une œuvre du cru[23] » ; cependant, la fortune ultérieure du texte – attestée par sept autres incunables lyonnais[24], suivis d'une vingtaine d'éditions au XVIᵉ siècle (Lyon, Paris, et comme on l'a vu Rouen et Louvain), et enfin du passage dans la littérature de colportage – prouve bien que celui-ci rencontra le goût des lecteurs bien au-delà de sa région d'origine.

C'est au même éditeur genevois, comme on l'a vu, qu'est due la *princeps* de la *Destruction de Jerusalem*, qui adapte en prose une chanson de geste, la *Venjance Nostre Seigneur*, de la fin du XIIᵉ siècle. Dans ce cas, Steinschaber a sans doute compté sur le succès dont le texte avait déjà joui sous forme manuscrite : une trentaine de copies nous sont conservées, dont sept au moins peuvent être considérées contemporaines des premières éditions imprimées[25]. Parmi nos éditions « provinciales », il s'agit du texte qui a le plus rayonné (de Genève à Vienne, de Troyes à Rouen et à Poitiers) : même des imprimeurs-éditeurs « marginaux[26] », visant vraisemblablement un marché local, n'ont pas hésité à publier un texte sûr. Un tel succès est expliqué par Denise Hillard une fois de plus par l'hétérogénéité d'un récit qui relève en même temps du genre dévotionnel – avec la légende de l'empereur malade guéri par le voile de la Véronique – et de la veine épique et guerrière – la prise de Jérusalem pour venger la mort du Christ[27].

D'autres titres, qui n'avaient pas une tradition importante, connurent au moins une édition provinciale ; c'est sur ceux-ci que nous nous interrogerons avant de conclure.

L'édition viennoise de *Clamadés* (Peter Schenck, 1484), dont la matière toute romanesque semble représenter une exception au sein de notre liste, peut s'expliquer sous divers angles. Elle intervient certes à une date précoce, quelques années seulement après la *princeps* (Lyon, Guillaume

---

23 Lökkös, « La production », p. 22.
24 Il s'agit d'un des trois seuls titres – avec la *Destruction de Jerusalem* et *Pierre de Provence et la Belle Maguelonne* – qui connurent plus de sept éditions avant 1500 : *cf.* Roccati, « Le roman dans les incunables », p. 125-126 (Annexe 6).
25 *Cf.* Barbara Ferrari, « *Vengeance de Notre Seigneur* ou *Destruction de Jérusalem* », *Nouveau Répertoire*, p. 872-890 ; Colombo Timelli, « Du manuscrit à l'imprimé ».
26 L'adjectif est de Giovanni Matteo Roccati : Roccati, « Le roman dans les incunables », p. 97.
27 Hillard, « La *Destruction de Jérusalem* en bande dessinée », p. 307.

Le Roy, *ca* 1480), mais des relations entre les deux éditeurs sont très vraisemblables ; au cours des mêmes années, d'autres titres sont en effet sortis des presses de Guillaume Le Roy, puis de celles de Peter Schenck : *Pierre de Provence et la belle Maguelonne*, le *Cathon en françois*, une *Vita Christi* en français, le *Traité des eaux artificielles*, la *Melusine* de Jean d'Arras[28]. Quant à l'incunable troyen (Guillaume Le Rouge, 1493), il serait en rapport – tout au moins pour la tradition textuelle – avec les éditions parisiennes postérieures[29]. Sur un autre plan, le choix de cette version courte de *Clamadés* pourrait dépendre justement de ses petites dimensions (l'édition Le Roy compte 32 feuillets in-4°, celle de Le Rouge 30 feuillets de même format), qui ne demandaient pas de gros investissements de la part d'imprimeurs au début de leur « carrière ». Il est d'autre part certain que ce conte, centré sur le motif du « cheval volant en bois », connut un succès très large, pas seulement en français : en témoignent une version en allemand du milieu du XVe siècle, une autre en castillan (trois éditions entre 1521 et 1603[30]). Sa fortune française se prolongea par ailleurs jusqu'en 1620.

Autre texte court (entre 26 et 32 feuillets dans les premières éditions), *Robert le Diable* fut souvent imprimé avant même 1500 ; l'édition rouennaise (1515) – seule édition locale pour un titre au long succès[31] – s'explique certainement par l'ancrage normand de l'histoire : fils du duc de Normandie, le protagoniste évolue d'une enfance et d'une jeunesse diaboliques, d'où son surnom, à la sainteté ; par ailleurs, le titre même adopté par l'imprimeur Charles Mallet, *La vie Robert le Diable*, rapproche sensiblement ce récit de la forme hagiographique[32]. Ce n'est sans doute pas un hasard si ce titre côtoie, parmi les 31 livres en français que le libraire Richard Macé écoulait dans sa boutique à Caen, de nombreuses autres vies de saints : les *Vies* de *saint Alexis, saint Christofle, saint Estienne, saint Laurens, saint Paul, saint Pierre, saint Roch, saint Fabien et saint Sebastien* datent toutes de 1506, une *Légende dorée* de 1511 ; de même, Jean Burges/

---

28   Source : ISTC.

29   Fanny Maillet, « Les étapes lyonnaises dans le parcours éditorial du *Clamadès* », *Carte Romanze*, t. 2/2, 2014, p. 321-339, 387-392 (références bibliographiques), en particulier p. 325-328 (2.1).

30   *Cf.* Maillet, « *Clamadés* », p. 180.

31   *Cf. supra.*

32   *Cf.* Mariagrazia Ricci, « *Robert le Diable* en prose. Les éditions du XVIe siècle », *Pour un nouveau répertoire*, p. 245-256.

Bruges avait sur ses étals, à Rouen, une *Vie de saincte Barbe* en 1511 et en 1530, la *Vie des troys Maries* en 1511 et 1512.

Quant au *Livre de Regnart* (Rouen, 1550), il constitue un cas à part, en tant que représentant de la veine des 'moralisations' médiévales, au même titre que le *Roman de la Rose* de Jean Molinet[33] et l'*Ovide moralisé* en prose, dont la fortune se prolongea, sous des intitulés différents (*Bible des poetes, Grand Olympe des histoires poetiques*), tout au long du XVIᵉ siècle[34]. Ce remaniement de *Renart le Nouvel* de Jacquemart Gielée connaît une transmission prolongée mais dont les étapes sont espacées : un seul manuscrit du dernier quart du XVᵉ siècle, un passage tardif à l'imprimé (Paris, Michel Le Noir, 1516 ; puis Philippe Le Noir, *ca* 1531), une édition rouennaise en 1550, et une dernière édition tout de suite après (Paris, 1551). Le texte en prose connaît de fait deux états distincts : dans le premier, représenté par le manuscrit et les deux premières éditions parisiennes, la dimension édifiante de la source se trouve accentuée par l'insertion de 49 exemples supplémentaires ; le titre adopté porte alors – comme celui de tant d'autres romans de l'époque – sur le couple des protagonistes : *Maistre Regnart et dame Hersant* (Michel Le Noir), puis *Le livre de Maistre Regnart et de dame Hersant sa femme, **livre plaisant et facetieux** contenant maintz propos et subtilz passages couvers et cellez **pour monstrer les conditions et meurs de plusieurs estatz et offices** [...]* (Philippe Le Noir), titre développé qui semble faire allusion, outre au *delectare* propre de la matière, au thème des « états du monde », si répandu par les *Danses macabres*. L'arrivée de *Renart* dans la boutique rouennaise des frères Dugort[35] coïncide avec une transformation assez profonde du texte et de sa présentation ; non seulement le titre est modifié, pour insister sur le parallélisme entre le plaisir de la lecture et son utilité (*Le docteur en malice, maistre Regnard, demonstrant les ruses et cautelles qu'il use envers les personnes, histoire **plaisante et recreative** et **non moins fructueuse***), mais le texte est abrégé (il n'occupe plus que 96 feuillets d'un petit in-16, 27 lignes par page) et les exemples sont remplacés chacun par un court texte en vers, intitulé « moral ». D'autre part, le *Livre* est

---

33   *Editio princeps* d'Antoine Vérard, [*ca* 1500] ; suivie d'une édition à Lyon, 1503, et d'une autre à Paris, 1521. *Cf.* Jean Devaux, « *Roman de la Rose moralisé* de Jean Molinet », *Nouveau Répertoire*, p. 761-772.

34   *Editio princeps* de Colard Mansion, Bruges, 1484 ; nombreuses éditions parisiennes jusqu'aux années 1530, puis lyonnaises et parisiennes jusqu'à la fin du siècle et au-delà.

35   Mais l'impression était due au parisien Jean Petit.

maintenant illustré de 25 petites gravures (environ 32 mm de hauteur sur 52 mm; 13 bois différents). Nicolas Buffet, à Paris, reprendra le même texte une année plus tard, en supprimant les gravures (même format, même nombre de feuillets, mais pas d'illustrations, 24 lignes par page[36]).

CONCLUSION

Un tel panoramique ne pouvait vraisemblablement conduire à aucune véritable découverte : les centres éditoriaux évoqués sont tous bien connus, ainsi que les imprimeurs-éditeurs-libraires impliqués, ceux-ci plus ou moins bien étudiés en fonction de leur ancienneté sur le marché du livre, la critique ayant depuis toujours privilégié les prototypographes. Une petite conclusion peut néanmoins être tirée quant au rôle joué par l'édition « provinciale » dans la transmission d'une matière qui affiche son origine médiévale, notre petit corpus de « mises en prose » présentant en ceci l'avantage non négligeable de l'homogénéité. En effet, les grands centres que sont Paris et Lyon n'ont pas seuls assuré le passage de ces textes du Moyen Âge à la Renaissance et au-delà : bien que dans une moindre mesure, des villes « périphériques » se signalent, dont la contribution fut parfois essentielle. Toutes ne jouèrent cependant pas le même rôle : sans exclure l'existence d'un marché local, Genève représenta par exemple le lien entre un monde germanique plus avancé – et dont provenaient ses premiers imprimeurs – et le milieu lyonnais (et, au-delà, parisien); la proximité de Vienne avec Lyon et de Rouen / Caen avec Paris entre aussi en ligne de compte, dans la mesure où la collaboration entre éditeurs et imprimeurs actifs dans des villes différentes est bien connue; Anvers et Louvain enfin, lieux de production déjà bien affirmés

---

36   Elina Suomela-Härma, « Livre de Regnart », Nouveau Répertoire, p. 533-538, en particulier p. 536-537. Je remercie Mme Stéphanie Rambaud de la BnF et Mme Léa Ferrez-Lenhard de la Bibliothèque du Musée Condé pour avoir vérifié quelques aspects matériels des exemplaires conservés à Chantilly (éd. Dugort : Chantilly, Musée Condé, VI-F-026; Chantilly, Musée Condé, VI-F-027). La production des Dugort et de Nicolas Buffet compte au moins un autre titre en commun : Bringuenarilles cousin germain de Fessepinte de Rabelais, publié à Rouen en 1545, à Paris en 1548 (USTC).

après la moitié du XVIᵉ siècle, s'emparèrent de titres à succès pour avancer leur concurrence dans le marché du livre en langue française. Lectorat local, donc ? Oui, mais pas seulement. Notre petit corpus reflète sans doute l'état d'une géographie éditoriale et commerciale plus articulée qu'on ne le croit habituellement[37].

Maria COLOMBO TIMELLI
Sorbonne Université – STIH

---

37   Je tiens à remercier tout particulièrement Giovanni Matteo Roccati pour sa relecture : sans ses remarques judicieuses et toujours pertinentes, cet article, et surtout ses conclusions, n'auraient pas été ce qu'ils sont devenus.

LA RÉCEPTION IMPRIMÉE
DE LA LITTÉRATURE MÉDIÉVALE
DANS LE COMTÉ DE HAINAUT
(XVᵉ-XVIᵉ SIÈCLES)[1]

Lorsque l'on s'intéresse à la diffusion des lettres françaises d'inspiration médiévale par le biais de l'imprimerie dans les anciens Pays-Bas, inévitablement les noms de Bruges, de William Caxton et de Colard Mansion viennent à l'esprit[2]. Ces deux imprimeurs et cette ville sont effectivement associés à la première vague de publications de ce type d'écrits, au même titre que leurs confères de Genève et Lyon[3]. Dans un second

---

1   L'auteur tient à remercier Sergio Cappello (Università degli studi di Udine) pour sa relecture et ses remarques.

2   Anne Rouzet, *Dictionnaire des imprimeurs, libraires et éditeurs belges des XVᵉ et XVIᵉ siècles dans les limites géographiques de la Belgique actuelle*, Nieuwkoop, De Graaf, 1975, p. 34-35, 136-139 ; Ludo Vandamme, « Colard Mansion et le monde du livre à Bruges », *Le berceau du livre imprimé. Autour des incunables*, dir. Pierre Aquilon et Thierry Claerr, Turnhout, Brepols, 2010 (*Études Renaissantes*, 5), p. 177-186 ; Lotte Hellinga, *William Caxton and Early Printing in England*, Londres, The British Library, 2010 ; Renaud Adam, « Les livres imprimés en langue française avant 1500 dans les Pays-Bas méridionaux : réflexions sur leur mise en page », *L'écrit et le manuscrit à la fin du Moyen Âge. Actes du IIᵉ colloque international du Groupe de recherche sur le moyen français*, dir. Tania Van Hemelryck et Céline Van Hoorebeeck, Turnhout, Brepols, 2006 (*Texte, Codex & Contexte*, 1), p. 17-33 ; Lotte Hellinga, « William Caxton, Colard Mansion, and the Printer in Type 1 », *Bulletin du bibliophile*, 2011 (1), p. 86-114 ; Stefania Cerrito, « Colard Mansion relit les *Métamorphoses*. Une nouvelle version brugeoise de l'*Ovide moralisé* », *Pour un nouveau répertoire des mises en prose*, dir. Maria Colombo Timelli, Barbara Ferrari et Anne Schoysman, Paris, Garnier, 2014 (*Textes littéraires du Moyen Âge*, 28 – *Mises en prose*, 3), p. 85-99 ; Renaud Adam, « Colard Mansion, passeur de textes ? », *Le Roman français dans les premiers imprimés*, dir. Anne Schoysman et Maria Colombo Timelli, Paris, Garnier, 2016 (*Rencontres*, 147 – *Civilisation médiévale*, 17), p. 11-24 ; Delphine Mercuzot, « Le Recueil des *Histoires de Troie* de Raoul Lefèvre : l'impact de l'édition de Caxton sur la production de manuscrits », *Bulletin du Bibliophile*, 2016 (1), p. 25-39 ; Renaud Adam, *Vivre et imprimer dans les Pays-Bas méridionaux (des origines à la Réforme)*, 2 vol., Turnhout, Brepols, 2018 (*Nugae humanisticae*, 16-17).

3   Malcolm Walsby, « Le premier temps de l'imprimé vernaculaire français », *Le berceau du livre imprimé*, p. 43-54 ; Giovanni Matteo Roccati, « Le roman dans les incunables.

temps, on songe évidemment à Valenciennes et à son prototypographe Jehan de Liège[4].

Alors que le rôle joué par ces imprimeurs dans la transmission de la littérature d'expression française produite au cours du Moyen Âge a bénéficié d'une attention soutenue depuis de nombreuses années, force est de constater que l'impact de ce phénomène éditorial a été quelque peu négligé[5]. C'est pourquoi la question de la réception a été placée au centre de notre propos. Afin de mieux en appréhender les réalités et les enjeux, le cadre chronologique retenu, les XVe et XVIe siècles, a été volontairement inscrit dans le temps long. L'ancien comté de Hainaut a été choisi pour sa situation en périphérie des grands centres d'imprimerie et à bonne distance des grands centres intellectuels.

Le Hainaut est la première province romane des Pays-Bas à faire son entrée dans l'ère typographique. Cette transition s'opère à la charnière des XVe et XVIe siècles à l'initiative de Jehan de Liège à Valenciennes. Ce petit atelier n'a produit que cinq textes : la *Ressource du petit peuple*, la *Naissance de Charles d'Austrice* et la *Robe de l'archiduc* de Jean Molinet, le *Debat de Cuidier et de Fortune* d'Olivier de la Marche ainsi que les *Chansons georgines* de George Chastelain[6]. L'entreprise s'est cependant soldée par un échec cuisant pour l'imprimeur, l'obligeant même à fuir nuitamment Valenciennes en 1503, criblé de dettes[7]. Il faudra attendre la fin du XVIe siècle et la volonté grandissante des autorités urbaines de pouvoir disposer d'une imprimerie à demeure pour que des officines s'installent de manière pérenne dans les grandes villes du comté[8].

L'impact des stratégies éditoriales dans le choix des textes imprimés », *Le Roman français dans les premiers imprimés*, p. 95-126.

4   Hélène Servant, *Artistes et gens de lettres à Valenciennes à la fin du Moyen Âge (vers 1440-1507)*, Paris, Klincksieck, 1998 (*Cahiers d'Histoire du Livre*, 3), p. 266-277 ; Adam, *Vivre et imprimer*, t. 2, p. 169.

5   Dans cette étude, n'ont été retenues que les œuvres produites au Moyen Âge ; ce qui explique notamment que des romans plus « modernes » comme les *Amadis* n'apparaissent pas au fil des pages.

6   ISTC ic00429900, il00029036, im00793350, im00793400, im00793450.

7   Servant, *Artistes et gens de lettres à Valenciennes*, p. 268.

8   Christiane Piérard, « L'imprimerie, moyen de diffusion des idées dans les Pays-Bas méridionaux de langue romane », *La Wallonie. Le pays et les hommes. Lettres, arts, culture*, dir. Rita Lejeune et Jacques Stiennon, 4 vol., Bruxelles, La Renaissance du Livre, 1977-1981, t. 2, p. 15-22 ; Bruno Desmaele, « Imprimeurs et libraires dans les cités hainuyères d'Ancien Régime », *Autour de la ville en Hainaut. Mélanges d'archéologie et d'histoire urbaines offerts à Jean Dugnoille et à René Sansen à l'occasion du 75e anniversaire du C.R.H.A.A.*, dir.

La mésaventure de Jehan de Liège et l'implantation tardive de typographes en Hainaut ne signifient pas pour autant que les habitants de ce territoire se sont montrés d'une quelconque manière rétifs à l'invention de Gutenberg. Au contraire, des livres imprimés dans les Pays-Bas et ailleurs y ont très tôt circulé grâce à la présence de nombreux libraires[9]. Rien que pour la ville de Mons, on dénombre pas moins de 18 marchands de livres actifs entre la fin du XVe siècle et le second tiers du XVIe siècle[10]. Certains d'entre eux, plus ambitieux, se sont même tournés vers l'extérieur pour financer la reproduction en caractères mobiles d'ouvrages destinés à un usage local ou à un lectorat résidant hors des frontières du comté. Le Montois Jean Pissart a ainsi chargé des typographes anversois d'imprimer des recueils de coutumes hennuyères entre 1535 et 1558[11]. De son côté, Antoine Membru, libraire à Valenciennes,

---

Jean-Pierre Ducastelle *et al.*, Ath, C.R.H.A.A., 1986, p. 313-320 ; Pierre-Jean Foulon, « L'imprimerie, la reliure et la presse », *Hainaut, mille ans pour l'avenir*, dir. Claire Billen, Xavier Canonne et Jean-Marie Duvosquel, Anvers, Mercator, 1998, p. 373-374 ; Bertrand Federinov, *Quatre siècles d'imprimerie à Mons. Catalogue des éditions montoises (1580-1815) du Musée royal de Mariemont*, Mons, Musée royal de Mariemont, 2004, p. 14-25 ; Sébastien Afonso, « L'imprimé officiel : enjeu et objet de rivalités entre imprimeurs dans les villes du sud des Pays-Bas méridionaux au XVIIe siècle », *Urban Networks and the Printing Trade in Early Modern Europe (15th-18th Century)*, dir. Renaud Adam, Ann Kelders, David J. Shaw et Claude Sorgeloos, Londres, CERL, 2010, p. 53-75 ; Renaud Adam et Nicole Bingen, *Lectures italiennes dans les pays wallons à la première Modernité*, Turnhout, Brepols, 2015 (*Études renaissantes*, 16), p. 31-34 ; Sébastien Afonso, *Imprimeurs, société et réseaux dans les villes de langue romane des Pays-Bas méridionaux (1580 – ca 1677)*, Thèse de doctorat, Bruxelles, Université libre de Bruxelles, 2016.

9   Sur cette problématique, *cf.* notamment Christiane Piérard, « Quelques exemples de possession et d'usage de livres manuscrits et imprimés, à Mons, avant 1500 », *Contributions à l'histoire des bibliothèques et de la lecture aux Pays-Bas avant 1600*, Bruxelles, Archives et Bibliothèques de Belgique, 1974 (*Archives et Bibliothèques de Belgique*, n° spécial 11), p. 387-413 ; Frédéric Barbier, « Le livre imprimé au XVe siècle dans la France du Nord », *Revue du Nord*, t. 66, 1984, p. 633-651 ; *Id.*, « Les caractères originaux de l'histoire de l'écrit et de l'imprimé dans le Nord de la France : jalons pour un bilan historiographique », *Eulalie : médiathèques, libraires et lecteurs en Nord-Pas-de-Calais*, Valenciennes, ARDIB, 1998, p. 11-21 ; Renaud Adam, « Les livres de musique en collections privées en Hainaut et dans le Tournaisis aux XVe et XVIe siècles », *Le Hainaut et la musique de la Renaissance*, dir. Camilla Cavicchi et Marie-Alexis Colin, Turnhout, Brepols, à paraître.

10 Desmaele, « Imprimeurs et libraires dans les cités hainuyères », p. 315. Sur les relations entre les libraires montois et l'entreprise de Christophe Plantin, *cf.* Marc Lefèvre, « Libraires belges en relations commerciales avec Christophe Plantin et Jean Moretus », *De Gulden Passer*, t. 41, 1963, p. 34-36.

11 USTC 34695, 34696, 34712, 34713, 45039, 45088, 45089, 51289, 52226, 64546, 64547, 76617, 88773, 88774.

a commissionné, en 1519, l'impression d'un texte de Nicaise Ladam célébrant l'élection impériale de Charles Quint[12].

Comment dès lors prendre le pouls de la réception de la littérature médiévale en langue française par le biais de l'imprimerie dans une région qui ne compte précisément pas de typographes ? D'autant que l'étude de la diffusion d'un genre littéraire par le truchement de l'imprimerie dans un espace géographique déterminé repose trop souvent sur l'examen du catalogue des imprimeurs actifs dans cet endroit[13]. Cette difficulté peut être contournée par la prise en compte de deux approches complémentaires. Il faut, d'une part, procéder à la collecte d'exemplaires portant encore des ex-libris contemporains et, d'autre part, partir à la recherche d'archives permettant de pister le commerce et/ou la possession de livres imprimés. Malheureusement, à ce jour, même s'il existe des travaux de qualité, on ne dispose toujours pas d'instruments permettant de réunir facilement les données nécessaires à une telle recherche. C'est pourquoi il est impératif de retourner en bibliothèques, de consulter des bases de données et d'explorer les dépôts d'archives dans l'optique de réunir des matériaux permettant de nourrir une telle enquête. La tâche est d'autant plus ardue, dans le cas présent, que les frontières de l'ancien comté de Hainaut se situent actuellement à cheval sur la France et la Belgique et que les outils heuristiques permettant de travailler sur cet espace géographique ont généralement été conçus dans une perspective nationale.

Ces entraves méthodologiques nous ont convaincu de la nécessité de nous concentrer sur trois dossiers qui pourraient, en quelque sorte, représenter chacun une des facettes du prisme par lequel il serait envisageable d'entrevoir la réception des lettres médiévales de langue française en Hainaut. Comme nous l'avons évoqué en introduction, cette recherche s'inscrit dans le temps long pour tenter de saisir au mieux ce phénomène.

---

12   USTC 72782. Cet ouvrage a fait l'objet d'une contrefaçon, la première des Pays-Bas méridionaux au sens juridique du terme (USTC 13005). Sur ce dossier, *cf.* Renaud Adam, « La contrefaçon dans les anciens Pays-Bas (xvᵉ-xviiᵉ siècles) », *Histoire et civilisation du livre*, t. 13, 2017, p. 17-37. Ce dossier est évoqué en profondeur par Katell Lavéant (Universiteit Utrecht) et Malcolm Walsby (Lyon, Enssib) dans l'article suivant : Katell Lavéant et Malcolm Walsby, « Celebrating, Interpreting, and Spreading News : Nicaise Ladam and Publishing Topical Poetry in the Southern Low Countries (1508-1522) », *Quaerendo*, t. 48/1, 2018, p. 17-38.

13   Pour les anciens Pays-Bas, on consultera avec profit : Xavier Hermand, Ezio Ornato et Chiara Ruzzier, *Les stratégies éditoriales à l'époque de l'incunable : le cas des anciens Pays-Bas*, Turnhout, Brepols, 2012 (*Bibliologia*, 33).

Les repères chronologiques retenus s'étendent ainsi de la mise sur le marché des premiers imprimés sur ce territoire jusqu'au début du dernier tiers du XVIᵉ siècle, soit sur une durée de près d'un siècle. La collecte d'imprimés anciens portant encore une marque d'appartenance contemporaine localisable en Hainaut a mobilisé de nombreux efforts. Les résultats ne furent malheureusement pas à la hauteur de l'énergie déployée. C'est pourquoi d'autres pistes ont été explorées, à l'instar de l'étude de la bibliothèque du château de Lalaing inventoriée en 1541. Ce catalogue constitue un précieux témoignage sur le passage du manuscrit à l'imprimé au sein d'une collection d'un membre de la haute bibliophilie des anciens Pays-Bas. Enfin, le dernier volet de cette enquête repose sur l'analyse des inventaires de librairies hennuyères produits en 1569 par des représentants de l'Inquisition mandatés par le duc d'Albe pour débusquer toutes traces de commerce d'ouvrages séditieux. Ces trois pistes documentaires, complémentaires, permettront d'offrir une sorte de cliché radiographique, à des moments différents, de la réception des lettres médiévales francophones en Hainaut.

Quiconque s'est penché sur la problématique de l'étude de la circulation des premiers imprimés par le biais des exemplaires survivants connaît les nombreux problèmes que ce type de recherches soulève : repérages parfois difficiles dans les bibliothèques, faible taux de survie, restaurations malheureuses qui ont effacé les anciennes marques de propriété, ex-libris trop laconiques[14]... Quoi qu'il en soit, force est de constater qu'à ce stade-ci de notre enquête, la récolte est assez maigre : trois ouvrages pour le XVᵉ siècle et un seul pour le début du XVIᵉ siècle[15]. Signalons en premier lieu une

---

14   *Cf.* les remarques méthodologiques développées dans Annie Charon, « Usages du livre en France au XVᵉ siècle », *Pratiques de la culture écrite au XVᵉ siècle. Actes du Colloque international du CNRS, Paris, 16-18 mai 1992, organisé en l'honneur de Gilbert Ouy par l'unité de recherche « Culture écrite du Moyen Âge tardif »*, dir. Monique Ornato et Nicole Pons, Louvain-la-Neuve, Fédération internationale des Instituts d'Études médiévales, 1995 (*Textes et Études du Moyen Âge*, 2), p. 459-472 ; David Pearson, *Provenance Research in Book History : a Handbook*, Londres, New Castle, Oak Knoll Press, 1998 ; Renaud Adam, « Les marques de provenance des incunables conservés à la Bibliothèque royale de Belgique : essai de synthèse », *Archives et Bibliothèques de Belgique*, t. 75, 2003, p. 219-275 ; Carla Bozzolo et Ezio Ornato, « Les bibliothèques entre le manuscrit et l'imprimé », *Histoire des bibliothèques françaises*, t. 1, *Les bibliothèques médiévales du VIᵉ siècle à 1530*, dir. André Vernet, Paris, Cercle de la Librairie, 2008 (1ʳᵉ éd., 1989), p. 440-464 ; Céline Van Hoorebeeck, *Livres et lectures des fonctionnaires des ducs de Bourgogne (ca 1420-1520)*, Turnhout, Brepols, 2014 (*Texte, Codex & Contexte*, 16), p. 175-207.

15   Nous tenons à remercier vivement Frédéric Barbier, directeur de recherches honoraire au CNRS, d'avoir eu la gentillesse de nous communiquer le manuscrit du neuvième tome de la vaste entreprise des *Catalogues régionaux des incunables des bibliothèques publiques de*

Somme rurale de Jean Boutillier, imprimée à Abbeville par Pierre Gérard en 1486, qui a appartenu à un certain Luc Druart de Jemappes[16]. Il s'agit ici d'un texte juridique, on est loin de la littérature médiévale. Par contre, l'exemplaire des *Métamorphoses* d'Ovide, reproduites chez Colard Mansion en 1484, qui est actuellement conservé à la bibliothèque communale de Bruges, est bien plus intéressant puisqu'il porte l'ex-libris de Charles Ier de Croÿ, prince de Chimay et lieutenant-général du Hainaut, qui fut l'un des principaux ministres de Maximilien d'Autriche et de Philippe le Beau[17]. Ce volume, rehaussé d'élégantes bordures enluminées, pourrait laisser croire que les membres de la haute noblesse du Hainaut, et a fortiori de celle des Pays-Bas, ont accueilli favorablement dans leur bibliothèque des impressions réalisées par les premiers successeurs de Gutenberg. Il semble cependant que ce ne soit pas le cas[18]. Il s'agit ici d'un témoignage anecdotique. Jusqu'à présent, ce volume ainsi qu'un autre exemplaire des *Métamorphoses* ayant appartenu à Philippe de Hornes constituent les deux seuls témoignages de la présence d'imprimés chez des représentants de la haute bibliophilie des anciens Pays-Bas au XVᵉ siècle[19].

Dès lors, pour se faire une idée du profil des acheteurs d'imprimés d'inspiration médiévale en français, il n'est pas inutile de jeter un œil en

---

France qu'il prépare avec Pierre Aquilon, maître de conférences émérite au Centre d'études supérieures de la Renaissance à Tours [abrégé CRI(9)].

16 Mons, Bibliothèque universitaire, 1797-54 (Christiane Piérard, *Xylotypes, incunables, post-incunables conservés à la Bibliothèque de Mons*, Mons, Université de Mons-Hainaut, 1989 (*Répertoires*, 2), p. 55, n° 91 ; ISTC ib01052000).

17 Bruges, Openbare Bibliotheek, 3877. L'ouvrage est entièrement numérisé et accessible sur le site de la bibliothèque communale de Bruges (http://www.historischebronnenbrugge. be/, consulté le 5 janvier 2020). Charles Ier de Croÿ a cédé ses manuscrits à la régente des Pays-Bas Marguerite d'Autriche pour la somme de 5000 livres (Marguerite Debae, *La bibliothèque de Marguerite d'Autriche. Essai de reconstitution d'après l'inventaire de 1523-1524*, Louvain, Paris, Peeters, 1995).

18 Hanno Wijsman, *Luxury Bound. Illustrated Manuscript Production and Noble and Princely Book Ownership in the Burgundian Netherlands*, Turnhout, Brepols, 2010 (*Burgundica*, 16), p. 503-509.

19 L'exemplaire de Philippe de Hornes est perdu, il n'est connu qu'au travers de sa mention dans l'inventaire des livres retrouvés après sa mort dans son palais d'Anvers (*Corpus catalogorum Belgii. The Medieval Booklists of the Southern Low Countries*, t. 3, dir. Albert Derolez *et al.*, Bruxelles, KVAB, 1999, 76.7). *Cf.* également Anne Dubois, « La bibliothèque de Philippe de Hornes, seigneur de Gaesbeek, et un Valère Maxime exécuté dans l'atelier de Colard Mansion », *'Als ich can'. Liber amicorum in Memory of Professor Dr. Maurits Smeyers*, dir. Bert Cardon, Jan Van der Stock et Dominique Vanwijnsberghe, 2 vol., Paris, Louvain, Dudley (Ma.), Peeters, 2002 (*Corpus of Illuminated Manuscripts*, 11 – *Low Countries Series*, 8), t. 1, p. 611-627.

périphérie du Hainaut et d'évoquer brièvement la situation de Lille. La Bibliothèque municipale de cette ville conserve plusieurs ouvrages qui nous intéressent directement, dont un autre exemplaire des *Métamorphoses* imprimé par Mansion dont la possession fut revendiquée par un *marchand grossier* prénommé David du Gardin[20]. Citons aussi cet autre marchand de vin, Lion de Lannoy, qui possédait une traduction française de la relation du voyage à Jérusalem faite par Bernhard von Breydenbach et imprimée à Lyon en 1489[21]. Il faut aussi pointer ce *Miroir Historial* de Vincent de Beauvais commissionné par Vérard qui a appartenu à un lieutenant du château de Lille, dénommé Paul de Mos[22]. Un autre Lillois, marchand de son état – Pierre G/Quillen (?) – a également fait l'acquisition d'un exemplaire de cette édition[23]. De leur côté, les frères prêcheurs de la ville détenaient un *Livre de politiques* d'Aristote, traduit par Nicolas Oresme et imprimé à Paris par Antoine Caillaut et Guy Marchant en 1489 à la demande d'Antoine Vérard[24]. Toujours en provenance de Paris, cet *Aiguillon de l'amour divin* de saint Bonaventure, transposé en français par Simon de Courcy et produit par l'atelier de Michel Le Noir en 1499, qui arbore l'ex-libris d'une sœur de l'hospice Comtesse, *suer Packe Calick*, situé rue de la Monnaie dans l'actuel Vieux-Lille[25]. Pour en revenir aux éditions sorties de presses implantées dans les anciens Pays-Bas qui ont été repérées à Lille, il importe de signaler cet exemplaire des *Faits et dits mémorables* de Valère Maxime, vraisemblablement imprimé à Bruges, qui porte plusieurs ex-libris des plus intéressants, dont cette mention du rachat du livre par un certain Jacques de Hennin, bourgeois de Lille, à Pierre Feron en 1477 :

> *Ce livre cy vient premierement de pierres feron et depuis de pol de hennin* [un mot rayé] *pour achapt dudict pierre l'an iiij̄ lxxvij delivre depuis a Jacques de hennin en son vivant bourgeois de la ville de Lille en flandres donne depuis par ledict Jacques a messire pol son filz en son temps pensionnaire de ladicte ville, et depuis escheu par la mort dudict pol a Jacques de hennin son filz* [et d'une autre main :] *Et depuis par achapt a S. Busquet*[26].

---

20 Lille, BM, F 5 (ISTC io00184000 ; CRI(9) O-18).

21 Lille, BM, D 22 (ISTC ib01192500 ; CRI(9) B-182).

22 Saint-Omer, BM, 2871 (ISTC iv00287000 ; CRI(9) U-26).

23 Lille, BM, E 20 (ISTC iv00287000 ; CRI(9) U-26).

24 Lille, BM, E 4 (ISTC ia01027000 ; CRI(9) A-124).

25 Lille, BM, B 7/1 (ISTC ib00969400 ; CRI(9) B-157).

26 Washington DC, Library of Congress, Lessing J. Rosenwald Collection, Incun. 1477. V 33, f° 18 v° (ISTC iv00044000). Sur cet exemplaire, *cf.* Anne Dubois, *Valère Maxime en*

L'auteur de cette note ne se doutait certainement pas qu'il rendrait un grand service à la communauté scientifique en l'apposant à l'intérieur de son ouvrage, puisqu'il offrit du coup un *terminus ad quem* pour la datation de ce livre reproduit sans colophon[27]. Malheureusement, l'ex-libris ne décrit pas le statut ou le métier de ce Pierre Feron. S'agit-il du marchand drapier mentionné dans les comptes de l'argentier de Charles le Téméraire ou d'un homonyme ? Difficile à dire en l'état actuel de la documentation[28].

Il est évidemment trop tôt pour tirer des conclusions définitives, mais on peut toutefois constater que la bourgeoisie urbaine aisée fut à coup sûr perçue par les premiers imprimeurs comme une clientèle toute désignée pour leurs produits qui rappelaient, dans leur forme, les manuscrits de luxe alors en vogue à la cour des ducs de Bourgogne et au sein de leur entourage. De même que les communautés religieuses, hommes et femmes, pour des textes de dévotion ou philosophiques.

Se pose par ailleurs la question de l'entrée des premiers imprimés dans les bibliothèques de la haute noblesse du Hainaut. Quelques pièces permettent d'apporter des éléments de réponses. Ainsi, la Bibliothèque municipale de Valenciennes conserve un *Therence en françois*, imprimé pour Antoine Vérard vers 1500, dont la propriété fut revendiquée par *Francoise de Barbanchon dame douagiere de Molembaix*, soit Françoise de Barbençon, alors veuve de Philippe de Lannoy, seigneur de Molenbaix, qui fut président du Conseil des finances avant de décéder en 1543[29]. Le nom de Charles de Croÿ a été mentionné dans un paragraphe précédent. Évoquons maintenant celui de sa fille Marguerite puisque la Bibliothèque royale de Belgique possède un exemplaire de la seconde édition de *Guiron le Courtois*, imprimée à Paris vers 1516, arborant encore son ex-libris[30].

---

français à la fin du Moyen Âge. Images et tradition, Turnhout, Brepols, 2016 (*Manuscripta Illuminata*, 1), p. 286-287, 325, 464.

27 Renaud Adam, « Valère Maxime, *Facta et dicta memorabilia* », *Cent trésors de la Bibliothèque royale de Belgique*, dir. Pierre Delsaert, Jean-Marie Duvosquel, Ludo Simons et Claude Sorgeloos, Bruxelles, Bibliothèque royale de Belgique, 2005, p. 84-85.

28 *Comptes de l'Argentier de Charles Le Téméraire Duc de Bourgogne*, éd. Anke Greve *et al.*, 5 vol., Paris, De Boccard, 2001-2014 (*Recueil des historiens de la France. Documents financiers et administratifs*, 10) [mentionné dans : II 1484 (= 1469); III 1895 (= 1470), 1920 (= 1470), 2271 (1470), 2325 (= 1470); IV.2 166 (1471), IV.7 610 (= 1474)].

29 Valenciennes, BM, Inc. 85 (ISTC it00106000 ; CRI(9) T-6). Sur Philippe de Lannoy, *cf.* Hans Cools, *Mannen met macht. Edellieden en de Moderne Staat in de Bourgondisch-Habsburgse landen (1475-1530)*, Zutphen, WalburgPers, 2001, p. 249.

30 Bruxelles, KBR, Inc B 553. Sur cet exemplaire, *cf.* Renaud Adam, « Dans le *Gyron* de Marguerite de Croÿ, comtesse de Lalaing (1508-1549) », *Le livre au fil de ses pages. Actes*

Cette marque d'appartenance n'est malheureusement pas datée, mais la princesse précise dans son ex-libris être comtesse de Lalaing, titre qu'elle a obtenu après son mariage avec Charles II de Lalaing en 1528, lui aussi membre de la haute noblesse hennuyère appelé à occuper les fonctions les plus élevées de l'appareil étatique des anciens Pays-Bas[31].

Si la bibliothèque de Marguerite de Croÿ n'est pas connue, le contenu de celle de son époux, par contre, est détaillé dans l'inventaire des livres conservés dans son château de Lalaing dressé en janvier 1541 (n. s[32].). L'existence éventuelle d'un catalogue des livres ayant appartenu à la comtesse aurait pu nous fournir de précieux détails sur ses goûts littéraires ou encore sur l'organisation de sa bibliothèque, si, toutefois, elle disposait bel et bien de sa propre bibliothèque. L'inventaire des livres de son mari recèle d'intéressantes informations. On y apprend que les livres sont posés sur trois *aisselles* comportant chacune cinq à six *renghyees* de livres. Quatre autres rangées se situent au-dessus de la fenêtre. Certains ouvrages sont par contre placés au *comptoir de monseigneur*, soit les livres dont il se servait le plus fréquemment. En revanche, n'est pas précisé l'endroit où reposaient les *livres en latin*.

La bibliothèque de Charles II semble à première vue des plus éclectiques. Elle est en fait constituée de deux noyaux distincts. Les ouvrages situés dans les *aisselles* et *sur la fenestre* s'apparentent aux bibliothèques de type « bourguignon », soit principalement des livres de caractères édifiant, didactico-moralisateur, historique et littéraire, presque exclusivement rédigés en français et transcrits sur des manuscrits de luxe reliés somptueusement[33]. Ce modèle, emprunté à la *librairie* des ducs de Bourgogne, se rencontre dans de nombreuses bibliothèques de la haute aristocratie des anciens Pays-Bas. Il s'agit très probablement des livres hérités par Charles II de son père, Charles Ier de Lalaing, qui fut chambellan de la cour et proche des souverains bourguignons. La

---

de la 14e journée d'étude du RMBLF, Liège, 18 novembre 2005, dir. Renaud Adam et Alain Marchandisse, Bruxelles, Archives et Bibliothèques de Belgique, 2009, p. 13-27.

31 Michel Baelde, « Lalaing, Karel, graaf van », *Nationaal Biografisch Woordenboek*, t. 3, Bruxelles, KVAB, 1968, col. 479-484.

32 Douai, Archives municipales, T.L., 2e inventaire, n° 320. Ce document a été édité dans Monique Mestayer, « La bibliothèque de Charles II, comte de Lalaing, en 1541 », *Les sources littéraires et leurs publics dans l'espace bourguignon (XIVe-XVIe s.)*, dir. Jean-Marie Cauchies, *Publication du Centre européen d'Études bourguignonnes*, t. 31, 1991, p. 199-216, en particulier p. 205-216.

33 Wijsman, *Luxury Bound*, p. 503-509.

proximité avec le milieu curial aura très certainement guidé le choix de ses livres. *A contrario*, les ouvrages *en latin* et ceux rangés au *comptoir de monseigneur* révèlent une nette prépondérance pour les classiques de l'Antiquité ainsi que pour les auteurs modernes comme Érasme ou Rabelais. Cette orientation correspond à celle d'un homme ayant reçu une formation universitaire[34]. Charles II, fils cadet de la famille, était en réalité promis à une carrière ecclésiastique que les décès prématurés de son père puis de son frère sont venus interrompre. Nous sommes donc ici en présence d'une bibliothèque de type patrimonial complétée selon les goûts de Charles II de Lalaing.

Si l'inventaire des ouvrages recensés dans la demeure du comte de Lalaing ne mentionne aucune trace du *Guiron le Courtois* de son épouse, ce document cite toutefois une quinzaine d'imprimés de langue française d'inspiration médiévale, quasiment tous rangés au sein de l'espace réservé à la partie dite « bourguignonne » de la bibliothèque qui compte plus de 130 entrées dans l'inventaire de 1541. La plus ancienne édition remonte à l'année 1486, la plus récente aux alentours de 1521. Elles proviennent toutes de France, pour deux tiers de Paris, le reste d'ateliers lyonnais. On peut pointer, parmi les producteurs de ces livres, les noms célèbres d'Antoine Vérard, de Michel Le Noir et d'Antoine Caillaut. On retrouve en majorité des textes moraux, comme le *Le doctrinal des femmes mariees*, *L'estrif de Fortune et de Vertu* de Martin le Franc ou encore le *Le parement et triumphe des dames* d'Olivier de la Marche. L'histoire est présente avec deux traductions françaises de l'œuvre de Tite-Live, avec l'imposante *Mer des histoires* dans sa version princeps ainsi qu'au travers des chroniques d'Enguerrand de Monstrelet et de Jean Froissart. Quelques romans sous forme imprimée ont également pris place au sein de cette bibliothèque, comme la *Melusine* de Jean d'Arras ou le *Berinus*. Pour terminer ce tour d'horizon, pointons ces deux textes « récents » que sont la version en français du *Grant voyage de Jherusalem* de Breydenbach et *La nef des folz* de Sebastian Brant qui, pour le coup, était rangée avec les livres en latin. Reste toutefois l'énigme de savoir qui a complété la bibliothèque du château avec des textes imprimés. Charles Iᵉʳ ou son fils Charles II ? En effet, nombre de ces textes ont été imprimés au XVᵉ siècle, du vivant du père alors que Charles II n'était pas

---

34 Charles de Lalaing s'est inscrit à l'université de Louvain le 28 novembre 1520 : *Carolus De Lalen filius militis Aneci Velleris, Tornac. d. (nobilis)* (*Matricule de l'Université de Louvain*, t. 3, éd. Arnold Schillings, Bruxelles, Palais des Académies, 1958, p. 639, nº 60).

encore né. Difficile de trancher, même si nous verrions plus volontiers le fils compléter la bibliothèque familiale par des textes imprimés.

Il est temps maintenant d'aborder la troisième source évoquée en introduction, ces inventaires de librairies effectués à la demande du duc d'Albe en 1569. Pour rappel, à partir des années 1565-1566, les Pays-Bas furent secoués par une vaste contestation politico-religieuse dirigée contre Philippe II. Pour réprimer cette agitation, le souverain mit en place un tribunal d'exception, le Conseil des troubles, et le plaça sous l'autorité directe de Fernando Alvarez de Tolède, duc d'Albe et gouverneur général des Pays-Bas[35]. Cette institution, active de 1567 à 1576, surveilla de très près la fabrication, la vente et la possession de livres, en raison du danger potentiel de ce véhicule culturel qu'est l'imprimé. Ainsi, à la requête du duc d'Albe souhaitant *faire casser, abolir et anéantir tous livres de deffendus et réprouvez* afin d'*extirper les sectes hérésies et mauvaises doctrines régnans ès pays de par dechà*, des inquisiteurs, des représentants des autorités communales et judiciaires furent envoyés le 16 mars 1569 simultanément dans différentes provinces des Pays-Bas espagnols afin d'examiner les fonds des libraires et des imprimeurs dans l'optique de dépister les livres hérétiques avec ordre de les brûler[36]. Dans ses mémoires, le Tournaisien Nicolas Soldoyer évoque l'autodafé de livres hérétiques organisé dans sa ville à la date du 16 juin, le lendemain de la pendaison de plusieurs hérétiques : *le jeudi, 16, on brusla sur le Marché deux tonneaux pleins de livres erroniques qu'on avoit trouvés dans les boutiques des libraires*[37].

---

35 Alphonse Verheyden, *Le Conseil des Troubles*, Flavion-Florennes, Le Phare, 1981 ; Solange Deyon et Alain Lottin, *Les casseurs de l'été 1566. L'iconoclasme dans le Nord*, Villeneuve d'Ascq, Westhoek, Presses universitaires de Lille, Éditions des Beffrois, 1986 ; Guido Marnef et Hugo de Schepper, « Conseil des Troubles (1567-1576) », *Les institutions du gouvernement central des Pays-Bas habsbourgeois (1482-1795)*, dir. Erik Aerts *et al.*, 2 vol., Bruxelles, Archives générales du Royaume, 1995, t. 1, p. 470-478 ; Aline Goosens, *Les Inquisitions modernes dans les Pays-Bas méridionaux (1520-1633)*, 2 vol., Bruxelles, Presses de l'Université Libre de Bruxelles, 1997-1998 (*Spiritualités et pensées libres*), t. 1, p. 114-121 ; Carole Payen, *Aux confins du Hainaut, de la Flandre et du Brabant : le bailliage d'Enghien dans la tourmente iconoclaste (1566-1576). Étude de la répression des troubles religieux à la lumière des archives du Conseil des troubles et des Comptes de confiscation*, Courtrai, UGA, 2013 (*Anciens pays et assemblées d'États*, 109).

36 Les citations sont reprises d'un courrier adressé par le duc d'Albe aux conseils régionaux. *Cf.* Louis Prosper Gachard, *Correspondance de Philippe II sur les affaires des Pays-Bas (1558-1577)*, 5 vol., Bruxelles, Palais des Académies, 1848-1879, t. 2, p. 674-675.

37 *Mémoires de Pasquier de La Barre et de Nicolas Soldoyer pour servir à l'histoire de Tournai 1565-1570*, éd. Alexandre Pinchart, Bruxelles, Société de l'histoire de Belgique, 1865 (*Collection*

Dans le comté de Hainaut, les libraires installés à Mons, Maubeuge, Binche, Bavay, Ath, Le Rœulx, Enghien et Avesnes reçurent la visite de l'inquisiteur Jean Bonhomme secondé par deux adjoints et un notaire, qui terminèrent leur travail le 15 juillet 1569[38]. Seule la situation de la ville de Mons sera examinée, en raison de l'extrême précision des sources disponibles. L'inventaire exécuté par les émissaires du duc d'Albe décrit un peu plus de 1600 livres parmi lesquels on dénombre quelque 750 volumes en langue française. Ce document relève non seulement le nom des auteurs et les titres, mais aussi les adresses bibliographiques des ouvrages listés. Le soin et la rigueur dont a fait preuve le notaire dans l'exécution de sa tâche font de cette source un document de premier ordre pour l'étude de la circulation des livres en Hainaut dans le second tiers du XVIᵉ siècle. On découvre ainsi des livres d'une très grande variété de sujets et en provenance essentiellement de Paris, Lyon et Anvers ; mais on en trouve aussi imprimés dans les villes de Louvain, Liège, Mons, Poitiers, Rouen, Reims, Troyes, La Rochelle, Blois, Thiers, Mantoue, etc.

Une quarantaine de livres intéressant directement la présente recherche ont été pointés, soit un peu plus de 5 % de l'ensemble des ouvrages en français décrits dans cet inventaire[39]. Le genre romanesque est largement majoritaire dans ce corpus, avec des titres issus des matières de Rome, de France et de Bretagne. On peut notamment citer l'*Hystoire d'Alexandre*

---

de *mémoires relatifs à l'histoire de Belgique*, 4), p. 339. Sur cet épisode, *cf.* Gérard Moreau, «Catalogue des livres brûlés à Tournai par ordre du duc d'Albe (16 juin 1569)», *Horae Tornacenses. Recueil d'études d'histoire publiées à l'occasion du* VIIIᵉ *centenaire de la consécration de la cathédrale de Tournai*, dir. Léon-Ernest Halkin, Henri Platelle et Nicolas Huyghebaert, Tournai, Archives de la Cathédrale, 1971, p. 194-213.

38 Bruxelles, AGR, *Conseil des troubles*, Reg. 22. Ce registre concerne, dans l'ordre, les villes de Mons (Reg. 22, fᵒˢ 1 rᵒ-69 vᵒ), Maubeuge (Reg. 22, fᵒˢ 70 rᵒ-72 vᵒ), Binche (Reg. 22, fᵒˢ 73 rᵒ-74 vᵒ), Bavay (Reg. 22, fᵒˢ 75 rᵒ-75 vᵒ), Ath (Reg. 22, fᵒˢ 76 rᵒ-85 rᵒ), Le Rœulx (Reg. 22, fᵒˢ 85 vᵒ-86 rᵒ), Enghien (Reg. 22, fᵒˢ 87 rᵒ-90 rᵒ), Avesnes (Reg. 22, fᵒˢ 91 rᵒ-92 rᵒ). Additions pour Mons et Ath (Reg. 22 fᵒˢ 92 vᵒ-94 rᵒ). Sur cette visite, *cf.* également Henri Vanhulst, «Les éditions de musique polyphonique et les traités musicaux mentionnés dans les inventaires dressés en 1569 dans les Pays-Bas espagnols sur ordre du duc d'Albe», *Revue belge de musicologie*, t. 31, 1977, p. 60-71 ; Guido Janssens, «Plantijndrukken in de Henegouwse boekhandel in 1569», *Ex officina Plantiniana. Studia in memoriam Christophori Plantini* (ca *1520-1589*), dir. Marcus de Schepper et Francine de Nave, Anvers, Vereeniging der Antwerpsche Bibliophielen, 1989 (*De Gulden passer*, 74), p. 349-379 ; Adam et Bingen, *Lectures italiennes*, p. 65-71 ; Renaud Adam, «La circulation du livre médical dans les anciens Pays-Bas au second tiers du XVIᵉ siècle», *Histoire des Sciences Médicales*, t. 51, 2017, p. 47-59.

39 Cette liste est reproduite en annexe.

le grand, un *Hector,* un *Hercule, Le roman de Fierabras, Huon de Bordeaulx, Lancelot* ou encore un *Artus de Bretagne.* Il y a aussi des réécritures et des créations originales contemporaines comme *Richart sans paour,* remanié par Gilles Corrozet, et cette œuvre plus ou moins contemporaine, *Jehan de Paris.* Figureraient aussi sur les étals des libraires montois, des textes conçus par des auteurs issus du milieu curial bourguignon. Citons *L'histoire de Jason* et *Le recueil des histoires troyennes* de Raoul Lefèvre, *Le parement et triumphe des dames* ainsi que *Les memoires* d'Olivier de la Marche, *Le premier volume de la thoison d'or* de Guillaume Fillastre et la traduction des *Faitz d'Alexandre* de Quinte-Curce par Vasque de Lucène. Au niveau des traductions, signalons aussi la présence de quatre œuvres de Boccace et de Pétrarque, dont *De la genealogie des dieux* ou encore les *Remedes de l'une et l'autre fortune.* Pour ces deux auteurs, seules les *trans-lations* médiévales ont été retenues, car des traductions composées au XVIe siècle étaient également proposées à la vente, mais elles s'inscrivent dans le registre de la diffusion de l'italianisme en France[40]. Enfin, pour terminer cette énumération, mentionnons l'édition *princeps* des œuvres de François Villon.

La richesse des informations contenues dans cet inventaire permet également de revenir sur l'origine, les auteurs et la datation de ces éditions. Ainsi, à l'exception de deux impressions lyonnaises et d'une autre faite à Troyes, tous les ouvrages de ce corpus proviennent de presses parisiennes. La majorité d'entre eux sortent des ateliers de la famille Bonfons, de Jean et de sa veuve (12), et de la famille Le Noir (4). Rien de surprenant : ces deux familles étaient spécialisées dans la littérature médiévale[41]. Avant de terminer, il est nécessaire de dire un dernier mot sur les dates de ces

---

40 Nous pensons notamment au *Decameron de Jehan Bocace A paris chez Martin le Jeusne 1559* (f° 66 r° ; USTC 37750), dont la traduction a été faite par Antoine Le Maçon en 1545. Sur cette problématique, *cf.* Jean Balsamo, Vito Castiglione Minischetti et Giovanni Dotoli, *Les traductions de l'italien en français au XVIe siècle,* Fasano, Schena, Paris, Hermann, 2009 (*Bibliographica,* 2 – *Bibliothèque des traductions de l'italien en français du XVIe au XXe siècle,* 4), p. 15-64 (« Introduction »).

41 L'apport des archives du Conseil des troubles pour la reconstitution du catalogue des époux Bonfons, et plus spécifiquement autour de la recherche d'éditions perdues, est abordée dans : Renaud Adam, « Tracing Lost Editions of Parisian Printers in the Sixteenth Century : the Case of Jean Bonfons and his Widow », *The Library,* 7e série, t. 21, 2020, p. 328-342. La thématique de la recherche d'éditions perdues a fait l'objet d'un colloque à St Andrews dont les actes ont été publiés dans : *Lost Books. Reconstructing the Print of Pre-Industrial Europe,* dir. Flavia Bruni et Andrew Pettegree, Leyde, Brill, 2016 (*Library of the Written Word,* 46 – *The Handpress World,* 34).

impressions. Elles ont été, pour la plupart, reproduites au cours des décennies 1530-1540 (9 titres) et 1560-1570 (10 titres). Les goûts des Montois en matière de lecture romanesque témoigneraient-ils d'une certaine forme de traditionalisme ? L'année 1530 marque en effet un tournant dans le monde de l'édition qui voit la vogue des romans médiévaux s'essouffler au profit d'expériences littéraires plus modernes. Quoi qu'il en soit, la plus ancienne édition rencontrée dans l'inventaire montois est l'exemplaire des *Faitz et Ditz* de Valère Maxime sorti des presses de Matthieu Huss à Lyon en 1489 ; la plus récente est celle des *Croniques* de Philippe de Commynes exécutée au sein de l'atelier de Mathurin Prevost en 1567.

À l'heure où les lettres françaises s'enrichissent des traductions de littérateurs italiens, comme Castiglione ou l'Arétin, et s'illustrent par des auteurs du cru, comme du Bellay et ses confrères, on constate qu'il existe toujours un certain goût pour la littérature d'inspiration médiévale. La lecture des inventaires de 1569 montre que la césure des années 1530-1540, souvent avancées comme dates de rupture avec la tradition littéraire du Moyen Âge, ne fut pas aussi abrupte que d'aucuns auraient pu le penser, tout du moins dans le Hainaut. On a pu aussi voir que l'imprimé, à ses débuts, permit à la classe bourgeoise de s'approprier des textes conçus dans la sphère curiale, prisés par ses membres et diffusés par le support manuscrit. Malgré une forme de défiance dans un premier temps, la haute aristocratie a « autorisé » l'imprimé à faire son entrée au sein de ses bibliothèques dans le courant du XVIe siècle, comme nous l'indique la collection de Charles II de Lalaing et celle de la veuve de Philippe de Lannoy. Toutefois, les recherches présentées ici ont montré leurs limites et invitent à explorer de nouvelles pistes, à découvrir de nouveaux corpus, afin de préciser les mécanismes de la réception de la littérature française d'inspiration médiévale à la première Modernité.

Renaud ADAM
Université de Liège
Transitions. Unité de Recherches
sur le Moyen Âge
et la première Modernité

ANNEXE[42]

[f° 1 r°]
Inventaire des livres bons es maisons des Libraires Jures de la ville de Mons [...] le XVI*^{me} de mars 1568* [1569, n. s.]

[f° 32 v°]
(1) *Lhistoire de Robert le Diable A Paris chez la vefve Jehan bonfons*[43].
(2) *La Destruction de Jerusalem par vespasien A Paris chez la vefve Bonfons*[44].
(3) *Le Romant de Jehan de Paris, A Paris chez ladite vefve*[45].

[f° 33 r°]
(4) *Lhistoire de Richardt sans puour A Paris chez ledit* [= Bonfons][46].
(5) *La Conqueste du grand Roy Charlemagne A Paris chez La Vefve Bonfons*[47].

[f° 33 v°]
(6) *Lhistoire de paris et vienne A Paris chez Bonfons*[48].
(7) *Lhistoire de Guerin de Montglave a Paris chez Nicolas Chrestien*[49].
(8) *La danse macabre A Paris chez Estienne Groulleau*[50].

---

42 Bruxelles, AGR, *Conseil des troubles*, Reg. 22.
43 Édition non retrouvée. 1re éd. : Lyon, Pierre Mareschal et Barnabé Chaussard, 1496, 4° (USTC 71451 ; Bechtel R-206). La seule édition Bonfons connue est due à Nicolas (*ca* 1570 selon USTC 79184 ; *ca* 1572 selon Bechtel R-214/1).
44 *La destruction de Jerusalem*, Paris, Veuve Jean Bonfons, [mai 1568-mars 1569], 4° (USTC 77290 ; pas dans Bechtel).
45 *Le romant de Jean de Paris, roy de France*, Paris, Veuve Jean Bonfons, [mai 1568-mars 1569], 8° (pas dans USTC ; Bechtel J-116 ; Destot, n° 25).
46 Édition non retrouvée. 1re éd. : *Le rommant de Richard sans paour*, Paris, Alain Lotrian, [*ca* 1528], 4° (USTC 83795 ; Bechtel R-197). Aucune édition Bonfons, seule une par Nicolas Bonfons et Pierre Bonfons (*ca* 1600) (USTC 56545).
47 Édition non retrouvée. 1re éd. : Lausanne, 1478 (USTC 70283 ; Bechtel F-70). Trois éditions chez Jean Bonfons : 1547 (USTC 60635 ; Bechtel F-86), 1550 (USTC 55974 ; Bechtel F-87), 1560 (USTC 56312).
48 Pierre de La Cépède, *Paris et Vienne*, Paris, Jean Bonfons, [1545], 4° (USTC 89790 ; Bechtel P-29 ; Destot, n° 37).
49 *L'hystoire des faitz et prouesses du vaillant chevalier Guerin*, Paris, Nicolas Chrestien, 1533, 4° (USTC 37998).
50 *La grande danse macabre des hommes et des femmes*, Paris, Etienne Groulleau, [1550], 16° (USTC 60290).

(9) *Lhistoire dartus de Britaigne A Paris chez Bonfons*[51].

[f° 35 v°]
(10) *Lhistoire de Melusine A Paris 1523*[52].
(11) *Ulenspiegel A Paris chez Bonfons*[53].

[f° 36 r°]
(12) *Lhistoire de Florent et Lyon*[54].

[f° 36 v°]
(13) *Lhistoire de Piere de provence chez ladite vefve* [= Bonfons][55].

[f° 39 v°]
(14) *Bocace de la Genealogie de Dieu traduit en Francoys A Paris chez Philippe le Noir*[56].
(15) *Messire francoys petrarque des Remedes A Paris chez Piere cousin 1534*[57].
(16) *Les Croniques et vertueux faits de Judas machabeus translates de latin en françoys par charles de Sainct Gelays A Paris Magadalene Burchet 1556*[58].

[f° 40 r°]
(17) *Le plaisant livre de Jehan de Bocace A Paris chez philippe le Noir*[59].

---

51 *Le rommant des merveilleux faitz du vaillant et preux chevalier Artus de Bretaigne*, Paris, Jean Bonfons, s. d., 4° (USTC 29430; Bechtel A-314; Destot, n° 32). Sergio Cappello est le premier à avoir distingué trois éditions sorties des presses de Jean Bonfons, toutes sans date : Sergio Cappello, « Les éditions d'*Artus de Bretagne au* XVIe *siècle* », '*Artus de Bretagne'. Du manuscrit à l'imprimé (*XIVe*-*XIXe *siècle)*, dir. Christine Ferlampin-Acher, Rennes, Presses universitaires de Rennes, 2015 (*Interférences*), p. 170-172.

52 Pas d'édition en 1523. S'agit-il de : Jean d'Arras, *Melusine*, Paris, Alain Lotrian et [Denis Janot], 1522, [sans format] (USTC 66292)?

53 *Ulenspiegel. De sa vie de ses oeuvres et merveilleuses adventures par luy faictes*, Paris, Veuve Jean Bonfons, [mai 1568-mars 1569], 4° (USTC 61307; Bechtel U-4; Destot, n° 93).

54 *Florent et Lyon*, Paris, Jean Bonfons, s. d., 4° (USTC 55122; Bechtel F-140; Destot, n° 1).

55 *L'histoire de Pierre de Provence et de la belle Maguelonne*, Paris, Veuve Jean Bonfons, [mai 1568-mars 1569], 4° (USTC 55137; Bechtel P-184; Destot, n° 38).

56 Boccace, *De la genealogie des dieux*, Paris, Jean Petit et Philippe Le Noir, 1531, 2° (USTC 1050; Bechtel B-238).

57 Pétrarque, *Des remedes de l'une et l'autre fortune*, Paris, [Denis Janot] pour Pierre Cousin, 1534, 2° (USTC 27581; Bechtel P-118).

58 *Les cronicques et vertueux faitz du preux et vaillant prince, Judas Machabeus* (trad. Charles de Saint-Gelais), Paris, Madeleine Boursette, 1556, 8° (USTC 1138).

59 Pas dans l'USTC. 1re éd. : Boccace, *Le plaisant livre*, Paris, Gilles Corrozet, 1538 (1539 n. s.) (USTC 76987).

[f° 40 v°]

(18) *Les Œuvres de M. Francoys villon A Paris chez Denys Janot*[60].

[f° 41 r°]

(19) *Lhistoire de Jourdain de Blaves*[61].

(19bis) *Lhistoire de Roeland et Margaut le geant et plusieurs autres A Paris Chez Nicolas Chrestien*[62].

[f° 43 v°]

(20) *Le Roy Modus des deduits de la chasse venerie et fauconnerie A Paris Chez Guilaulme Le noir 1560*[63].

[f° 45 v°]

(21) *Le primier volume de Lancelot du Lac A Paris 1520*[64].

[f° 46 r°]

(22) *Messire francois petrarcque des Remedes de Lune et Lautre fortune A Paris 1534*[65].

[f° 46 v°]

(23) *Bocace des nobles maleureux A Paris chez Vincent Sertenas 1538*[66].

60 François Villon, *Les œuvres*, Paris, Denis Janot, [1532], 16° (USTC 76450).
61 Édition difficile à préciser, car la description est trop laconique. Il est envisageable qu'il s'agisse de celle de Jean Bonfons (Bechtel J-169).
62 Luigi Pulci, *L'hystoire de Morgant le Geant*, Paris, Nicolas Chrestien, 1540, 4° (USTC 37778).
63 *Le roy Modus des deduitz de la chace, venerie et fauconnerie*, Paris, Guillaume Le Noir, 1560, 8° (USTC 37319).
64 *Le premier (-tiers) volume de Lancelot du Lac*, Paris, Michel Le Noir, 1520, 2° (USTC 47183 ; Bechtel L-41).
65 L'USTC donne plusieurs éditions (= différentes émissions pour une édition partagée) : (trad. Jean Daudin), Paris, [Jacques Le Messier] pour Jean Petit, 1534, 2° (USTC 27580) ; Paris, [Denis Janot] pour Pierre Cousin, 1534, 2° (USTC 27581) ; Paris, [Antoine Cousteau et Antoine de La Barre] pour Pierre Sergent et [Nicolas Cousteau], 1534, 2° (USTC 47278) ; Paris, [Jacques Le Messier] pour Pierre Gaudoul, 1534, 2° (USTC 34693) ; Paris, [Jacques Le Messier] pour Jean Yvernel, 1534, 2° (USTC 83736) ; Paris, [Jacques Le Messier et Denis Janot], 1534, 2° (USTC 83737) ; Paris, Denis Janot pour Jean Longis, 1534, 2° (USTC 73457). 1re éd. : Paris, Galliot du Pré, 1523 (1524 n. s.), 2° (USTC 38021). Bechtel n'en donne qu'une : P-118.
66 Édition non retrouvée, mais il reste envisageable que nous soyons confrontés à une édition partagée avec Nicolas Cousteau : Boccace, *Des nobles maleureux*, Paris, Nicolas Cousteau, 1538, 2° (Bechtel B-245 ; édition partagée également avec d'autres libraires).

[f° 47 r°]

(24) *Le premier volume de la thoison d'or a Paris. Imprime a Troyes chez Nicolas le Rouge 1530*[67].

(25) *L'histoire du preux Meurin A paris chez Piere Sergent*[68].

[f° 48 v°]

(26) *Le parement et triumphe des dames A Paris chez Michel Le noir 1520*[69].

[f° 53 v°]

(27) *Le Recueil des histoires Troyannes par Raoul Le fevre prêtre A Paris chez Philippe Le noir 1564*[70].

[f° 54 r°]

(28) *Quinte Curse translate de Latin en Francoys A Paris chez Antoine le Clerck 1555*[71].

[f° 55 r°]

(29) *Le Romand de la Rose A Paris 1538*[72].

[f° 55 v°]

(30) *Les conquestes Geoffroy a la grand Dent A Paris chez Bonfons*[73].

[f° 56 r°]

(31) *Les faits de M. Alain Chartier A Paris chez Michel Le noir 1514*[74].

---

67 Guillaume Fillastre, *Le premier volume de la thoison d'or*, Troyes, Nicolas Le Rouge, vendu à Paris, Poncet Le Preux, 1530, 2° (USTC 45149 ; Bechtel F-96).

68 *L'histoire du preux Meurvin*, Paris, Etienne Caveiller pour Pierre Sergent et Jean Longis, 1540, 8° (USTC 37782 ; Bechtel M-304).

69 Olivier de la Marche, *Le parement et triumphe des dames*, Paris, Michel Le Noir, 1520, 8° (USTC 8295 ; Bechtel L-31).

70 Erreur dans la date, l'imprimeur Philippe le Noir était décédé depuis 1544. Deux éditions possibles : Paris, Philippe Le Noir, [1528], 4° (USTC 73154 ; Bechtel L-96) ; Paris, Denis Janot et Philippe Le Noir, 1532, 2° (USTC 11068 ; Bechtel L-98).

71 Aucune édition retrouvée. La même année : Quinte Curce, *Les belliqueux faitz d'armes, conduictes et astuces de guerre du preux et victorieux roy Alexandre le Grand* (trad. Vasque de Lucène), Paris, Veuve François Regnault, 1555, 16° (USTC 41266).

72 Guillaume de Lorris, *Le rommant de la rose*, Paris, Jean Longis, 1538, 8° (USTC 27641 ; Bechtel G-383).

73 *Les conquestes du tresnoble et vaillant Geoffroy a la grand dent*, Paris, pour Jean Bonfons, s. d., 4° (USTC 89791 ; Destot, n° 27).

74 Alain Chartier, *Les faitz*, [Paris], Michel Le Noir, 1514 (1515 n. s.), 4° (USTC 57640 ; Bechtel C-275).

[f° 59 v°]

(32) *Valere le grand A Lyon chez Mathieu husz 1489*[75].

[f° 60 v°]

(33) *Lhistoire du vaillant Baudouin Comte de Flandre*[76].

(34) *Lhistoire de Maugist daygremont A Paris chez Bonfons*[77].

(35) *Lhistoire de Jason A Paris chez Bonfons*[78].

(36) *Lhistoire de Valentin et Orson A Paris chez Bonfons*[79].

[f° 60 v°]

(37) *Lhistoire de hercules A Paris chez Bonfons*[80].

[f° 61 r°]

(38) *Lhistoire de Hector A Paris chez la vefve Bonfons*[81].

(39) *Lhistoire d'Alexander A Paris chez Bonfons*[82].

(40) *Les Memoires de messire Olivier de La Marche A Lyon chez Rouille 1561*[83].

[f° 62 v°]

(41) *Lhistoire de Huon de Bordeaux A Paris chez Bonfons*[84].

---

75   Valère Maxime, *Valere le Grant*, Lyon, Mathias Huss, 1489, 2° (USTC 37413 ; Bechtel V-13).

76   Édition non identifiable. 1re éd. : *Le livre de Baudoyn conte de Flandres*, Lyon, Guillaume Le Roy pour Barthélemy Buyer, 1478, 2° (USTC 59121 ; Bechtel B-58). Autre édition possible : *L'histoire et cronicque du noble et vaillant Baudoin comte de Flandres*, Paris, Jean Bonfons, s. d., 4° (USTC 95279 ; Bechtel B-67).

77   *La tresplaisante histoire de Maugist d'Aygremont et de Vivien son frere*, Paris, Veuve Jean Bonfons, [mai 1568-mars 1569], 4° (Bechtel M-188).

78   Aucune édition retrouvée dans USTC. 1re éd. : Raoul Lefèvre, *L'histoire de Jason*, [Bruges, William Caxton, 1475], 2° (USTC 71243 ; Bechtel L-75).

79   *L'histoire des deux nobles et vaillants chevaliers Valentin et Orson*, Paris, Jean Bonfons, s. d., 8° (USTC 40075 ; Bechtel V-8 ; Destot, n° 39). Il existe une version produite par la Veuve Bonfons (Bechtel V-9). Nous pensons toutefois que l'édition décrite dans l'inventaire est celle de Jean Bonfons, la Veuve étant systématiquement mentionnée dans ce document.

80   *L'hystoire de Hercules*, [Paris, Jean Bonfons, s. d.], 4° (Destot, n° 3).

81   Aucune édition retrouvée. 1re éd. : *Les faictz et prouesses du puissant et preux Hector*, Paris, Philippe Le Noir, [1522-1525], 4° (Bechtel A-79).

82   *L'hystoire d'Alexandre le grand*, Paris, Jean Bonfons, [1550], 4° (USTC 95201 ; Bechtel A-79 ; Destot, n° 8).

83   Olivier de la Marche, *Les memoires*, Lyon, Guillaume Rouillé, 1561, 2° (USTC 37156).

84   *Les gestes et faictz merveilleux du noble Huon de Bordeaulx*, Paris, Jean Bonfons, [1550], 4° (USTC 37875 ; Bechtel H-76 ; Destot, n° 31).

[f° 68 r°]

(42) *Les Croniques de Philippe de Commines avec une epistre de Jehan Scleidan
A Paris chez Maturin prevost 1567*[85].

LA PROSE D'*OGIER LE DANOIS*

Des trois premiers imprimés
à deux éditions ultérieures

On ne connaît la prose d'*Ogier* que par des imprimés[1], et une thèse récemment soutenue permet désormais de prendre connaissance de son contenu dans les trois premiers d'entre eux[2]. Il reste cependant à justifier le corpus choisi, c'est-à-dire à mettre en évidence ce qui unit ces trois premières éditions et les distingue d'éditions ultérieures assez proches dans le temps, en l'occurrence une édition lyonnaise et une édition parisienne.

---

1   On note cependant la trace d'un manuscrit dans l'inventaire *post mortem* de la bibliothèque de Philippe le Bon (1467-1469). Joseph Barrois, *Bibliothèque protypographique, ou Librairies des fils du roi Jean, Charles V, Jean de Berri, Philippe de Bourgogne et les siens*, Paris, Treuttel et Würtz, 1830, p. 192, n° 1314.

2   Aurélia Dompierre, *Édition et étude littéraire de la version française en prose de la légende d'Ogier le Danois conservée dans les trois premiers imprimés : Lyon, Jean de Vingle (1496) ; Paris, (pour) Antoine Vérard (s. d.) ; Paris, Le Petit Laurens (s. d.)*, Thèse de doctorat, Strasbourg, Université de Strasbourg, 2015. Knud Togeby signale deux incunables, ceux de Jean de Vingle (1496) et d'Antoine Vérard (1498), et fournit ensuite une liste d'éditions ultérieures, du XVIe siècle, précisant qu'elles sont « identiques, hormis quelques détails infimes » (Knud Togeby, *Ogier le Danois dans les littératures européennes*, Copenhague, Munskgaard, 1969, p. 222). Toutefois, en préparant la notice sur *Ogier le Danois* pour le *Nouveau Répertoire de mises en prose*, nous nous sommes aperçu que les renseignements fournis par ce dernier étaient partiellement inexacts, et aussi qu'un autre imprimé, celui du Petit Laurens, devait être pris en compte dans cette édition. Muriel Ott, « Ogier le Danois », *Nouveau Répertoire de mises en prose (XIVe-XVIe siècle)*, dir. Maria Colombo Timelli, Barbara Ferrari, Anne Schoysman et François Suard, Paris, Garnier, 2014 (*Textes littéraires du Moyen Âge*, 30 – *Mises en prose*, 4), p. 623-642.

PRÉSENTATION DES TROIS PREMIERS TÉMOINS
DE LA PROSE D'*OGIER*

LYON, JEAN DE VINGLE [V] (*EDITIO PRINCEPS*,
DATÉE AU COLOPHON DU 6 OCTOBRE 1496)

- Paris, BnF, microfilm M-210 à la provenance mystérieuse :
  « Exemplaire communiqué à la B.N. par un libraire », dit la notice
  du catalogue de la Bibliothèque nationale de France. Cet exemplaire
  est incomplet : il manque les cahiers *n* et *o*, et certains feuillets
  sont partiellement déchirés.
- Florence, Biblioteca Nazionale, Palat. E-6-2-9. Exemplaire complet,
  dont nous avons obtenu la version PDF grâce à Maria Colombo
  Timelli et Anne Schoysman[3].
- Copenhague, KB, Inc. Haun., 4282-fol. Cet exemplaire n'a apparemment pas été numérisé par la Bibliothèque de Copenhague[4]. Nous ne
  le connaissons que grâce à quelques photos prises à notre demande par
  un collègue danois de l'université de Strasbourg, Peter Andersen, qui
  a eu l'ouvrage entre les mains à Copenhague. Les photos qu'il a prises
  des folios a1 r° – a3 r° montrent des taches et des déchirures identiques
  à celles que l'on voit sur le microfilm de Paris, et ses photos du dernier
  feuillet imprimé (D7) font voir, au recto et au verso, les mêmes éléments
  manuscrits que ceux du microfilm de Paris : le microfilm M-210 de la
  Bibliothèque nationale de France est donc, ce qu'apparemment personne
  n'avait jamais noté, celui de l'exemplaire qui se trouve aujourd'hui à
  Copenhague. Il faut toutefois remarquer que ce microfilm a été réalisé
  avant que l'ouvrage ne soit acquis par Copenhague (en 1951, selon
  la notice de la KB), car deux tampons (*bibliotheca regia hafniensis*) qui
  apparaissent aux folios D6 v° et D7 v° de l'exemplaire de Copenhague
  ne se trouvent pas sur ceux du microfilm parisien.

---

3   On peut accéder à cet exemplaire par le site Early European Books, à condition de se
     trouver sur un poste informatique des bibliothèques de Florence ou de Copenhague.
4   La KB propose bien à la vente un PDF de son exemplaire, mais il s'agit en réalité de
     la version numérisée de l'exemplaire de Florence, également accessible depuis un poste
     interne de la KB via le site Early European Books, lorsqu'on indique la référence de
     l'exemplaire de Copenhague !

Les deux exemplaires de Paris/Copenhague et de Florence sont quasi identiques mais ne sont pas issus du même tirage : un examen systématique des lettrines qui inaugurent tous les paragraphes nous a permis de constater qu'une lettrine est différente, la seconde du folio i4 v°, un *A* dans l'exemplaire de Paris/Copenhague, un *O* fautif dans l'exemplaire de Florence (première lettre de l'adverbe *adonc*). De son côté, Aurélia Dompierre a relevé une différence de contenu : tandis qu'on lit *disans qu'il estoit bien tenu d'aymer Allory pource qu'il avoit esté cause de leur planiere / delivrance* dans l'exemplaire de Paris/Copenhague (f° b4 r°, lignes 14-15), on lit dans celui de Florence *disans qu'il estoit bien tenu d'aymer le roy Allory pource qu'il avoit esté cause de leur pla / niere delivrance* (présence fautive de *le roy* et coupe de *planiere*).

PARIS, ANTOINE VÉRARD [A] (ÉDITION NON DATÉE)

Des 6 exemplaires conservés (Paris, BnF, Vélins 1125 ; Chantilly, Musée Condé, IV-G-028 ; Cologne, USB, AD+S731 ; Londres, BL, C-22-c-1 (= IB.41217) ; New York, ML, ChL-1540 ; Turin, BNU, XV-V-183[5]), nous ne connaissons que ceux de Paris (numérisé sur Gallica) et Turin (via un fac-similé[6]) ; si le texte y est rigoureusement identique[7], les bois et les lettrines sont différents, ainsi que la position des pieds-de-mouche : ces deux exemplaires ne sont pas du même tirage. Il y aurait lieu, du reste, de confronter dans le plus petit détail tous les exemplaires, ne serait-ce que pour affiner les datations.

On date en effet en général de 1498 (?) l'édition de Vérard, en raison de la dédicace au roi Louis XII (ce dernier ayant accédé au trône cette année-là) qui accompagne sur un feuillet distinct l'exemplaire de Turin. On la date aussi d'avant fin 1499, car il est précisé au colophon que l'ouvrage a été imprimé *pour Anthoine Vérard, libraire demourant a Paris sur le pont Nostre Dame* ; or, ce pont s'est écroulé en octobre 1499. Cependant, examinant l'exemplaire de New-York, Alfred William

---

5   L'exemplaire Copenhague, KB, 18-270, que nous signalons dans le *Nouveau répertoire de mises en prose* (Ott, « Ogier le Danois », p. 627), n'est en réalité qu'un microfilm de l'exemplaire de Turin, ainsi que le précise désormais la notice de la KB. La microfiche Cologne, USB, 1X781, que nous signalons au même endroit, est la reproduction de l'exemplaire conservé à Cologne sous la cote AD+S731.

6   *Ogier le Dannoys. Roman en prose du* xve *siècle*, éd. Knud Togeby, Copenhague, Munskgaard, 1967.

7   Jusqu'à l'absence partagée d'une ligne au f° C4 v°.

Pollard écrit : « In spite of the address in the colophon, […] it is very difficult to believe this book to be so early. Such of the cuts are not taken from older books, and still more the woodcut initials, are much more suitable to the period 1505-1510[8] ».

LE PETIT LAURENS [P] (ÉDITION NON DATÉE)

Un seul exemplaire a été conservé : Paris, BnF, Arsenal, Rés. 4-BL-4268 (numérisé sur Gallica). Cet exemplaire est quasi complet : il manque le seul folio E1.

On date très diversement cette édition peu étudiée : *ca* 1495 (notice de la BnF, GW, ISTC) ou bien 1510-1517 (Bechtel).

ORGANISATION DU TEXTE
DANS LES TROIS PREMIERS IMPRIMÉS (VAP)

VAP proposent un texte quasi identique (les divergences textuelles sont minimes, consistant pour l'essentiel en l'adjonction d'un adjectif, l'emploi d'un synonyme, l'usage d'une structure syntaxique différente), et surtout, obéissent à un même modèle d'organisation.

Ainsi, le titre commence dans VAP par une grande lettrine fleurie, blanche sur fond noir[9], suivie d'un texte en gros caractères de contenu identique et présenté exactement de la même façon, puis d'un texte de contenu similaire en petits caractères, de ceux qui seront utilisés ensuite dans le corps de texte[10]. Au verso de la page de titre, on trouve un très grand bois représentant les fées au berceau d'Ogier, apparemment

---

8   Alfred William Pollard, *Catalogue of Manuscripts and Early Printed Books from the Libraries of William Morris, Richard Bennett, Bertram, Fourth Earl of Ashburnham, and other Sources; now forming portion of the Library of J. Pierpont Morgan*, 3 vol., London, Chiswick Press, 1907, t. 2, p. 241.

9   Commentant cette lettrine dans P, Anatole Claudin précise qu'elle a été réalisée « dans le style de celles souvent employées par les imprimeurs lyonnais » (Anatole Claudin, *Histoire de l'imprimerie en France au XVᵉ et au XVIᵉ siècle*, 4 vol., Paris, Imprimerie Nationale, 1900-1914, t. 2, p. 135).

10 Sur le recto de la page de titre dans VAP ; *cf.* Gaëlle Burg, « Les réseaux d'imprimeurs-libraires et la circulation des éditions entre Paris et Lyon à la Renaissance : le cas d'*Ogier le Danois* », *Réforme, Humanisme, Renaissance*, t. 85, 2017/2, p. 11-45, en particulier p. 36-37 (ill. 1-3).

identique dans VP, qui apparaît aussi dans A, au moins dans les exemplaires de New York et de Chantilly[11].

Ensuite, on lit dans VAP un prologue, composé d'un seul long paragraphe, prologue qui est en même temps le début du récit, puis un long récit, organisé en 57 chapitres, avec pour chaque chapitre un titre, inauguré par *Comme(nt)*, suivi d'un bois, chaque chapitre étant composé d'un certain nombre de paragraphes, chaque paragraphe commençant par une lettrine. Le nombre de paragraphes est absolument identique dans VAP.

Il faut cependant souligner quelques particularités notables de P. D'une part, tandis que le texte est à longues lignes dans VA, il est sur deux colonnes dans P. D'autre part, à deux reprises dans P, on constate l'ajout d'un titre de chapitre (sans bois), à l'intérieur des chapitres 7 (fᵒ C3 vᵒ) et 8 (fᵒ C6 vᵒ) ; on remarque aussi l'ajout d'un titre (avec bois) à l'intérieur du chapitre 57 (fᵒ E5 rᵒ) ; à l'inverse, le titre du chapitre 54 est absent, ainsi que le bois attendu (fᵒ C2 vᵒ). Cette organisation générale, cette absence de titre et ces ajouts montrent que P n'a pas pu être à l'origine de V ni de A, si bien que la date de 1495 proposée pour P paraît fort peu plausible.

On constate en outre que bien des bois de V se retrouvent dans A et P. Là encore, une étude systématique reste à faire[12], mais ce réemploi (nous ne saurions préciser s'il s'agit des mêmes bois, ou de copies) met bien en évidence le lien entre les trois premières éditions, qui se signalent également par un soin identique et systématique apporté à la présentation des chapitres. En effet, chaque titre de chapitre y est clairement distingué du texte qui le précède, et chaque bois suit immédiatement ce titre, quand bien même il arrive que le bois soit situé non pas sous le titre mais au recto du feuillet suivant ou au verso du même feuillet.

---

11 *Cf.*, pour l'exemplaire de New York, la reproduction de ce bois dans Pollard, *Catalogue of Manuscripts and Early Printed Books*, p. 239. Ce bois est également présent dans l'exemplaire de Chantilly (confirmation apportée par Hélène Jacquemard, bibliothécaire assistante spécialisée). Le feuillet de titre est absent de l'exemplaire de Paris, et de celui de Londres selon la notice de la BL et Mary Beth Winn, *Anthoine Vérard, Parisian Publisher 1485-1512 : Prologues, Poems, and Presentations*, Genève, Droz, 1997 (*Travaux d'Humanisme et Renaissance*, 313), p. 36, 373 ; il est présent dans les exemplaires de Turin et de Cologne, mais nous ignorons si son verso contient le bois représentant les fées au berceau.

12 *Cf.* cependant Dompierre, *op. cit.*, p. 17-18, 23, et surtout p. 1540-1553.

ÉDITIONS ULTÉRIEURES ET COMPARAISON

Les éditions ultérieures, mais antérieures à 1550, sont les suivantes : Paris, Veuve Jean Trepperel et Jean Janot, s. d. (entre 1512 et 1519 selon Sergio Cappello[13]) [Munich, BSB, 4 P.o.gall. 115[14]]; Lyon, Claude Nourry, 1525 [Paris, BnF, Arsenal, Rés. 4-BL-4267, numérisé sur Gallica]; Paris, Alain Lotrian et Denis Janot, s. d. [1536?] [Paris, BnF, Rés. Y2-601, numérisé sur Gallica; Chicago, Newberry Library, Wing ZP.539.L91; Copenhague, KB, 77:1, 16 00069 S-1977]; Paris, Alain Lotrian, [1536?] [Londres, BL, 1074.k.5]; Paris, Nicolas Chrestien, s. d. [1550?] [Berkeley, UL, PQ1499.O3 1550]. Nous avons utilisé les éditions lyonnaise de Claude Nourry en 1525 [N] et parisienne d'Alain Lotrian et Denis Janot [1536?] [L], et c'est à partir d'elles qu'ont été établies les observations qui suivent[15].

MÊME ORGANISATION GÉNÉRALE QUE DANS VAP

La page de titre contient, au recto, un titre, assez proche du point de vue du contenu de celui de VAP, puis, à la différence de VAP, un bois représentant un cavalier (bois différent dans N et dans L[16]). Le verso contient un bois; dans N, il s'agit du bois représentant les fées au berceau, utilisé dans V et repris dans A et P; dans L, le bois représente un cavalier (bois différent de celui du recto). Voici le texte du titre dans toutes les éditions, à partir de V :

> *Ogier (S'ensuyt O. L) le Dannoys, duc de Dannemarche, qui fut l'ung des (d. douze NL) pers de France, lequel, avec l'ayde (a. le secours et a. L) du roy Charlemaigne,*

---

13 Sergio Cappello, « Les éditions de romans de Jean II Trepperel », *Raconter en prose (XIVe-XVIe siècles)*, dir. Paola Cifarelli, Maria Colombo Timelli et Anne Schoysman, Paris, Classiques Garnier, 2017 (*Rencontres*, 279 – *Civilisation médiévale*, 21), p. 121-145, ici p. 125.

14 Cet exemplaire a malheureusement disparu. Les descriptions faites d'autres exemplaires appartenant à des collections privées montrent qu'il y a eu deux versions différentes : *cf.* Cappello, « Les éditions de romans de Jean II Trepperel », p. 126 et n. 15.

15 Pour des observations portant sur un plus grand nombre de témoins, *cf.* Dompierre, *op. cit.*, p. 75-88. D'autre part, nous devons signaler la découverte récente d'un nouvel imprimé daté de 1516 (*cf.* Maria-Reina Bastardas i Rufat *et al.*, « Un imprès desconegut d'*Ogier le Danois* en prosa de 1516 (París, François Regnault) », *Estudis Romànics* [Institut d'Estudis Catalans], t. 41, 2019, p. 475-488), qu'il convient de ranger du côté de NL.

16 Sur le recto de la page de titre dans NL, *cf.* Burg, « Les réseaux d'imprimeurs-libraires », p. 38, 42 (ill. 4, 8).

chassa les payens hors de Romme et remist le pape en son siege (suite om. L jusqu'à
fist ledit Ogier inclus) ; *et conquist trois terribles geans sarrazins en champ de
bataille, c'est assavoir Brunamont, roy d'Egypte, devant Romme, Bruhier, souldan
de Babiloine, devant Laon, et Justamon son frere, devant Acre ; et fut couronné roy
d'Angleterre et roy d'Acre, et conquist Hierusalem et Babiloine ; et plusieurs autres
vaillances fist ledit Ogier en son temps* (e. s. t. om. PNL ; NL aj. *et fut* [*f.* om. L]
longtemps en Faerie, puis revint, comme vous pourrez lire cy aprés en ce present livre).

On constate ainsi que NL annoncent dans leur titre les aventures d'Ogier
dans le royaume de Morgue, ce que ne faisaient pas VAP.

Après la page de titre, on trouve dans NL un prologue, composé
d'un seul paragraphe, comme dans VAP, et de contenu similaire à
celui de VAP. Puis le récit est organisé en chapitres, chaque chapitre
commençant en principe par un titre accompagné d'un bois[17], chaque
chapitre contenant d'autre part un ou plusieurs paragraphes inaugurés
par une lettrine, comme dans VAP. Dans N, le texte est à longues
lignes, comme dans VA ; dans L, il est sur deux colonnes, comme dans
P. En ce qui concerne les bois, presque tous ceux de N sont repris à V
(qu'il s'agisse des bois originaux ou de copies), à l'exception de ceux qui
accompagnent les titres des chapitres 49bis (f° n3 v°), 52 (f° n8 v°), 55
(f° o7 v°) et 56 (f° o8 r°). En revanche, aucun des bois de L ne correspond
à aucun de ceux que l'on trouve dans V, A, P, N. Dans L, les bois sont
de plusieurs formats : tantôt ils correspondent à la largeur d'une colonne
(cas rare), tantôt ils sont plus larges qu'une colonne (cas de loin le plus
fréquent), tantôt ils occupent toute la largeur de la page, ce qui donne
l'impression d'une édition fort peu soignée.

De fait, les éditions réalisées par Nourry et par Lotrian et Janot
n'ont pas la qualité formelle des trois éditions antérieures. Ainsi, sur
les 57 chapitres que comporte l'œuvre dans VA(P), on relève quatre
absences de bois après un titre de chapitre dans N (chap. 7, 12, 21, 57),
et douze dans L (chap. 4, 7, 21, 22, 24, 26, 29, 31, 33, 43, 48, 57) ; trois
de ces absences sont communes à NL (chap. 7, 21, 57). D'autre part, la
présentation des titres de chapitre et la place des bois par rapport aux
titres sont assez souvent négligées dans NL, alors qu'elles étaient particulièrement soignées dans VAP. Par exemple, dans N, il arrive douze
fois que le bois accompagnant un titre soit séparé du titre par du texte
de début de chapitre (ainsi au f° b6 r°). C'est aussi parfois le cas dans L

---

17   Dans L, on rencontre un bois à l'intérieur d'un chapitre (ch. 45) au f° B3 v°.

(par exemple au f° c2 r°), où c'est plutôt la présentation des titres qui est négligée et très variable, soit que le texte du titre commence sur une colonne pour continuer sur l'autre (alors qu'il faudra revenir à la première colonne pour lire le contenu du texte), soit que le titre soit écrit à longues lignes (alors que le texte est normalement écrit sur deux colonnes), soit encore que le titre soit difficilement repérable sur la page en dépit du pied-de-mouche qui l'introduit.

TITRES DE CHAPITRES (*CF.* L'ANNEXE 1)

N seul omet le titre (et le bois) des chapitres 32, 50, 53, et N seul crée un nouveau chapitre (titre avec ou sans bois) dans les chapitres 15, 16, 17, ce qui montre que N n'a pas servi de modèle à L, et semble indiquer que N réorganise la matière de façon individuelle. NL créent un nouveau chapitre (titre avec ou sans bois) au même endroit dans les chapitres 1 et 49, ce qui montre que NL ont un modèle commun distinct de VAP. PNL créent un nouveau chapitre (titre avec ou sans bois) au même endroit dans les chapitres 7, 8, 57, ce qui montre que NL proviennent d'un modèle proche de P. PL omettent le titre (et le bois) du chapitre 54, titre présent dans VAN, ce qui montre que N n'a pas seulement une édition proche de P comme modèle, mais aussi une édition du type VA ; il convient du reste de constater que N ne place pas le titre du chapitre 54 exactement au même endroit que VA, mais un paragraphe plus haut.

Si l'on examine le contenu des titres des chapitres, la proximité de PLN paraît confirmée par leur ajout commun de *derechief* dans le titre du chapitre 22, par leur omission commune de *et amiraus* dans le chapitre 49, et de la fin du titre des chapitres 30 et 36. La proximité de LN est quant à elle marquée par un grand nombre de leçons communes, souvent banales et, semble-t-il, peu significatives (par exemple *fut amoureux* NL *vs s'enamoura* VAP chap. 45, *pour avoir l'aneau* NL *vs p. lui oster l'a.* VAP chap. 55, *toute la mauldicte gent payenne* NL *vs t. l. g. p.* VAP chap. 57) ; quelques leçons communes laissent cependant penser que N et L ont eu un modèle commun distinct de VAP : omission semblable de la fin du titre du chapitre 46, remplacement commun de *Clarice niece du roy Murgalent* VA (*C. P*) par *C. fille d. r. Moysant* (chap. 45). Le fait que N se fonde non seulement sur une édition proche de P mais aussi sur une édition du type VA est confirmé par l'omission dans PL de la séquence *les hommes femmes et enfans* présente dans VAN (titre du chap. 26).

RÉORGANISATION DES PARAGRAPHES (*CF.* L'ANNEXE 2)

Si l'on ne tient pas compte des éventuels ajouts ou omissions de titres de chapitre par rapport aux premières éditions, on constate que l'organisation des paragraphes est la même dans NL que dans VAP pour les sept premiers chapitres.

À partir du chapitre 8, on observe une tendance générale à la fusion de plusieurs paragraphes en un seul, tendance bien plus marquée dans N que dans L, qui respecte souvent les subdivisions de leur modèle commun. Ces opérations de fusion sont presque toujours différentes dans N et dans L. En général, les fusions tiennent compte des limites des paragraphes de VAP, et il s'agit simplement de réduire le nombre de paragraphes.

Parfois, la réorganisation du contenu se fait par scission, en combinaison ou non avec une opération de fusion. Ainsi, au chapitre 15, N fait fusionner en un même paragraphe le § 1 et le début du § 2, puis en un autre la fin du § 2 et les § 3 et 4. Là encore, le phénomène est plus fréquent dans N que dans L, et presque toujours à des endroits différents. Une scission identique dans NL se rencontre cependant dans deux scènes fameuses du récit, celle où Ogier s'apprête à tuer Charlot (chap. 29, scission du § 12, juste avant le credo proféré par Charlemagne, et du § 13, juste après la disparition de l'ange qui a retenu le bras d'Ogier), et celle où Morgue apparaît pour la première fois à Ogier (chap. 51, scission du § 10 au moment de l'apparition d'*une moult belle dame vestue de blanc*, scission qui traduit très bien la longue contemplation d'Ogier). Compte tenu des observations ci-dessus à propos des titres de chapitre, il est plausible que ces trois cas de scission identique remontent au modèle commun à NL, bien que nous eussions nous-même procédé aux mêmes scissions si nous avions eu à réorganiser le récit.

Enfin, on observe qu'à deux reprises, dans N, un titre de chapitre a été déplacé à l'intérieur d'un paragraphe antérieur (chap. 31 et 33), ce qui témoigne là encore d'une volonté de transformation caractéristique de cette édition.

Ainsi, en dépit des quelques innovations de P, VAP, dans l'ordre chronologique V, puis A, puis P, constituent bien le premier état de la prose d'*Ogier*, caractérisé par un nombre fixe de paragraphes et (presque) de chapitres. NL montrent des transformations plus ou moins importantes de cette organisation générale, modifications qui remontent à un modèle commun proche de P mais différent de lui, un modèle issu de P, duquel N s'écarte bien volontiers, en même temps que N s'appuie aussi sur une autre source, V ou A. Le modèle commun à NL serait-il l'une des deux versions de l'édition de la Veuve Trepperel et Jean Janot, dont la page de titre évoque comme celle de NL le séjour d'Ogier en Féerie[18] ? La disparition du seul exemplaire disponible en bibliothèque (à Munich) invite à suivre la piste sans doute sinueuse des collections privées.

Muriel OTT
UR 1337 –
Université de Strasbourg

---

18 *Cf.* Bechtel O-12.

ANNEXE I
Titres des chapitres dans VAPLN
à partir de V (exemplaire de Florence)

1. *Comment le duc manda tous ses parens et amys pour faire l'obseque de la dame* (d. sa femme N) *et pour baptiser son filz, lequel fut nommé Ogier.* Après le § 1, NL aj. un titre (sans bois) : *Comment le messagier arriva devant le roy Charlemaigne* (suite om. L) *et luy racompta la responce du duc Geoffroy de Dannemarche.*

2. *Comment les quatre messagiers se* (se om. NL) *partirent pour aller en* (a NL) *Dennemarche, et comment le duc Geffroy leur fist trencher les baulievres et leur fist tourner le* (les NL) *nez sen dessus dessoubz, et comment il arriva ung herault, lequel conta au roy Charlemaine que les payens avoient destruit Romme.*

3. *Comme* (Comment APNL) *le roy* (r. Charlemaigne N) *partit de Saint Omer pour aller a Paris, et comme* (comment NL) *il mist* (fist NL) *diligence d'assembler son ost* (N aj. *pour aller dela les mons secourir le pape que les mauldictz Sarrazins avoyent deschassé hors de Romme*).

4. *Comment le pape et les cardinaux, de paour des Sarrasins, se retira* (retirerent N) *dedens Suze* (Soultre N) *a dix lieues de Romme, et comment, quant* (e. q. PL) *il sceut que l'empereur Charles* (C. om. NL) *venoit avec son ost pour dechasser les payens, alla au devant, acompaigné des cardinaulx* (suite om. N) *et de tout le clergé de l'eglise* (e. d. toute Romme L) (suite om. PL) *et le receut moult honnourablement.*

5. *Comment, quant* (C. aprés que PNL) *le roy* (l. r. om. NL) *Charlemaigne fust arrivé dedens Suze* (Soultre N), *une espie l'ala conter aux payens, dont ilz vindrent plus de .xx. mille pour destruire les François, et comment Ogier le Dannoys* (l. D. om. N) *desarma Alloris le Lombart, lequel* (qui NL) *s'en fuyoyt et avoit gettee* (getté PNL) *l'enseigne des crestiens par terre, lequel Ogier, au commencement de ses armes, fist tant de vaillances que les payens furent desconfis.*

6. *Comme* (Comment APNL) *le roy, ainsi delivré par Ogier, remercia tresfort Ogier* (p. O. le r. N), *cuidant que ce fust Alloris le Lombart, et comment le roy sceut que c'estoit Ogier le Dannoys* (l. D. om. L) *par les escuiers qui* (que A) *l'avoient aydé a armer,* (suite om. PL) *dont le roy le fist chevalier et lui pardonna.*

7. *Comme* (*Comment* NL) *l'empereur Charlemaigne commanda et fist cryer par tout son ost que chascun se mist en armes et en point* (*e. e. p.* om. N) *pour aller devant* (*d. la cité de* NL) *Romme, et comme* (*comment* NL) *Charlot fut envieux sur le bon Ogier, et comme il voulut, pour oster le bruyt et la renommee* (*renommé* A) *d'Ogier, aller* (*s. l. b. O. et entreprint le* [*le* om. L] *premier a aller* NL) *devant* (*d. ladicte cité de* NL) *Romme premier* (*p.* om. NL) *a peu de gens, dont* (*d. il* NL) *mist l'ost des crestiens* (*m. les c.* NL) *en grant dangier pource qu'il fust apparceu des payens,* (suite om. N) *lesquelz vindrent a grant* (*a moult g.* L) *puissance sur luy, et y eut grant occision d'ung costé et d'autre, et eust esté Charlot ou* (*ou* om. L) *mort ou pris se n'eust esté le vaillant chevalier* (*l. bon* L) *Ogier qui le vint secourir avec l'ost des Françoys.*

Après le § 2, PNL aj. un titre (sans bois dans PL, avec bois dans N) : *Comment les payens vont* (*allerent* NL) *assaillir Charlot et ses compaignons qui estoient embuchez* (*embuchez* om. NL) *en ung bosquet pres de Romme* (N aj. *et comment ledict Charlot eust esté mort ou prins se n'eust esté Ogier qui le vint secourir avec l'ost des François* ; cf. fin du titre du chap. 7).

8. *Comment le roy Caraheu vint tout seul en habit de* (*s. comme* N) *messager en* (*dedens* NL) *l'ost de* (*d. l'empereur* L) *Charlemaigne pour demander la bataille contre Ogier* (*O. le Dannoys* NL), *ainsi que* (*q. l'admiral* NL) *Sadone* (*Corsuble* N) *lui avoit devisé, et aussi pour deffier le roy Charles* (*d. l'empereur Charlemaigne* NL) *de la part de* (*p. du roy* L) *Corsuble, et comment la bataille fust entreprinse entre* (*e. le roy* NL) *Caraheu et Ogier, et entre Charlot et Sadone, et comment* (*e. c.* om. NL), *et la responce du roy* (*e. l. r. de* NL) *Charlemaigne sur le deffiement* (suite om. N) *de* (*du roy* L) *Corsuble.*

Après le § 4, PNL aj. un titre (sans bois dans PL, avec bois dans N) : *Comment le roy Caraheu et Sadone se preparent, et aussi la belle Gloriande* (*C. l. r. C. e. S. et a. l. b. G. se prepererent* N, *C. l. r. C. se prepara e. a. pareillement l. b. G.* L ; N aj. *pour aller faire la bataille contre le vaillant Ogier le Dannoys et aussi contre Charlot filz de l'empereur Charlemaigne*).

9. *Comment le traitre roy Danemont, qui estoit embuché au boys, quant il vit que Ogier avoit du meilleur sur le roy Caraheu, sortit* (*sortoit* A) *avecques troys cens hommes et vint fraper sur Ogier et l'enmena prisonier, et fust baillé a la pucelle Gloriande en garde* (*b. en g. a l. belle* [*l. b.* om. L] *G.* NL), *et comment Charlot s'en fouyt en* (*a* NL) *l'ost de Charlemaine son pere* (*s. p.* om. NL), *et comment le roy* (*l. r.* om. N) *Caraheu s'en ala rendre en* (*C.*

se a. r. prisonnier a NL) *la court du roy Charles* (*c. de Charlemaigne* NL) *jusques a ce* (*j. a tant* NL) *que Ogier fust delivre.*

10. *Comment le roy Brunamon d'Egypte arriva en l'ost de l'amiral Corsuble et lui demanda sa fille Gloriande en mariage, laquelle ne s'i voulut consentir, par quoy ledit roy d'Egypte* (*q. l.* [*l.* om. NL] *Brunamont* PNL) *l'acusa de trahyson, dont il fut desconfit en champ de bataille* (suite om. PL) *par Ogier* (*p. le vaillant O. le Dannoys* N).

11. *Comment le roy Charlemaigne* (*C. C.* N) *fist armer son ost pour aler assaillir Romme, et comment les François entrerent dedens et la ville fut prinse* (*e. l. v. f. p.* om. NL), *et de la mort de l'admiral Corsuble et de Dannemont* (*m. d. C. e. D.* N) *son filz,* (suite om. NL) *et comme les payens furent tous destruys.*

12. *Comment le roy Charlemaigne se departist de Romme avecques son ost et comme il commanda a Dieu le pape et tout le concille* (*C. C. partit de R.* NL), *et comment les nouvelles vindrent en court que le duc Dannemarche* (*d. de D.* PNL), *pere d'Ogier* (*p. O. le Dannois* P, om. NL), *estoit assiegé des faulx payens* (*d. p.* NL) *en sa cité* (*ville* NL) *de Maience.*

13. *Comme* (*Comment* PNL) *le roy avisa Ogier et comme il l'appella* (*e. c. i. a.* V, *e. l'a.* N, *e. comment i. l'a.* L) *pour parler a luy, et comme il luy* (*e. comment i. l.* L, *e. l.* N) *donna congé d'aller ayder a son pere, et comme* (*comment* NL) *il desconfit les payens* (*p. et Sarrazins* L) *et fut duc de Dannemarche.*

14. *Comme* (*Comment* NL) *le roy* (*r. Charlemaigne* N) *s'en alla a Lan en Lannoys, et comme* (*comment* NL) *le bastard d'Ogier* (*d'O. le Dannoys* N), *qu'il avoit engendré en* (*a* NL) *la fille du chastelain Garnier a Saint Omer, vint et* (*v. e.* om. N) *arriva chieux le roy pour veoir son pere, et comment Charlot le occist* (*l. tua* NL) *d'ung eschecquier en jouant aux eschetz,* (suite om. NL) *et le grant courroux que Ogier en mena.*

15. *Comme* (*Comment* APNL) *Ogier se departist* (*partit* PNL) *du champ ou il avoit fait trebucher le roy* (*r. Charlemaigne* NL) *pour s'en aller a son advanture* (L rempl. *p. s'e. a. a s. a.* par et) *du desplaisir qu'il eut de la mort de son filz* (N rempl. *p. s'e. a. a s. a. d. d. qu'i. e. d. l. m. d. s. f.* par et comment Charlemaigne, quelque desplaisir que luy eut faict Ogier, encores le louoit il).

Dans le § 2, i.e. après son § 1, N aj. un titre (sans bois) : *Comment Ogier devint brigant et assembla trois ou quatre cens hommes, cuydant retourner en son pays, mais Charlemaigne luy couppa le chemin, par quoy fut force au pouvre Ogier de s'en fouyr hors de France.*

16. *Comment Ogier (O. le Dannoys* NL) *arriva a Pavye (Pavis* L) *a l'aveu (et a l'a.* N, *a l'aventure* L) *du chevalier Beron, et comme (e. comment* PL, *e. c.* om. N) *le roy Desier (D. de Lombardie* NL) *le recueillit (r. moult* NL) *honnourablement* (N aj. *et la fut moult aymé pour les vaillances qu'il fist au service du roy Desier).*
   Après le § 3, N aj. un titre (avec bois) : *Comment Charlemaigne ouyt dire que Ogier avoit esté receu a Pavie de par le roy Desier et sa femme la royne, dont fut ledict Charlemaigne tres courroucé, par quoy y manda Bertrand, filz de Naymes, pour assigner journee au roy Desier s'il ne luy vouloit rendre Ogier, et de la responce que fist ledict roy Desier.*

17. *Comme (Comment* APNL) *les deux ostz (l. o.* NL) *des deux roys Charles (Charlemaigne* NL) *et Desier sont ordonnez l'ung devant l'autre pour donner l'assault, et comme (comment* NL) *chascun de sa part fist mettre ses banieres et panons au vent (m. sa [la* L] *baniere a. v.* NL), *et firent chascun d'une part et d'autre* (N rempl. la suite par *grandz vaillantises mais a la fin convint a Ogier le Dannoys de s'enfouyr pource que le roy Desier l'avoit laissé au fort de la bataille) sonner trompettes et clerons.*
   Après le § 9, N aj. un titre (avec bois) : *Comment le roy Desier vouloit rendre Ogier a l'empereur Charlemaigne, et comment la royne, femme du roy Desier, pour la grande amour secrete qu'elle avoit a Ogier, l'engarda d'icelle trahison et si coucherent ensemble.*

18. *Comment le roy Desier saillit hors (h.* om. N) *de (d.* om. P) *Pavye pour assaillir les François, et y eut forte bataille, et eut esté le roy Desier* (V aj. *esté) prins, n'eust (se n'e.* APNL) *esté Ogier qui sortit hors de la main des François (d. l. m. d. F.* om. PL), *et comment il (e. aussi comme le bon chevalier Ogier* L) *s'en fouyt a (f. et entra dedans* L) *Chasteaufort (e. O. q. sur ce arriva et fist grande desconfiture mais a la fin luy fut force de s'enfouyr a C.* N).*

19. *Comment (Comme* P), *quant (q.* om. P) *le roy Charlemaigne fut arrivé devant le chasteau, il* (P aj. *y* ; *C. C. arriva a [au* L] *Chasteaufort et y* NL) *mist le siege, et le jura tenir jusques ad ce qu'il avroit Ogier ou mort ou vif (O. le Dannoys v. ou m.* NL), *et du terrible engin que le roy fist (r. Charlemaigne y f.* NL) *faire.*

20. *Comment les deux champions commencerent la bataille (C. l. d. c. bataillerent* N), *et comme (c.* om. NL), *quelque bon droit que le chevalier lombard eust, si fust il desconfit et mis a mort par Benoist (p. le bon [bon* om. N] *champion B.* PNL).

21. *Comment Benoist et Gelin fraperent sur l'ost du roy Charlemaigne et perdirent l'or et l'argent que la royne (q. Aigremonde l. r.* N) *envoyoyt a Ogier.*

22. *Comment Ogier (O. le Dannoys* NL) *print du mesrien et les habilla en façon de gensdarmes, et en bouta (e. e. mist* NL) *en (a* N) *chascun creneau ung, et comment le roy (c. l'empereur* NL) *Charlemaine fist assaillir* (PNL aj. *derechief) le (ledict* N) *chasteau (c. fort* NL).

23. *Comment Ogier (O. le Dannoys* N) *monta sur (s. la* N) *mer, et comment le roy (l. r.* om. N) *Charlemaigne s'en retourna (alla* NL) *par devant Beaufort (Chasteaufort* NL) *ou il recueillit tout son ost pour s'en retourner en France (r. au royaulme de F.* L).

24. *Comment Ogier le Dannoys fut prins en dormant pres d'une fontaine par l'archevesque Turpin et mené a Rains, la ou il fut prisonnier jusques a ce qu'il fut delivré pour combatre ung geant (u. grant g.* APL, *u. terrible g.* N) *nommé Bruhier.*

25. *Comment (Comme* A) *le roy Bruhier de Babilone (l. geant Br. r. d. Ba.* N, *Br. l. r. d. Ba.* L), *cuidant que Ogier le Dannoys fut mort, s'en vint en France pour la destruire, acompaigné de trente roys sarrasins et quinze admiraulx.*

26. *Comme (Comment* APNL) *les payens prindrent terre es marches d'Alemaigne, et comment ilz brulerent tout le pays, et les hommes, femmes et enfans (l. h. f. e. e.* om. PL) *mirent (le m.* L) *tout (t.* om. NL) *a l'espee.*

27. *Comment le roy Charlemaigne (C. C.* PNL) *saillit de la ville (v. de Laon* N), *acompaigné des François, pour assaillir les Sarrasins (l. paiens* P, *l. (l. maulditz* L) *payens et S.* NL), *et y eut une merveilleuse bataille, tant que le roy Caraheu fut prins (p. prisonnier* NL) *des François.*

28. *Comment Caraheu se combatist (C. C. vainquit* NL) *en champ de bataille contre (c.* om. NL) *son nepveu le roy (l. r.* om. L) *Rubion, lequel (qui* NL) *l'avoit accusé de trahyson,* (suite om. L) *et fut vaincu par (p. ledict* N) *Caraheu.*

29. *Comme (Comment* APNL) *le roy (l. r.* om. N ; NL aj. *Charlemaigne) se (se* om. N) *partist de Laon pour aller querre le prisonnier (p. Ogier* NL), *et comme l'acord (O. dont l'a.* N) *fut fait entr'eulx, et comme le roy (e. comment [e. comment l. r.* L] *Charlemaigne* NL) *fut contraint lui delivrer (c. de livrer* NL) *son filz Charlot (C. a Ogier* [L aj. *le Dannoys]* NL) *pour en faire a son plaisir, et comme (comment* NL) *l'ange, ainsi qu'il vouloit coupper la teste a (de* NL) *Charlot, lui vint arrester et (a. e.* om. L) *retenir (l. retint* N) *le bras, et les parolles que l'ange (e. des p. qu'il* N) *lui dist.*

30. *Comme (Comment* LN) *Ogier partist pour aller (O. le Dannoys alla* N)

jouster au (*contre* PNL) *roy Bruhier* (*B.* P, *le souldan B.* N, *le r. B.* L) *et l'occist, et comme* (*comment* NL) *Justamon et Ysoré, filz de Bruhier* (*f. d. B.* om. PNL), *allerent avecques* .x. *mille payens* (N aj. *dedens ung boys*) *pour cuider prendre Ogier, et comment Ogier les trouva dedans le bois* (*O. l. y t.* N) *ou ilz tenoient la* (*l. belle Clarice* N) *fille du roy d'Engleterre,* (suite om. PNL) *qui fut delivree par Ogier.*

31. *Comment Berard de Bruit presenta au roy Charlemaigne Clarice, la fille* (*Ch. la belle Cl. f.* N) *du roy Achar* (*A.* om. NL) *d'Angleterre, laquelle le roy Charlemaigne donna a* (*en* PNL) *mariage au vaillant duc Ogier le Dannoys* (*m. a O. l. D.* N ; N rempl. la suite par *et comment Ogier le Dannoys aprés les nopces alla en Angleterre la ou il fut receu honorablement et couronné roy dudict pays*), *laquelle il print a femme* (*a f.* om. L), *et fut roy d'Angleterre.*

32. *Comment Ogier le Dannoys, aprés ce* (*c.* om. L) *qu'il eut prins congié du roy Charlemaigne* (*c. de C.* PL), *monta sur mer pour aller prendre pocession de son royaume d'Angleterre.*

Titre (et bois) om. N.

33. *Comme* (*Comment* PNL) *Ogier* (*O. le Dannoys* NL), *roy d'Engleterre* (*r. d'E.* om. N), *aprés qu'il eut baillé le gouvernement* (NL aj. *du royaulme d'Angleterre* [*dudit r.* L]) *a Berard* (*B. de Bruit* N), *fut assailly en ung boys de cent hommes armez* (*h. d'armes* NL), *et comme* (*comment* NL) *Gaulthier, son nepveu, vint a la rescousse et lui sauva la vie, puis passerent oultre mer et s'en alerent a* (*en* N) *Dannemarche.*

34. *Comment Gaulthier, le nepveu d'Ogier* (*d'O. le Dannoys* NL), *desconfit en champ de bataille Berard de Bruyt, lequel avoit voulu faire mourir* (*m. le vaillant* N) *Ogier le Dannoys* (*D. roy d'Angleterre* L) *en* (*par* N) *trahyson.*

35. *Comment Ogier* (*O. le Dannoys* N), *par le commandement de Dieu, se departit* (*D. partit* NL) *de Dannemarche et monta sur mer pour aler en Acre pour se combatre au roy Justamon* (*c. contre J.* NL), *et comment, quant il* (*e. q. i.* N, *e. incontinent qu'i* L) *fut en Acre* (*A. il* NL), *ne trouva nully qui le voulsist loger* (*q. l. le v.* L).

36. *Comment Ogier* (*O. le Dannoys saillit hors de la ville d'Acre ou il* NL) *desconfit* (*d. en champ de bataille* NL) *le roy Cormorant et tous les payens qui estoyent en sa compaignie* (*q. en s. c. e.* NL), *et delivra les* (*les* om. N) .xv. *moynes que les payens menoyent* (*emmenoyent* NL) *liez et attachez* (*l. comme larrons* N), (suite om. PNL) *et aussi conquist le tresor que les payens avoyent pillé en l'abbaye, et en fist ung banquet et tint court ouverte en la cité d'Acre.*

37. *Comment Ogier (O. le Dannoys* N) *saillit d'Acre pour combatre le geant* (*l. grant* L) *Justamon, et comme* (*comment* N) *il le vainquit en champ de bataille devant Acre, et comme* (*comment* NL) *le* (*l. bon* N) *roy Jehan* (*J. d'Acre* NL) *fut occis en la bataille, et Ogier* (*O. le Dannoys* NL) *fut esleu roy.*

38. *Comment le roy d'Acre* (*r. Ogier* PNL) *print congié de ses nobles* (*n. om.* N) *citoiens et s'en alla oultre mer pour visiter le saint sepulcre de nostre seigneur* (*s. Jesuchrist en Hierusalem* NL), *et comment il fut mené par la tempeste devant Babyloine.*

39. *Comment Ogier (O. le Dannoys* N) *vainquit Lengoulaffre en champ de bataille devant Babyloine et le mena* (*e. l'emmena* PN, *e. l'emmenerent* L) *prisonnier dedens la ville au* (*aux* P) *prisons du souldan* (*v. chez le s.* Noradin NL; L aj. *lequel le mist en prison dedans la tour de Babel comme le plus grant de ses ennemys*).

40. *Comment Ogier (O. le Dannoys* N) *print le roy Moysant en la bataille* (*e. l. b.* om. L; N aj. *qui fut moult cruelle*) *et le mena* (*e. l'emmena* NL) *prisonnier dedens Babiloyne, la ou* (*B. et comment* N) *le souldan Noradin* (*Moradin* V) *fist tenir* (*retenir* NL) *prisonnier Ogier* (*O. le Dannoys* NL) *avecques ledit* (*a. le* NL) *roy Moysant.*

41. *Comment* (*C. Langoulaffre* L), *aprés ce que* (*q. le roy* NL) *Caraheu eut entreprinse la bataille contre Lengoulaffre, il passa la mer pour amener Gaulthier, le nepveu d'Ogier, et grande compaignie* (*compaigne* A) *de Françoys* (N aj. *pour delivrer Ogier de prison*).

42. *Comment Guyon* (*G. de* NL) *Dannemarche* (*D. se mist sur mer et* NL) *habandonna son pays et ses gens* (*e. s. g.* om. NL) *pour aller en Acre et monta* (*e. m.* om. A) *sur mer* (*e. m. s. m.* om. L) *pour aller* (*e. m. s. m. p. a.* om. N) *veoir se* (*s. son frere* N) *Ogier* (*O. le Dannoys* N) *estoit en Acre* (*y estoit* NL), *et comment les Templiers d'Acre* (*d'A.* om. NL) *le vendirent au roy* (*l. v. a* N) *Murgalant* (*M. roy de Hierusalem* NL).

43. *Comment Charlot* (*C. C. le filz de Charlemaigne* N) *machina une* (*u. grande* NL) *trahyson contre Gaulthier, le nepveu d'Ogier* (*l. n. d'O.* om. NL), *par le conseil du duc de Normendie et de* (*e. par* NL) *Rohard, et comment Gaulthier vainquit Rohard en champ de bataille* (*R., lequel fut vaincu e. c. d. b. par* [*pour* L] *ledict G.* NL).

44. *Comment l'ost des Françoys s'en* (*se* NL) *partist pour aller oultre mer pour* (*p.* om. N) *secourir le bon Ogier* (*s. O. le Dannoys* N, *s. O.* L) *qui estoit en prison en la tour Babel, et semblablement Girard de Rosillon avecques cent chrestiens, et aussi le duc Guyon* (*G. de Dannemarche le frere de Ogier le Dannoys* NL), *qui estoit en* (*dedens* NL) *Hierusalem en prison.*

45. *Comment Gaulthier et le roy (l. r.* om. PL) *Caraheu, ensemble (C. avec* NL) *l'ost des (de* P) *François, se (s.* om. NL) *partirent d'Acre pour aller devant (d. la cyté de* NL) *Hierusalem par mer (p. m.* om. NL), *et comment ledit (l.* om. PNL) *Gaulthier s'enamoura (fut amoureux* NL) *de la belle Clarice,* (suite om. P) *niepce (fille* NL) *du roy Murgalant (Moysant* NL).

46. *Comment Gaulthier se (s.* om. N) *partist de Hierusalem, la ou secretement il (i.* om. NL) *avoit eu la congnoissance de la belle (l. b.* om. NL) *Clarice au (par le* N) *moyen de Marcisus, nepveu du roy Caraheu (n. d. r. C.* om. NL), *et comment le roy (e. c. [e. comme* L] *l'ost de* NL) *Murgalant saillit sur l'ost des (s. sus [sur* L] *les* NL) *Françoys, lequel fust vilainement rechassez en sa (r. dedens la* NL) *cité,* (suite om. NL) *et tué de ses gens de quinze a seize mille.*

47. *Comment le chevalier Gaulthier (C. l. vaillant c. G. le Dannoys* NL) *print le champ de bataille (p. b.* NL) *contre le duc Guyon (G. de* NL) *Dannemarche son pere, et comme (comment* PNL; N rempl. la suite par *Gaultier recongneut son pere le duc Guyon et luy cria mercy) il (i.* om. AP) *fut desconfit, pour quoy (q. ilz* L) *gaignerent la cité et occirent tous les payens de (d.* om. P) *dedens la cité (l. c.* om. L), *puis fist baptiser la dame Clarice et l'espousa dedens (d. la cité de* L) *Hierusalem ou fut fait grant triumphe et grant (e. tres grande* L) *solennité.*

48. *Comment, aprés le champ de (d. la* L) *bataille du duc Guyon et de son filz Gaulthier, eulx deux, ensemble (G. avec* NL) *l'ost des crestiens, ont prinse la cité de Hierusalem et tué le roy Murgalant, ensemble tous les payens et infideles (e. i.* om. NL).*

49. *Comment le roy (l. r.* om. N) *Caraheu et Lengoulaffre firent champ de bataille devant (d. la cité de* L) *Babyloine en (e. la* APNL) *presence du souldan (s. Noradin* NL) *et (e. de* AP) *plusieurs (p. aultres* L) *roys et admiraulx (e. a.* om. PNL) *payens (sarrazins* L), *et comment Gaulthier (G. le Dannoys* NL) *et le roy Florion, ensemble tout l'ost des crestiens, prindrent le (ledict* N) *souldan Noradin (N.* om. P).*

Après le § 12, NL aj. un titre (avec bois) : *Comment le souldan Noradin (C. N. s. de Babillone* L) *manda querir Branquemont son frere (m. s. f. B.* L) *pour le secourir et comment Gaultier le Dannoys vainquit ledict Branquemont en champ de bataille et fut le noble Gaultier couronné roy de Babylone (p. venir a son secours a l'encontre des crestiens* L).*

50. *Comment Gaulthier (G. le Dannoys* L) *vainquist en champ de bataille Branquemont, frere du souldan (B. le f. d. s. Noradin* L), *et comment les (c.*

Ogier et l. princes L) *crestiens entrerent dedens* (*d. la cité de* L) *Babyloine, et fut fait* (*e. firent Gaultier* L) *roy de Babyloine.*
Titre (et bois) om. N.

51. Comment Ogier et le roy Caraheu se (*s.* om. N) *departirent de Babyloine* (N rempl. la suite par *cuydant retourner tous en Ynde la majour mais la tempeste les departit*) *et commanderent a Dieu* (*a D. a* AP) *Gaulthier qu'ilz laisserent roy de Hierusalem et de Babyloine, et s'en cuidoient retourner en Inde* (*I. la majour* L), *et* (*e.* om. PL) *comme la tempeste les departist, et* (*e. puis* L) *s'en alla l'ung bateau d'une part et l'autre d'autre* (*e. l'a. de l'a.* L).

52. Comment, durant le temps que Ogier (*O. le Dannoys* NL) *fut en Faerie* (*F. la cyté de* NL), *Hierusalem fut conquis* (*f. prinse* NL) *par les payens, et Babyloine* (*B. aussi* NL) *semblablement, et comment Gaulthier* (*G. le Dannoys* NL), *ensemble sa dame Clarice et ses deux beaux enfans, se sauverent en ung bateau et s'en allerent en France.*

53. Comment (*Comme* A) *Gaulthier, ensemble sa femme, la dame Clarice, et leurs deux beaulx enfans, s'en retournerent en France aprés la perte de Babyloine.*
Titre (et bois) om. N.

54. Comment Ogier partit de Faerie, lui et (*F. avec* N) *son compaignon Benoist, et comme* (*comment* N) *ilz arriverent en ung quarrefourc* (*e. u. q.* om. N) *pres* (*p. de* N) *Montpellier, et comment* (*comme* A) *il fut* (*M. puis s'en alla* N) *a Meaulx, et de Meaulx s'en alla* (*s'e. a.* om. N) *a Paris, puis s'en alla a* (*P. et p. a* N) *Chartres pour faire lever le siege des* (*C. ou y dechassa les* N) *payens, et des merveilles que le cheval Papillon* (*q. P. son c.* N) *faisoit.*
Titre (et bois) om. PL.

55. Comment la dame de Senlis fist assaillir Ogier par trente chevaliers pour lui oster (*p. avoir* NL) *l'aneau que Morgue la fae* (*l. f.* om. NL) *lui avoit donné, et comment il les vainquist.*

56. Comment le roy de France saillist (*s. hors de la ville de Chartres* N) *pour faire la bataille contre* (*encontre* L) *les payens, et comment les Françoys furent desconfis, et grant multitude des* (*de* PN) *chevaliers et princes crestiens* (*cr. qui* L) *furent prins prisonniers, et le vaillant chevalier Ogier le Dannoys les delivra* (*f. p. p. lesquelz furent delivrez par l. v. O. l. D.* NL).

57. Comment Ogier (*O. le Dannoys* N) *commença le champ de la bataille* (*co. la b.* NL) *contre* (*encontre* NL) *le roy Florion et l'admiral son compaignon* (*s. c.* om. NL), *et comment* (*comme* PL) *a l'ayde de* (*d. Dieu et de* NL) *son bon* (*b.* om. NL) *cheval Papillon il delivra France de toute la* (*l. mauldicte* NL) *gent payenne,* (suite om. NL) *et comme* (*comment* P) *le roy s'en alla*

a Paris et y mena Ogier, et comme le roy mourut, et après, a la requeste de
la royne et par son amonition, Ogier la (l. om. VA) *devoit espouser, n'eust*
esté Morgue la fae, sa dame et seur du roy Artus, qui luy vint au devant,
qui l'emmena, et depuis ne fut veu.

Après le § 9, PNL aj. un titre (avec bois dans PL, sans bois dans N) :
Comment le roy (r. de France N)*, aprés sa triumpheuse victoire (a. qu'il*
eut eu v. sur les payens N, *a. sa triumphe* L)*, fist crier a son de trompe que*
chescun fust (ch. eust a estre N) *prest et appareillé (e. a.* om. NL) *dedens*
troys jours pour s'en aller et entrer (e. e. om. L) *comme victorieulx en sa*
ville (v. et cité L) *de Paris (d. t. j. p. a. a* P. N, qui rempl. la suite par
et comment le roy mourut, et comment la royne vouloit avoir Ogier pour
mary, mais Morgue la faee vint, qui le ravist), et aussi comment il y fut
receu honnorablement (e. comme i. f. r. moult h. L, qui om. la suite)*, tant*
d'arscevesques, evesques et autres prelatz, princes et seigneurs.

ANNEXE II
Réorganisation des paragraphes

N° de chap.	Nombre de § dans VAP	Nombre de § dans N et commentaire	Nombre de § dans L et commentaire
1	3	1 + 2	1 + 2
2	5	5	5
3	3	3	3
4	1	1	1
5	4	4	4
6	7	7	7
7	5 (2 + 3 *P*)	2 + 3	2 + 3
8	11 (4 + 7 *P*)	4 + 5 (fusion 5-6, 8-9)	4 + 7
9	14	7 (1-2, 3, 4-5, 6-7, 8-10, 11-12, 13-14)	11 (fusion 6-7, 8-10)
10	14	10 (fusion 3-4, 5-7, 10-11)	13 (fusion 6-7)
11	5	3 (1-2, 3, 4-5)	5
12	3	2 (1, 2-3)	3
13	4	2 (1-2, 3-4)	3 (fusion 3-4)
14	4	2 (1-2, 3-4)	4
15	6	1 + 2 (1-d.2 + f.2-4, 5-6)	3 (1-2, 3-4, 5-6)
16	14	3 + 7 (fusion 4-5, 7-8, 9-10, 11-12)	14
17	13	6 + 2 (1-2, 3-4, 5, 6-7, 8, 9 + 10-11, 12-13)	11 (fusion 3-4, 12-13)
18	8	5 (1-2, 3, 4, 5-6, 7-8)	6 (fusion 1-2, 7-8)
19	13	8 (fusion 2-3, 5-6, 7-8, 9-10, 11-12)	11 (fusion 9-10, 11-12)
20	2	2	2
21	13	6 (fusion 1-3, 6-7, 8-10, 11-13)	13
22	8	6 (fusion 6-8)	8
23	3	2 (1-2, 3)	3

24	9	4 (1, 2-3, 4-6, 7-9)	8 (fusion 5-6)
25	2	1 (fusion 1-2)	2 (d.1, f.1-2)
26	6	2 (1-3, 4-6)	5 (fusion 1-2
27	13	6 (1-2, 3, 4-7, 8-9, 10-11, 12-13)	12 (fusion 8-9-
28	19	6 (1-4, 5-6, 7-8, 9-10, 11-14, 15-19)	17 (fusion 11-12, 17-18)
29	14	7 (1-5, 6-8, 9-10, 11-d.12, f.12, d.13, f.13-14)	13 (fusion 2-5, scission de 12 et de 13)
30	21	8 (1-3, 4, 5-6, 7-9, 10-12, 13-14, 15-16, 17-d.21 puis titre du chap. 31)	20 (fusion 11-12)
31	2	1 (f.21^{30}-2^{31})	1 (fusion 1-2)
32	3	1 (1-d.3 puis titre du chap. 33)	2 (fusion 2-3)
33	21	6 (f.3^{32}-4^{33}, 5-6, 7-10, 11, 12-16, 17-21)	15 (fusion 2-4, 8-9, 18-21)
34	5	1 (fusion 1-5)	5
35	5	1 (fusion 1-5)	5
36	10	1 (fusion 1-10)	7 (fusion 2-3, 7-9)
37	17	6 (1-4, 5-6, 7-d.9, f.9-12, 13-15, 16-17)	16 (fusion 1-2)
38	21	8 (1-5, 6-7, 8-10, 11-15, 16, 17-18, 19-20, d.21 [f.21 absente])	16 (fusion 1-2, 4-5, 8-9, 10-d.11, f.11-12, 17-18)
39	8	3 (1-3, 4-d.6, f.6-8)	7 (1, 2, 3, 4-5, 6, d.7, f.7-8)
40	9	3 (1, 2-4, 5-9)	10 (scission de 1)
41	6	4 (1-2, 3, 4, 5-6)	6
42	5	3 (1-3, 4, 5)	5 (d.1, f.1-d.2, f.2-3, 4, 5)
43	13	6 (1-2, 3-4, 5-6, 7-d.8, f.8-11, 12-13)	13 (scission de 3, fusion 12-13)
44	8	4 (1-2, 3-4, 5, 6-8)	7 (fusion 1-2)
45	15	7 (1, 2-d.3, f.3-d.4, f.4-6, 7-8, 9-12, 13-15)	13 (1, 2-d.4, f.4, d.5, f.5, 6, 7, d.8, f.8, bois, 9, 10-12, 13, 14-15)
46	5	2 (1-3, 4-5)	3 (1-2, 3, 4-5)

47	8		4 (1-2, 3-4, 5-7, 8)	6 (fusion 3-4, 5-6)
48	10		4 (1-2, 3-4, 5-7, 8-10)	7 (fusion 6-7, 8-10)
49	15		3 + 1 (1-4, 5-8, 9-12 + 13-15)	9 + 3 (fusion 1-4, titre après 12)
50	6		2 (1-d.3, f.3-6)	4 (1-2, 3, 4, 5-6)
51	15		7 (1, 2-4, 5-8, 9-d.10, f.10-11, 12-14, 15)	13 (fusion 2-3, 7-8)
52	6		2 (1-3, 4-6)	4 (fusion 4-6)
53	7	27 P	3 (1, 2-3, 4-6 puis titre du chap. 54)	20 (1, 2, 3, 4-5, 6, 7^{53}-1^{54}, puis dans le chap. 54 fusion 9-11, 12-13, 16-17, 19-20)
54	20		9 (7^{53}-2^{54}, 3-4, 5, 6, 7-8, 9-11, 12-13, 14, 15-20)	
55	4		2 (1-2, 3-4)	2 (1-2, 3-4)
56	17		4 (1-6, 7-9, 10-12, 13-17)	11 (fusion 2-4, 10-11, 14-17)
57	18 (9 + 9 P)		2 + 2 (1-d.5, f.5-9 + 10-15, 16-18)	5 + 3 (1-3, 4, 5-7, 8, 9 + 10-13, 14-15, 16-18)

AU CREUSET DES TRANSITIONS
LITTÉRAIRES ET POLITIQUES

La tryumphante et solemnelle entree
de Rémi Dupuis

Rémi Dupuis demeure l'indiciaire – l'historiographe – de Bourgogne le moins connu à ce jour. Et si nous devons récemment à Estelle Doudet un excellent article qui lui est partiellement consacré[1], force est de constater que la plupart du temps cet auteur n'est encore évoqué que par comparaison avec d'autres, bien plus fameux, tels Jean Molinet ou Jean Lemaire de Belges. En ce sens, il subit le même sort que la plupart des auteurs rattachés à la littérature bourguignonne « tardive », autrement dit celle qui s'étend grosso modo entre les années 1480 et la fin de la décennie 1510. Celle-ci pâtit aussi du désintérêt plus général qui pèse encore sur le règne de Philippe le Beau et le début de celui de Charles Quint[2]. Il faut en outre rappeler combien le règne impérial de Charles Quint, qui s'ouvre en 1519, transforme la production historiographique élaborée autour de l'empereur. Aux côtés de l'indiciaire Dupuis figurent

---

1   Estelle Doudet, « Un chant déraciné ? La poésie bourguignonne d'expression française face à Charles Quint », *e-Spania. Revue Interdisciplinaire d'Études Hispaniques Médiévales et Modernes*, en ligne (24 juin 2012), http://e-spania.revues.org/21220 ; DOI : 10.4000/e-spania.21220 (dernière consultation le 30 novembre 2017). Il existe aussi deux notices biographiques de qualité inégale : Auguste Vander Meersch, « Du Puys (Remi) », *Biographie nationale de Belgique*, t. 6, Bruxelles, E. Bruylant, 1878, col. 326-328 ; André Joseph Ghislain Le Glay, « Notes sur Remi Du Puys, indiciaire et historiographe de la maison de Bourgogne », *Archives historiques et littéraires du Nord de la France et du Midi de la Belgique*, t. 1, 1837, p. 147-150.

2   Reconnaissons toutefois que depuis une quinzaine d'années plusieurs travaux pionniers sont venus défricher cette quasi *terra incognita*. Quelques exemples : Bethany Aram, *Juana the Mad. Sovereignty and Dynasty in Renaissance Europe*, Baltimore, Londres, The Johns Hopkins University Press, 2005 (*The John Hopkins University Studies in Historical and Political Science*, 123/2) ; Jean-Marie Cauchies, *Philippe le Beau. Le dernier duc de Bourgogne*, Turnhout, Brepols, 2003 (*Burgundica*, 6) ; Raymond Fagel, *De Hispano-Vlaamsse wereld. De contacten tussen Spanjaarden en Nederlanders, 1496-1555*, Bruxelles, Nimègue, Archives et Bibliothèques de Belgique, 1996.

désormais des auteurs humanistes, issus de tous les pays de l'empire et dont la renommée éclipse celle du « Bourguignon[3] ».

Dans cet ouvrage consacré à la diffusion de la littérature française médiévale par le biais de l'imprimerie, il nous a semblé intéressant de présenter la figure de Rémi Dupuis, car il témoigne d'un moment de double transition, l'une formelle et l'autre politique. En effet, on assiste, d'une part, à la transformation du genre historiographique curial et manuscrit en occasionnels imprimés[4], d'autre part, à l'assimilation par la culture curiale bourguignonne de thématiques venues des cultures urbaines.

Nous aborderons la figure de Dupuis en trois temps. Tout d'abord, grâce aux documents comptables de la Chambre des comptes de Lille, nous esquisserons un portrait de l'auteur et présenterons brièvement sa production. Dans un second temps, nous envisagerons *La tryumphante et solemnelle entree* dans ses rapports avec le genre des récits d'entrées princières tardo-médiévaux et avec l'historiographique curiale en général. Enfin, nous présenterons les thématiques politiques majeures qui émergent de cette pièce.

ÉVOCATION BIO-BIBLIOGRAPHIQUE

Il est très compliqué de rassembler des éléments biographiques sur Rémi Dupuis, principalement parce que celui-ci n'a pas connu la notoriété de ses prédécesseurs en tant qu'indiciaire de Bourgogne. Les archives de la Recette générales des finances des ducs de Bourgogne, conservées aux Archives du Nord à Lille, nous permettent toutefois d'en apprendre un peu sur son existence.

---

3 Peter Burke, « L'Image de Charles Quint : construction et interprétations », *Carolus. Charles Quint (1500-1558)*, dir. Hugo Soly et Johan Van De Wiele, Gand, Snoeck-Ducaju & Zoon, 1999, p. 392-499 (ici p. 440 et 449), rappelle bien ce phénomène et précise qu'à la différence de François Ier ou Henri VIII, qui n'emploient qu'un seul imprimeur à Paris ou Londres, pour diffuser leurs occasionnels, Charles engage des auteurs et des imprimeurs pour chacun de ses états.

4 Sur les modifications que connaissent les genres curiaux dans les Anciens Pays-Bas sous l'influence de l'imprimerie, on se référera à Renaud Adam, *Vivre et imprimer dans les Pays-Bas méridionaux (des origines à la Réforme)*, 2 vol., Turnhout, Brepols, 2018 (*Nugae humanisticae*, 16-17).

Le nom de famille Dupuis/Dupuys/Dupuich (ou encore du Puis/ du Puys) est très présent dans les comptes bourguignons. Parmi ces « Dupuis », nous en repérons quelques-uns qui évoluent dans l'entourage direct des ducs de Bourgogne, au moins depuis le début du XVe siècle. Entre 1415 et 1418, Jean sans Peur rétribue un certain Jérôme Dupuis comme sergent dans le comté de Saint-Pol[5]. Au temps de Charles le Téméraire, un Denis Dupuis est récompensé pour avoir porté des lettres au duc au moment de son entrevue à Péronne avec Louis XI (octobre 1468[6]). À l'époque de Charles Quint, en 1542-1543, un Nicolas Dupuich de Mons reçoit une rente[7]. Le personnage le plus intéressant demeure toutefois un certain Nicaise du Puis que l'on voit apparaître autour de Philippe le Bon dans les années 1430. Il est qualifié de maître, de chapelain et ensuite de premier chapelain du duc[8], puis, dès 1442, de doyen de Saint-Barthélemy de Béthune[9] et, en 1443, de *conseillier* ducal[10]. Il perçoit des gages jusqu'au moins 1448[11]. Nicaise assume des missions importantes dont, en 1446, l'organisation des obsèques de Catherine de France, épouse de Charles de Charolais, et, en 1448, la mise sur pied d'une cérémonie en hommage à Jean sans Peur[12]. Cet ecclésiastique semble avoir acquis une certaine envergure à la cour sans toutefois atteindre la fonction épiscopale. Doit-on y voir un parent de Rémi Dupuis qui lui aurait en quelque sorte « préparé » une place auprès du duc ? Il est permis de le penser, mais sans en avoir la certitude.

« Maître » Rémi Dupuis apparaît pour sa part dans un compte de 1510-1511 comme *indiciayre et historiographe de l'Empereur et de monseigneur l'archiduc*, soit Maximilien Ier et Charles de Habsbourg[13]. Il semble également servir Marguerite d'Autriche dès cette période[14]. L'année suivante, il est officiellement désigné comme remplaçant de Jean Lemaire de Belges :

---

5   Lille, ADN, B 1906 (1415-1416), B 1909 (1418-1417).
6   Lille, ADN, B 93.
7   Lille, ADN, B 4827.
8   Lille, ADN, B 1941, B 1608 (1565-1569).
9   Lille, ADN, B 1975 (1542).
10 Lille, ADN, B 1980 (1543-1544).
11 Lille, ADN, B 1978 (1548).
12 *Cf.* respectivement Lille, ADN, B 1991 (1446-1447) et B 2000 (1448).
13 Lille, ADN, B 2222 (1510-1511).
14 Lille, ADN, B 2230 (1513-1515).

> *pour la bonne relacion que faicte a esté de sa personne et de ses sens, souffisance et*
> *experience en fait de rethoricque, cronique et historiographe, nostre croniqueur et*
> *historiographe ou lieu de Jehan Le Maire, derrenier possesseur dudit office, lequel,*
> *au moyen de ce qu'il s'est retiree et a accepté autre service, delaissant et abandonnant*
> *ledit office, en avons deschargé*[15].

Il perçoit des gages dont certains sont payés par Marguerite. En 1513, Rémi est désigné comme *cronicqueur et historiographe des maisons d'Austriche et de Bourgoingne*[16], titres auxquels il ajoute, en 1516, celui de *secretaire du Roi*[17].

Sa production historiographique semble appréciée puisqu'elle lui permet de recevoir des gages supplémentaires. Il en va ainsi de sa *Tryumphante et solemnelle entree* pour laquelle il est récompensé en raison de :

> *bons et aggreables services qu'il luy* [Charles] *avoit fait et faisoit lors jornellement*
> *ou fait de ses cronicques, mesmement en recompense d'un grant livre qu'il avoit fait,*
> *a son ordonnance, touchant le triomphe de sa ville de Bruges, a sa joyeuse entree en*
> *icelle ville*[18].

Dupuis semble également avoir participé au premier voyage de Charles de Habsbourg en Espagne (1517-1519), même si l'on ne trouve aucune mention de lui dans les comptes de l'Hôtel de ces années[19].

Rémi Dupuis réapparaîtrait dans les comptes dès les années 1552-1553 – mais s'agirait-il d'un homonyme ? – sous le nom de *Remy du Puich* ou *Remy Dupuich*, receveur à Binche[20]. Vu que nous ignorons tout de l'âge de Dupuis au moment de ses écrits des années 1510, il est tout à fait possible qu'il s'agisse de lui, toujours actif dans les années 1550, bien qu'à ce moment il ne soit fait nulle part fait mention de sa fonction d'indiciaire.

Trois textes de Rémi Dupuis ont été conservés : une chronique manuscrite et deux occasionnels. Sa chronique porte sur les premiers moments du voyage de Charles de Habsbourg en Espagne en 1517. Le texte débute par une visite de Charles à la cour du dieu Neptune afin

---

15   Lille, ADN, B 2226 (1513), B 2230 (1513-1515).
16   Lille, ADN, B 2236 (1513).
17   Lille, ADN, B 2262 (1516).
18   Lille, ADN, B 2251 (1515).
19   L'abondance de détails de sa chronique attestent de sa présence physique aux côtés
     du prince durant la traversée vers les Espagnes : Rémi Dupuis, *S'ensuyt une description*
     poetique confirme a la vraye hystoire du voyage de tres-hault, tres-puissant et tres redoubté prince
     Don Charles, par la grace de Dieu, Roy Katholique, depuis le 6 septembre 1517, au moment de
     l'embarquement, Bruxelles, KBR, ms. 10487-90, fᵒˢ 52 rᵒ – 75 rᵒ (fᵒˢ 67 vᵒ – 75 rᵒ).
20   Lille, ADN, B 49, B 4827.

de solliciter des vents et une mer calmes durant la traversée. S'ensuit une description de l'armada, puis celle du voyage entre Vlissingen et les Asturies, texte qui s'interrompt subitement à l'arrivée de Charles sur le sol espagnol. L'auteur promet alors d'écrire plus tard la suite de son récit, mais il semble n'avoir jamais poursuivi[21].

Les deux occasionnels composés par Rémi Dupuis datent du début du règne personnel de Charles de Habsbourg. La première pièce, *La tryumphante et solemnelle entree*[22], est directement liée à l'émancipation du jeune prince puisqu'elle commente sa joyeuse entrée dans la ville de Bruges, le 18 avril 1515. La seconde décrit la cérémonie funèbre organisée en la collégiale Saints Michel-et-Gudule de Bruxelles, les 14 et 15 mars 1516, à la mémoire de Ferdinand d'Aragon, grand-père maternel de Charles, décédé le 23 janvier de la même année[23].

Les deux événements sont d'une importance majeure pour le règne de Charles de Habsbourg. Le premier marque le début de son indépendance politique ; le second met à portée de main l'héritage espagnol auquel Charles peut prétendre en tant que fils de Jeanne de Castille, héritière des Souverains Catholiques Isabelle et Ferdinand[24].

---

21 Dupuis, *S'ensuyt une description poetique*, f° 75r°. Pour plus de détails, *cf.* Jonathan Dumont, « Les premiers voyages des souverains des Pays-Bas en Espagne : le témoignage du chroniqueur Rémi Dupuis », *Écrire le voyage au temps des ducs de Bourgogne. Actes du colloque international organisé les 19 et 20 octobre 2017 à l'Université du Littoral – Côte d'Opale (Dunkerque)*, dir. Jean Devaux, Matthieu Marchal et Alexandra Velissariou, Turnhout, Brepols (*Burgundica*), sous presse ; nous préparons actuellement l'édition critique de ce texte.

22 Rémi Dupuis, *La tryumphante et solemnelle entree faicte sur le nouvel et joyeux advenement de tres hault, tres puissant et tres excellent prince Monsieur Charles prince des Hespaignes, archiduc d'Austrice, duc de bourgongne, comte de Flandres, etc., en sa ville de Bruges l'an mil. v. cens et. XV. Le XVIIIᵉ jour d'apvril apres Pasques*, [Paris], Gilles de Gourmont, [1515], 2° : Bruxelles, KBR, Inc B 1553 ; Anvers, Musée Plantin-Moretus, R 30.2 ; Londres, BL, C-44-g-11. Une version manuscrite de luxe est conservée à Vienne : Vienne, ÖNB, ms. 2591 (62 feuillets) ; il s'agirait de l'exemplaire de Charles. Une reproduction en fac-similé existe : *La tryumphante Entree de Charles prince des Espagnes en Bruge 1515. A Facsimile with an introduction*, éd. Sydney Anglo, Amsterdam, New York, Theatrum Orbis Terrarum, Johnson Reprint Corporation, s. d. [1970-1980].

23 *Les exeques et pompe funerale de feu d'eternelle et tres glorieuse memoire Don Fernande roy catholicque faicte et acomplie en l'eglise saincte Goule a Bruxelles le vendredi XIIIᵉ de Mars quinze centz et quinze par la serenissime haultesse de tres excellant tres puissant et tres redoubte prince Don Charles son heritier, et ores par la grace de dieu roy catholicque*, [Louvain, Thierry Martens], 1516, 2° (22 feuillets) : Bruxelles, KBR, VH 26.132 A et Inc B 1553 (à la suite de *La tryumphante et solemnelle entree*).

24 Pour davantage d'éléments sur ces deux moments, *cf.* Pierre Chaunu et Michelle Escamilla, *Charles Quint*, Paris, Fayard, 2000, p. 101-148.

UN OCCASIONNEL
SOUS FORME DE CHRONIQUE

La tryumphante et solemnelle entree est la première entrée princière à faire l'objet d'une version imprimée dans les Pays-Bas. Elle servira de modèle aux entrées suivantes et, plus généralement, aux occasionnels dont le prince est le sujet[25]. Elle a été commandée – de même qu'une autre pièce en néerlandais[26] – par les autorités urbaines brugeoises afin de mettre en valeur leur prince et leur cité et, au-delà, le comté de Flandre lui-même[27]. Mais, comme nous l'avons vu plus haut, Dupuis reçoit aussi des gages de Charles et de Marguerite pour ce texte, ce qui laisse entendre que la pièce a également été conçue pour plaire aux gouvernants et à un public curial.

Le texte s'inscrit indubitablement dans la tradition française et bourguignonne des récits d'entrées et de funérailles royales et princières[28].

25　La pièce semble d'ailleurs servir de modèle aux auteurs des Anciens Pays-Bas, à tout le moins à ceux de langue française. Ainsi, lorsque l'imprimeur Jean Buyens ou de Buyens, installé à Arras, publie en 1520 *Le triu[m]phe festifz fait par le roy d'Angleterre* relatant l'entrevue du Camp du drap d'or (11 avril 1520), il fait explicitement référence à Dupuis (Charles Giry-Deloison, « Le premier ouvrage imprimé à Arras ? », *Monarchies, noblesses et diplomaties européennes. Mélanges en l'honneur de Jean-François Labourdette*, dir. Jean-Pierre Poussou, Roger Baury et Marie-Catherine Vignal-Souleyreau, Paris, PUPS, 2005, p. 167-202, ici p. 175-177).

26　Le texte néerlandais est dû à Jan de Scheerere. Jan de Scheerere, *De Triumphe gedaen te Brugghe binnen ter intreye van Caerle* [...], Anvers, Adriaan van Bergen, 1515, 4° : La Haye, KB, 225-G-II. Sur Scheerere, *cf.* Samuel Mareel, « "Jan de Scheereres" Triumphe ghedaen te brugghe ter intreye van caerle. Tekst editie met inleiding en aantekeningen », *Jaarboek De Fonteine*, t. 55, 2005, p. 79-143.

27　Ce rapport entre la pièce et la culture urbaine a bien été mis en lumière dans Wim Blockmans, « Les sujets de l'empereur », *Carolus. Charles Quint (1500-1558)*, p. 226-283, ici p. 275-277 ; *Id.* et Esther Donckers, « Self-representation of Court and City in Flanders and Brabant in the Fifteenth and Early Sixteenth Centuries », *Showing Status. Representations of Social Positions in the Late-Medieval Low Countries*, dir. Wim Blockmans et Antheun Janse, Turnhout, Brepols, 1999 (*Medieval Texts and Cultures of Nothern Europe*, 2), p. 81-111. Pour compléter ces vues, *cf.* Gilbert Degroote, *Blijde Inkomst. Vier Vlaams-Bourgondische gedichten*, Anvers, Amsterdam, De Nederlandsche Boekhandel, 1950, p. XXIX ; Jean Jacquot, « Panorama des fêtes et cérémonies du règne », *Les fêtes à la Renaissance*, dir. *Id.* et Elie Königson, 3 vol., Paris, Éditions du CNRS, 1956-1975 (*Le Chœur des Muses*), t. 2, p. 413-491, ici p. 418.

28　Pour la monarchie française, *cf.* le classique Bernard Guenée et Françoise Lehoux, *Les Entrées royales françaises de 1328 à 1515*, Paris, éditions du CNRS, 1968, suivi, pour les pays

La plupart des caractéristiques propres à ces textes s'y retrouvent : une liste des princes et seigneurs présents dans le cortège, une description de l'accueil par les autorités urbaines à l'extérieur de la cité[29], l'énumération de toutes les composantes du cortège et les pièces d'honneurs (épée ducale bourguignonne, cheval du prince, couronnes – ici espagnoles[30]), des échafauds dressés tout au long du cortège[31]. Selon Wim Blockmans, le cérémonial mis en place à Bruges s'inspirerait plus directement encore d'une autre entrée, celle de de Philippe le Beau et Jeanne de Castille à Bruxelles en 1496 à l'occasion de leur mariage[32]. En 1515, on perçoit en effet très bien le mélange entre symboliques bourguignonne et espagnole qui était déjà perceptible en 1496[33].

Le texte possède également des caractéristiques propres aux chroniques curiales. Ainsi, dans la tradition des Rhétoriqueurs – à laquelle on peut indubitablement rattacher l'auteur[34] –, Dupuis s'excuse pour son *povre entendement*[35] et son style *rude*[36], et compare son texte à celui

---

bourguignons, des ouvrages suivants : Élodie Lecuppre-Desjardin, *La ville des cérémonies. Essai sur la communication politique dans les anciens Pays-Bas bourguignons*, Turnhout, Brepols, 2004 (*Studies in European Urban History (1100-1800)*, 4) ; Murielle Gaude-Ferragu, *D'or et de cendres. La mort et les funérailles des princes dans le royaume de France au bas Moyen Âge*, Villeneuve d'Ascq, Presses universitaires du Septentrion, 2005, notamment p. 146-152.

29 Rémi Dupuis, *La tryumphante et solemnelle entree*, f° 5 v°.

30 *Ibid.*, f° 6 v°.

31 *Ibid.*, f°s 7 r°-v°, 9 v°, 10 v°, 11 v°, 12 v°, 13 v°, 14 r°-v°, 15 r°, 16 v°, 17 v°, 18 v°, 19 r°, 20 r°, 21 v°, 22 r°, 23 r°, 24 r°, 25 v°, 26 v°, 27 v°, 28 v°, 29 v°, 31 r°, 32 r°-v°, 33 v°, 34 v° – 35 v°, 36 v°, 38 v°.

32 Les festivités ont été consignées dans un manuscrit, aujourd'hui disparu, de Berlin (Staatliche Museen Preussicher Kulturbesitz, Kupferstichkabinett). *Cf.* Wim Blockmans, « Le dialogue imaginaire entre princes et sujets : les Joyeuses Entrées en Brabant en 1494 et en 1496 », *Fêtes et cérémonies aux XIVᵉ-XVIᵉ siècles. Rencontres de Lausanne (23 au 26 septembre 1993)*, dir. Jean-Marie Cauchies, *Publication du Centre européen d'Études bourguignonnes (XIVᵉ-XVIᵉ siècles)*, t. 34, 1994, p. 37-53 (réimprimé dans *À la cour de Bourgogne. Le duc, son entourage, son train*, dir. *Id.*, Turnhout, Brepols, 1998 (*Burgundica*, 1), p. 147-162).

33 On y trouve les armes de Bourgogne entourées du collier de la Toison d'or (Dupuis, *La tryumphante et solemnelle entree*, f° 7r°), les blasons de Bourgogne (*ibid.*, f°s 7 r°, 37 r°), les croix de saint André (*ibid.*, f° 37 r°), les flambeaux (*ibid.*, f°s 7 r°, 37 r°) et les musiciens (*ibid.*, f° 7 r°). Il est également question d'une association entre l'épée des ducs de Bourgogne, symbole du pouvoir souverain, et le cheval royal explicitement décrit comme espagnol, manière de signifier la double nature (burgondo-hispanique) du pouvoir de Charles (*ibid.*, f° 6 v°).

34 Pour une description de cette école littéraire, *cf.* Paul Zumthor, *Le masque et la lumière. La poétique des grands rhétoriqueurs*, Paris, Seuil, 1978 (*Poétique*).

35 Dupuis, *La tryumphante et solemnelle entree*, f° 3 r°.

36 *Ibid.*, f° 4 r°.

de *tous nobles historiens [...]* [qui] *on remply leurs escriptz de la parfaicte conduycte des bons princes envers leurs peuples*[37]. Clairement, à ses yeux, sa pièce appartient au genre historiographique caractéristique de la littérature à la cour de Bourgogne[38]. D'autres propriétés de la chronique sont présentes : une volonté manifeste de divertir (*la description d'icelle entree peult estre recreative et proufitable*) et d'édifier moralement son public (*incliner son cœur a pitié et compassion des infortunez*) par le récit des hauts faits du prince[39], de nombreuses références à la Fortune pour expliquer les événements[40] ainsi qu'une propension à comparer l'histoire récente aux récits bibliques et antiques[41].

Si, sur le plan formel, *La tryumphante et solemnelle entree* semble donc bien reproduire un canevas rôdé, issu des traditions française et bourguignonne, ce texte se révèle très innovant sur le plan des thématiques politiques qu'il développe.

---

37 *Ibid.*, f° 4 r°.
38 Sur les deux premiers indiciaires de Bourgogne, perçus comme des modèles par leurs successeurs, *cf.* respectivement Graeme Small, *George Chastelain and the Shaping of Valois Burgundy. Political and Historical Culture at Court in the Fifteenth Century*, Woodbridge, The Royal Historical Society, The Boydell Press, 1997 (*Studies in History*) ; Jean Devaux, *Jean Molinet, indiciaire bourguignon*, Paris, Honoré Champion, 1996 (*Bibliothèque du XV siècle*, 55).
39 Dupuis, *La tryumphante et solemnelle entree*, f° 4 r°. *Cf.* aussi *ibid.*, f° 3 r° pour des éléments similaires.
40 La fortune et les vertus (parfois évoquées comme cardinales) reviennent à de nombreuses reprises, notamment dans *ibid.*, f° 24 v°, afin d'expliquer le sens d'une scène présentée par les Espagnols de Bruges.
41 Liste des personnages antiques et bibliques cités : Achille (*ibid.*, f° 29 v°), Adam (*ibid.*, f° 35 v°), Alexandre le Grand (*ibid.*, f°s 18 v°, 29 v°, 34 v°), Appolon (*ibid.*, f° 6 v°), Artaxerxès (*ibid.*, f° 38 v°), Athéna (*ibid.*, f° 29 v°), Bellérophon (*ibid.*, f° 27 v°), Cadmos (*ibid.*, f° 27 v°), Cérès (*ibid.*, f° 35 r°), Cybèle (*ibid.*, f° 34 v°), Démétrios Poliorcète (*ibid.*, f°s 2 v°-3 r°), empereur Auguste (*ibid.*, f°s 3 r°, 6 r°, 34 v°), empereur Héraclius (*ibid.*, f° 10 r°), empereur Théodose (*ibid.*, f° 24 r°), empereur Trajan (*ibid.*, f° 24 r°), Gédéon (*ibid.*, f° 26 v°), Héra/ Junon (*ibid.*, f° 32 r°), Hercule (*ibid.*, f° 29 v°), Jérémie (*ibid.*, f° 38 v°), Jules César (*ibid.*, f° 34 v°), Jupiter/Zeus (*ibid.*, f° 32 r°), Mercure (*ibid.*, f° 6 v°), Moïse (*ibid.*, f° 13 v°), Neuf Muses (*ibid.*, f° 32 v°), Orphée (*ibid.*, f° 25 v°), Persée (*ibid.*, f° 29 v°), Philippe de Macédoine (*ibid.*, f° 18 v°), roi David (*ibid.*, f°s 25 v°, 28 v°), roi Xerxès (*ibid.*, f° 29 v°), Saturne (*ibid.*, f° 34 v°), Trois Grâces (*ibid.*, f° 32 r°), Ulysse (*ibid.*, f° 29 v°).

UN CREUSET D'IDÉOLOGIE CURIALE

REPRÉSENTATIONS DU SOUVERAIN ET DE L'ÉTAT

Dès l'introduction, Dupuis dépeint un ordre terrestre au sommet duquel Dieu a placé les rois et les princes. Plusieurs métaphores tout à fait classiques de l'imaginaire politique tardo-médiéval évoquent cette idée, telles celle du corps politique de l'État – soit une représentation des groupes sociaux comme les parties d'un corps humain, le prince étant la tête ou le cœur de ce corps[42] –, ou encore celle du jardin de l'État, à savoir un jardin dont l'entrée est protégée par une barrière et au centre duquel se trouve le prince[43].

On y trouve également une représentation bien plus originale, celle du prince juché sur la hune d'un navire dont il est le capitaine :

> *Tres hault tres puissant et tres redoubté seigneur je puis nagueres a par moy considerant que pour la tranquillité et paisible union du gendre humain il a pleu a la divine Providence haultement eslever les roys et princes ainsi que pour estre moiens entre dieu et les hommes en la hune de ce mondain navigaige de laquelle ilz puissent avoir loingtain regard sur les peuples et pays soubmis a l'œuil de leur direction. Et pareillement estre d'iceulx regardez et ensuys non autrelement que les vrayes guydes et souverains luminaires de toute humaine conduicte. Car telz sont ilz ou doibvent estre*[44].

Le *rex quasi semi deus* de la tradition scolastique, interface entre Dieu et son peuple, est ici réactualisé et adapté au contexte ultramarin dans lequel s'inscrivent les royaumes de Charles de Habsbourg[45]. La pièce de Dupuis développe cet imaginaire en formalisant, peut-être pour la première fois, la

---

42 *Ibid.*, f° 2 v°. Sur l'idée de corps politique dans le contexte des Anciens Pays-Bas, *cf.* Élodie Lecuppre-Desjardin, *Le royaume inachevé des ducs de Bourgogne (XIVᵉ-XVᵉ siècles)*, Paris, Belin, 2016 (*Histoire*), notamment p. 81, 88, 101, 160-161, 194, 216-217.

43 Dupuis, *La tryumphante et solemnelle entree*, f° 25 r°-v°. Sur le jardin de l'État dans la culture politique française, *cf.* Colette Beaune, *Naissance de la nation France*, Paris, Gallimard-NRF, 1985 (*Bibliothèque des Histoires*), p. 318-322.

44 Dupuis, *La tryumphante et solemnelle entree*, f° 2 r°.

45 Il est certain que, depuis au moins le règne de son père Philippe le Beau, la mer joue un rôle de plus en plus déterminant dans la stratégie des gouvernants des Pays-Bas et aussi dans l'imaginaire du pouvoir qu'elle suscite. *Cf.* Louis Sicking, *La naissance d'une thalassocratie. Les Pays-Bas et la mer à l'aube du Siècle d'or*, Paris, PUPS, 2015, particulièrement p. 231-232.

thématique du « navire » ou de la « nef » de l'État, appelée à prendre une place centrale dans l'imaginaire politique du règne de Charles Quint[46].

L'exaltation de la maison princière constitue un autre *topos* princier présent dans la *La tryumphante et solemnelle entree*. Le lignage de Bourgogne y est en effet surreprésenté[47], chaque duc étant un modèle pour le jeune Charles. Mais ce qui frappe ici, c'est surtout le syncrétisme dynastique auquel se livre Dupuis. Il insiste sur la triple origine de Charles (burgondo-française, espagnole et impériale), faisant du jeune prince la parfaite synthèse des trois lignages. La perspective est bien entendu morale et politique. Charles est *ung prince de consommee vertu tant par nature que par fortune*[48] ; il représente le prince parfait, celui qui rassemble le meilleur des trois plus puissantes maisons d'Europe.

LA CÉRÉMONIE D'ÉMANCIPATION

L'élément clé de l'événement est sans conteste l'émancipation de Charles – dont l'entrée brugeoise n'est en quelque sorte que la résultante –, suite à sa majorité, et l'avènement de son règne personnel. Dupuis se livre à une description précise de ce processus politique et, ce faisant, révèle l'ensemble des principes politiques qui conditionnent le statut du prince et le partage du pouvoir dans les Anciens Pays-Bas au début du XVIᵉ siècle.

Après avoir évoqué la volonté divine, Dupuis place l'événement sous la triple autorité du grand-père de Charles, l'empereur Maximilien,

---

46 Il n'est pas possible ici d'évoquer dans son entier ce motif essentiel. On rappellera seulement que l'une de ses formes les plus achevées apparaît lors des funérailles bruxelloises de Charles Quint en 1558 sous la forme du navire *Victoria*, que l'on retrouve sur une gravure de *La magnifique et sumptueuse Pompe Funèbre faite aus Obsèques et funerailles du trèsgrand et trèsvictoreux Empereur Charles Cinquième* […], Anvers, Christophe Plantin, 1559, 2°, et reproduite dans Minou Schraven, *Festive Funerals. Funeral Apparati in Early Modern Italy, Particularly in Rome*, Groningue, University of Groningen, 2006, p. 65, n. 18, p. 78-79, fig. 2-3. *Cf.* aussi Blockmans, « Les sujets de l'empereur », p. 277 ; Robert Scheller, « Jan Gossaert's Triomfwagen », *Essays in Northern European Art Presented to Egbert Haverkamp-Begemann on his Sixtieth Birthday*, dir. Anne-Marie Logan, Groningue, Davaco, 1983, p. 228-236, ici p. 235 ; Stephanie Schrader, « Greater than Ever He Was. Ritual and Power in Charles V's 1558 Funeral Procession », *Nederlands Kunsthistorisch Jaarboek*, t. 49, 1998, p. 69-93.

47 Dupuis, *La tryumphante et solemnelle entree*, fᵒˢ 14 rᵒ, 29 vᵒ (Philippe le Hardi) ; fᵒˢ 14 rᵒ, 29 vᵒ (Jean sans Peur) ; fᵒˢ 25 vᵒ, 32 vᵒ, 34 vᵒ (Philippe le Bon) ; fᵒˢ 3 vᵒ, 6 rᵒ, 32 vᵒ (Charles le Téméraire/Hardi) ; fᵒ 3 vᵒ (Philippe le Beau).

48 *Ibid.*, fᵒ 2 vᵒ.

mambour et tuteur legitime de ses biens et personne, des *vassaux et subjectz,* ainsi que de *tres haulte, tres puissante et tres illustre princesse Madame Marguerite archiduchesse d'Austrice.* La cérémonie d'émancipation se tient dans la grande salle du palais des ducs de Brabant, le Coudenberg, à Bruxelles, en la présence des *princes et vassaux. Et generallement les estatz de tous ses pays acceptans le tout en grande humilité et liesse,* le 5 janvier 1515, anniversaire du *trespas de feu monsieur le duc Charles de Bourgoigne son grant ayeul.* Charles de Habsbourg y est élevé *en eage de puberté et competent de droit et par la coustume de recepvoir les princes en icelle sa Gaule Belgicque.* Une fois l'*emancipation faicte,* Charles entreprend d'entrer dans ses principales villes, dont Bruges, *pour l'effect d'icelle* [l'émancipation] *mectre a execution*[49].

Outre le prince, les acteurs clés de l'événement sont tous clairement mentionnés : Maximilien de Habsbourg, Marguerite d'Autriche et les sujets et vassaux du prince. Maximilien est présenté comme le mambour et tuteur légitime de Charles. La phrase est de toute première importance lorsque l'on se souvient de la bataille acharnée que se livrèrent Maximilien et ses sujets urbains dans les années 1470-1480 pour assumer la régence du jeune Philippe le Beau, père de Charles[50]. Si après la mort de Philippe à Burgos (25 septembre 1506), Maximilien endosse à nouveau le titre de tuteur, le conseil de régence est lui directement présidé par Marguerite d'Autriche, tante de Charles, une femme considérée par les sujets des Pays-Bas comme bien plus légitime que Maximilien, car elle y est une princesse « naturelle », issue de la famille des princes réputée diriger ces pays depuis des générations, et éduquée dans les mœurs de ces mêmes pays[51]. Ainsi, la triple tutelle (Maximilien/Marguerite/sujets) sur la cérémonie reflète cette sorte de *statu quo* politique et de partage du pouvoir mis en place à l'issue des conflits des années 1470-1480.

---

49   *Ibid.,* f°s 3 v° – 4 r°.
50   *Cf.* Cauchies, *Philippe le Beau,* p. 8-23 ; et, dans son ensemble, Jelle Haemers, *For the Common Good. State Power and Urban Revolts in the Reign of Mary of Burgundy (1477-1482),* Turnhout, Brepols, 2009 *(Studies in European Urban History (1100-1800),* 17.
51   Dans les Anciens Pays-Bas, les États généraux se présentent comme les gardiens de la naturalité du prince. Ce concept s'exprime à la mort de ce dernier, à travers la reconnaissance de son successeur (Robert Wellens, « Les États généraux et la succession de Philippe le Beau dans les Pays-Bas », *Liber memorialis Émile Cornez,* Louvain, Paris, Nauwelaerts, 1972, p. 125-159, ici p. 140) ou encore lors des Joyeuses entrées (Jean-Marie Cauchies, « La signification politique des entrées princières dans les Pays-Bas : Maximilien d'Autriche et Philippe le Beau », *Fêtes et cérémonies aux XIVᵉ-XVIᵉ siècles,* p. 19-35, ici p. 23 ; Lecuppre-Desjardin, *La ville des cérémonies,* p. 135-158).

Le rapport au temps et au lieu a également son importance. L'événement se tient au Coudenberg, palais bruxellois appelé à devenir, durant le règne de Charles Quint, la résidence principale du souverain des Pays-Bas ou de ses représentants. La charge symbolique du 5 janvier, anniversaire de la mort de Charles le Téméraire, est encore plus grande. La disparition du duc devant Nancy déclencha une vague de crises qui faillit détruire les États bourguignons. La stabilité ne fut réellement retrouvée qu'après la signature de la paix de Senlis avec la France en 1493 et l'émancipation de Philippe le Beau en 1494[52]. La mort inattendue de Philippe à Burgos pouvait laisser craindre une nouvelle période de troubles pour les Anciens Pays-Bas. Tout est donc présenté dans la pièce pour souligner la fin d'un cycle ouvert le 5 janvier 1477 et clos le 5 janvier 1515. Le règne de Charles est ainsi présenté comme une nouvelle période de prospérité pour ses territoires.

Enfin, l'élément juridique est central dans ce texte. Charles est reconnu par l'ensemble des représentants de ses *pays*. Il est désigné par ceux-ci comme *competent de droit* et est jugé apte, selon la *coustume*, à *recepvoir les princes en icelle sa Gaule Belgicque*. Les joyeuses entrées auxquelles Charles se livre ensuite sont autant d'occasions de *mectre a execution* cette majorité politique. Ici encore, en sous-texte, c'est de la légitimité du prince dont il est question : celle d'un souverain aux prérogatives réglées par les coutumes de ses pays et dont l'inauguration doit être reconnue, pour être légale, par ces mêmes pays. Dupuis met ici parfaitement en lumière la nature partagée et contractuelle du pouvoir dans les Anciens Pays-Bas[53].

---

52 Cauchies, *Philippe le Beau*, p. 29-32.
53 Dans les Anciens Pays-Bas, le serment du prince devant les Trois États à son avènement était, à l'époque de Charles de Habsbourg, une pratique intégrée de longue date au processus politique (Cauchies, « La signification politique », p. 29-31 ; Marc Boone, « L'État bourguignon, un État inventeur ou les limites de l'invention », *La cour de Bourgogne et l'Europe. Le rayonnement et les limites d'un modèle culturel. Actes du colloque international tenu à Paris les 9, 10 et 11 octobre 2007*, dir. Werner Paravicini, Torsten Hiltmann et Franck Viltart, Ostfildern, Jan Thorbecke, 2013 (*Beihefte der Francia*, 73), p. 133-156, ici p. 141 *sqq.*). La pratique se rencontre plus généralement en Europe : cf. *Avant le contrat social. Le contrat politique dans l'Occident médiéval (XIIIᵉ-XVᵉ siècle)*, dir. François Foronda, Paris, Éditions de la Sorbonne, 2011 ; Thierry Dutour, *Sous l'Empire du Bien. « Bonnes gens » et pacte social (XIIIᵉ-XVᵉ siècle)*, Paris, Classiques Garnier, 2015 (*Bibliothèque d'Histoire médiévale*, 13), p. 363-380, 394-396.

CHARLES ET BRUGES

Commandée par les édiles brugeoises, *La tryumphante et solemnelle entree* vise à présenter les liens qui unissent la cité flamande à son jeune prince. Les multiples références aux ancêtres de Charles, les ducs de Bourgogne et comtes de Flandre, affirment ces liens. Par exemple, l'un des échafauds dressés dans la rue Saint-Jean présente les institutions communales brugeoises comme des fondations de Philippe le Hardi[54]. Dupuis commente l'échafaud. Il crée une version légendaire de l'histoire qui peut être lue comme un double récit d'origine : celui de la lignée des Valois de Bourgogne, qui débute en effet avec Philippe, et celui des privilèges brugeois. Les ducs de Bourgogne et le régime communal apparaissent ainsi comme interdépendants[55].

La prospérité et la richesse de la cité sont également associées aux ducs de Bourgogne et, plus généralement, aux comtes de Flandres, auxquels Charles se rattache :

> *Le pareil est aussi advenu prince tres redoubté en vostre ville de Bruges laquelle voz devanciers princes et comtes de Flandres ont eslevee, conduyte, et finablement establie en consommation d'honneur, et puissance par les moyens a desduyre cy dessoubz*[56].

Dupuis développe ici le message que les édiles brugeois entendent instiller au jeune prince alors que la ville est en proie à la récession économique suite à l'ensablement des canaux menant à la mer du Nord. Charles entre en possession de Bruges *pour entendre et mectre provision a sa resources par moyens convenables* car la *majesté royale* [...] *se monstre et reluyt principalement a recreer les desolez, soutenir les foibles, les povres et mal fortunés redresser et enrichir par toutes voyaes possibles*[57]. Bruges qui était parvenue à *si hault degré d'honneur, puissance et mondaine richesse* est aujourd'hui, par la Fortune, *reduicte a diminution*. Les autorités brugeoises veulent donc *esmouvoir la tres clere majesté a compassion sur son estat et pouvreté, pour y pourveoir de remede convena[b]le par advis et prudence de bon conseil*[58]. Elles attendent l'aide que leur prince doit leur apporter pour rétablir leur prospérité.

---

54 Dupuis, *La tryumphante et solemnelle entree*, f° 14 r°.
55 Dupuis livre une explication similaire sur les origines des libertés du Franc de Bruges. Il s'agirait d'une création de Philippe le Bon (*ibid.*, f°s 34 v° – 35 r°).
56 *Ibid.*, f° 2 v°.
57 *Ibid.*, f° 2 v°.
58 *Ibid.*, f° 4 r°.

L'indiciaire ne se limite toutefois pas à ce tableau piteux. Il l'utilise afin de développer des considérations sur l'interdépendance politique et économique entre le prince et sa ville. Cette réflexion est particulièrement visible lors de la description de l'échafaud présenté par le dixième membre de Flandre, les tanneurs et les artisans du cuivre. On y voit une arche fermée d'une porte sur laquelle est gravée l'inscription *Dame jeune de richesse habondante / Princesse siet en regne trymphante*. La porte s'ouvre et l'on découvre la dame en question : Richesse, entourée du dieu Jupiter, des neuf Muses et des trois Grâces[59]. Le sommet de l'arche présente la sphère de l'*orbis* surmontée d'une croix. Celle-ci s'ouvre, et révèle Bruges personnifiée et assise sur un trône. Autour de sa tête figurent les blasons des royaumes chrétiens. La cité est entourée, à droite, de Philippe le Bon, et, à gauche, de *Charles le courageux* (Charles le Hardi/Téméraire). Sur les deux volets de la sphère désormais ouverts se trouvent un homme, Gain, et une femme, Marchandise[60].

Dupuis explique la scène. La richesse développe les vertus et les sciences, représentées par les Muses et les Grâces[61]. Dès lors, vertueux et instruits, les riches sujets urbains sont ceux qui servent le mieux le prince (Jupiter). Et si, par le passé, à Bruges, les vertus et les sciences *affuioient de toutes pars comme les filles a la suyte de leur mere*, elles *se sont retirez quant et quant elles delaissant au nobles bourgois et citoiens d'icelle puissante cité.* Désormais, *plusieurs mescognoissent disestimant ce jourd'hy la noble ville de Bruges* alors qu'avant ils *la souloient honorer, cherir et preferé a aultres toutes*. Cette prospérité brugeoise est située au temps de Philippe le Bon et Charles le Téméraire, époque où *marchandie et guayn* étaient les deux piliers de la cité et où *[Bruges] reluysaoit lors en toutes extention de splendeur et puissance par les dix-sept royaulmes chrestiens*[62]. La richesse a donc un impact moral sur les hommes : elle les rend meilleurs, plus instruits et vertueux, et donc plus utiles au prince[63]. Davantage, la richesse ou la pauvreté d'une ville comme Bruges influence les autres villes aux alentours, qui elles-mêmes s'enrichissent ou s'appauvrissent en conséquence. Dupuis

---

59   *Ibid.*, f° 32 r°.
60   *Ibid.*, f° 32 v°.
61   *Ibid.*, f° 32 r°.
62   *Ibid.*, f° 32 v°.
63   Un peu plus loin (*ibid.*, f° 35 r°), Dupuis développe un propos assez similaire lorsqu'il évoque le Franc de Bruges. Les paysans du Franc sont ceux qui se rapprochent le plus de la pureté morale du premier des hommes, Adam, un laboureur.

comprend parfaitement que les villes de Flandre et plus largement des Pays-Bas fonctionnent en réseau. Dès lors, l'appauvrissement de l'une des plus importantes d'entre elles, Bruges, engendre celui *de toutte [la] Gaule Belgicque*, ce qui signifie que, *par la ruyne d'icelle ville*, toutes les autres *deminuront, fauldront et finablement cherront en totale perdicion*[64].

L'ÉMERGENCE D'UNE IDÉOLOGIE MERCANTILISTE ?

Si la réflexion socio-économique de Dupuis nous intéresse, ce n'est pas tant pour son originalité. Depuis le XIIIe siècle, au moins, les États princiers ont instrumentalisé la philosophie économique scolastique pour en faire un argument favorable à la levée d'impôts : les citoyens les plus riches, donc les plus vertueux, doivent contribuer plus que les autres au Bien commun représenté par le prince[65].

L'originalité de Dupuis réside plutôt dans le fait qu'il atteste de la pénétration de cette réflexion en dehors du cadre curial *stricto sensu* pour investir la sphère des publications occasionnelles, et donc atteindre un public plus large. Durant le XVe siècle, en effet, l'opinion dominante, à la cour de Bourgogne, à l'égard des villes est marquée par une absence d'intérêt ou un très grand mépris. Laurent Pignon (1368-1449), confesseur de Philippe le Bon et auteur d'un *Traictié* sur les trois ordres, représente très bien ce double point de vue. Il n'instaure aucune différence entre les artisans et les paysans : tous appartiennent à cette catégorie générique et artificielle qu'est « le peuple », dont la *condicion naturelle*[66] *est d'ouvrer [en] operacions rurales et communes*[67]. Mais, entre le règne de Philippe le Bon et celui de Charles de

---

64 *Ibid.*, f° 38 v°.

65 L'émergence d'une réflexion économique, dans les milieux universitaires parisiens, est détaillée dans Joel Kaye, *Economy and Nature in the Fourteenth Century. Money, Markert Exchange, and the Emergence of Scientific Thought*, Cambridge, Cambridge University Press, 1998 (*Cambridge Studies in Medieval Life and Thought*). La récupération de cette pensée par l'État royal est examinée dans Lydwine Scordia, « *Le roi doit vivre du sien* ». *La théorie de l'impôt en France (XIIIe-XVe siècles)*, Paris, Institut d'Études Augustiniennes, 2005 (*Études Augustiniennes. Moyen Âge et Temps Modernes*, 40).

66 Laurent Pignon, *Traictié de la cause de la diversité des estaz*, dans Arie J. Vanderjagt, *Laurens Pignon, O. P., Confessor of Philip the Good. Ideas on Jurisdiction and the Estates including the Texts of his Treatises and Durand of St. Pourçain's De origine iurisdictionum*, Venlo, Jean Miélot & C°, 1985, p. 35-195, ici p. 185.

67 *Ibid.*, p. 181. *Cf.* aussi Jan Dumolyn, « *Le Povre peuple estoit moult opprimé*. Elite Discourses on "the People" in the Burgundian Netherlands (Fourteenth to Fifteenth Centuries) », *French History*, t. 23/2, 2009, p. 171-192 ; Arie J. Vanderjagt, « Burgundian Political Ideas between Laurentius Pignon and Guillaume Hugonet », *Fifteenth-Century Studies*,

Habsbourg, les Anciens Pays-Bas ont connu, au cours des décennies 1470-1480, une période d'intenses confrontations politiques et sociales entre le prince et ses sujets urbains. Celle-ci aboutit à une plus grande participation des représentants des villes au gouvernement central – notamment grâce au Grand Privilège de 1477 – et un plus grand mélange des cultures politiques, les idées urbaines de représentativité, de négociation et de partage du pouvoir intégrant désormais davantage la pensée curiale[68]. La pièce de Dupuis atteste ainsi de l'adoption de la culture urbaine, ici économique, par le prince et les milieux de cour, et de sa transcription dans un média relativement neuf et de plus grande diffusion, l'occasionnel.

L'intérêt que le prince peut retirer de la diffusion d'une telle culture économique demeure toutefois déterminant chez Dupuis. En effet, toute la pièce incite la ville, désormais en position de faiblesse, à se placer sous la protection du prince, qui doit s'impliquer dans le jeu économique (commercial) pour la soutenir. Lors de l'entrée de Charles, annonce Dupuis, les *nobles, bourgois, et habitans* de Bruges ont témoigné leur *fervente et tres humble obeissance* envers leur prince. Ils lui ont demandé de restaurer la grandeur de leur cité :

> [...] *peuvent et doivent resonnablement esperer l'instauration et ressource de ceste leur ville en prosperité plus grande que jamais, si par grace infinie du roy des roys est parmis declarer par effect son affection royalle envers ses bons et loyaulx subjectz, ce qu'il luy plaise aussi parfaictement octroyer que ne sa puissance est et que necessité le requiert*[69].

Dupuis se permet même de porter un jugement moral sur les Brugeois : c'est parce que leur volonté et leur courage ont été amollis par la richesse

---

t. 9, 1984, p. 197-213. Ce portrait n'est toutefois pas uniforme, et parfois une pensée plus subtile se fait jour chez certains auteurs du XVe siècle bourguignon ; *cf.* par exemple Jonathan Dumont, « Définir et organiser la mosaïque sociale : les trois ordres dans les *Croniques* de Jean de Wavrin », *L'art du récit à la cour de Bourgogne : l'activité de Jean de Wavrin et de son atelier. Actes du colloque international organisé les 24 et 25 octobre 2013 à l'Université du Littoral – Côte d'Opale (Dunkerque)*, dir. Jean Devaux et Matthieu Marchal, Paris, Champion, 2018 (*Bibliothèque du XVe siècle*, 84), p. 63-81, en particulier p. 78-80.

68   Sur le Grand Privilège et la manière dont cette nouvelle culture politique se met en place, *cf.* en premier lieu Haemers, *For the Common Good* ; et de même Robert Wellens, *Les États Généraux des Pays-Bas des origines à la fin du règne de Philippe le Beau (1464-1506)*, Courtrai, UGA, 1974 (*Anciens Pays et Assemblées d'États*, 64) ; Wim Blockmans, « La signification "constitutionnelle" des privilèges de Marie de Bourgogne (1477) », *1477. Le privilège général et les privilèges régionaux de Marie de Bourgogne pour les Pays-Bas*, dir. *Id.*, Courtrai, UGA, 1985 (*Anciens Pays et Assemblées d'États*, 80), p. 495-516.

69   Dupuis, *La tryumphante et solemnelle entree*, f° 39 v°.

qu'ils n'ont pu lutter pour conserver cette même richesse et, une fois celle-ci perdue, qu'ils ne peuvent que se morfondre[70]. Enfin, Dupuis conclut sur un avertissement : toutes les villes et provinces des Pays-Bas peuvent connaître le même sort ; pour l'éviter, elles doivent s'en remettre à leur prince[71].

Ainsi, si Dupuis évoque certains mécanismes économiques ainsi que le déclin de la cité brugeoise, c'est pour souligner la nécessité de l'interventionnisme économique du prince. La pièce de Dupuis atteste, nous semble-t-il, de l'émergence dans les milieux de cour des Anciens Pays-Bas d'une pensée économique interventionniste qui rappelle le mercantilisme des XVIIe et XVIIIe siècles. La compréhension de l'économie urbaine a ainsi un but utilitariste, propre au développement de l'État : capter une part des revenus issus de l'activité commerciale urbaine[72]. Loin de se contenter de lever l'impôt, le prince entend ici s'assurer que les villes, Bruges ici, seront à même de payer lorsqu'il le leur demandera. Il s'attache donc à soutenir leur prospérité économique en intervenant directement dans leurs affaires.

CONCLUSIONS

La tryumphante et solemnelle entree est de loin une pièce de transition entre plusieurs conceptions de la littérature et du politique. Rémi Dupuis, indiciaire de Bourgogne, écrit cette pièce comme une chronique curiale. Celle-ci possède en effet plusieurs des caractéristiques propres bien sûr aux entrées princières françaises et bourguignonnes, mais aussi au genre historiographique : souci de divertir et d'édifier le public, récits de hauts-faits princiers, référence à la Fortune et aux histoires bibliques et antiques. Tout se passe comme si Dupuis ne pouvait concevoir sa pièce distinctement de la chronique, genre littéraire pour lequel il a reçu titres et rémunérations des mains du prince et de sa tante[73].

---

70 *Ibid.*, f° 39 r°.
71 *Ibid.*, f° 38 v°.
72 Ce phénomène est très bien décrit sur une vaste échelle de temps, entre Féodalité et Mercantilisme, dans Norbert Élias, *La Dynamique de l'Occident*, trad. Pierre Kamnitzer, Paris, Calmann-Lévy, 1975, p. 149-179.
73 Il est tout à fait caractéristique qu'une pièce française quasi contemporaine, [*L'Entree de Marie d'Angleterre a Paris en 1514*], de Pierre Gringore, ne soit pas conçue sur le même

C'est surtout dans le champ de l'idéologie politique curiale que la pièce révèle des innovations et l'assimilation de savoirs venant d'autres milieux sociaux, tout en continuant de s'appuyer sur une culture politique héritée des cours de France et de Bourgogne. L'image de l'État comme un corps politique ou un jardin côtoie la métaphore de la nef de l'État qui caractérisera tout le règne de Charles Quint. Le processus d'émancipation du prince est pour sa part truffé de commentaires sur le sens symbolique et juridique de l'événement. Il s'agit évidemment de ne laisser planer aucun doute sur la légitimité de la cérémonie, sur sa nature nécessairement négociée – laquelle révèle l'équilibre entre les forces politiques des Anciens Pays-Bas –, et de répandre l'idée que des temps glorieux s'ouvrent à nouveau. Dupuis révèle également à quel point, en ce début de XVIe siècle, la culture économique des villes est mieux comprise par le prince et sa cour, notamment les raisons qui animent les Brugeois lorsque ceux-ci s'en remettent au prince pour que ce dernier les aide à affronter la crise qu'ils traversent. L'idéologie urbaine est ainsi assimilée pour justifier une sorte d'interventionnisme princier dans les affaires économiques, interventionnisme qui rappelle ou annonce le mercantilisme de l'Époque moderne ainsi qu'une seconde phase de la relation entre le pouvoir central et les villes dans nos régions.

Jonathan DUMONT
Österreichische Akademie
der Wissenschaften
Institut für Mittelalterforschung

---

mode « historiographique » que Dupuis, puisque Gringore est avant tout un *facteur* (metteur en scène) et un *historien* (conteur). *Cf.* Pierre Gringore, *Les entrées royales à Paris de Marie d'Angleterre (1514) et Claude de France (1517)*, éd. Cynthia J. Brown, Paris, Droz, 2005 (*Textes littéraires français*, 577), p. 14-15 (rôle de Gringore) et 128-139 (texte).

L'ÉDITION DE 1528 DE *PERCEFOREST*

« O magnifiques seigneurs [...].
lisez et perlisez les chevaleureux gestes [...] »

On a souvent reproché à *Perceforest* sa « prolixité » et sa « monoto-
nie désespérante[1] » et l'on comprend qu'après une version intégrale
publiée le 23 mai 1528 (comme l'indique le dernier chapitre du dernier
livre[2]) et réimprimée en 1531-1532[3], ce soit un extrait, l'histoire du
chevalier Doré et de Néronès, qui ait été édité avec succès, cinq fois,
de 1541 à 1577. Pour les lecteurs du XVIᵉ siècle comme pour la critique
moderne, qui lui a consacré plusieurs articles, *La plaisante et amoureuse
histoire du Chevalier Doré et de la pucelle surnommee Cœur d'Acier* semble
plus attrayante – moins décourageante ? – que les six livres de ce qui
se présente à la fois comme l'*hystoire* du roi Perceforest et les *anciennes
cronicques d'Angleterre*. Pourtant la version longue laisse des traces durables
dans la littérature, chez Rabelais, dans les *Contes amoureux* attribués à

---

1   Ferdinand Lot, *Étude sur le Lancelot en prose*, Paris, Champion, 1918 (*Bibliothèque de l'École des
     Hautes Études*, 226), p. 298 ; Louis-Ferdinand Flutre, « Études sur le roman de *Perceforêt* »,
     Romania, t. 70, 1948-1949, p. 474-522 (cit. p. 474).
2   *La Treselegante Delicieuse melliflue et tresplaisante hystoire du tresnoble victorieux et excellentissime roy
     Perceforest*, Paris, Galliot du Pré, 1528. J'ai travaillé à partir de l'exemplaire en trois volumes
     de la Bibliothèque nationale de France (Paris, BnF, Rés. Y2-28-33), lisible sur Gallica :
     http://gallica.bnf.fr/ark:/12148/bpt6k116776x (consulté le 5 janvier 2020). On trouvera une
     liste des exemplaires conservés dans la base USTC. Le texte médiéval se lit dans la monu-
     mentale édition de Gilles Roussineau : *Perceforest*, éd. Gilles Roussineau, 14 vol., Genève,
     Droz, 1988-2018 (*Textes littéraires français*, 343, 365, 409, 434, 506, 540, 592, 615, 631, 647)
     (livre I, 2 vol., 2007 ; livre II, 2 vol., 1999, 2001 ; livre III, 3 vol., 1988, 1991, 1993 ; livre IV,
     2 vol., 1987 ; livre V, 2 vol., 2012 ; livre VI, 2 vol., 2014 ; Complément. Variantes inédites, 1 vol.,
     2018 (Gilles Roussineau a intégré l'édition de 1528 dans son étude de la tradition textuelle et
     il l'utilise pour corriger certaines leçons). On a conservé de *Perceforest* deux séries incomplètes
     de manuscrits, A et B, ainsi que la version de David Aubert, complète, C. J'utilise les sigles
     de Gilles Roussineau : *cf. Perceforest. Livre IV*, éd. citée, t. 1, p. XXI-XXXII. Gilles Roussineau
     a édité les livres I, II, III et V d'après A, le livre IV d'après B et le livre VI d'après C.
3   Un examen des volumes réimprimés par Galliot du Pré, Nicolas Cousteau et Gilles de
     Gourmont reste à faire.

Jeanne Flore ou les *Angoisses douloureuses* d'Hélisenne de Crenne, comme
l'a montré Gilles Polizzi[4] ; on la trouve dans bien des bibliothèques,
comme celle de Fernando Colombo[5], et c'est elle qui inspire en 1542,
alors que l'extrait avait déjà paru, la mise en scène de la chevauchée des
Conards de Rouen[6]. Cedric E. Pickford rappelle que son « succès fut
immédiat » et que *Perceforest* « attira de nouveau l'attention du public
vers les romans de la Table Ronde[7] ». À un moment où l'édition de
romans arthuriens s'essouffle, vers 1530, Galliot du Pré[8] semble grâce
à cette version intégrale permettre un renouvellement de la matière en
s'intéressant à des textes que l'on serait tenté de qualifier de néo-arthu-
riens dans la mesure où ils explorent les marges du monde arthurien,
comme *Ysaïe le Triste*, publié vers 1522, ou *Meliadus de Leonois*, paru en
1528 (la même année que *Perceforest*).

---

4   Gilles Polizzi, « Deux romans 'déguisés' à la Renaissance : le *Chevalier Doré* (1541) et
     Gérard d'Euphrate (1549) », *Réforme, Humanisme, Renaissance*, t. 71, 2011, p. 165-178, en
     particulier p. 171.
5   Graham Runnalls, « The Book Market in Early Sixteenth-Century France (as seen through
     Fernando Colon's Collection of French Books) », *Early Book Society Newsletter*, 2de série,
     t. 1, 1996, p. 3-5. Fernando a commencé sa bibliothèque en 1525 ; son *Perceforest* a été
     acheté à Lyon en 1535 : il peut s'agir de la réimpression de 1531-1532.
6   *Cf.* Christine Ferlampin-Acher, Perceforest *et* Zéphir : propositions autour d'un récit arthurien
     bourguignon, Genève, Droz, 2010 (*Publications romanes et françaises*, 251).
7   Cedric E. Pickford, « Les éditions imprimées de romans arthuriens en prose antérieurs à
     1600 », *Bulletin Bibliographique de la Société Internationale Arthurienne*, t. 13, 1961, p. 99-109,
     ici p. 101. Sur les imprimés, on consultera aussi : Philippe Ménard, « La réception des
     romans de chevalerie à la fin du Moyen Âge et au XVIe siècle », *Bulletin Bibliographique
     de la Société Internationale Arthurienne*, t. 49, 1997, p. 234-273, en particulier p. 242-243 ;
     Sergio Cappello, « Répertoire chronologique des premières éditions de romans médiévaux
     français aux XVe et XVIe siècles », *Studi in ricordo di Guido Barbina*, t. 2, *Est Ovest : lingue,
     stili, società*, dir. Giampaolo Borghello, Udine, Forum, 2001, p. 167-186.
8   Sur cet imprimeur, *cf.* Paul Dalalain, *Notice sur Galliot du Pré*, Paris, Cercle de la Librairie,
     1890 ; Arthur Tilley, « A Paris Bookseller Galliot du Pré », *Studies in French Renaissance*,
     Cambridge, Cambridge University Press, 1922, p. 168-218 ; Annie Parent, « Un marchand
     libraire du Palais : Galliot du Pré », *Les Métiers du livre à Paris au XVIe siècle (1535-1560)*,
     Genève, Droz, 1974 (*École pratique des Hautes Études. Histoire et Civilisation du Livre*, 6),
     p. 217-251 ; *Ead.*, « Aspects de la politique éditoriale de Galliot du Pré », *Le livre dans
     l'Europe de la Renaissance. Actes du XXVIIIe Colloque international d'études humanistes de Tours*,
     dir. Pierre Aquilon et Henri-Jean Martin, Paris, Promodis, 1988 (*Histoire du Livre*), p. 208-
     218. L'installation de Galliot près de chez Vérard en 1512 a certainement renforcé son
     intérêt pour la littérature de chevalerie ; cependant cette production correspond aussi à
     une tradition familiale puisque son père Jean a publié un *Lancelot* en 1488. *Perceforest* est
     publié en 1528, au début de la période qu'Annie Parent considère comme la plus prospère
     pour Galliot, et pendant laquelle il publie, à côté du droit qui constitue la majeure partie
     de son commerce, de la littérature et de l'histoire.

La fidélité de l'édition du *Perceforest* de 1528 à sa source médiévale, qui explique que cette édition n'ait guère intéressé la critique[9], masque ce que cette entreprise a d'audacieux, non seulement parce que Galliot s'attaque à un texte néo-arthurien, mais surtout parce que celui-ci est extrêmement long, plus encore que les *Tristan* ou *Lancelot* déjà parus, qui ne dépassent pas les 600 feuillets[10], alors que les six livres de *Perceforest* en occupent 852 (sans compter le paratexte). Il y a cependant déjà eu des reprises de textes médiévaux fort longs, mais le plus souvent il s'agit d'ouvrages sérieux, encyclopédiques, comme le *Miroir historial* de Vincent de Beauvais en cinq volumes (1495-1496), les *Grandes Chroniques de France*, en trois volumes (1493), ou les quatre livres des *Chroniques* de Froissart (1495). Si on imagine comment lire, par morceaux, ces encyclopédies et chroniques, dont l'organisation est structurée, il n'en va pas de même pour un roman comme *Perceforest*. Certes, dès le Moyen Âge et encore dans les éditions, ce texte se revendique comme chronique d'Angleterre, mais personne en 1528 ne saurait être dupe : on y trouve bien peu d'histoire et le lecteur ne peut pas compter sur une structuration chronologique pour se repérer[11]. Si a priori l'édition complète – et fidèle – de *Perceforest* est moins prometteuse pour l'étude des rapports entre les textes médiévaux et leurs reprises imprimées que l'histoire du Chevalier Doré, qui recompose sa source, son exceptionnelle longueur légitime[12], me semble-t-il, qu'on lui accorde quelque intérêt. Pour cerner

---

9   Au moment où je préparais ce travail je n'avais pas eu accès à la recherche de Tania Van Hemelryck : Tania Van Hemelryck, « Du *Perceforest* manuscrit à l'imprimé de Galliot du Pré (1528), *Le Roman français dans les premiers imprimés*, dir. Anne Schoysman et Maria Colombo Timelli, Paris, Classiques Garnier, 2016 (*Rencontres*, 147 – *Civilisation médiévale*, 17), p. 159-174. Cet article montre dans une première partie la fidélité de l'édition au manuscrit, avant de s'intéresser au péritexte de l'édition, en particulier au prologue, révélateur de l'ambivalence de la stratégie de l'éditeur, et au privilège royal. Je remercie Tania Van Hemelryck de m'avoir communiqué son texte, dont les conclusions et les commentaires sur le péritexte sont complémentaires des miens.

10   J. Taylor note que ces parutions, par leur longueur, représentaient un risque important pour l'éditeur. Jane H. L. Taylor, *Rewriting Arthurian Romance in Renaissance France. From manuscript to printed book*, Cambridge, Brewer, 2014 (*Gallica*, 33), p. 61.

11   *Cf.* Christine Ferlampin-Acher, « *Perceforest* et le temps de l'(h)istoire », *Dire et penser le temps au Moyen Âge. Frontières de l'histoire et du roman*, dir. Emmanuèle Baumgartner et Laurence Harf-Lancner, Paris, Presses Sorbonne Nouvelle, 2005, p. 193-215.

12   Contrairement à l'édition de 1528, ce texte a été déjà largement étudié : *cf.* Anne Berthelot, « Du *Roman de Perceforest* à l'*Histoire du Chevalier Doré et de la Pucelle surnommée Cuer d'Acier* : toilettage romanesque d'une esthétique médiévale », Conférence prononcée lors du colloque *Le roman à la Renaissance*, organisé à Tours par Michel Simonin en 1990 ;

son lectorat, outre un recensement des références littéraires qui en sont faites et des mentions dans les catalogues et inventaires de bibliothèques et de librairies, qui reste à établir, on peut adopter deux points de vue complémentaires, d'une part en étudiant les modifications apportées par l'éditeur du XVIe siècle, ce qui permet de cerner le lectorat visé, idéal, d'autre part en considérant l'ouvrage en lui-même, indépendamment de son modèle, et en relevant les indices susceptibles de fournir des renseignements sur les lecteurs. La première approche, qui pose un certain nombre de problèmes méthodologiques que j'évoquerai rapidement, ne donnera lieu ici qu'à quelques pistes. En revanche, je m'efforcerai, en ouvrant et feuilletant successivement les six volumes, comme le ferait un acheteur potentiel, en regardant le paratexte et en jetant un coup d'œil à l'intérieur du texte, de me faire une idée des lecteurs visés. C'est donc surtout le « déguisement » du texte, pour reprendre le terme de Gilles Polizzi, qui me retiendra[13].

Le *Perceforest* de 1528 promet une histoire plaisante, sous une forme qui rappelle les manuscrits, et qui semble s'adresser à un lecteur qui soit vraiment amateur de textes médiévaux. Les in-folio constituent un ensemble volumineux, relativement plus coûteux qu'un *Petit Artus de Bretagne* en un volume. Les titres promettent une œuvre combinant, sans surprise, le *placēre* et le *docēre*[14], mais le premier semble reculer dans les promesses des titres au fur et à mesure que l'on passe d'un volume à l'autre. Seul le livre I commence par évoquer dans son titre le plaisir d'une « hystoire » (avec quatre adjectifs, dont deux superlatifs : *treselegante, delicieuse, melliflue, tresplaisante*), et promet à la fois une fable délassante, des prophéties, des *Comptes damants* et des informations sur l'histoire et les codes de la chevalerie. Les titres des livres II et III

Sergio Cappello, « La double réception du *Chevalier Doré* (Denis Janot, 1541 ; Denis de Harsy, 1542 ; Jean Bonfons, s. d.) », *Studi francesi*, t. 159, 2009, p. 535-548 ; Polizzi, « Deux romans 'déguisés' à la Renaissance » ; Jane H. L. Taylor, « Profiter du *Perceforest* au XVIe siècle : *La plaisante et amoureuse histoire du Chevalier Doré et de la pucelle surnommée Cœur d'Acier* », *Perceforest : un roman arthurien et sa réception*, dir. Christine Ferlampin-Acher, Rennes, Presses universitaires de Rennes, 2012 (*Interférences*), p. 355-369 ; Marie-Dominique Leclerc, « Le Chevalier Doré ou comment déconstruire l'entrelacement du *Perceforest* », *Perceforest : un roman arthurien et sa réception*, p. 371-394.

13   Polizzi, « Deux romans 'déguisés' à la Renaissance ».

14   *Cf.* Nicole Cazauran, « Les romans de chevalerie en France : entre 'exemple' et 'recreation' », *Le roman de chevalerie au temps de la Renaissance*, dir. Marie-Thérèse Jones-Davies, Paris, Touzot, 1987 (*Université de Paris-Sorbonne. Centre de Recherches sur la Renaissance*, 12), p. 29-48.

désignent plus sérieusement le texte à venir comme chronique, avant d'en souligner l'agrément (*moult solatieuse et delectable, moult plaisante et delectable*). Les trois derniers livres ne mentionnent plus quant à eux le plaisir, et se posent exclusivement comme chroniques. En l'absence d'informations sur la façon dont fut composé le texte par l'éditeur, il est difficile de conclure à une évolution de la présentation au cours de la fabrication, mais on peut en revanche reconstituer l'effet produit sur le lecteur découvrant dans l'ordre ces titres : d'abord on lui promet du plaisir, le *docēre* vient ensuite, comme par approfondissement, ce qui n'est guère original, ni pour le Moyen Âge, ni pour la Renaissance. On notera aussi que le premier titre est le plus long et le seul à être bicolore : à lui revient le rôle de capter l'acheteur et de lui promettre un texte dense et varié. Le titre du livre VI mentionnant *lachevement* suggère la nécessité d'acheter la collection entière. *Hystoire* d'un roi, mais aussi et surtout *cronicques d'Angleterre*, *Perceforest* semble pouvoir attirer un double lectorat, amateur de chroniques ou de fictions : peut-être donne-t-il un alibi culturel au lecteur de romans, qui par exemple pourra s'informer des pratiques de la noblesse (*culture de vraye noblesse*). Quand *Perceforest* sera réimprimé en 1531, avec une nouvelle page de titre, ce seront les chroniques qui seront mises en avant : *Le premier volume des anciennes Cronicques Dangleterre / faictz et gestes du Trespreux et Redoubté en Chevalerie le noble Roy Perceforest / Ensemble des Chevaliers du Franc palais / hystoire moult plaisante et delectable. Nouvellement imprimee a Paris.* L'ornementation de la page de titre, très soignée, diffère de l'édition d'*Ysaïe* en 1522[15] : alors que les deux textes ont des points communs[16], la présentation des imprimés n'établit entre eux aucun rapport. De même pour le *Sainct Greaal* de 1516[17]. *A priori* il n'y a pas d'effet « collection de romans arthuriens ». Cependant le *Perceval* de 1530 adopte une spatialisation du titre comparable à celle du *Perceforest*, en triangle et avec un cadre à dominante architecturale, mais il en diffère aussi dans la mesure où l'initiale du titre ne présente pas de tête ornementale et

---

15   *Ysaïe le triste*, Paris, Galliot du Pré, [1522] : Paris, BnF, Rés. Y2-72 (exemplaire consultable sur Gallica).
16   *Cf.* Ferlampin-Acher, Perceforest *et* Zéphir, p. 320, 323, 340-341.
17   *L'hystoire du sainct Greaal*, Paris, Galliot du Pré, 1516 : Paris, BnF, Rés. Y2-23, Y2-24 (exemplaire en deux tomes consultable sur Gallica).

où le cadre n'a pas du tout les mêmes motifs[18]. Le *Meliadus* de 1528[19], paru la même année que *Perceforest*, a en revanche une page de titre plus proche, dont l'initiale *L* est, comme dans *Perceforest*, ornée d'une tête : le cadre en revanche est différent. Le prologue du *Meliadus*, qui adopte certains des partis que nous retrouverons pour *Perceforest* (suppression de la référence arthurienne, remplacement par des allusions à l'Antiquité, horizon d'attente historiographique) et qui fait référence explicitement au *Perceforest* sorti des presses peu avant, établit un lien entre les deux textes, que conforte la présentation similaire des titres. Le cadre de *Perceforest* sera quant à lui repris (sans que la présentation du titre soit la même) l'année suivante, en 1529, dans le *De origine urbis Romae et romanarum libros digesta* de Galliot, traduction par Girolamo Birago de l'œuvre attribuée à Denys d'Halicarnasse, en latin : on retrouve en particulier la main qui tend un livre en haut de la page[20]. Le cadre est aussi repris à l'identique, avec le titre en triangle et bicolore, et l'adjectif *treslegante* mis en valeur en gros module sur la première ligne (sans cependant la

---

18 *Cf.* la représentation dans Maria Colombo Timelli, « Un recueil arthurien imprimé : *la Tresplaisante et recreative hystoire de Perceval le Galloys* (1530) », *Actes du 22ᵉ congrès international arthurien, Rennes,* dir. Denis Hüe, Anne Delamaire et Christine Ferlampin-Acher (http://www.sites.univ-rennes2.fr/celam/ias/actes/pdf/colombo.pdf, consulté le 5 janvier 2020).

19 *Meliadus de Leonnoys*, Paris, Galliot du Pré, 1528 : Paris, BnF, Rés. Y2-354 ; ce texte est ensuite réimprimé régulièrement jusqu'en 1584 (*cf.* Pickford, « Les éditions imprimées », p. 101). Gallica donne à voir la réimpression de 1533 (Paris, BnF, Rés. Y2-66) identique à l'édition de 1528. On reconnaît la présentation du titre, dessiné dans un triangle, la tête décorant le *L* initial, et le cadre, mais l'ornementation de celui-ci est différente. *Cf.* Sophie Albert, « Recycler *Meliadus* : la réception de l'identité héroïque dans l'imprimé *Meliadus de Leonnoys* (1528) », *Au-delà des miroirs : la littérature politique dans la France de Charles VI et Charles VII*, dir. Frédérique Lachaud et Lydwine Scordia, *Cahiers de recherches médiévales et humanistes*, t. 24, 2012, p. 487-503 (l'article commente le prologue et la fin du récit).

20 *Dionysii Halicarnassei de origine urbis Romae, & Romanarum rerum antiquitate, Insignes historiae, In .XI. libros digestae,* Paris, Galliot du Pré, 1529 : Logrono, Biblioteca de la Rioja, CCBE. S. XVI, D, 1047 (en ligne sur le site de la Bibliothèque de la Rioja : http:// bibliotecavirtual.larioja.org/bvrioja/es/consulta/registro.cmd?id=1009, consulté le 5 janvier 2020). Cette main qui tend un livre rappelle à la fois le prologue de *L'Estoire del Saint Graal* et Moïse recevant les Tables de la Loi : elle contribue à asseoir le sérieux de l'œuvre. On notera que la marque de libraire (une galée, surmontée de *Vogue la gallee*, le nom *Galliot. du.pre* figurant en dessous) est présente, comme habituellement, à la fin de chacun des six livres. Dans les pages de titres en revanche, c'est, dans la partie inférieure du cadre, le cheval dans le pré (galopant), qui apparaît : le hasard fait que le cheval annonce très pertinemment un roman de chevalerie (le terme *Chevalerie* apparaissant dans le titre). Sur ces marques, *cf.* Dalalain, *Notice sur Galliot du Pré,* p. 4-7.

tête qui orne le *L*) dans l'édition par Galliot en 1547 des *Annales de France* de Nicole Gilles[21]. La présentation de la page de titre de *Perceforest* ne crée donc pas un effet « collection », mais à rapprocher les pages qui lui ressemblent, il apparaît que le *Perceforest* de Galliot est au croisement de la matière arthurienne (présentation du titre comme dans *Meliadus*) et de la chronique savante (cadre repris dans le *De origine urbis Romae*), ce qui rend compte de l'ambiguïté générique du texte, signalée par la mouvance des titres des six livres, entre *hystoire* récréative et chronique sérieuse. Il semble de plus que la dimension historiographique s'accentue au fil du temps, du fait de la nouvelle rédaction de l'intitulé liminaire dans la réimpression de 1531 et de la reprise d'une page de titre très proche dans les *Annales de France* en 1547.

Pour le lecteur qui dépasse la page de titre, écrits sur deux colonnes en lettres gothiques, dans un format in-folio, dans une langue conservatrice, avec seulement quatre bois gravés, les volumes ressemblent aux anciens manuscrits et peuvent flatter un lectorat plus large que ceux-ci, nostalgique[22] et conservateur. Il est cependant nécessaire de nuancer, car, pour le lectorat bourgeois de textes arthuriens, bien attesté, il ne s'agit pas de conservatisme mais au contraire de promotion sociale. Quant à la langue, elle invite à penser que dans les années 1530 le moyen français, à peine retouché, se lisait encore assez bien : après 1550, le désintérêt pour les textes arthuriens s'explique certes par l'évolution des goûts, mais aussi par le fait que de nombreuses éditions ont peu modernisé la langue, qui se révèle de plus en plus éloignée de la pratique contemporaine[23].

Si un somptueux exemplaire de *Perceforest* sur vélin présentant cinq belles enluminures[24], a été offert à François Ier, grand amateur de chevalerie, les bois gravés qui ornent les volumes I, II, V et VI (après le privilège dans

---

21   *Cf.* la reproduction dans Dalalain, *Notice sur Galliot du Pré*, p. 9. L'édition de 1532 chez Jean de la Garde présente le titre, identique, sans le cadre.

22   En 1484 le *Boke of the Ordre of Chyvalry* publié par Caxton regrette les héros du passé, parmi lesquels Perceforest côtoie Galaad.

23   Le prologue ne mentionne pas de travail sur la langue, contrairement par exemple à celui de *Meliadus* que produit Galliot la même année, qui explique que le texte a été mis au goût du jour par rapport à la version originale *traictee amplement et confusement par maistre Rusticien de Pise* (cité dans Taylor, *Rewriting Arthurian Romance*, p. 93). Même si Cedric E. Pickford note que le texte du *Meliadus* est proche de celui du ms. Paris, BnF, fr. 355, le prologue a éprouvé le besoin de faire valoir une modernisation, ce qui n'est pas le cas pour *Perceforest* dont la langue, il est vrai, est moins ancienne – plus française aussi ? – que celle de Rusticien.

24   Chantilly, Musée Condé, XII-H-19 à XII-H-24.

le livre I et après la table des matières dans les autres volumes) peuvent attirer le lecteur, mais ils sont d'une grande banalité : le copiste représenté dans le livre I renvoie au monde du manuscrit et à un passé révolu tout en suggérant l'idée d'une transmission du savoir par le texte. Les trois autres bois appartiennent au fonds que Vérard a souvent utilisé pour ses romans : on les trouve tous les trois en particulier dans son *Lancelot* daté de 1494 (en fait 1505[25]). On ne peut cependant en conclure que ces images donnent une coloration arthurienne au texte, car on les retrouve ailleurs, par exemple chez Philippe Le Noir, dans son Boccace, *De la généalogie des dieux* de 1531, celle du livre II figurant par ailleurs dans le Boèce de 1494. Le lien avec le texte est ténu, mais les images promettent de la violence (une tête coupée[26] dans le livre II ; une scène de guerre dans le livre V), mais aussi de l'amour (dans la gravure du livre VI).

Le privilège (30 lignes dans le livre I (f° 2 r°), daté du 10 mars 1526, postule un lectorat masculin et noble (*plusieurs princes, seigneur et gentilz hommes*) et présente le texte comme une chronique à valeur didactique, à la fois pratique et morale : *pour l'instruction et exercice des armes, aornees et decorees de plusieurs belles sentences & auctoritez / a ledification de ceulx qui les vouldront veoir & lyre* (f° 2 r°).

Le lecteur-acheteur ira-t-il lire le prologue ? Peut-être, car il vient juste après le privilège et tient en trois colonnes, qui peuvent se parcourir assez vite, sous le bois représentant un copiste très médiéval. Le titre de ce prologue adresse celui-ci *aux tresexcellentz belliqueulx / invictissimes et insuperables heroes françoys / salut honeur / prouesse / victoire et triumphe.* Le ton est donné : le public visé est masculin, guerrier et français. Derrière ce lectorat explicite peut se couler un lectorat réel, plus modeste, moins guerrier, qui se trouvera valorisé. Le paratexte évite d'élargir le public et n'invoque pas explicitement les bourgeois que, dès le XIIIe siècle, le prologue de Rusticien de Pise interpellait à l'orée de sa compilation arthurienne. Le bois gravé, à tonalité médiévale, en décalage avec la réalité, tout comme la convocation

---

25   Ces renseignements m'ont été fournis par Alain Robert, de l'université de Reims. *Lancelot du Lac*, Paris, Antoine Vérard, [1504], 3 vol. : Paris, BnF, Arsenal, Rés. FOL-BL-923 (exemplaire consultable sur Gallica). La gravure du livre II se trouve dans la première partie (vue 483/513), celle du livre VI dans la seconde partie (vue 122/399) et celle du livre V se retrouve dans les trois parties du livre III (première partie : 151/513, deuxième partie 302/305, troisième partie vue 254/495).

26   Qui annonce peut-être l'épisode où Darnant, dans un contexte bien différent de celui qui est représenté, est décapité.

d'un lectorat idéal, aristocratique et guerrier, idéalisant une partie du public réel, suggèrent que l'éditeur engage par la flatterie, par le jeu des projections imaginaires, un lectorat plus large. Bien que la chronique soit tournée vers le passé et qu'elle véhicule des valeurs anciennes, il est possible que l'insistance sur les héros français victorieux prenne tout son sens dans le contexte des guerres d'Italie : la défaite de Pavie (1525) n'est pas loin (François Ier est prisonnier jusqu'en janvier 1526 et le privilège est daté du 10 mars 1526), la paix des Dames étant de 1529. N'oublions pas que dans *Perceforest* les Romains sont maltraités et Jules César vaincu[27] ! Nous retrouverons plus loin ce caractère français de l'édition.

Le prologue, dans un style que Louis-Ferdinand Flutre qualifie d'« ampoulé[28] » et qui est en décalage avec celui du récit qui suivra, développe longuement le *topos* de l'humilité, mais en le colorant par l'emploi d'un vocabulaire guerrier : d'une part il oppose l'héroïsme, la vaillance, le courage, la force guerrière du lecteur dédicataire, à ses propres *imbecilles œuvres*, son *debile esprit*, et d'autre part il dénonce la témérité de son projet (*trop temeraire, temerité*).

Le deuxième point notable est qu'il introduit, outre quelques références antiquisantes à Apollo, aux *parnassees liqueurs et nimphes pegasides*, les exemples d'Argenton (c'est-à-dire Commynes), Robert Gaguin (entre autres traducteur de *La Guerre des Gaules* et historiographe des Trinitaires et du *Compendium de Francorum origine et gestis*), Guillaume Budé, Paul Émile (l'historiographe des rois Charles VIII et Louis XII), Jacques Colin (qui en 1527 prend en charge, à la demande du roi, l'édition des traductions d'historiens antiques faites par Claude de Seyssel), Jean Lemaire de Belges, Jean Bouchet, Jean et Clément Marot. Il s'inscrit donc dans le contexte intellectuel de l'époque (excepté pour ce qui est de Gaguin) et se réfère à l'historiographie, ce qu'il confirme en mentionnant Pépin, Charlemagne, et Auguste. On notera que rien n'est dit des modèles arthuriens et que le roi des Bretons n'est pas évoqué parmi les grandes figures royales (contrairement à Alexandre le Grand). Cette liste cependant donne une idée du réseau et surtout du catalogue de Galliot[29].

---

27 *Cf.* Michelle Szkilnik, « César est-il un personnage de roman ? Du *Perceforest* au *Jouvencel* », *La Figure de Jules César au Moyen Âge et à la Renaissance*, dir. Bruno Méniel et Bernard Ribémont, *Cahiers de recherches médiévales et humanistes*, t. 13, 2006, p. 77-89.

28 Flutre, « Études sur le roman de *Perceforêt* », p. 481.

29 Galliot a en effet publié *Les Chroniques de France* de Robert Gaguin, en 1514, le *Summaire ou Epitome du livre de Asse* de Guillaume Budé (un traité à succès sur les monnaies et

Le prologue reprend ensuite des éléments du titre (*tresplaisante histoire*, qui apparaît à la deuxième ligne du titre ; *vraye institution et condition de chevalerie [...], discipline et escolle des preux / et la source de magnanimité*, qui font écho à ce passage du titre : *la source & decoration de toute la chevalerie, culture de vraye noblesse, prouesses et conquestes infinies*). Du titre à cette présentation sont repris *vray, prouesses, source, chevalerie* : une histoire véridique de la chevalerie est donc attendue. Puis, au moyen d'une anaphore de *Vous y verrez, vous verrez* (20 occurrences), le prologue propose un sommaire alléchant de l'œuvre et en résume les qualités. La comparaison avec Hercule (les douze vœux du roman de chevalerie et les douze travaux du héros grec étant rapprochés) et Cerses la Romaine, qui prend le nom de Circé, donnent une légère coloration antique, comme les références à Gaguin et Budé, mais l'essentiel est bien une présentation du contenu du texte ancien. Il est fait allusion à des épisodes répartis dans tout le texte[30], ce qui prouve que l'auteur du prologue connaît bien l'ensemble de l'œuvre. Cependant certains épisodes, comme celui des douze vœux, sont particulièrement soulignés (quatre mentions), ce qui correspond certainement au fait que le motif des vœux chevaleresques était connu et apprécié. Est notable l'insistance sur tout ce qui est rituel chevaleresque (tournoi ; Franc Palais), sur les

---

mesures) en 1522-1523, les *Chroniques* de Commynes, seigneur d'Argenton, en 1523, et sous la responsabilité de Marot en 1526 le *Roman de la Rose* (sur les liens entre Clément Marot et Galliot, *cf.* Gérard Defaux, « Trois cas d'écrivains éditeurs dans la première moitié du XVIᵉ siècle : Marot, Rabelais, Dolet », *L'écrivain éditeur. Première partie. Du Moyen Âge à la fin du XVIIIᵉ siècle*, dir. François Bessire, *Travaux de littérature*, t. 14, 2001, p. 91-118, ici p. 99 *sqq.*). En 1525 (1526) Galliot a publié les *Traictez singuliers* de Jean Lemaire de Belges. En 1529, il fait paraître la traduction de Xénophon par Claude de Seyssel : c'est à Jacques Colin que François Iᵉʳ a confié la tâche de publier les sept traductions effectuées par Claude de Seyssel. Paolo Emilio (Paul Émile) est l'auteur du *De rebus gestis Francorum*, chronique de la monarchie française, dont le premier livre paraît en 1516 : Galliot en éditera la version complète en 1539. En 1531 il publiera les trois livres des *Illustrations de Gaule et Singularitez de Troye*. En 1537 sont vendus par Galliot les *Annales d'Aquitaine* de Jean Bouchet, et en 1541 *Les anciennes et modernes genealogies des roys de France*. On peut se demander si ce n'est pas Lemaire de Belges qui a soufflé à Galliot l'idée d'éditer *Perceforest*, puis en 1531-1532 une traduction abrégée des *Annales du Hainaut* de Jacques de Guise (qui entretiennent un lien d'intertextualité avec *Perceforest*, sans que l'on puisse fermement établir le sens de celui-ci : *cf.* Ferlampin-Acher, *Perceforest et Zéphir*, p. 19 *sqq.*). *Cf.* Van Hemelryck, « Du *Perceforest* manuscrit à l'imprimé de Galliot du Pré », p. 168-169, n. 3.

30 Livre I, trois annonces ; livre II, une annonce ; livre III, cinq annonces ; livre IV, six annonces ; livre V, une annonce ; livre VI, une annonce. C'est donc surtout le livre IV, le plus dramatique de l'ensemble, qui retient l'attention dans ce sommaire : c'est là que bascule et se reconstruit le monde chevaleresque.

fêtes et fastes de cour (*triumphans festins et* [...] *precieux pris & joyaulx*), sur certains motifs particulièrement romanesques et banals dans le roman arthurien, comme l'incognito. Après l'annonce, qui suit la chronologie du texte, de sept épisodes, sont évoqués deux thèmes, qui courent tout au long de l'œuvre : l'amour (une seule mention : *Vous verrez les desduitz de plusieurs amans / les peines martires et plaintifz deulx et de leurs amyes*) et le merveilleux (six mentions, dont une fort développée où se côtoient les enchantements de Bruyant et son extraordinaire mise à mort par Passelion). La suite reprend l'ordre chronologique, mentionne Jules César, les Romains, et se concentre sur le conflit entre Bretagne et Rome, le lignage de Perceforest et la victoire sur les mauvais esprits au nom du *signe de la croix*. Cette annonce christianise le récit plus énergiquement que le roman médiéval, qui parlait plutôt de l'écu à *l'estrange signe*, sans parler de la Croix. Une dernière promesse synthétise enfin tout ce qui pourra plaire au lecteur : *Brief vous verrez tant de merveilleuses entreprise / guerres tournoys / adventures / lays / propheties / delectables propos / chevaleureuses doctrines / exemples salutaires*. Des combats, des aventures, des lais, des prophéties, des dialogues, des développements moraux et des exemples à suivre sont promis, dans une œuvre qui s'annonce variée. Cet inventaire rend compte assez fidèlement du texte, qui effectivement tend parfois vers le miroir au prince, propose une histoire (imaginaire) de la chevalerie, des tournois et des ordres, multiplie les épisodes de guerres ainsi que les aventures périlleuses, souvent merveilleuses. La mention des prophéties rappelle le goût renaissant pour ce type de textes et de discours : en 1526 et 1528 Philippe Le Noir imprime l'histoire de Merlin, comprenant la *Suite* Vulgate et les *Prophéties*. Quant au lai, on n'oubliera pas que Galliot en 1528 commence une collection de poètes en volumes in-octavo et caractères romains et publie huit poètes, entre 1528 et 1533[31] : le goût du public pour la poésie est avéré et l'importance des pièces versifiées, et en particulier les lais, ne peut que servir *Perceforest*[32].

---

31   *Cf.* Jean Balsamo, « La collection des anciens poètes français de Galliot du Pré (1528-1533) », *Actes du IIe colloque international sur la littérature en Moyen Français*, dir. Sergio Cigada *et al.*, *L'analisi linguistica e letteraria*, t. 8, 2000, p. 177-194 ; Sergio Cappello, « Le XVIe siècle », *La réception de la littérature en moyen français au XVIe, XVIIe, XVIIIe siècles. Actes du IIIe colloque international sur la littérature en Moyen Français (Milan, 21-23 mai 2003)*, dir. Sergio Cigada *et al.*, *L'analisi linguistica e letteraria*, t. 12/1-2, 2004, p. 9-35, ici p. 11-12.

32   Sur les pièces versifiées dans *Perceforest*, *cf. Les pièces lyriques du roman de Perceforest*, éd. Jeanne Lods, Genève, Droz, 1953 (*Publications romanes et françaises*, 36) ; Christine

Pour ce qui est des lais, l'édition, si elle supprime le *Lai piteux* du livre III (ce sera aussi le cas dans l'extrait du *Chevalier Doré* : c'est là la différence majeure entre ce texte et sa version médiévale[33]), retient au contraire en les mettant en valeur en allant à la ligne à chaque vers le *Lai de complainte* (éd. G. du Pré, livre II, f°s 79 v° – 80 r° ; ms., éd. Roussineau, livre II, t. 2, p. 30-34), le *Lai de confort* (éd. G. du Pré, livre II, f°s 84 r° – 84 v° ; ms., éd. Roussineau, livre II, t. 2, p. 50-55), le *Lai de l'ours* (éd. G. du Pré, livre II, f°s 103 v° – 104 v°) ou le *Lai de la rose*, qui avait retenu l'attention de Gaston Paris[34] (éd. G. du Pré, livre V, f°s 110 v° – 112 v° ; ms., éd. Roussineau, livre V, § 661). Il est fréquent que les lais terminent un chapitre dans l'édition, ce qui contribue à les mettre en valeur, avant un blanc, alors que dans le manuscrit, ils sont intégrés à un ensemble textuel qui les dépasse (*Lai de confort*, *Lai de complainte*). L'édition soigne particulièrement la présentation du *Lai de l'ours* : est ajouté un titre (*Le lay de la rose a la dame lealle : chanté par Paustonnet le menestrier*, livre V, f° 110 v°), centré, entouré d'espaces laissés blancs et précédé d'un pied de mouche, sans qu'il y ait nouveau chapitre (le titre du lai n'est pas suivi d'un numéro et ne figure pas dans la table des matières). Ce lai de 44 strophes a une mise en page particulièrement recherchée dans l'imprimé : les strophes sont isolées, précédées de pieds de mouche, deux lettres ornées structurent l'ensemble ; à la strophe 23, l'inscription de la tour a une présentation différente, qui l'isole. De même, le début du *Lai de l'ours* (livre II, f° 103 v°), s'il ne constitue pas le début d'un nouveau chapitre, est néanmoins introduit par une phrase en plus gros module, qui le met en valeur. Ce ne sont d'ailleurs pas que les lais qui attirent l'attention dans l'imprimé : il en va de même pour des inscriptions versifiées inscrites sur un pilier (livre II, f° 76 r°), ou des

---

Ferlampin-Acher, « Les vers dans *Perceforest* : la promesse d'une révélation ? », *Écrire en vers, écrire en prose. Une poétique de la révélation*, dir. Catherine Croizy-Naquet, *Littérales*, t. 41, 2007, p. 209-227 ; Michelle Szkilnik, « Le clerc et le ménestrel. Prose historique et discours versifié dans le *Perceforest* », *Le choix de la prose (XIIIe-XVe siècles)*, dir. Emmanuelle Baumgartner, *Cahiers de recherches médiévales*, t. 5, 1998, p. 87-105.

33   *Cf.* Taylor, « Profiter du *Perceforest* au XVIe siècle », p. 362. Il s'agit du chap. 42 de l'édition. *Cf. Perceforest*, éd. Roussineau, livre III, t. 2, p. 351-362.

34   Gaston Paris, « Le conte de la Rose dans le roman de *Perceforest* », *Romania*, t. 23, 1894, p. 78-116. *Cf.* aussi Christine Ferlampin-Acher, « Lisane dans le livre VI de *Perceforest* : invention et enjeux intertextuels autour du conte de la Rose », *22e congrès de la Société Internationale Arthurienne, Rennes, 15-20 Juillet 2008*, Université de Rennes II (en ligne http://www.sites.univ-rennes2.fr/celam/ias/index.htm, consulté le 5 janvier 2020).

chansons échangées le long d'une rivière par des chevaliers (éd. G. du Pré, livre VI, chap. 49 ; ms., éd. Roussineau, livre VI, § 747). Au lecteur qui feuillette l'imprimé, les pièces versifiées sautent aux yeux, avec leur présentation aérée, leurs strophes souvent marquées par des pieds de mouche, les fins des vers soulignées par des barres ; parfois à droite des vers figurent des fleurs ou des fleurs de lys (inscription sur le pilier : livre II, f° 93 v° et 96 r° ; *Lai de l'ours* : livre II, f°s 103 v° – 104 v°). La suppression du lai de Néronès ne doit donc pas nous amener à conclure que les éditions, intégrales ou non, suppriment les pièces versifiées (ce qui serait compréhensible, car leur langue est souvent plus complexe et archaïque que celle de la prose) : au contraire l'édition de 1528 les met en valeur et un lecteur qui parcourrait rapidement les volumes ne pourrait manquer de les repérer[35].

Variant le verbe introducteur et soulignant l'enjeu sprirituel qui vient couronner le tout (*et congnoistrez*), le prologue insiste finalement sur

> [...] *la vermeille espee signiffiant la parole de dieu et lescu de foy signé de la croix suppeditant linfernal ennemy / [qui] nous represente nostre saulveur Jesucrist lequel au souverain temple de dieu celestiel son père armé de sa precieuse croix & de la parolle spirituelle a dechassé nostre mortel & capital ennemy infernal de luniverselle crestienté.*

Perceforest prend alors une dimension allégorique et chrétienne, qui dépasse le texte médiéval, qui certes faisait du signe de l'écu de Galafur une préfiguration de la Croix mais qui ne donnait pas dans l'allégorie. L'épée vermeille, qui met à l'épreuve la chasteté des chevaliers confrontés à des fées séduisantes, n'est jamais rapprochée de la « parole de Dieu » dans le texte médiéval. Le lecteur du XVIᵉ siècle pourra être attiré par cette promesse d'un enseignement spirituel, en être dupe ou pas[36].

La fin du prologue insiste, en invitant à une projection du lecteur, sur la dimension allégorique :

> *Lisez et perlisez les chevaleureux gestes y declairez incitatifz a tous nobles cueurs de les imiter / embrassez lescu de foy conte les ennemys dicelle / Brandissez lespee de*

---

35 L'hypothèse que le lai de Néronès a été omis parce qu'il répétait le récit est douteuse car le *Lai de la rose*, quoique très lourdement redondant, n'est pas supprimé. Doit-on alors émettre l'hypothèse que le manuscrit-source omettait le lai de Néronès ?

36 La réimpression de 1532, avec sa nouvelle page de titre, surenchérit : elle présente en médaillon les quatre évangélistes, des anges et une Vierge à l'enfant recevant un livre d'un religieux agenouillé.

la parolle divine contre les prevaricateurs de bonne et salutaire doctrine / suyvez les vestiges des nobles chevaliers qui par mémoire de leurs glorieux gestes donnent lesperon aux cueurs adspirans a honneur.

Cette présentation rend finalement compte de la diversité de *Perceforest*, mais gauchit son dénouement en lui donnant une forte coloration allégorique et en grossissant la portée morale. La dimension chevaleresque et le merveilleux sont bien représentés dans le sommaire, mais l'amour est escamoté en une brève notation alors qu'il occupe une place importante dans le texte médiéval, et parmi les merveilles, les innombrables métamorphoses et les monstres comme la Bête Glatissant, les poissons chevaliers, le sanglier monstrueux ou les géants (tel Hollande) ne sont pas repris : c'est surtout le merveilleux chrétien qui est assumé. Les épisodes qui pouvaient sentir le soufre[37] (le sabbat des sorcières, la présentation de Zéphir comme ange déchu, Aroés, son enfer et son paradis, le bûcher où brûlent les mauvaises enchanteresses) sont passés sous silence. Aucune référence non plus au comique, pourtant très présent[38], à la grivoiserie (en particulier autour des enchantements de Zéphir, un peu obsédé). Enfin, mis à part Morgane, qui n'est quasiment plus une fée arthurienne à la fin du Moyen Âge dans la mesure où elle est adoptée très largement par les gestes tardives, aucune référence n'est faite à la matière arthurienne. Le grand projet de *Perceforest* – rattacher la geste d'Alexandre le Grand à celle du roi Arthur – a été effacé. De même la traduction de l'*Historia Regum Britaniae* au début du livre I et le collage de l'*Évangile de Nicodème* à la fin du livre VI ne sont pas mentionnés. Rien n'est dit des sources et aucune stratégie pour cautionner l'œuvre par rapport à une traduction n'est conduite. *Perceforest* est présenté comme un texte nouveau, qui ne doit rien à la tradition.

Si dans la suite du texte l'imprimé reste largement fidèle au texte médiéval, le prologue opère une sélection qui dessine un lectorat idéal dans lequel le lecteur réel est appelé à se couler : un lecteur noble et guerrier, viril et chrétien, passionné par la chevalerie et les armes, mais à peine intéressé par l'amour, un peu plus intrigué par le merveilleux, sérieux en tout cas et soucieux d'histoire, de morale et de spiritualité.

---

37 Sur ces différents épisodes, *cf.* Ferlampin-Acher, Perceforest *et* Zéphir.

38 *Cf.* Anne Delamaire, « *Dictes hardiement, bons motz n'espargnent personne* ». *Approche typologique, esthétique et historique du comique dans* Perceforest, Thèse de doctorat, Rennes, Université Rennes 2, 2010.

Ce qui ne revient pas à dire que nous venons de dresser le portrait du vrai lecteur, historique : peut-être même que si le vrai lecteur peut correspondre à ces traits dans certains cas (François Ier est un roi chevalier), se dessine surtout en creux un lecteur réel qui se projette dans cet idéal d'autant plus volontiers qu'il en diffère. On peut alors imaginer un lectorat de bourgeois, de petits nobles, qui n'ont guère à voir avec un Gadifer ou un Perceforest, mais que ceux-ci font rêver.

Cependant, finalement, rien dans le prologue ne renvoie à la longueur de l'œuvre, dont « le serviteur » signataire pourrait s'excuser : malgré le risque commercial que représentait une parution d'une telle ampleur, le paratexte ne mentionne pas le volume du texte, comme si ce trait était neutre. Seuls deux indices peuvent être décelés, à la fin du prologue. D'une part l'unique référence au style dans celui-ci dépend de la mention des six volumes (*six volumes en treseloquent et melliflue langage*) : le style, qui ne semble pas constituer une priorité (il n'est nulle part fait allusion à une modernisation de la langue), ne vient incidemment que « faire passer » les six volumes. Il n'est pas valorisé en tant que tel. La deuxième allusion à la longueur est tout aussi implicite que la mention des six livres : elle tient dans le préfixe *per-* de *perlisez*, qui enjoint non seulement de lire et relire le texte, mais surtout de le lire en entier. Si la longueur n'est pas explicitement évoquée par le prologue, on la devine dans la mention, impressionnante, des six livres, compensée par la promesse d'une expression élégante et d'un bénéfice spirituel, et dans l'incitation à mener jusqu'au bout une lecture de longue haleine. La formulation *lisez, perlisez*, jouant sur l'étirement de l'expression par la reprise d'un même radical, suggère que cette lecture devra s'inscrire dans la durée, qu'elle exigera un effort. Rhétorique et se poursuivant sur une évocation exaltée du lecteur en combattant de la foi, cette expression communique un élan d'enthousiasme, susceptible de porter le lecteur tout au long des six livres.

Les tables des matières confirment-elles ces impressions ? Après m'être interrogée sur l'effet qu'elles peuvent produire sur un lecteur ouvrant les volumes, j'esquisserai quelques pistes quant à la comparaison avec les manuscrits et le travail effectué par l'éditeur sur sa source médiévale.

La première impression est que ces tables sont denses et laissent espérer une œuvre variée et riche. Le livre I présente 162 chapitres pour 159 feuillets de texte, le second 147 (la numérotation est erronée) pour

153 feuillets, le troisième 56 pour 159 feuillets, le quatrième 59 pour 159 feuillets, le cinquième 42 pour 113 feuillets, le sixième 69 pour 128 feuillets. Les deux premiers livres sont nettement plus morcelés, le lecteur y est guidé et la présentation est plus aérée. Un décompte des pages qui se présentent sous forme de pavés, sans lettres ornées, titres ou blancs (y compris en fin de page et bout de ligne) le confirme, la proportion de pages saturées étant nettement croissante : 19,81 % pour le livre I ; 25,90 % pour le livre II ; 30,18 % pour le livre III ; 37,17 % pour le livre IV ; 48,67 % pour le livre V. Cependant, le taux pour le livre VI est seulement de 1,19 %. Le lecteur qui à la suite de la table des matières tournerait rapidement les pages des volumes aurait l'impression d'un texte qui se densifie, sauf dans le dernier livre, qui présente de plus de très nombreuses lettrines, surtout en son début, et qui semble d'un abord aussi aisé, malgré le faible nombre de chapitres, que les premiers tomes. On voit donc se dessiner trois groupes : les deux premiers livres, aérés[39], les livres du milieu, qui se densifient (plus de pavés, moins de chapitres), et le dernier, à nouveau aéré (augmentation légère du nombre de chapitres, réduction du nombre de pavés). Est-ce un souci de capter le lecteur en lui offrant une lecture plus aisée au début ? Les livres qui encadrent (début et fin) se devaient-ils d'être plus attrayants ? Parce qu'on les montrait en priorité à l'acheteur potentiel ? À moins que ces différences ne s'expliquent par le fait que les différents volumes n'ont pas été élaborés par la même personne, la parution simultanée des livres laissant supposer qu'il a pu y avoir travail en parallèle de plusieurs intervenants[40].

---

39 Cette caractéristique est à rapprocher du fait que, selon l'étude de Huei-Chen Li, portant sur un chapitre du livre II, l'éditeur évite d'abuser des abréviations « trop efficaces » (les abréviations par suspension), tout en utilisant plus d'abréviations que les témoins manuscrits : il combine économie et lisibilité en privilégiant les abréviations les plus simples à déchiffrer (avec lettres suscrites) : il serait intéressant de voir ce qu'il en est dans les volumes centraux et dans le dernier tome. Huei-Chen Li, « L'abréviation et son lien avec la ponctuation dans les versions manuscrites et imprimées du roman de *Perceforest* », *Perceforest : un roman arthurien et sa réception*, p. 335-354.

40 L'étude des segments dans les titres (le nombre de segments correspondant aux unités textuelles régies par *comment*, *de*, *et* situés sur le même niveau syntaxique et/ou sémantique), qui ne renseigne pas sur la longueur du titre (qui peut ajouter des éléments de même niveau sans que le nombre de segments s'accroisse), mais sur l'impression de complexité ressentie par le lecteur, conduit à la même constatation. Dans le livre I, 88,33 % des titres n'ont qu'un segment (et 16,04 % deux, aucun n'en ayant trois) ; dans le livre II, le nombre de chapitres à deux segments augmente (37,41 %), même si les chapitres à un segment restent fréquents (56,46 %) : 5,44 % des titres sont à trois segments ; l'un d'eux

Les tables de matières, comme cela est indiqué dans la présentation qui est faite de celle du livre II (*la table des matieres contenues au second volume du roy Perceforest devisee par chapitres pour facillement trouver le contenu en icelluy*[41]) sert à se repérer. C'est aussi un résumé (dans le livre III, elle est décrite comme une *brieve recollection par chapitres des matieres contenues au tiers volume du roy Perceforest*, les livres IV et V reprenant une formule proche) : elle peut conjurer les risques liés à la longueur de l'œuvre.

Dans le livre I, le premier titre présente la *description de l'isle de Bretaigne* sur laquelle s'ouvre le récit, mais c'est le titre du second chapitre qui attire le plus l'attention, car c'est de loin le plus long de toute la table et c'est lui qui a véritablement valeur de commencement du récit :

> *Comment et par quelle maniere la tresbelle et excellente cronique du noble et puissant roy Perceforest fut **premierement** mise en evidence et apportee du pays dangleterre deca la mer en ce royaume de **France** / et puis translatee de latin en langaige **françois** / au pourffit / honneur et passetemps de tous princes / chevaliers / seigneurs et dames* [je souligne].

Ce titre, comme le privilège et le prologue, confirme le texte comme chronique digne d'intérêt en même temps que distrayante, et convoque un lectorat noble et masculin. Cependant, tout à la fin apparaissent les dames, que l'on retrouvera fréquemment par la suite dans les titres (le plus souvent en fin d'intitulé, par exemple comme prix d'un exploit). Place subsidiaire peut-être, mais néanmoins affichée. L'acheteur dès la lecture de ce titre se convaincra qu'il pourra donner le livre à lire à

---

a même quatre segments. La tendance à la complexification s'accentue dans le livre III : 25 % des titres seulement ont un unique segment, 44,64 % deux, et 30,35 % trois. Dans le livre IV, aucun chapitre n'est constitué d'un unique segment, 16,94 % en ont deux, 47,45 % trois, 30,50 % quatre et 8,47 % cinq. Le livre V inverse la tendance : 14,28 % ont un segment, 50 % deux, 24,48 % trois, et 4,08 % quatre. Le livre VI (qui est le seul à présenter un chapitre à six segments et un chapitre à sept segments – chap. 51 et 64, vers la fin, ce qui donne une impression d'accélération), présente une répartition plus variée (17,39 % des titres ont un segment, 37,68 % deux, 26,08 % trois, 15,94 % quatre). Il n'y a donc pas d'homogénéité entre les volumes de la série. Le lecteur qui feuillette et parcourt les volumes à la suite trouvera l'abord des deux premiers plus facile (plus de titres, des intitulés plus simples, des pages moins denses), tandis que le dernier livre, après deux volumes centraux plus compacts, lui paraîtra à nouveau plus accessible.

41 L'intitulé de la table dans les livres II et VI fait lui aussi référence à cette fonction (*facillement*), qui n'est en revanche pas évoquée dans les autres livres : c'est dans les volumes où la présentation est la plus aérée et accessible que le souci de faciliter la lecture est affichée dans le titre de la table des matières.

sa femme ou sa fille, puisqu'il y est question d'honneur. Par ailleurs cet énoncé met en valeur la France : si les manuscrits mentionnent le langage français[42], jamais il n'y est question de la France et ce n'est pas en France, mais dans le Hainaut, bourguignon à l'époque des manuscrits, que le livre-source fictif est transporté au début du récit : le texte médiéval, francophone, n'est ni français ni francophile et il a été apprécié en contexte bourguignon, alors que le duc affichait son indépendance[43]. Le *Perceforest* du Moyen Âge n'est pas à strictement parler un roman français : l'origine des témoins manuscrits conservés, tout comme la géographie du texte et la place accordée au Hainaut et à la Selve Carbonnière (et plus largement aux Pays-Bas septentrionaux), en font un texte bourguignon, dans lequel la France, contrairement à l'Angleterre, n'est pas particulièrement valorisée, voire même où elle est présentée sous un jour défavorable (en particulier dans l'épisode du roi des Sicambres, que Passelion fait cocu[44]). Dans l'édition, au contraire, le second titre du livre I confirme le caractère français de l'ouvrage que le prologue suggérait lorsqu'il invoquait les *tresexcellentz belliqueulx / invictissimes et insuperables heroes françoys*. L'édition fait d'un récit francophone, parce qu'il est écrit en français, un récit français. Tout en restant fidèle au texte médiéval[45], l'éditeur montre dans ce titre un souci de « francisation », alors qu'au moment de la parution de l'imprimé, en 1528, le comté de Hainaut (qui fait partie des Pays-Bas bourguignons) n'est pas français.

Un changement à l'intérieur du texte édité me semble aller dans le même sens au début de ce deuxième chapitre : si le manuscrit donne la date de 1307 qui correspond au mariage d'Édouard II avec Isabelle, la fille du roi de France, qui sert de toile de fond à l'épisode qui explique comment le manuscrit de *Perceforest* a été trouvé, l'édition reprend

---

42   Par exemple dans le prologue, dans le ms. Paris, BnF, fr. 345 : *Pour metre en escript ou langaige de France une ystoire celee d'un gentil roy qui jadis regna en la Grant Bretaigne.*

43   *Cf.* Ferlampin-Acher, Perceforest *et* Zéphir.

44   *Cf.* Christine Ferlampin-Acher, « La 'cervitude' amoureuse : les déguisements en cervidés dans le livre V de *Perceforest* », *Le déguisement dans la littérature française du Moyen Âge (suite)*, dir. Jean Dufournet et Claude Lachet, *Revue des Langues Romanes*, t. 114, 2010, p. 309-326 ; *Ead.*, « Le peuple sauvage de *Perceforest* (livre II) : à la croisée des représentations et des enjeux idéologiques », *L'homme sauvage dans les lettres et les arts*, dir. Sophie Duhem et Cristina Noacco, Rennes, Presses universitaires de Rennes, 2019 (*Interférences*), p. 263-274.

45   Excepté au début du livre I où la « traduction » de l'*Historia regum Britanniae* est l'objet de réaménagements : *cf.* Flutre, « Études sur le roman de *Perceforêt* », p. 384-385.

l'épisode, mais change la date, et préfère 1286. Est-ce une erreur ?
Je ne le pense pas. Le mariage de 1307 fut à l'origine de la guerre de
Cent Ans, en faisant du fils d'Isabelle, Édouard III, un prétendant au
trône de France. À cette date, de triste mémoire donc pour un Français,
l'édition préfère 1286, année où un autre roi d'Angleterre nommé lui
aussi Édouard, Édouard Ier, rend hommage au roi de France. Ce qui est
mis en valeur, ce n'est plus le mariage d'Isabelle, mais le serment de
fidélité : le parti pris français est net. Il me semble d'ailleurs qu'il est
confirmé par la présentation de l'épisode du roi des Sicambres cocufié
par Passelion : si dans tous les manuscrits conservés les titres de chapitres mentionnent l'épisode, rien de tel dans l'édition, qui masque
ainsi l'aventure où est ridiculisé l'ancêtre mythique des rois de France
(chap. 23 du manuscrit A – *et comment Zéphir lui sauva la vie et le departi
en Sycambre ou chastel de la roine de la terre, qui le receut amoureusement* –
qui manque dans l'édition, livre V, chap. 26). Avec cette francisation,
Perceforest est prêt à se classer parmi *ces beaux vieulx romans françoys,
comme un Lancelot, un Tristan ou autres*, que célébrera en 1549 Du Bellay,
par ailleurs réservé face aux *vielles poesies françoyses*[46].

Une autre tendance apparaît dans les titres : la désarthurianisation[47].
Autant le roman médiéval et le texte de l'imprimé, qui lui reste fidèle,
se lisent comme une préhistoire du monde arthurien, en particulier
grâce à des annonces généalogiques, autant les titres de chapitres dans
la table des matières éditée, tout comme le privilège et le prologue,
gomment cet aspect : aucun intitulé ne fait référence au monde arthurien, si ce n'est dans le livre VI le chapitre 55 qui annonce Merlin, qui
par ses prophéties a acquis à la Renaissance une sorte d'autonomie par
rapport à la production arthurienne. Je reviendrai en conclusion sur cette
tendance, qui invite à considérer que Galliot souhaitait renouveler son
catalogue romanesque, tout en ayant conscience que la veine arthurienne
n'était plus porteuse.

Que nous promettent donc les tables des matières ? Sont-elles en
harmonie avec le prologue ? On notera que les deux premiers livres

---

46   Joachim du Bellay, *La Deffence, et Illustration de la Langue Françoyse (1549) & L'Olive*,
     éd. Ernesta Caldarini et Jean-Charles Monferran, Genève, Droz, 2001 (*Textes littéraires
     français*, 943), p. 131, 139. Sur cette double valorisation des *vieux* textes, *cf.* Cappello,
     « Le XVIe siècle », p. 11-12.
47   On peut rapprocher celle-ci du désintérêt des élites pour Arthur.

commencent par des titres qui confèrent au texte une portée didactique :
le livre I s'ouvre sur un exposé géographique et, dans le livre II, les titres
des trois premiers chapitres sont explicitement didactiques (*parlement
& pollice de son royaulme, reigles de vivre, loix et manière de vivre*) et font
du récit un miroir au prince. Cependant les titres de ce type ne sont
pas très nombreux et le chapitre IV du livre II se hâte de promettre le
placēre : *Des joyeuses nouvelles et gratieuses responses que le roy eut des deux
pucelles Priande et Liriopé.* À lire l'enchaînement des titres se dégage donc
rapidement une impression moins austère que ce que promettaient le
prologue, le privilège et la présentation des volumes.

Les tables des matières, comme attendu à la suite du privilège et
du prologue, accordent une très grande importance à la chevalerie. La
« prouesse » et la « vaillance » sont souvent mentionnées. Cependant, à
peine évoquées dans le prologue, les femmes sont très présentes et gagnent
du terrain de livre en livre dans des épisodes qui n'ont rien de guerrier :
dans le livre I, on relève 59 mentions renvoyant à une femme ou à l'amour
sur 162 chapitres et 159 feuillets, dans le livre II, on en dénombre 75
pour 147 chapitres et 153 feuillets. Si les récits d'amour n'attirent pas
nécessairement qu'un public féminin, la mention des lectrices dans le
premier titre du livre I suggère une ouverture du lectorat, que confirment
ces annonces. Par ailleurs dans les titres reviennent comme un leitmotiv
l'« aventure », la « merveille » (avec en particulier les mots de la famille
d'« enchanter ») : la coloration didactique se fait très discrète, tandis que
le merveilleux, l'aventure, les femmes et l'amour, à peine évoqués dans le
sommaire du prologue, sont omniprésents. Quelques exemples illustreront
cette tendance, peu marquée dans le livre I, mais nette par la suite :

> *Comment Estonné et le Tors regardoient le pilier Estonné en la forest / et des adventures
> qu'ilz eurent / et des merveilles qu'ilz veirent* (livre II, chap. 74) ; *Comment le* VIIe
> *tournoy fut prolongé [...] & comment apres leur garison le chevalier gaigna le pris
> du tournoy et eut sa dame* (livre III chap. XXXI) ;

> *Comment le roy Perceforest receut la chevalerie moult joyeusement qui venoit a la dedicace
> du temple au dieu souverain : et comment le jeune Bethides espousa la rommaine / et
> des merveilleux signes qui y furent veuz* (livre IV, chap. 18).

On constate en particulier la multiplication des annonces, plus allé-
chantes et publicitaires que véritablement informatives, promettant,
au pluriel, sans précisions, des aventures ou des merveilles, souvent

dans la *cauda* des titres, ce qui permet, après avoir décrit le début du chapitre, de résumer la suite en quelques mots, et de faire ainsi, sans blanc narratif mais sans non plus tout dévoiler, le lien avec le chapitre suivant, suspens et exhaustivité se trouvant ainsi habilement combinés.

> Livre I, chap. 115 : le titre se termine par *et de leurs adventures* ;
> livre II, chap. 55 : le titre termine par *et de aucunes de ses aventures* ;
> livre III, chap. 32 : *Comment le jeune Gadiffer et Flamine sa dame arriverent ou royaulme descoce ou ilz furent honnorablement receuz / et de plusieurs adventures qui advindrent a Lyonnel du Glat & autres chevaliers* ;
> livre III, chap. 55 : le titre se termine par *et des merveilles qui luy advindrent* ;
> livre IV, chap. 32 : le titre se termine par *et de ses fortunes et adventures* ;
> livre V, chap. 13 : le titre se termine par *et de leurs adventures*.

Par ailleurs, si les titres du livre I renvoient surtout à des actes (exploits de chevaliers, processus de civilisation par les rois), dans la suite, même si la vaillance reste très présente, il est aussi souvent question de sentiments ou de discours.

> Livre II, chap. 100 : *Comment Lyonnel se deduisoit en son cueur merveilleusement pour les beaulx joyaux que sa dame par amours luy presentoit* ;
> livre II, chap. 120 : *Comment la royne de la grant bretaigne acompaigniee de plusieurs dames et chevaliers attendit son seigneur en grant soulas* ;
> livre III, chap. x : *Des grandes vaillances qui furent faictes au tournoy duquel tournoy emporta le bruyt le chevalier a l'escu dazur et eut sa dame que tant avoit desiree* ;
> livre IV, chap. 9 : *Comment Lyonnel ouyt nouvelles de la dedicace du temple au dieu souverain. Comment il promist daller secourir le roy Marones de lestrange marche / et comment il sceut la douloureuse mort du preux et vaillant Estonné* ;
> livre IV, chap. 38 : le titre se termine par *et de devises quilz eurent ensemble*.

Si dès le texte médiéval les dialogues jouent un rôle important dans le récit[48], les titres de l'édition en rendent particulièrement bien compte, ce qui peut-être répond à une attente du public, à une époque où le dialogue occupe une place de premier plan dans les pratiques intellectuelles et poétiques[49]. Avec ses dialogues et son intérêt pour les histoires d'amour (on y trouve même une « bergerie »), le *Perceforest* médiéval

---

48 *Cf.* Corinne Denoyelle, « Belles assemblées et joyeuses veillées dans le *Perceforest* : structure formelle et thématique des conversations festives », *Perceforest : un roman arthurien et sa réception*, p. 187-202.

49 *Cf. Les états du dialogue à l'âge de l'humanisme*, dir. Emmanuel Buron, Philippe Guérin et Claire Lesage, Rennes, Presses universitaires de Rennes, 2015 (*Renaissance*).

annonce la galanterie : l'édition de 1528 souligne particulièrement cet aspect. Quant aux lais et prophéties promis par le prologue, s'ils sont bien présents dans le texte comme nous l'avons vu, les titres de chapitres et la table des matières n'en rendent guère compte. Enfin, comme dans le sommaire du prologue, il semble que les épisodes qui sentaient le soufre soient plutôt passés sous silence dans les intitulés : c'est le cas du sabbat, que la table omet tout comme le prologue le passait sous silence (livre II, chap. 36 et 36 bis).

Le lecteur qui parcourrait les tables des rubriques reconnaîtrait donc certaines promesses du prologue, mais il semble que, si celui-ci insiste sur la chevalerie, la prouesse et l'enjeu moral et spirituel en tenant le lectorat féminin à l'écart, les tables des matières compensent en accordant une place plus importante aux personnages féminins, au merveilleux, et en complétant l'énoncé des actes par la mention de paroles ou d'indicateurs de subjectivité. Élargissant le lectorat possible, rectifiant la coloration de la présentation, la table des matières complète et rééquilibre le prologue.

Cependant, au-delà de l'effet immédiat produit sur le lecteur, ces tables des matières peuvent aussi être éclairées par la comparaison avec leur modèle manuscrit, le travail effectué sur la source permettant de cerner à la fois le profil de l'éditeur[50] et celui du lecteur visé. Une telle étude cependant pose des problèmes. D'une part, le remaniement opéré par Gilles Roussineau dans la présentation des rubriques des livres I et II[51] à cause des erreurs commises par le manuscrit A choisi comme base de l'édition, gomme le nombre important de rubriques de A pour ces deux livres, et la consultation de l'apparat critique rend malaisée la comparaison avec l'édition de 1528 et nécessaire le retour aux manuscrits. Par ailleurs les rubriques de A, B et C présentent avec l'imprimé de Galliot des ressemblances, au niveau du contenu mais aussi au niveau de l'expression, sans que des constantes systématiques apparaissent.

---

50 On notera qu'il est sérieux et compétent et commet peu d'erreurs dans les tables des matières, même si, dans le livre II, chap. 22, l'édition se trompe en notant *Comment Lyonnel du glat* **garde** *Descosse et leurs complices tindrent parlement*, là où A note *Comment Lyonnel,* **Gadiffer** *et leurs complices tindrent parlement* (éd. Roussineau, livre III, t. 3, chap. 29, p. 461) : une abréviation a certainement été mal lue (*garde/Gadiffer*).

51 *Cf. Perceforest*, éd. Roussineau, livre I, t. 2, p. 1211 *sqq.* et livre II, t. 1, p. 568 : alors que A présente plus de cent-cinquante rubriques, l'édition Roussineau n'en retient ou remanie que 50, ce qui à première vue paraît discordant avec les 162 chapitres de l'édition Galliot du Pré, mais ne l'est pas. Par ailleurs les rubriques rectifiées dans les livres I et II donnent à la fois des rubriques de A et de C.

Les titres de l'édition ne suivent aucun des témoins conservés de façon régulière[52]. Rares sont par ailleurs les traces laissées dans le texte de 1528 du travail de l'éditeur quant au découpage de son modèle, même si dans le livre II l'édition introduit le chapitre 75 (f° 79 r°) par *encore parle ce mesme chapitre des douze chevaliers et de leurs aventures* avant d'enchaîner sur un texte très proche du manuscrit, en remplaçant simplement *il* par le nom du chevalier, Lyonnel (ms., éd. Roussineau, livre II, t. 2, § 47). Le rédacteur désigne par *ce mesme chapitre*, non le chapitre qu'il est en train de composer, mais celui de son modèle : l'on a ici une trace de son travail de décomposition d'un chapitre en deux. De tels indices sont cependant rares.

Quelques remarques peuvent néanmoins être faites sur le livre III, où les titres de l'édition sont particulièrement proches, non de la table des matières de B (donnée à la fin de l'édition Roussineau – livre III, t. 3, p. 457-465 –, mais présente au début du manuscrit), mais des rubriques notées à l'intérieur du texte ; sur le livre IV où B, C et l'édition présentent une organisation par chapitres voisine ; sur le livre V, où les titres de A, C et de l'édition sont proches ; et pour le livre VI, où l'on peut rapprocher les titres de l'édition de ceux de C, seul témoin manuscrit de ce dernier livre. Ces comparaisons laissent à penser que l'élaboration des titres dans l'imprimé n'a pas été guidée par les mêmes principes dans tous les volumes et que, peut-être, ils ont été élaborés (en parallèle ?) par des rédacteurs différents. Pour le livre III, on note une tendance à ajouter des mentions concernant les dames (par exemple chap. 24, 28, 39), l'ajout de deux chapitres pour l'histoire du Chevalier Doré, un goût pour les notations dramatiques (incognito au chap. 36, cruelles conditions d'emprisonnement au chap. 12...). Dans le livre IV, les chapitres de l'édition, proches de ceux de B, procèdent, si le modèle est effectivement semblable à B, à des suppressions (de taille variable, le plus souvent en fin de chapitre : par exemple, un mot, *autres* au chap. 15, un groupe syntaxique *jusques a la fontaine* au chap. 34 ; un segment au chap. 7 où disparaît *comment elle morut de son travail [...]*). L'impression est que le rédacteur des titres est pressé, impatient, et que les fins de

---

52   Par exemple dans le livre V, les chapitres 16 à 18 de l'édition sont absents de A, mais
      présents, très exactement, dans C (version David Aubert), mais aux chapitre 19, 21 et 27
      l'édition donne un texte qui est précisément celui de A et qui est nettement plus long
      que celui de C et le chap. 36 de l'édition, présent dans A, manque dans C. Les titres de
      la fin du volume (de 37 à 42) divergent de ceux des manuscrits.

rubriques en font particulièrement les frais. Dans le livre V, les suppressions (nonobstant l'incertitude quant au modèle) sont de même fréquentes. Dans le livre VI, nombreux sont les titres proches de ceux de C, le seul témoin manuscrit servant de base à l'édition moderne (le manuscrit de Londres n'a pas été retenu par Gilles Roussineau parce qu'il n'est que la grosse de C), mais avec une tendance à la suppression des notations finales, l'insertion de trente nouveaux chapitres, soit par scission d'un chapitre manuscrit et réaménagement (le chap. 12 de C est coupé en quatre – chap. 24 à 27 –, le chap. 13 en dix – chap. 28 à 32). Les réaménagements concerneraient donc dans le livre VI quelques ensembles assez vastes, le reste étant en revanche conservé sans grandes modifications. Il semble aussi que le livre VI se distingue par une réticence face à la *merveille* et une christianisation des rubriques assez nette, qui répond au prologue et que le texte médiéval, racontant la conversion de la Grande-Bretagne, suggérait. Si la païenne Île de Vie du livre VI est en retrait dans la table des matières de l'édition (*merveilleuse* manque à son sujet au chap. 55 de l'éd., chap. 27 de C ; le transfert vers l'Île de Vie est atténué au chap. 57 de l'éd., chap. 37 de C), au contraire la foi chrétienne est plus fortement marquée : au chap. 55 de l'éd. (chap. 35 de C) insistance est faite sur les notations religieuses (*a la foi, saint*). Une différence attire finalement l'attention : le mot de la fin de la table des rubriques n'est pas le même : si dans le manuscrit C le dernier titre se termine par la mention du roi *pacient ou lit*, qui fait référence à Mordrain le roi *mehaignié*, l'édition préfère *patient et joyeux*. D'une part, l'histoire *tresplaisante* annoncée par le titre du volume I ne pouvait que se terminer ostensiblement dans la joie et cet indice suggère que déjà en 1528 le lecteur de romans est avide de happy ends ; d'autre part, il n'a peut-être pas paru adéquat à l'éditeur de terminer le récit de la christianisation de la Grande-Bretagne, qui participe à l'enjeu moral et spirituel qu'il affiche ostensiblement dans le prologue, sur la mention d'un lit, bien prosaïque : la joie sur laquelle se termine la table de l'édition, qui pourrait être celle des béatitudes[53], est plus adéquate.

---

53   Cette coloration optimiste est peut-être caractéristique du roman de chevalerie au XVIe siècle et on la retrouve pour les *Amadis*, qui, comme nous le verrons plus loin, ne sont pas sans rapport avec *Perceforest* : comme le note Sylvia Roubaud, les *Amadis* français se caractérisent par leur optimisme (Sylvia Roubaud, « Mort(s) et résurrection(s) d'Amadis », *Les Amadis en France au XVIe siècle*, *Cahiers V. L. Saulnier*, t. 17, 2000, p. 9-19, ici p. 17, en particulier n. 16), en attendant peut-être que la mode soit aux histoires tragiques.

On le voit par ces remarques ponctuelles, les problèmes posés par la tradition manuscrite et l'incertitude quant au modèle – est-il d'ailleurs unique ? – suivi par l'éditeur, compliquent la question, mais celle-ci est prometteuse et pourrait même apporter des éclaircissements sur la tradition manuscrite. L'étude des menues variantes textuelles reste à faire : comme le suggèrent par exemple la permutation des dates dans le chapitre 2 du livre I de l'édition ou le début du chapitre 75 du livre II (*encore parle ce **mesme** chapitre des douze chevaliers et de leurs aventures* [je souligne]), le diable est dans les détails.

Finalement, si l'édition de 1528 a jusqu'à présent peu intéressé les chercheurs, peut-être parce que, fidèle au manuscrit et très longue, elle promettait peu, elle mérite bien d'être examinée. Il s'agit d'un travail de longue haleine, austère, qui a été ici tout juste amorcé. Quant au questionnement autour d'un lecteur renaissant qui prendrait connaissance de l'œuvre, à partir du titre et de sa mise en page, de la présentation générale, du paratexte, les réponses proposées restent incertaines. Il semble néanmoins nécessaire de distinguer le lecteur revendiqué et le lectorat effectivement construit par la présentation du texte : le premier est mâle, aristocratique, guerrier, français, et intéressé par un texte historique, didactique et édifiant, le second est ouvert aux dames, à l'amour, aux merveilles, aux discours. Ce public élargi comprenait, semble-t-il, sans problème la langue du texte, qui modernise très peu le moyen français : il n'a peut-être été possible de publier un récit aussi long que parce que sa langue était moins vieillie que celle de la plupart des romans arthuriens en prose.

L'édition présente par ailleurs l'intérêt de constituer une série de six livres, exceptionnelle. Quoique semblables pour ce qui est de la fidélité à la source et le conservatisme de leur présentation, ces livres diffèrent quant au nombre de chapitres, à leur longueur, à l'organisation plus ou moins aérée des pages. Faut-il penser qu'ils ont été composés par des personnes différentes ou par une même personne dont les pratiques auraient évolué[54] ?

Enfin les six livres de *Perceforest* constituent un maillon important pour comprendre l'évolution du roman dans la première moitié du XVIᵉ siècle. D'une part, le texte a connu un relatif succès, comme en

---

54 Si évolution il y a, est-ce pour s'adapter au lecteur et le fidéliser tout au long des six livres ? À moins que ne soient en jeu ici le ou les modèles manuscrit(s).

témoignent sa réimpression de 1531-1532 et l'influence qu'il a exercée (par exemple sur Rabelais). Pourtant la version intégrale cède la place en 1541 à l'extrait du *Chevalier Doré* : *Perceforest*, trop long, aurait-il été remplacé par un récit plus bref ? Le *Chevalier Doré* a connu, comme l'a montré Sergio Cappello, deux réceptions, d'abord comme roman sentimental, puis plus traditionnellement comme roman de chevalerie conservateur et nostalgique[55]. Cette évolution du récit court surprend et peut sembler un retour en arrière : elle suggère peut-être qu'il y a eu durablement un public soucieux de lectures viriles et nostalgiques, mais aussi qu'il était finalement difficile de moderniser et renouveler ces romans, et que l'édition de 1528 faisait peut-être les bons choix, puisque l'extrait finit par faire les mêmes.

Par ailleurs, de *Perceforest* au *Chevalier Doré* se dessine une constante : la désarthurianisation. Si le *Chevalier Doré* remplace le nom de Perceforest par celui de Pélion, c'est certes peut-être une erreur ou, très vraisemblablement, un problème de privilège, mais c'est aussi, selon moi, le souci d'effacer un modèle senti comme trop arthurien[56]. L'édition de 1528 ne mentionne pas Arthur dans son paratexte et gomme peut-être une référence au roi Mehaigné (éd. G. du Pré, livre IV, chap. 2 : *roy Gadifer* au lieu de *roi Maheigné* dans B). Rien dans la présentation de la page de titre ne permet au lecteur d'établir un rapport entre *Perceforest*, *Ysaïe*, *Meliadus*, *Le Sainct Greaal*, et les quelques remarques que nous avons pu faire sur l'ornementation de celle-ci la rapprochent plutôt de textes historiographiques, y compris en latin. Galliot ne semble pas avoir eu le projet d'une collection à coloration arthurienne : si collection il y a, c'est *Perceforest* à lui seul, avec ses six livres, qui la constitue, dans un ensemble qui n'est que marginalement arthurien, et qui renvoie plutôt

---

55   *Cf.* Cappello, « Le XVIᵉ siècle ».

56   *Cf.* Jane Taylor, qui considère que c'est une erreur (Taylor, « Profiter du *Perceforest* au XVIᵉ siècle », p. 361). Marie-Dominique Leclerc (Leclerc, « Le chevalier doré », p. 376) semble privilégier la même hypothèse : elle mentionne Louis-Joseph Hubaud (Louis-Joseph Hubaud, *Notice d'un manuscrit appartenant à la bibliothèque publique de Marseille*, Marseille, Académie de Marseille, 1853, p. 93), qui explique ce changement de nom par la volonté de masquer le plagiat, ce dont doute Marie-Dominique Leclerc, les autres noms n'ayant pas été changés. Je pense qu'il n'est effectivement pas impossible que l'auteur de l'extrait ait cherché en masquant le lien avec *Perceforest* à contourner le privilège de l'édition complète, ce qui irait dans le sens de Gilles Polizzi, qui sans relever ce changement de nom, émet l'hypothèse d'une contrefaçon éditoriale (Polizzi, « Deux romans 'déguisés' à la Renaissance », p. 167).

aux sommes historiographiques que Galliot publie, comme les *Grandes Chroniques de Bretagne* d'Alain Bouchart (1514, 1531), les *Annales et chroniques de France* de Nicole Gilles (1525), la *Chronique d'Anjou* de Jean Bourdigné*[57]* (1529), ou la traduction abrégée des *Annales du Hainaut* de Jacques de Guise (1532). Cette désarthurianisation de façade (le texte restant largement imprégné par la tradition et les annonces arthuriennes) se retrouvera, dans un autre contexte, dans la traduction italienne du *Parsaforesto* (1558), comme le note Francesco Montorsi[58].

Finalement ce n'est pas par un texte court, *Le Chevalier Doré*, que *Perceforest* sera évincé, mais par un autre texte long, à qui, peut-être, par son ampleur, il a préparé le terrain : *Amadis*, qui paraît d'abord en 1540 chez Denis Janot[59]. Jean-Philippe Beaulieu a naguère rapproché les deux œuvres et Nicole Cazauran a posé la question : « *Amadis de Gaule* en 1540 : un nouveau "roman de chevalerie"[60] » ? La même année qu'il publiait *Perceforest* Galliot commençait une collection de poètes, dont la parution est échelonnée sur plusieurs années : il semble bien, et l'exemple d'*Amadis* le confirmera, qu'il vaut mieux publier au fur et à mesure, pour un public

---

57 La chronique de Bourdigné reprend cependant des éléments arthuriens : *cf.* Goulven Péron, « Le matériau arthurien dans la *Chronique d'Anjou* de Jean de Bourdigné », *Arthur après Arthur. La matière arthurienne tardive en dehors du roman arthurien, de l'intertextualité au phénomène de mode*, dir. Christine Ferlampin-Acher, Rennes, Presses universitaires de Rennes, 2017 (*Interférences*), p. 235-247.

58 « Bizarre destin que celui du *Parsaforesto* : imprimé dans le format d'un roman espagnol, présenté comme un recueil de nouvelles. On dirait qu'Arthur n'avait pas droit de cité dans les lettres italiennes » (Francesco Montorsi, « Le *Parsaforesto* et son contexte éditorial », *Perceforest : un roman arthurien et sa réception*, p. 395-406, cit. p. 400). Trois des six parties de cette édition vénitienne sont consultables sur Gallica.

59 Si *Amadis* paraît d'abord en in-folio, comme *Perceforest*, il se distingue d'emblée de celui-ci par le remplacement des caractères gothiques par le gros romain, par l'écriture à longues lignes et la présence de nombreuses vignettes (*cf.* Nicole Cazauran, « *Amadis de Gaule* en 1540 : un nouveau "roman de chevalerie" ? », *Les Amadis en France au XVI* siècle, p. 21-39, en particulier p. 30 ; Jean-Marc Châtelain, « L'illustration d'*Amadis de Gaule* dans les éditions françaises du XVI* siècle », *Les Amadis en France au XVI* siècle, p. 41-52). Si, pour Nicole Cazauran et pour Pierre Le Gentil, le modèle d'Amadis, à la fois chez Montalvo et Herberay des Essarts, est Lancelot (Nicole Cazauran « *Amadis de Gaule* en 1540 », p. 28, 32 ; Pierre Le Gentil, « Pour l'interprétation de l'*Amadis* », *Mélanges Jean Sarrailh*, 2 vol., Paris, Centre de Recherches de l'Institut d'Études Hispaniques, 1966, t. 2, p. 47-54), il n'est pas impossible que *Perceforest* ait exercé une influence sur la traduction.

60 Cazauran, « *Amadis de Gaule* en 1540 », p. 23, 25. On notera aussi que Hugues Vaganay (1870-1936), éditeur de *L'Astrée*, a commencé simultanément ses travaux sur *Amadis* et sur l'édition de *Perceforest* (Hugues Vaganay, *Amadis en français. Essai de bibliographie*, Florence, L. S. Olschki, 1906 ; *La très élégante, délicieuse, melliflue et très plaisante hystoire du roy Perceforest*, éd. *Id.*, Mâcon, Protat, 1907).

tenu en haleine, des œuvres successives et moins coûteuses, qu'une somme impressionnante et onéreuse comme *Perceforest*. Le choix d'Herberay des Essarts de scinder *Amadis* en quatre volumes publiés consécutivement ne fut certainement pas pour rien dans son succès (de 1540 à 1543). Une fois la vogue des *Amadis* lancée, il ne restait plus de place pour *Perceforest* et, un an après la parution du premier *Amadis*, c'est l'extrait du *Chevalier Doré* qui est proposé par Galliot, comme s'il avait senti qu'il fallait changer de politique quant à *Perceforest*[61]. Si *Artus de Bretagne*, d'une taille raisonnable, et encore moins ouvertement (mais implicitement autant) arthurien, a continué à être édité durablement, *Perceforest*, moins sentimental, trop long n'a pas été repris. On reconnaît dans *Amadis* les caractéristiques que le prologue retenait pour *Perceforest* : l'aventure chevaleresque, l'amour, le merveilleux, des prophéties et des fées, des enchanteurs et des îles merveilleuses, voire même une coloration « française » (le héros éponyme est de Gaule), sans oublier qu'*Amadis* adopte pour héros les chevaliers de la Grande-Bretagne et pourrait passer pour un roman arthurien[62]. Ces similitudes expliquent que le Beau Ténébreux ait rendu obsolètes les aventures de *Perceforest*. Il n'est pas impossible que les deux textes aient été rapprochés par les lecteurs. Voire même par Herberay ? En effet celui-ci prétend traduire *un vieil livre en langaige picard* : dans cette notation – qui rappelle que la production chevaleresque bourguignonne, teintée de picardismes, a été particulièrement riche –, il pense peut-être à *Perceforest*.

Il semble bien y avoir concurrence entre *Amadis* et *Perceforest* : il n'y avait peut-être pas de place sur le marché de l'édition pour deux aussi longs et aussi proches récits. D'ailleurs, Francesco Montorsi note qu'en Italie, la traduction de *Perceforest* est parue une fois tarie la source des *Amadis* en 1551 et des *Palmerin* en 1554[63], ce qui confirmerait l'hypothèse

---

61 On peut dès lors se demander si la substitution du nom du roi, Perceforest devenant Pélion, n'est pas une façon, non seulement de détacher l'histoire du Chevalier Doré de *Perceforest*, mais aussi de la rapprocher d'*Amadis*, dont le père se nomme Perion, Pélion et Perion étant très proches phonétiquement, puisque les [r] étaient roulés.

62 Il est vraisemblable que nombre de lecteurs ont rapproché *Perceforest* et *Amadis* : c'est ainsi que Jacques Gohory a lu les deux récits selon le même moule alchimique (*cf.* Didier Kahn, « Présence et absence de l'alchimie dans la littérature romanesque médiévale », *Savoirs et fiction au Moyen Âge et à la Renaissance*, dir. Dominique Boutet et Joëlle Ducos, Paris, PUPS, 2015, p. 161-186 ; *Id.*, « Attestations arthuriennes alchimiques (XIVᵉ-XVIIᵉ siècles) », *Arthur après Arthur*, p. 363-378 ; Rosanna Gorris, « Pour une lecture stéganographique des *Amadis* de Jacques Gohory », *Les Amadis en France au XVIᵉ siècle*, p. 127-156).

63 Montorsi, « Le *Parsaforesto* et son contexte éditorial ».

qu'*Amadis* et *Perceforest* ont été sentis comme interchangeables mais incompatibles.

Amadis l'emporta[64]. Parce qu'il était plus galant, peut-être. Mais aussi plus neuf : pour les lecteurs qui avaient le goût des romans arthuriens, il commence en Petite-Bretagne et les premières aventures du héros le mènent en Angleterre ; pour ceux qui n'aimaient plus les romans de la Table Ronde, il sonne en revanche résolument moderne. Par ailleurs, l'élégance reparaît régulièrement comme idéal à la fois dans les intitulés et les appréciations des œuvres littéraires au XVIe siècle, en particulier pour caractériser le style. Elle est certes revendiquée par le titre de la *treselegante* histoire de *Perceforest* de 1528, mais sans grande conviction et sans effort particulier du côté rhétorique, puisque la réécriture est très discrète. Au contraire, les *Amadis* deviennent rapidement des modèles de style, donnant lieu à des morceaux choisis. Le goût nouveau ne trouvera pas à s'incarner dans le style vieilli, fidèle à son modèle, de *Perceforest* mais dans l'adaptation d'*Amadis*[65].

Perceforest fut donc détrôné par *Amadis* plutôt que par la brève histoire du *Chevalier Doré* : peut-être même a-t-il contribué à habituer le lecteur à manier de vastes ensembles romanesques, en attendant *L'Astrée* ; peut-être a-t-il préparé le succès des *Amadis*, en attendant que le Beau Ténébreux, à son tour, soit dépassé par Roland Furieux : avec l'imprimerie les saisons de la mode s'enchaînent plus rapidement qu'au temps des manuscrits.

Malgré sa longueur, *lisez, perlisez* donc l'édition de 1528 : même s'il est tentant de découvrir *Perceforest* sous forme d'extraits (comme *Le Chevalier Doré*) ou de résumés (par exemple dans le texte pionnier

---

64 *A priori*, il était un terrain sur lequel *Amadis* ne pouvait pas entrer en rivalité avec *Perceforest*, c'est la prétention historiographique. Pourtant le livre V des aventures du Beau Ténébreux, en 1544, met en scène un dispositif qui rappelle à la fois le roi Arthur et ses clercs qui couchent par écrit les aventures du Graal et surtout le clerc Cressus de *Perceforest* chargé de transcrire le manuscrit qui, retrouvé, servira de base au roman (*cf.* Michelle Szkilnik, « Le clerc et le ménestrel ») : *maistre* Elizabel a la mission de mettre par écrit les *grandes cronicques* qui servent de source à ce nouveau volume d'*Amadis* (*cf.* Véronique Duché, « Le narrateur dans le livre V », *Les Amadis en France au* XVIe *siècle*, p. 111-126, ici p. 113).

65 *Cf.* Véronique Benhaïm, « Les *Thresors* d'*Amadis* », *Les Amadis en France au* XVIe *siècle*, p. 157-182 ; Mireille Huchon, « *Amadis, Parfaicte Idée de nostre langue françoise* », *Les Amadis en France au* XVIe *siècle*, p. 183-200. Boileau encore appréciera l'élégance d'*Amadis* (*ibid.*, p. 196, n. 52).

d'Hugues Vaganay[66] ou dans les traductions anglaises de Nigel Bryant[67]), l'édition de Gilles Roussineau, qui combine les séries A, B et C des manuscrits, nous permet désormais de mieux comprendre ce roman-fleuve, et, en nous armant de courage et de patience, d'évaluer les menues réécritures de 1528, discrètes infidèles, qui seules pourront parler. Le projet de réimprimer l'édition de 1528 élaboré par Jacques Barchilon, grand découvreur de *Perceforest* par le biais de sa Belle au bois dormant, annoncé pour 1987 par Droz, mais ajourné du fait des travaux de Gilles Roussineau, dont l'édition du livre IV du texte médiéval parut cette année-là, n'était pas infondé[68].

Christine FERLAMPIN-ACHER
Université Rennes 2 CELLAM
Institut Universitaire de France

---

66 *Cf. supra*, n. 60.
67 *Perceforest. The Prehistory of King Arthur's Britain*, trad. Nigel Bryant, Cambridge, Brewer, 2011 (*Arthurian Studies*, 77); *A Perceforest Reader. Selected episodes from Perceforest. The Prehistory of King Arthur's Britain*, trad. *Id.*, Cambridge, Brewer, 2012.
68 Jacques Barchilon, «L'histoire de la Belle au bois dormant dans le *Perceforest*», *Fabula*, t. 31/1-2, 1990, p. 17-23. Je remercie chaleureusement Jacques Barchilon pour m'avoir fourni sa riche documentation sur *Perceforest* et en particulier sa reproduction de l'édition de 1528.

FLORIMONT
DANS L'IMPRIMÉ LYONNAIS
D'OLIVIER ARNOULLET (1529)

L'*editio princeps* de l'imprimé de *Florimont* a été publiée à Paris, chez Jean Longis par Girart Moët de Pommesson le 20 avril 1528[1]. Le texte a été édité pour la deuxième fois un an plus tard à Lyon, chez Olivier Arnoullet, comme l'indique la page de garde : *On les vend a Lyon sur le Rosne pres nostre Dame de confort cheulx Olivier Arnoullet*, sous la forme d'un imprimé in-quarto actuellement conservé à la Bibliothèque de l'Arsenal[2]. La date de parution est le 1er juin 1529, comme on l'apprend par le colophon :

---

1   Gérard Moët de Pommesson, *Hystoire et ancienne cronicque de l'excellent roy Florimont*, Paris, [Antoine Cousteau et Nicolas Cousteau pour], Jean Longis, 1528 : Chantilly, Musée Condé, III-F-81 ; Londres, BL, G.10404 ; Séville, Biblioteca Capitular y Colombina, 1-2-6. *Cf.* Sergio Cappello, « Florimont », *ELR : Éditions Lyonnaises de Romans du XVIe siècle (1501-1600)*, dir. Pascale Mounier, en ligne : https://rhr16-elr.unicaen.fr/fiches/79 (consulté le 14 mai 2020). Cette version a été publiée par Theodore Kendris, dans une thèse soutenue à l'université Laval au Québec, sous la direction de Jean-Claude Moisan en décembre 2001. L'éditeur y procède à l'inventaire des différentes versions manuscrites et imprimées de l'histoire de Florimont. *Florimont. Édition critique de l'édition de 1528 (Paris, Jehan Longis) avec introduction, notes et étude comparative*, éd. Theodore Kendris, Thèse de doctorat, Québec, Université Laval, 2001, p. XXI-XXXIV.

2   *L'hystoire et ancienne cronicque de l'excellent roy Florimont*, Lyon, Olivier Arnoullet, 1529, f° A (i) r° : Paris, BnF, Arsenal, Rés. 4-BL-4285 (numérisé dans Gallica). Les citations du présent article sont tirées de cet exemplaire. Il s'agit, selon Sergio Capello, du seul exemplaire connu de cet imprimé. Olivier Arnoullet republiera le roman en octobre 1555 : *Cronicque de l'excellent Roy Florimont filz du noble Mataquas duc d'Albanie. En laquelle est contenu comment en sa vie mist à fin plusieurs adventures, et en faitz chevaleureux se maintint si vaillamment contre l'admiral de Cartage et Candobras roy de Hongris, que devant sa mort se trouva roy couronné de cinq royaulmes. Et comment pour l'amour de la damoyselle de l'Isle Celée par troys ans mena vie si douloureuse qu'il fut appellé pouvre perdu*, Lyon, Olivier Arnoullet, 1555 : Paris, BnF, Rés. Y2-687. *Cf.* Chiara Concina, « *Florimont* imprimé », *Nouveau Répertoire de mises en prose (XIVe-XVIe siècle)*, dir. Maria Colombo Timelli, Barbara Ferrari, Anne Schoysman et François Suard, Paris, Classiques Garnier, 2014 (*Textes littéraires du Moyen Âge*, 30 – *Mises en prose*, 4), p. 277-284 (ici p. 281).

Cy fine ceste presente hystoire et ancienne cronique de l'excellent roy Florimont /
nouvellement imprimee a Lyon par Olivier Arnoullet. Le premier jour de Juing L'an
mil cinq cens vingt et neuf[3].

Cet imprimé compte sept cahiers numérotés de A jusqu'à G. Chacun
d'entre eux présente une numérotation secondaire en chiffres romains,
allant de i à iiij, à l'exception du premier cahier commençant à A ii. Le
dernier cahier est incomplet. L'ensemble comporte cinquante-quatre
folios recto-verso (soit 108 pages). Le texte est écrit en longues lignes
au nombre de 35 par page, ce qui est supérieur au nombre de lignes de
l'imprimé parisien, qui n'en comporte que 29 ; la présentation est donc
extrêmement compacte. Il n'y a qu'une seule illustration contre 6 (une
grande gravure et cinq petits bois gravés) pour l'exemplaire parisien[4] :
un seul bois sur la page de garde avec une scène peu explicite présentant cinq personnages ; on ne trouve ensuite que des initiales ornées de
végétation.

Le texte est réparti en 45 chapitres (ce qui est un peu plus que dans
la version Longis où Chiara Concina en compte 44), non numérotés mais
signalés au moins par une lettrine et généralement une rubrique (les
folios E (v) verso et E (vi) recto ont été intervertis). Les chapitres 22 et
42 n'ont pas de titre, mais leur texte semble s'enchaîner correctement ;
ainsi, à la fin du chapitre 21, les compagnons de Florimont s'arment ;
au début du chapitre 22, on lit en tête de folio : *Quant le pouvre perdu fut*
armé[5]. Quant au chapitre 42, il commence au milieu du folio F (vii) recto.
Il ne semble donc rien manquer.

On peut ajouter qu'une main anonyme et tardive a indiqué dans les
pages blanches précédant le texte la remarque suivante, transcrite ici le
plus fidèlement possible[6] :

je crois que c'est ici la 1ʳᵉ édition du roman de Florimond quoyque la biblioteque des
romans en marque une èdition in 4° goth. parue sans datte

Il y en a aussi ~~une èdition~~ *des manuscrits tant envers quen prose ceux en vers sont*
rares etprecieux jenay une edition troyes oudot 1612.

---

3   *Florimont*, Lyon, Olivier Arnoullet, 1529, f° G (vi) r°.
4   Ces informations sont tirées de la notice suivante : Concina, « *Florimont* imprimé »,
     Nouveau Répertoire de mises en prose, p. 277.
5   *Florimont*, Lyon, Olivier Arnoullet, 1529, f° C (vii) v°.
6   Nous conservons au maximum la graphie et les corrections (éléments barrés) de cette
     mention manuscrite.

Cette remarque est doublement inexacte puisqu'il existe bien une version antérieure, celle de Paris, chez Jean Longis, datée du 20 avril 1528 et que, d'autre part, les manuscrits en vers sont quand même au nombre de dix-sept[7]. Les deux imprimés sont fort proches et il semble qu'Arnoullet ait repris la publication parisienne : même titre, même prologue, même formule finale dans le colophon, le lieu de publication excepté bien sûr. Selon Laurence Harf-Lancner, qui a étudié ces deux versions, « de l'édition parisienne de 1528 aux éditions lyonnaises, le texte ne change pas[8] ». En revanche, l'éditeur canadien Theodore Kendris constate que l'édition lyonnaise corrige celle de Paris tout en insérant quelques bourdons :

> Elle corrige souvent les erreurs de l'édition de 1528 ; cependant, elle en commet d'autres, comme le démontrent les bourdons. L'un d'eux, au folio A iv r°, fait la preuve que cette édition est postérieure à notre texte de base. Il est clair que le typographe avait *Florimont (1528)* sous les yeux car ce qui manque 'longue voye par le pays de Nubie, Roussie, et Antioche' fait une ligne entière dans *Florimont (1528)*[9].

Il convient de se demander si ces imprimés ont un lien avec les mises en prose, notamment avec la version bourguignonne, celle de l'atelier de Wavrin, conservée dans le manuscrit français 12566 de la Bibliothèque nationale de France[10]. Une comparaison des contenus permet de voir, par exemple, que beaucoup des éléments géographiques présents dans la prose bourguignonne, particulièrement riche dans ce domaine, n'apparaissent pas ici. Il manque, comme d'ailleurs dans l'imprimé parisien, un épisode

---

7   *Cf.* Marie-Madeleine Castellani, « *Florimont* (ms. fr. 12566) », *Nouveau Répertoire de mises en prose*, p. 259-276 (ici p. 274). Alfons Hilka, dans son édition, n'en comptait que 14 : Aimon Von Varennes, *Florimont, ein altfranzösischer Abenteuerroman*, éd. Alfons Hilka, Göttingen, Niemeyer, 1932 (*Gesellschaft für romanische Literatur*, 48).

8   Laurence Harf-Lancner, « *Florimont* : du roman d'Aimon de Varennes (1188) à la mise en prose de 1528 », *Lancelot-Lanzelet, hier et aujourd'hui*, dir. Danielle Buschinger et Michel Zink, Greifswald, Reineke-Verlag, 1995 (*Wodan*, 51. *Tagungsbände und sammelschriften*, 29. *Greifswalder Beiträge zum Mittelalter*, 38), p. 187-206 (cit. p. 190) [reproduit dans *Le Roman à la Renaissance. Actes du colloque international organisé par Michel Simonin (Université de Tours, Centre supérieur de la Renaissance, 1990)*, dir. Christine de Buzon, *Renaissance Humanisme Réforme*, 2012 ; accessible en ligne à l'adresse http://www.rhr16.fr/ressources/roman-renaissance, consulté le 5 janvier 2020].

9   *Florimont*, éd. Kendris, p. XXXI.

10   Texte publié par Hélène Bidaux dans sa thèse soutenue sous notre direction en mars 2007 : *Le Florimont en prose. Édition du ms. 12566*, éd. Hélène Bidaux, 3 vol., Thèse de doctorat, Villeneuve-d'Ascq, Université Charles de Gaulle – Lille 3, 2007.

spécifique de la version bourguignonne, le long développement sur la guerre qui oppose Florimont aux Carthaginois[11], épisode qui situe le récit au temps des guerres puniques. Certes Carthage fait bien partie des territoires qui reviennent au héros, mais, alors qu'au chapitre CCIII de la mise en prose[12] cette terre est donnée à Soliman et à Hardoubal, dans l'imprimé c'est à *son pere* que Florimont en fait don[13]. En revanche, pour cet épisode et notamment pour la façon dont les terres conquises par Florimont sont distribuées, on constate que le texte de l'imprimé est très proche du texte en vers d'Aimon de Varennes :

Florimont d'Aimon de Varennes	Imprimé d'Olivier Arnoullet (1529)
Son peire donait a estaige *Li rois la cyté de Quartaige ;* *A Cartaige por ce le mist* *Que Dido, qui la cité fist,* *Le sot mout bien faire por aisse*[14].	*a son pere donna la cité et terre de Cartage que* *Dido fist ediffier pour le vivre delicieusement car* *le pays estoit fort fructueulx*[15].

De la même façon, on retrouve dans les deux textes l'idée que la rente d'Alpatris (le même nom apparaît dans la chanson et dans l'imprimé) revient à l'hôte de Florimont, Delfin :

Florimont d'Aimon de Varennes	Imprimé d'Olivier Arnoullet (1529)
La rante Alpatris dona *A son oste, qu'il mout ama* *.C. cheveliers en puet tenir* *A Magalon le fait venir*[16].	*Alpatris eut tant qu'il vivroit la rente des* *peages que les marchans devoient au port de l'isle* *Malgalon. Et pource que Delfins l'avoit tant* *aymé et fait de si bons services le fist venir en* *l'isle Magalon et luy bailla cent chevaliers pour* *se maintenir honnestement avec rentes pour les* *vivre et entretenir chevaleureux estat*[17].

---

11 *Cf.* Marie-Madeleine Castellani, « Romains et Carthaginois dans le *Florimont en prose*. Pour une lecture politique du *Florimont* en prose », *Mettre en prose aux XIVᵉ-XVIᵉ siècles*, dir. Maria Colombo Timelli, Barbara Ferrari et Anne Schoysman, Turnhout, Brepols, 2010 (*Texte, Codex & Contexte*, 11), p. 97-107.

12 *Le Florimont en prose*, éd. citée, p. 319.

13 *Florimont*, Lyon, Olivier Arnoullet, 1529, fᵒG (v) rᵒ.

14 Aimon Von Varennes, *Florimont*, éd. citée, p. 534, v. 13547-13551.

15 *Florimont*, Lyon, Olivier Arnoullet, 1529, fᵒG (v) rᵒ.

16 Aimon Von Varennes, *Florimont*, éd. citée, p. 534, v. 13565-13568.

17 *Florimont*, Lyon, Olivier Arnoullet, 1529, fᵒG (v) rᵒ.

Le prologue de l'imprimé ne mentionne pas non plus un trait particulier au manuscrit bourguignon Paris, BnF, fr. 12566 : le Picard parti à dix-huit ans de sa région natale pour un pèlerinage à Jérusalem, détourné par une tempête vers Salonique, où il aurait trouvé la source de son texte. Cette version de la découverte et de la transmission du texte est entièrement différente de celle de l'œuvre en vers, où l'auteur dit avoir trouvé sa source à Philippopolis, aujourd'hui Plovdiv en Bulgarie. Il faut donc bien en conclure, comme nous le signalions dans la fiche du *Nouveau répertoire des mises en prose* portant sur le manuscrit français 12566, que « cette version de *Florimont* n'est pas passée à l'imprimé[18] ».

Si on abandonne l'exemplaire Arnoullet pour se tourner vers l'autre tradition de mise en prose, celle retenue dans les manuscrits Paris, BnF, fr. 1490 et Paris, BnF, Arsenal, 3476, on constate que Chiara Concina affirme elle aussi, dans sa notice du même répertoire sur cette tradition, que « cette version du Florimont n'a connu aucune diffusion ultérieure[19] ». Et, parlant dans une autre notice à propos du *Florimont* imprimé à Paris chez Jean Longis, elle réaffirme : « Cette version de *Florimont* n'est transmise que par des imprimés[20] ». Ce double constat confirme ce que Laurence Harf-Lancner disait dès 2012 dans son article sur *Florimont* évoqué plus haut. Elle y montre bien que *Florimont* présente un cas tout à fait particulier : les imprimés s'inspirent non d'une version en prose intermédiaire mais directement de la version en vers, dont ils constituent en fait la véritable première mise en prose, y compris dans l'organisation en chapitres, entièrement due à l'imprimeur[21].

On pense désormais que l'auteur du texte-source en vers, Aimon de Varennes, serait selon toute probabilité originaire de Châtillon-sur-Azergue[22], dans le Rhône, et qu'il aurait utilisé un dialecte de cette région avec des traits lyonnais marqués même si ceux-ci ont été corrigés par

---

18 Castellani, « *Florimont* (ms fr. 12566) », p. 264.
19 Chiara Concina, « *Florimont* (mss fr. 1490 et Ars. 3476) », *Nouveau Répertoire de mises en prose*, p. 267-276 (cit. p. 275).
20 Concina, « *Florimont* imprimé », p. 277.
21 Harf-Lancner, « *Florimont* : du roman d'Aimon de Varennes à la mise en prose de 1528 ». Theodore Kendris fait le même constat d'absence de continuité entre les proses et l'imprimé : « il n'y a pas de progression linéaire entre la version en vers, celles en prose et les versions imprimées, et [...] le remanieur de la version imprimée a choisi de suivre le poème au lieu de calquer son texte sur une version manuscrite en prose » (*Florimont*, éd. Kendris, p. XXVI).
22 Laurence Harf-Lancner, « Le *Florimont* d'Aymon de Varennes, un prologue du *Roman d'Alexandre* », *Cahiers de Civilisation Médiévale*, t. 37, 1994, p. 241-253 (ici p. 242).

l'éditeur moderne[23]. Or Olivier Arnoullet a publié par deux fois le texte, en 1529 et en 1555[24]. Dans l'histoire de la transmission du récit, l'imprimé reprend les indications d'Aimon, selon lequel le texte, découvert à *Phelipope ville grecque*, aurait été rapporté *en France par ung homme de tel souvenir que sa memoire toutes aultres passoit* et traduit du grec en latin puis en français dans la région lyonnaise : *et en lyonnois comme vertu l'enhortoit la convertit de Grec en latin et de latin en françoys*[25]. On peut émettre l'hypothèse que si l'imprimé d'Arnoullet, trop proche de la version de Paris, n'a pas conservé de traits lyonnais, cette localisation a pu favoriser les publications lyonnaises successives de ce récit, comme le maintien d'une forme de patrimoine.

Si l'on compare la fin du récit de l'imprimé et des manuscrits en vers, on constate que celui qu'édite Alfons Hilka (le manuscrit F) ne parle de la mort de Florimont que de façon extrêmement vague – *Son fils* [Philippe] *remeist après sa mort*[26] – et que le texte se termine sur un éloge de Florimont : *de plusors rois fut rois clameis*[27]. En revanche, le manuscrit B donne une version différente de cette mort :

[Florimont] *Molt mena tout jors bonne vie*
Avec la roïne s'amie
Tant qu'en Babiloine en ala.
De traïson ne se garda.
La fu il mors par traïson ;
Ce fu grans duelz de teil baron [...]
Quant [Phelipes] sot ses peres mors estoit,
En Babiloine en ala droit,
Trestous mist a destruission
Ciaus qui firent la traïson,
Morir les fist de mort amere
Puis s'en retorna a sa mere
Qui ne vesqui puis se poi non,
De duel mori Florimont[28].

---

23 Brigitte Horiot, « Traits lyonnais dans *Florimont* d'Aimon de Varennes », *Travaux de linguistique et de Littérature*, t. 6/1, 1968, p. 169-185.

24 Laurence Harf-Lancner indique que Brian Woledge signale deux éditions (1553 et 1558) qui, selon elle, « semblent se confondre avec celle de 1555 ». Brian Woledge, *Bibliographie des romans et nouvelles en prose française antérieurs à 1500*, Genève, Droz, Lille, Giard, 1954 (*Publications romanes et françaises*, 42), p. 43 ; Harf-Lancner, « *Florimont* : du roman d'Aimon de Varennes à la mise en prose de 1528 », p. 189, n. 13.

25 *Florimont*, Lyon, Olivier Arnoullet, 1529, f° A ii r°.

26 Aimon Von Varennes, *Florimont*, éd. citée, p. 535, v. 13585.

27 *Ibid.*, p. 539, v. 13676.

28 *Ibid.*, p 539, variante, vers non numérotés.

L'imprimé lyonnais s'achève sur les mêmes circonstances :

> *[…] mais fortune qui l'avoit tant eslevé luy conseilla d'aller en Babilone ce qu'il fist ou quant y fut ne se peult garantir de la trahyson que luy firent les Babiloniens et tant qu'il y mourut dont son filz Phelippes en print si dure vengeance que de mort amere traicta ceulx qui estoient cause de la mort de son pere puis s'en retourna avec sa mere qui tant portoit dueil d'avoir perdu son espoux que despuis ne vesquit sinon bien peu*[29].

Il semble donc que l'on puisse faire l'hypothèse d'une connaissance par l'auteur de l'imprimé (Arnoullet ou plus probablement Girart Moët, le texte étant identique à quelques graphies près[30]) du manuscrit B[31].

D'autres indices du contact direct avec le texte en vers se trouvent aussi dans des détails de vocabulaire. Ainsi, dans la mise en prose bourguignonne, Florimont déclare : *mais voel delivrer les sers vos hommes et remettre en leur premiere franchise*[32] (XXII, 21). En revanche, le texte en vers comme l'imprimé utilisent le terme de *chetis/chetifs* : *pour les chetifz de la contree delivrer*[33] (imprimé) ; *uel delivrer les chetis / que voi morir en cest païs*[34] (v. 2093-2094). De même, l'imprimé est souvent moins pittoresque que la mise en prose : par exemple, dans la description de la *pucele de l'isle celee*, il ne retient que l'essentiel et ne présente pas les adjectifs du manuscrit bourguignon : *ung moult bel destrier blanc […] une moult belle et riche espee*[35] (XXVII, 2). L'imprimé est, là encore, plus proche du texte en vers[36].

Cependant, on constate que, parfois, le texte en vers n'est plus compris – alors qu'il l'était dans la mise en prose. Ainsi la source fait-elle dire à la fée : *il m'ait ossis mon peire / Un mien serorge et un mien frere*[37] (v. 2447-2448). Ce passage devient dans l'imprimé : *par que aultresfoys mon pere Serourge et ma mere furent occis*[38]. Le mot *serourge* (beau-frère) est pris pour un nom propre. Dans le manuscrit bourguignon, le monstre que combat

---

29 *Florimont*, Lyon, Olivier Arnoullet, 1529, f° G (v) v°.

30 *Peut* là où notre imprimé donne *peult*, *portoit de dueil* au lieu de *portoit dueil*, *depuis* au lieu de *despuis*. La même dédicace aux *gentilz esprits* qui servent *dame Palas* suit la mention *finis*. *Cf. Florimont*, éd. Kendris, p. 110, f° U i r°.

31 *Cf.* aussi sur ce point Harf-Lancner, « *Florimont* : du roman d'Aimon de Varennes à la mise en prose de 1528 », p. 191 *sqq.* ; l'auteur parle d'un « manuscrit proche de BN 792 ».

32 *Le Florimont en prose*, éd. citée, p. 176.

33 *Florimont*, Lyon, Olivier Arnoullet, 1529, f° B (i) v°.

34 Aimon Von Varennes, *Florimont*, éd. citée, p. 80.

35 *Le Florimont en prose*, éd. citée, p. 180.

36 *Florimont*, Lyon, Olivier Arnoullet, 1529, f° B ii v°.

37 Aimon Von Varennes, *Florimont*, éd. citée, p. 94.

38 *Florimont*, Lyon, Olivier Arnoullet, 1529, f° B ii v°.

le héros a *chief de lyeppart et le cors d'un moult grant dragon, mais vers les cuisses estoit a maniere de serpent*[39] (XXI, 10). Dans l'imprimé, il a bien la teste *d'ung liepart orgueilleux*[40], mais *corps de grue par l'air vollant et stature [...] espouentable*[41]. Le manuscrit en vers donne corps de *guivre*, mot qui n'est sans doute plus compris mais l'erreur donne une allure bizarre au monstre, certes toujours ailé, mais sans doute moins *espoantable*[42]. Dès lors, en l'absence de *guivre*, la description du bas du corps qui *fut de serpent et de poisson* (v. 1978) est supprimée, de même que *le fellon regart*[43] (v. 1975) du monstre. Le récit du combat est lui aussi considérablement réduit[44].

Une autre différence de perspective est sensible entre l'imprimé et le manuscrit bourguignon quand on examine le titre de la page de garde de l'imprimé qui résume brièvement le récit qui va suivre :

> *L'hystoire et ancienne cronique de l'excel*[45]*-lent roy Florimont filz du noble Mataquas duc d'Albanie. En laquelle est contenu com-ment en sa vie mist a fin plusieurs adventures et en faitz chevaleureux se maintint si vaillamment contre l'admiral de Cartage et Candobras roy de Hongrie que devant sa mort se trouva roy couronné de cinq royaulmes. Et comment pour l'a-mour de la damoyselle de L'isle Celee par troys ans mena vie si douloureuse qu'il fut appellé pouvre perdu*[46].

Cette page de titre reprend mot pour mot celle de la version Longis, ce qui confirme qu'Olivier Arnoullet suit de très près la version parisienne. Mais on constate que ce résumé ne suit pas l'ordre des faits : l'épisode carthaginois est postérieur à l'épisode hongrois et celui de l'Île celée les

---

39 *Le Florimont en prose*, éd. citée, p. 175.

40 Chez Aimon : *chief de leupart* (Aimon Von Varennes, *Florimont*, éd. citée, p. 77, v. 1973).

41 *Florimont*, Lyon, Olivier Arnoullet, 1529, f° B (i) r°.

42 Maria Colombo Timelli nous a signalé lors du colloque de Dunkerque « Les premiers imprimés français et la littérature de Bourgogne (1470-1550) » (octobre 2015) que le mot *guivre* était mal connu des lecteurs des versions tardives. De ce fait, les auteurs le glosent souvent pour le rendre compréhensible à leurs lecteurs. Notre auteur en revanche ne semble plus le comprendre lui-même.

43 Aimon Von Varennes, *Florimont*, éd. citée, p. 77.

44 On peut signaler aussi quelques bizarreries : ainsi le nom de Mataquas apparaît (outre le titre), alors qu'il n'est pas encore intervenu dans le récit, comme allié de Philippe de Macédoine (*Florimont*, Lyon, Olivier Arnoullet, 1529, f° A (vii) v°). Laurence Harf-Lancner signale deux autres erreurs du prosateur parisien qui n'a pas compris le texte en vers (Harf-Lancner, « *Florimont* : du roman d'Aimon de Varennes à la mise en prose de 1528 », p. 194 ; *cf.* aussi n. 22, p. 192, n. 37, p. 197). Elle ne signale pas celle de la grue. La même description se trouve chez Longis où le monstre a aussi un corps de grue (*Florimont*, éd. Kendris, p. 21, f° D i v°).

45 Jusqu'à cette lettre, les mots sont imprimés en plus gros caractères (x 3) et en rouge.

46 *Florimont*, Lyon, Olivier Arnoullet, 1529, f° A (i) r°.

précède tous deux. Le résumé s'achève sur l'épisode féerique qui donne l'explication du nom d'emprunt de « pauvre perdu ».

Plus important peut-être – et qui sépare définitivement notre exem-plaire (comme celui de Paris) du manuscrit bourguignon – le résumé ne fait aucun lien explicite avec l'histoire d'Alexandre, dont Florimont est pourtant le grand-père et alors même que le nom du Macédonien appa-raît très tôt dans le récit d'Aimon, dès les vers 103-104[47]. Le résumé ne mentionne pas non plus les deux Philippe (le beau-père de Florimont et son fils, père d'Alexandre), alors que l'histoire du premier occupe les sept premiers chapitres du récit retenu dans l'imprimé et que, de son côté, la source en vers nomme Philippe, père d'Alexandre, dès le vers 108[48]. Aimon suggère, mais en présentant cela comme une calomnie, que Nectanabus pourrait être le père d'Alexandre : *Les gens en dissoient folie* / *Que Olimpias fut s'amie,* / *Alixandres ses fils estoit.* / *Mais cil mantoit qui le dissoit ;* / *Grant mensonge fu c'on le dist ;* / *Car Alixandres puels l'osist.* / *Mout dit on de mal par le mont*[49]. L'imprimé ne reprend absolument pas cette histoire :

> [la dame] *au tiers an print Deufas qui de Candobras estoit nepveu et tant geurent ensemble qu'elle en eut ung beau filz nommé Nactabus qui depuis fut roy et tant sceut d'enchantemens que si quelque creature vouloit passer en l'isle Celee pour rober ou faire mal il faisoit tellement mesler la mer avec les ventz que les navires perissoient*[50].

La mise en prose bourguignonne, en revanche, insiste beaucoup sur la filiation entre Florimont et Alexandre, ce qui n'est pas le cas ici. Bien sûr le texte signale finalement que *Phelippon* [...] *fut pere d'Alexandre*[51]. Mais le Macédonien est le grand absent de cet imprimé qui se termine, on l'a vu, par la mort de Rommadanaple, épouse de Florimont, sans insister sur la déchéance de Philippe de Macédoine, mauvais souverain présenté comme un contre-exemple à la fois de son père Florimont et de son fils Alexandre le Grand.

Même si elle signale quelques différences, comme par exemple la séparation en deux parties du songe de Mataquas, qu'on retrouve dans

---

47   Aimon Von Varennes, *Florimont*, éd. citée, p. 5.
48   *Ibid.*
49   *Ibid.*, p. 152, v. 3887-3893.
50   *Florimont*, Lyon, Olivier Arnoullet, 1529, f° B (vii) v°. On signalera que, curieusement, cette allusion à une activité de piraterie de Nectanabus est présente dans la mise en prose, même si c'est un trop petit indice pour voir une influence de cette version sur l'imprimé.
51   *Florimont*, Lyon, Olivier Arnoullet, 1529, f° G (v) r°.

notre imprimé, Laurence Harf-Lancner insiste sur la fidélité de l'auteur de l'imprimé parisien, probable source du nôtre, par rapport au roman en vers :

> La comparaison du roman en vers de 1188 et du roman en prose de 1528 [...] est d'autant plus intéressante. Le long roman est devenu un récit court mais complet dans lequel Girard de Moët a réussi le tour de force de n'oublier aucun élément narratif. La structure du roman courtois est scrupuleusement respectée, tout comme la complexe thématique de l'amour et de la prouesse, des errements de Dame Fortune et des songes prophétiques[52].

On peut cependant relever quelques différences par rapport à l'écriture d'Aimon. Ainsi, la prose imprimée suit de très près les vers mais tend à privilégier le récit des aventures sans même développer outre mesure les scènes de combat et de conseil ; elle se distingue ici encore de la mise en prose bourguignonne caractérisée par son goût pour l'amplification. Par souci de clarté, parfois au prix de redondances, l'imprimé souligne nettement le passage d'un épisode à l'autre, notamment grâce à la mise en chapitres et à l'insertion des rubriques, évidemment absentes du texte-source. Ainsi, la transition entre l'histoire de Philippe et celle de Florimont est bien plus marquée dans l'imprimé que chez Aimon :

> *Florimont* d'Aimon de Varennes : *Si lairons des .II. rois a tant, / Si vos dirons d'un atre avant [...] Oez, signor, et faites paix ! / De Florimont orois hui mais / et de son peire Mataquas, qui estoit sires de Duras*[53].

> Imprimé d'Olivier Arnoullet (1529) : *Mais a tant se taist l'histoire a parler de luy pour sçavoir quel fut Florimont et les prouesses qu'il fist en sa vie*[54].

Outre cette phrase, qui donne le sujet, les autres informations, dont les noms de Florimont et de Mataquas, apparaissent dans le titre du chapitre suivant, qui annonce également le songe du roi de Duras. De plus, le début de ce chapitre comporte les indications suivantes : *Pour delaisser le parlement du roi Phelippes et de Candobras jusques a ung aultre lieu, il est licite donner a congnoistre pour mieulx l'hystoire entendre que Florimont fut filz [...]*[55]. La volonté de clarté est explicitement prise en compte. Le nom de Florimont apparaît donc à la fois dans le titre de chapitre et dans les

---

52   Harf-Lancner, « *Florimont* : du roman d'Aimon de Varennes à la mise en prose de 1528 », p. 190.
53   Aimon Von Varennes, *Florimont*, éd. citée, p. 67, v. 1673-1674, 1685-1688.
54   *Florimont*, Lyon, Olivier Arnoullet, 1529, f° A (viii) r°.
55   *Ibid.*, f° A (viii) v°.

phrases de conclusion et d'introduction, là où, par exemple, le manuscrit bourguignon se contentait de cette formule : *Or vous lairay atant des deux rois et parlerai d'aultre, tant que point sera de y retorner*[56] (XVIII, 29).

L'une des principales caractéristiques de l'imprimé, signalée aussi par Laurence Harf-Lancner pour Girart, est la présence de passages moralisants, et cela dès le prologue[57] ; celui-ci, on l'a vu, fait surtout du texte un récit d'aventures chevaleresques qui permettent que l'on garde éternellement en mémoire le nom d'un héros[58]. Certes l'aspect moralisateur n'était pas entièrement absent du texte d'Aymon qui commençait par un développement de ce type long de 65 vers (v. 37-102), fait de *laudatio temporis acti – a cel tans estoit amour vive / qui ores est povre et chaitive* (v. 53-54) – et d'éloge de la largesse : *Car largesce est meire d'amour / Et de proesce et de valour*[59] (v. 95-96). On en retrouve l'écho dans le prologue moralisant de l'imprimé, la remembrance des *vertueulx faitz anciens* permettant aux *nobles* de *los, honneur et vertu acquerir*[60]. Mais la prose se caractérise par la multiplication des formulations proverbiales : *amours non ensuyvant doctrine souvent n'a cure de son pareil* ; *les princes ne doyvent riens faire sans conseil* ; *de deux conseilz on doit tousjours le meilleur eslire* ; *mieulx vault remanoir a honneur qu'estre subject [...]* ; *jeunesse [...] est de telle condition qu'elle n'a cure de tousjours en ung lieu remanoir* ; *cil est por fol tenu qui sa vergongne voyt et ne la veult fuyr*[61]. Il y a pratiquement un proverbe par page, voire davantage. Ainsi l'échange amoureux entre Rommadanaple et le héros est presque entièrement fondé sur l'usage de formules proverbiales, parfois calquées il est vrai sur les vers : *qui amours veult longuement garder, tenir se doit de parler follement*[62] [Aimon : *qui amor welt lonc tens garder / Gart soi de folement parler*[63]] ; en revanche, les métaphores sont très réduites – par exemple l'amour comparé à une source – voire supprimées.

Curieusement, le poème en rimes équivoquées situé entre le mot *finis* et le colophon, s'il a également une portée morale, est dédié aux *gentilz espriz – vous qui n'estes pas las / Incessamment servir dame Palas*[64] – ou à

56   *Le* Florimont *en prose*, éd. citée, p. 172.
57   Ce prologue est lui aussi entièrement chez Girart.
58   *Florimont*, Lyon, Olivier Arnoullet, 1529, f° A (i) v°.
59   Aimon Von Varennes, *Florimont*, éd. citée, p. 3-5.
60   *Florimont*, Lyon, Olivier Arnoullet, 1529, f° A (i) v°.
61   *Ibid.*, f° A (vi) v° ; *ibid.* ; f° A (vii) r° ; *ibid.* ; f° A (vii) v° ; f° A (viii) v° ; f° B (i) r°.
62   *Ibid.*, f° B iii r°.
63   Aimon Von Varennes, *Florimont*, éd. citée, p. 98, v. 2555-2556.
64   *Florimont*, Lyon, Olivier Arnoullet, 1529, f° G (v) v°.

ceux qui sont nommés les *amateurs de science*[65]. Par rapport au prologue qui mettait au premier plan les valeurs chevaleresques, il semble qu'il s'agisse plutôt ici *d'acquérir / aulcun sçavoir ou vertu*[66]. Pourtant, les allusions savantes du texte en vers, comme celles renvoyant aux romans antiques (particulièrement à l'*Éneas*) et aux *Ovidiana* (Narcisse, Pyrame) dans le discours de Flocart à son disciple[67] sont totalement supprimées. Les enseignements du maître de Florimont, qui devraient être des exemples de développements didactiques, sont très fortement réduits, particulièrement par l'usage du style indirect ou de formules de résumé du type : *et tant bien l'endoctrina touchant sciences literalles que mestier ne luy fust de plus estudier*[68]. En effet l'une des caractéristiques de l'imprimé est l'usage très fréquent du style indirect aux dépens des discours directs, dont faisait abondamment usage la mise en prose bourguignonne, ce qui a pour effet de réduire considérablement les passages de dialogues : par exemple, une longue discussion entre Philippe et ses barons est réduite à un bref discours conseillant d'appeler des renforts[69]. La répartition en chapitres tend de plus à rassembler en un seul les événements qui, dans la prose bourguignonne, sont éclatés en de très courts chapitres : ainsi lors des scènes de conseil, au lieu de séparer, comme dans le manuscrit bourguignon, les interventions de chacun des intervenants, le texte les fait se succéder dans un seul développement, souvent au style indirect[70].

Au contraire du texte bourguignon qui ne parle que des ancêtres directs de Rommadanaple, future épouse de Florimont, l'imprimé conserve un prologue historique[71] proche de la version en vers, auquel il ajoute quelques remarques ou développements de son cru, dont un énorme anachronisme qui présente Philippe de Macédoine comme vivant *selon la loy chrestienne*[72]. On y trouve la même référence à la refondation de Rome (antérieurement Pallantée[73]) et à la mort de Rémus, épisodes sur lesquels vers et prose ne s'attardent pas, l'un parce qu'il n'en a pas le loisir (*qu'il ne me loist*[74]),

---

65 *Ibid.*
66 *Ibid.*
67 Aimon Von Varennes, *Florimont*, éd. citée, p. 155-156, v. 3955-3980.
68 *Florimont*, Lyon, Olivier Arnoullet, 1529, f° B (i) r°.
69 *Ibid.*, f° A (vii) v°.
70 *Ibid.*, f° B (i) r°.
71 *Ibid.*, f° A ii r°.
72 *Ibid.*
73 *Cf.* Aimon Von Varennes, *Florimont*, éd. citée, p. 6, v. 121-128.
74 *Ibid.*, v. 128.

l'autre parce que ce sujet est trop éloigné de sa matière. L'imprimé ajoute qu'après la mort de Philippe, les Romains se sont emparés du royaume[75]. Il reprend ensuite l'histoire des deux sœurs, dont l'une épouse Madian, qualifié par les deux textes de *courtois*, et la seconde Brutus, fondateur de la Bretagne avec son compagnon Corineus[76] ; là encore, le texte du prologue se termine par un couplet moralisateur et fortement misogyne sur les *femmes de maintenant qui sont de telle malicieuse sedition et quasi d'art dyabolique qu'en peu de temps ilz desonorent les biens par leurs maris conquestez*[77].

On ne retrouve donc rien, dans la version imprimée, de ce qui faisait la spécificité de la mise en prose bourguignonne de l'œuvre d'Aimon de Varennes, la conquête par Florimont de l'ensemble du monde méditerranéen d'Orient en Occident. Il n'y a en effet pas vraiment ici de rapport à l'histoire ou à la politique comme dans le manuscrit bourguignon Paris, BnF, fr. 12566. Il n'y a pas non plus de longues descriptions de combats, qu'il s'agisse de celui contre le monstre, de ceux qui opposent Florimont à Candiobras ou de l'épisode carthaginois. Reste un récit qui vise à l'efficacité, qui veut rendre clair à ses lecteurs le déroulement des faits, et qui, malgré un goût certain pour l'expression fréquente d'une sagesse proverbiale, se veut d'abord un roman d'aventures chevaleresques.

Marie-Madeleine CASTELLANI
Université de Lille
ULR 1061 – ALITHILA –
Analyses Littéraires
et Histoire de la Langue
F-59000 Lille, France

---

75 *Florimont*, Lyon, Olivier Arnoullet, 1529, f° A (i) v° : *Comment le royaulme de Macedoyne fut par les Rommains en province converty apres la mort de Macenius qui fut roy de Grece devant la reedification de Rome.*
76 Aimon Von Varennes, *Florimont*, éd. citée, p. 7, v. 141-157.
77 *Florimont*, Lyon, Olivier Arnoullet, 1529, f° A ii v°.

HISTOIRE ÉDITORIALE ET RÉCEPTION DE LA MISE EN PROSE DE *GUY DE WARWICK* AU XVIᵉ SIÈCLE

Le cas de l'édition Bonfons[1]

Bien que la réécriture du roman de *Guy de Warwick* deux siècles environ après l'époque de sa composition atteste l'intérêt qu'a pu susciter ce poème anglo-normand du début du XIIIᵉ siècle, peu nombreux sont les témoins qui conservent aujourd'hui sa mise en prose[2]. Seuls deux manuscrits du milieu du XVᵉ siècle[3] et deux imprimés, le premier publié par François Regnault en 1525[4] et le second par Jean Bonfons[5], non daté, ont fait parvenir jusqu'à nous l'histoire en prose de ce chevalier anglais qui éprouve sa valeur à travers l'Europe et jusqu'au continent africain pour devenir *le meilleur chevalier du monde* et conquérir l'amour de la belle Félice. Le roman n'a pas rencontré un franc succès après le

---

1   Nous tenons à remercier Anne Schoysman et Sergio Cappello d'avoir bien voulu discuter avec nous différents aspects de cet article.

2   Celle que nous connaissons a probablement été réalisée hors du milieu bourguignon. Le roman en vers a peut-être connu une autre mise en prose, en milieu bourguignon cette fois, comme en attesterait l'existence d'un ou de deux manuscrit(s), aujourd'hui perdu(s), dans la bibliothèque des ducs de Bourgogne. *Cf.* à ce propos Outi Merisalo, « Gui de Warwick et Herolt d'Ardenne », *Nouveau Répertoire de mises en prose (XIVᵉ-XVIᵉ siècle)*, dir. Maria Colombo Timelli, Barbara Ferrari, Anne Schoysman et François Suard, Paris, Garnier, 2014 (*Textes littéraires du Moyen Âge*, 30 − *Mises en prose*, 4), p. 433-444, en particulier p. 437.

3   Londres, BL, ms. Royal 15 E VI (ci-après L) ; Paris, BnF, ms. fr. 1476 (siglé P).

4   *Guy de Warvich*, Paris, Antoine Cousteau pour François Regnault, 1525 : Paris, BnF, Rés. Y2-163 ; Paris, BnF, Rés. Y2-164 ; Paris, BnF, Arsenal, Rés. 4-BL-4323 [la page de titre est manquante] ; Chantilly, Musée Condé, IV-G-38 ; Londres, BL, C-20-d-22 ; Vienne, ÖNB, *48.P.40 ; New York, ML, 20975 ; Austin, University of Texas Libraries, Harry Ransom Center Book Collection, PQ 1477 G 65 1525.

5   *L'hystoire de Guy de Warvich*, Paris, Jean Bonfons, s. d. : Paris, BnF, Arsenal, Rés. 4-BL-4308 ; Paris, BnF, Rés. Y2-693bis [le cahier H est manquant].

XVIᵉ siècle[6], mais il aura au moins bénéficié en France d'une double diffusion au XVIᵉ siècle à travers les éditions de Regnault et de Bonfons.

L'objectif de cette étude est de mieux cerner la place que ces deux imprimés occupent dans la production de leurs éditeurs et leur réception par les lecteurs de l'époque. Notre attention se portera particulièrement sur l'imprimé de Bonfons, qui constitue à notre connaissance un cas unique de manipulation générique de la part du libraire et pour lequel nous essayerons de proposer une datation relative.

LES ÉDITIONS

Comme nous l'avons dit, deux éditions de la mise en prose de *Guy de Warwick* nous sont parvenues. La plus ancienne, avec privilège et datée du 12 mars 1525, est sortie des presses d'Antoine Cousteau pour François Regnault[7], avec pour titre :

> *Cy commence Guy de wa=‖ruich cheualier dãgleterre qui en ſon temps fit pluſieurs proueſſes et con=‖queſtes en Allemaigne/ytalie et Dannemarche. Et auſſi ſur les infidel=‖les ennemys de la chrestiente Comme pourrez veoir plus a plain en ce pre=‖ſent liure Imprime nouuellement a Paris*[8].

Il s'agit d'un petit in-folio écrit en caractères gothiques de quatre-vingt-trois feuillets numérotés et avec signatures ; le texte est distribué sur deux colonnes de quarante-trois lignes et est garni de dix-neuf bois gravés. À en croire la mention *imprimé nouuellement à Paris*, il ne s'agirait pas de

---

6   La seule postérité littéraire de la mise en prose est le roman catalan *Tirant lo Blanch* : Joanot Martorell, *Tirant le Blanc*, trad. Jean-Marie Barberà, Toulouse, Anacharsis, 2008.

7   François Regnault, libraire-juré-imprimeur, exerça à Londres à partir de 1496 et à Paris de 1501 à 1540, rue Saint-Jacques. Il mourut à Rouen entre novembre 1540 et juin 1541 ; sa veuve, Madeleine Boursette, lui succéda jusqu'en 1556. *Cf.* Jean-Dominique Mellot, Élisabeth Queval et Antoine Monaque, *Répertoire d'imprimeurs/libraires (vers 1500 – vers 1810)*, Paris, Bibliothèque nationale de France, 2004, p. 468 ; Philippe Renouard, *Documents sur les imprimeurs, libraires, cartiers, graveurs, fondeurs de lettres, relieurs, doreurs de livres, faiseurs de fermoirs, enlumineurs, parcheminiers et papetiers ayant exercé à Paris, de 1450 à 1600 : recueillis aux Archives nationales et au département des mss de la Bibliothèque nationale*, Paris, Champion, 1901, p. 233.

8   Ici et *infra*, les transcriptions des titres et colophons sont diplomatiques.

l'édition *princeps* du roman[9]. Néanmoins, en l'absence d'autres éléments allant dans ce sens et étant donné la mention d'un privilège sur la page de titre de l'édition de Regnault (qui indiquerait qu'il s'agit bel et bien de la première édition du roman), nous nous référerons ci-après à cette édition comme à la « première édition » de la mise en prose.

La seconde édition connue, non datée, est due au libraire parisien Jean Bonfons[10]. Elle porte le titre suivant (les caractères romains signalent l'utilisation de l'encre rouge) :

Lhyſtoire *de* Guy‖*de Waruich* Che=‖ualier *d͂agleterre*‖*qui en ſontemps/fiſt pluſieurs* proueſſes *ʒ combas* Conqueſte *[sic] tant en*‖Allemaigne *ytalie ʒ* D͂anemarche *ʒ* auſſi ſur les* Infidelles *ennemys*‖*de la* Chreſtiente *ʒ de la belle fille nommee* Felixe ſa mye ſurmontant‖*la beaulte de toutes dames ʒ damoyſelles ʒ les grandes auentures* ou‖*il ſe trouuerent ʒ des grandes* trahysons *ou il se trouua.*

Il s'agit d'un in-quarto de 102 feuillets non numérotés et avec signatures ; le texte est écrit en caractères gothiques sur deux colonnes de quarante lignes et est garni de vingt-cinq gravures. Tout indique que cette édition dérive de celle de Regnault[11].

D'après la notice consacrée à *Guy de Warwick* par Georges Doutrepont dans son étude, la mise en prose aurait également connu une impression lyonnaise par Pierre de Sainte-Lucie[12] :

Guy de Waruich cheualier Dangleterre, qui en son temps fit plusieurs prouesses en [sic] conquestes en Allemaigne, Ytalie et Dannemarche. Et aussi sur les infidelles ennemys de la chrestiente (Lyon, Pierre de Saincte Lucie, s. d., in-4°).

On ne trouve cependant aucune trace de cette édition dans les catalogues et autres bibliographies, et Georges Doutrepont ne la signale pas,

---

9   *Cf.* Bechtel, p. 361.
10 Le libraire Jean Bonfons succéda à son beau-père Pierre Sergent et exerça à Paris rue Neuve-Notre-Dame à l'enseigne Saint-Nicolas de 1543 à 1566. Sa veuve, Catherine, reprit ses activités à sa mort en 1568 et jusqu'en 1572. *Cf.* Mellot, Queval et Monaque, *Répertoire d'imprimeurs/libraires*, p. 84-85. Au vu des dates d'activité de Bonfons, son édition de *Guy de Warwick*, bien que non datée, est donc nécessairement postérieure à l'édition de Regnault.
11 Pour plus de détails, nous nous permettons de renvoyer à notre article : Sophie Lecomte, « Le *Guy de Warwick* en prose entre manuscrits et imprimés. Problèmes d'édition », *Le Roman français dans les premiers imprimés*, dir. Anne Schoysman et Maria Colombo Timelli, Paris, Classiques Garnier, 2016 (*Rencontres*, 147 – *Civilisation médiévale*, 17), p. 83-91.
12 Georges Doutrepont, *Les Mises en prose des épopées et des romans chevaleresques du XIVᵉ au XVIᵉ siècle*, Bruxelles, Palais des Académies, 1939, p. 293.

par ailleurs, dans la liste qu'il donne, en fin de notice, des éditions de
la mise en prose, où ne sont citées que les éditions de Regnault et de
Bonfons. Si cette édition a bien existé, elle doit avoir été réalisée entre
1534 et 1556, dates d'activité de Pierre de Sainte Lucie à Lyon ; son titre
présume un lien de parenté plus fort avec l'édition de Regnault, qui la
précéderait, qu'avec celle de Bonfons.

Afin de mettre en relief les particularités de chacune de ces deux
éditions, il convient d'apporter quelques précisions sur le passage du
roman du manuscrit à l'imprimé. Tel qu'il a été lu au XVIe siècle dans
les éditions de Regnault et Bonfons, le texte du roman diffère très peu
de celui des manuscrits[13]. Lors de son passage à l'imprimerie, il n'a
subi aucune révision ou modification de taille de la part de Regnault,
si ce n'est, au niveau macrotextuel, l'amputation de la suite du roman,
le *Roman d'Herolt d'Ardenne*, que l'on ne retrouve ni chez Regnault ni
chez Bonfons[14]. L'absence d'édition comparable à celle de notre mise en
prose dans la production de Regnault, comme nous le verrons ci-dessous, nous empêche d'expliquer l'amputation du *Roman d'Herolt* par une
volonté du libraire de réactualiser le récit pour le lectorat du XVIe siècle.
Le *Roman d'Herolt* partageant par ailleurs les mêmes caractéristiques
génériques que le premier volet, il nous semble plus prudent de voir
dans ce changement macrostructurel le signe d'un modèle lacunaire ou
le résultat de contraintes matérielles, plus qu'idéologiques ou littéraires.

Quant aux éléments para- et péritextuels, on remarque d'emblée que
l'édition de Regnault est plus soignée que celle de Bonfons. L'édition
de 1525 comporte des titres courants pour chaque partie : *La Table* (r[os]
et v[os]) ; ¶ *Cy commence le prologue de lacteur* (r[o]) et *Prologue.* (v[o]) ; ¶ *Guy de
waruich.* (v[os]). La foliotation est indiquée dans le coin supérieur droit
des rectos selon le modèle *fueillet* suivi d'un chiffre romain, sauf pour
le *fueillet premier*. On note quelques irrégularités dans la foliotation et
les signatures. Du point de vue de la mise en page, les illustrations
respectent parfaitement la justification du texte et correspondent toutes
exactement à la largeur d'une colonne (ou n'excèdent pas celle-ci), sauf les
deux illustrations de frontispice pour le prologue et le premier chapitre,
qui sont centrées et s'étendent sur deux colonnes d'écriture.

---

13   *Cf.* Lecomte, « Le *Guy de Warwick* en prose », p. 86-93.
14   Dans le roman en vers et sa mise en prose, l'histoire de Guy est suivie d'un deuxième volet
     narrant les aventures de son fils, Raimbron, et de son fidèle maître d'armes, Herolt d'Ardenne.

L'édition Bonfons, quant à elle, ne comprend ni titres courants ni foliotation ; seul le premier feuillet de chaque cahier porte la mention *Guy.* (variantes : *Guy de Warvich.*, cahier B ; *Guyonnet.*, cahiers C et D) à gauche de la signature, liée sans doute aux contraintes de l'assemblage. Les illustrations sont plus larges qu'une colonne, ce qui implique un ajustement de la mise en page du texte, sauf pour les deux illustrations passées de l'atelier de Regnault à celui de Bonfons[15], qui n'entraînent qu'un léger décalage ; parfois même, la place manque pour que l'illustration suive immédiatement la rubrique, et certains nouveaux chapitres commencent donc à la fin d'une colonne avant l'illustration, reportée au début de la colonne ou du feuillet suivant.

En passant à l'imprimé, la mise en prose s'est vu adjoindre différents éléments de structuration et de décoration : en plus de 19 gravures sur bois, Regnault ajoute des rubriques et une table des chapitres, modifications courantes témoignant du souci chez un éditeur de faciliter la lecture. Le texte est divisé en 63 chapitres précédés d'un prologue, lesquels sont parfois subdivisés en paragraphes, pour un total de 117 subdivisions, prologue compris. Les unités correspondent bien aux principales unités narratives du texte. Chaque chapitre débute par une rubrique qui, loin d'être une reprise presque mot à mot de ses quelques premières phrases, en fournit un bon résumé. Cette structuration du texte est reprise presque telle quelle par Bonfons[16].

Le programme illustratif est relativement riche dans les deux éditions, qui proposent un bois inaugural pour environ un tiers des chapitres. Un examen comparatif confirme que l'édition Bonfons, plus illustrée[17], dérive de celle de Regnault : seuls deux chapitres illustrés chez Regnault ne le sont pas chez Bonfons (chap. 5 et 24), et la correspondance des thèmes des gravures est presque systématique ; à deux reprises (chap. 27 et 28), la gravure est même identique chez Regnault et Bonfons.

Les deux éditeurs ont voulu souligner le rapport entre le texte et son apparat illustratif, même si les bois représentent pour la plupart des

---

15   *Cf. infra.*

16   Pour quelques précisions sur la subdivision du texte dans les manuscrits et les imprimés, *cf.* Lecomte, « Le *Guy de Warwick* en prose », p. 86-87. Signalons aussi que les menues différences entre les rubriques de la table et du texte chez Regnault indiquent que Bonfons reprend les rubriques de Regnault telles qu'elles figurent dans le texte et non dans la table.

17   Seul Bonfons illustre les chapitres 6, 11, 12, 21, 23, 30, 42 et 56.

scènes très génériques (joutes, scènes de bataille, scènes de mariage, etc.) et que la pratique du remploi est évidente, tant pour d'autres publications des éditeurs qu'à l'intérieur du roman. Dans l'édition Regnault, sur les 19 bois gravés qui composent le programme iconographique, deux seulement sont employés plus d'une fois (l'un deux et l'autre trois[18]). L'édition Bonfons, qui comprend 25 illustrations, pousse plus loin le remploi : un même bois peut être réutilisé deux fois (quatre d'entre eux) ou quatre fois (un seul[19]). Ces remplois ne coïncident pas avec les chapitres que Bonfons est le seul à illustrer.

UN ROMAN AU GOÛT DU JOUR ?
Le cas de l'édition Regnault

Malgré sa publication dans un contexte éditorial parisien qui connaît, surtout entre 1490 et 1530, la parution de nombreux remaniements et proses romanesques médiévales[20], l'édition de la mise en prose de *Guy de Warwick* de 1525 par Regnault ne manque pas d'attirer l'attention. En effet, les publications de textes littéraires, au long de l'activité de l'éditeur, ne sont pas légion et *Guy de Warwick* occupe dans la production de Regnault une place pour le moins excentrique. Si l'on se réfère

---

18 Le bois réutilisé deux fois, qui représente un homme (un vieillard ?) marchant dans la rue et brandissant une épée, accompagné d'une femme et d'un homme, est le seul qu'il soit difficile de rattacher au texte chez Regnault.

19 Le bois réutilisé quatre fois représente une scène de mariage ; les quatre autres sont la gravure de la page de titre, le bois montrant un chevalier s'agenouillant devant deux demoiselles, une scène d'intérieur où un chevalier gît à terre, la tête tranchée, et une scène d'extérieur avec trois collines en arrière-plan, où un groupe de chevaliers menés par un personnage couronné regardent trois chevaliers étendus (le personnage au centre a une longue barbe). Sur les illustrations des romans de chevalerie publiés par Bonfons, *cf.* Annie Charon-Parrent, « Jean Bonfons, libraire parisien, et l'illustration des romans de chevalerie », *Le livre et l'image en France au* XVIᵉ *siècle, Cahiers V. L. Saulnier*, t. 6, 1989, p. 57-74 (plusieurs bois que *Guy de Warwick* partage avec d'autres romans sont reproduits en annexe de l'ouvrage).

20 *Cf.* à ce propos Sergio Cappello, « Le passage à l'imprimé des mises en prose de roman. *Giglan* et *Guillaume de Palerne* "à l'enseigne de l'escu de France" », *Pour un nouveau répertoire des mises en prose. Roman, chanson de geste, autres genres*, dir. Maria Colombo Timelli, Barbara Ferrari et Anne Schoysman, Paris, Classiques Garnier, 2014 (*Textes littéraires du Moyen Âge*, 28), p. 69-84, ici p. 73-74.

au classement thématique opéré par l'USTC, la catégorie « littérature » occupe une place minime dans la production du libraire, qui publie principalement des ouvrages du domaine religieux et en latin[21]. Même dans le champ de sa production littéraire en français, *Guy de Warwick* fait figure d'exception, puisqu'il s'agirait de sa seule *princeps* de roman.

Autre élément singulier, et non des moindres : la page de titre, qui offre de plus grandes similarités avec celle d'une édition comme *Ysaïe le Triste* par Galliot du Pré[22] (1522), par exemple, qu'avec toute autre publication de Regnault avant 1525. Sur la page de titre de *Guy de Warwick*, le titre est suivi de la marque typographique de l'imprimeur et de la mention *Cum priuilegio*.

Si Regnault est bien le premier éditeur de la mise en prose de *Guy de Warwick*, qu'est-ce qui l'a décidé à donner une nouvelle vie à ce roman chevaleresque, si étranger à sa production habituelle ? On sait que le *Guy of Warwick* anglais en vers avait déjà été publié deux fois à Londres, en 1497 par Wynken de Worde et en 1500 par Richard Pynson, alors que Regnault y était encore en activité[23]. L'éditeur aurait très bien pu connaître le roman à cette époque, même si cette éventuelle impulsion donnée par les éditions anglaises ne justifie pas l'écart de vingt-cinq ans qui sépare l'édition de Pynson de celle de Regnault, revenu alors en France depuis presque un quart de siècle.

---

21   D'après le classement thématique de l'USTC, la littérature (« littérature », « poésie ») occuperait 6 % de la production de Regnault (80 % de la production littéraire est en français) contre 46 % pour la catégorie « religion » (77 % de la production religieuse est en latin).

22   Exemplaire consulté, disponible sur Gallica : Paris, BnF, Rés. Y2-72.

23   *Cf. supra*, n. 7. Sur l'histoire éditoriale de *Guy of Warwick* en vers, notamment en Angleterre, *cf.* Velma Bourgeois Richmond, *The Legend of* Guy of Warwick, New York, Londres, Garland, 1996 (*Garland Studies in Medieval Literature*, 14), en particulier p. 163, 171-172. Velma Bourgeois Richmond y évoque également les imprimés français (avec une reproduction de la page de titre de Jean Bonfons – dont la gravure est très semblable à un bois de l'édition de William Colpand de 1553 – légendée erronément comme l'édition de Regnault).

UNE RÉPLIQUE ÉDITORIALE ?
Le cas de l'édition Bonfons

Si la publication du texte par Regnault pose question, l'imprimé du *Guy de Warwick* en prose s'intègre en revanche parfaitement dans la production de Jean Bonfons, dont presque un tiers est constitué de romans chevaleresques[24]. Bien plus, la page de titre de *Guy de Warwick* montre clairement son inclusion dans une véritable collection de romans publiés par Bonfons :

> les éléments qui caractérisent la collection de romans ne sont pas les caractères gothiques, le format in-4° ou l'illustration gravée sur bois dans la page de titre, qui sont présents dans d'autres ouvrages de Bonfons, mais bien, associés à ces éléments nécessaires, les trois premières lignes du titre, lequel s'étend en général sur plusieurs lignes, imprimées en gros caractères, ainsi que la grande lettrine initiale ornée [...] qui s'étale sur la hauteur de ces trois premières lignes. À ces éléments distinctifs s'ajoutent d'autres éléments qui contribuent à identifier la collection, même s'ils ne sont pas toujours présents, comme l'utilisation pour les titres des encres rouge et noire ou l'impression sur deux colonnes[25].

Guy de Warwick ne fait pas exception à la règle et se fond parfaitement, à première vue, dans cette collection à côté d'autres romans comme *Le Chevalier Bayard*, *Bertrand du Guesclin*, *Huon de Bordeaux* ou encore *Berinus*.

Le contenu du titre et le bois gravé de la page de titre sont, en revanche, plus énigmatiques. Alors même que, comme nous l'avons mis en évidence précédemment, Bonfons suit assez scrupuleusement l'édition Regnault partout ailleurs, il modifie le titre de Regnault en y ajoutant le personnage de Félice (nous soulignons) :

> *L'hystoire de Guy de Warvich, chevalier d'Angleterre, qui en son temps fist plusieurs prouesses et combas, conqueste [sic] tant en Allemaigne, Ytalie et Dannemarche, et aussi sur les infidelles ennemys de la Chrestienté, **et de la belle fille nommee Felixe***

---

24 29 % d'après Destot, p. 42. D'après le classement thématique de l'USTC, la littérature (« littérature », « poésie », « drames ») occuperait 41 % de la production de Bonfons.

25 Sergio Cappello, « La double réception du *Chevalier doré* (Denis Janot, 1541 ; Denis de Harsy, 1542 ; Jean Bonfons, s. d.) », *Studi francesi*, t. 159, 2009, p. 535-548 (cit. 545-546).

s'amye, surmontant la beaulté de toutes dames et damoyselles, et les grandes aventures ou il se trouverent, et des grandes trahysons ou il se trouva.

Ce nouveau titre est en parfaite adéquation avec l'illustration qui l'accompagne : un couple surmonté d'encadrements dans lesquels figurent les noms des amoureux. L'éditeur accorde ainsi à Félice une importance que le prosateur ne lui a pas donnée : l'amour de Guy pour la demoiselle occupe effectivement une place non négligeable dans le roman – tout ce qui précède et décide de la destinée chevaleresque du jeune homme, soit les douze premiers chapitres des imprimés –, mais c'est bien la matière chevaleresque qui est centrale ; le personnage de Félice n'apparaît que lors des rares retours de Guy en Angleterre entre deux aventures.

Non seulement la place, mais aussi le rôle de Félice sont travestis dans ce titre, qui souligne les *grandes aventures* vécues par le couple : rien n'arrive pourtant à la demoiselle, qui reste sagement à Warwick. Surtout, l'amour des deux jeunes gens n'est mis en péril que lors d'un épisode, loin d'être central dans le récit : alors qu'il s'apprête à épouser une autre demoiselle, Guy se remémore l'amour de Félice grâce à un anneau enchanté qu'elle lui avait confié ; le chevalier annule les épousailles et retrouve rapidement sa promise, qui ne se doute d'ailleurs de rien.

Ainsi, Bonfons ne s'est pas contenté de reprendre tel quel le titre de Regnault, conforme à l'esprit de chevalerie qui anime la mise en prose, en choisissant parmi les nombreux bois en sa possession une illustration convoquant l'univers chevaleresque. Au contraire, la page de titre de *Guy de Warwick* amène le lectorat de Bonfons à assimiler ce texte à un roman sentimental à la manière de *Paris et Vienne* : les deux romans présentent en effet la même gravure sur la page de titre, nous y reviendrons.

Pourtant, la plupart des romans de sa collection mettent en avant dans le titre et l'illustration le protagoniste masculin et l'univers chevaleresque[26] ; même lorsque le titre évoque un personnage féminin, la gravure qui l'accompagne fait référence à la chevalerie[27]. Le sujet de l'illustration de la page de titre semble ainsi faire partie intégrante, sinon de ses caractéristiques propres, au moins d'une tendance générale

---

26 Il en va ainsi des deux éditions consultées d'*Artus de Bretagne*, d'*Huon de Bordeaux*, de *Bertrand du Guesclin*, de *Charlemagne*, de *Theseus de Cologne*, de *Berinus* ou encore du *Chevalier Bayard*.

27 C'est le cas notamment de *Guerin de Montglave*, du *Chevalier Doré* ou de *Beuve de Hantonne*.

dans la collection de romans chevaleresques de Bonfons. L'inclusion de la mise en prose dans la collection n'explique donc pas la singularité de la page de titre de *Guy de Warwick*, qui constitue ainsi un cas unique de manipulation générique dans la production de Bonfons.

Un détour par la critique permet de mieux percevoir la singularité de l'opération. Dans une étude portant sur la réception du *Chevalier Doré* au XVIᵉ siècle, Sergio Cappello montrait comment ce roman, qui est en fait un épisode tiré du *Perceforest*, a été assimilé à un roman sentimental par son premier éditeur Denis Janot en 1541, assimilation rendue possible, malgré le contexte chevaleresque d'origine, par les particularités de l'épisode, qui raconte « l'histoire de l'amour contrasté du Chevalier doré et d'une jeune demoiselle[28] ». Quelques années plus tard, le roman a été publié par Bonfons, qui, « très attaché aux fonds traditionnels, imprime le même texte, mais avec un titre et sous une veste typographique complètement différents qui ramènent l'ouvrage dans le domaine générique d'origine en le présentant comme un roman chevaleresque[29] ». Le titre de Janot, La plai-‖*SANTE ET AMOV-*‖*reuſe hyſtoire du cheualier*‖*Doré, & de la pucelle ſur-*‖*nommée Cueur d'acier*, se trouve ainsi modifié en

Lhyſtoyre *du che-*‖*ualier aux* armes‖doree [sic] ʒ *Bethides*‖*et de la* Pucelle *ſurnommee* Cueur Dacier *et des grand* [sic] *iouſtes et*‖Combaſtz *et fais Darmes que fiſt le cheualier* eſtrange *en pluſieurs*‖*et diuerſes places pour ſoutenir ſon* honneur.

Sergio Cappello conclut que Bonfons se serait ainsi « ressaisi » du roman « pour le diffuser auprès de son public, sans doute en majorité masculin et moins raffiné que celui de Janot[30] ». À la lumière du cas du *Chevalier Doré*, on comprend d'autant plus difficilement le changement d'orientation pour *Guy de Warwick*. L'accent étant mis dans la page de titre sur le couple d'amoureux, on aurait plutôt tendance à imaginer que le lectorat visé était plutôt féminin. Le paratexte ne donne malheureusement

---

28 Cappello, « La double réception du *Chevalier Doré* », p. 536. Nous citons *infra* d'après les exemplaires Paris, BnF, Rés. Y2-672 (éd. Bonfons) et Paris, BnF, Rés. P-Y2-3010 (éd. Janot).

29 *Ibid.*, p. 544. Notons que le colophon de Bonfons est identique à celui de Janot et marque le retour de la thématique amoureuse : *Cy fine la treſioyeu-*‖*ſe/plaiſante/recreatiue/ʒ amoureuſe hyſtoire des faitz/geſtes*‖*triumphes ʒ Proueſſes du Noble ʒ vaillant Cheualie*‖*aux armes Doree :ʒ de la gente Pucelle la belle*‖*Neronne : ſurnomee Cueur Dacer.*

30 Cappello, « La double réception du *Chevalier Doré* », p. 547.

aucun indice confortant cette interprétation, comme une introduction au lecteur ou des indices dans les rubriques.

Faudrait-il alors chercher du côté du contexte de la publication du roman ? Bonfons aurait-il voulu répliquer à un concurrent, réaliser un « coup de pub », prolonger un de ses propres succès éditoriaux ? L'utilisation de la même gravure suggère-t-elle un lien entre la parution de *Paris et Vienne* et celle de *Guy de Warwick* ? L'absence presque systématique de date sur les éditions de romans par Bonfons rend malheureusement l'investigation malaisée, puisque seule l'édition de *Jean de Saintré* est datée (1553). Malgré cela, plusieurs éléments peuvent nous mettre sur la voie.

VERS UNE DATATION RELATIVE
DES ROMANS CHEVALERESQUES IMPRIMÉS
PAR JEAN BONFONS

Afin d'essayer de situer l'édition de *Guy de Warwick* au sein de la production de Bonfons, nous avons comparé vingt-trois éditions de romans chevaleresques du libraire afin de les situer relativement les unes par rapport aux autres :

- *Alexandre le Grant* : Paris, BnF, Rés. Y2-620
- *Artus de Bretagne* : Paris, BnF, Rés. Y2-550 (1re éd.)
- *Artus de Bretagne** : Paris, BnF, Rés. Y2-551[31] (2e éd.)
- *Berinus* : Paris, BnF, Rés. Y2-670
- *Bertrand du Guesclin* : Paris, BnF, Rés. Y2-625

---

[31] Nous remercions Sergio Cappello d'avoir récemment porté à notre connaissance l'existence d'une autre édition d'*Artus de Bretagne*, inconnue des répertoires et dont le seul exemplaire conservé (Munich, BSB, 4 P.o.gall. 48) est consultable en ligne (cf. à ce propos Sergio Cappello, « Les éditions d'*Artus de Bretagne* au XVIe siècle », '*Artus de Bretagne*'. *Du manuscrit à l'imprimé (XIVe-XIXe siècle)*, dir. Christine Ferlampin-Acher, Rennes, Presses universitaires de Rennes, 2015 (*Interférences*), p. 153-186, en particulier p. 171). Cette édition est intermédiaire aux deux éditions d'*Artus* que nous avons consultées. Nous n'avons malheureusement pas pu l'intégrer à cette démonstration, mais, selon les premières observations de Sergio Cappello, elle pourrait se situer entre les éditions de *Berinus*, d'une part, et de *Guy de Warwick* et *Paris et Vienne*, de l'autre.

- *Beuve de Hantonne* : Paris, BnF, Rés. Y2-673
- *Charlemagne des Espagnes* : Paris, BnF, Rés. P-Y2-3142
- *Le Chevalier Bayard* : Paris, BnF, Rés. 8-LN-27-1199
- *Le Chevalier Doré* : Paris, BnF, Rés. Y2-672
- *Geoffroy a la grand dent* : Paris, BnF, Rés. Y2-678
- *Godefroy de Bouillon* : Paris, BnF, Rés. Y2-624
- *Guerin de Montglave* : Paris, BnF, Rés. Y2-564
- *Guy de Warwick* : Paris, BnF, Rés. Y2-693bis ; Paris, BnF, Arsenal, Rés. 4-BL-4308
- *Hercule* : Paris, BnF, Rés. Y2-688
- *Huon de Bordeaux* : Munich, BSB, 4 P.o.gall. 76
- *Jehan de Saintré* : Paris, BnF, Rés. Y2-692
- *Jourdain de Blaves* : Paris, BnF, Rés. Y2-695
- *Mabrian* : Paris, BnF, Rés. P-Y2-303
- *Morgant le Géant* : Paris, BnF, Rés. Y2-576
- *Paris et Vienne* : Paris, BnF, Rés. Y2-719
- *Philippe de Madien* : Paris, BnF, Rés. Y2-702
- *Theseus de Cologne* : Paris, BnF, Rés. Y2-606
- *Ysaïe le Triste* : Paris, BnF, Rés. Y2-563

Différents paramètres nous permettent de proposer un essai de classement : les pages de titre et la comparaison des gravures sur bois.

LES PAGES DE TITRE

Observons tout d'abord que, parmi les éditions consultées, l'édition de *Charlemagne* est certainement la plus ancienne[32] : comme le soulignait déjà Sergio Cappello[33], le colophon mentionne le nom de Pierre Sergent, à qui Bonfons succède en 1547, mais c'est bien la marque typographique de Bonfons, en activité à Paris dès 1543, qui figure en fin d'ouvrage. L'édition date donc de la période 1543-1547. Notons également que la première

---

32 Sur la possible attribution à Pierre Sergent du roman *Syperis de Vinevaulx* (intégré dans le catalogue de Destot), *cf.* Cappello, « La double réception du *Chevalier Doré* », p. 545, n. 45.
33 *Ibid.*, p. 546.

édition d'*Artus de Bretagne* et les éditions d'*Hercule* et de *Morgant le Géant* ne respectent pas l'obligation du 11 décembre 1547 de faire figurer le nom et l'adresse du libraire sur la page de titre : celles d'*Hercule* et de *Morgant* ne mentionnent ni l'un ni l'autre ; celle d'*Artus* n'indique que l'adresse. Il semblerait donc que les éditions d'*Artus de Bretagne, Charlemagne, Hercule* et *Morgant le Géant* se rattachent au début de l'activité de Jean Bonfons.

Par ailleurs, Sergio Cappello formule l'hypothèse qu'« une mise en place progressive d'un modèle de page de titre s'est élaborée par touches successives et [que] le modèle choisi, une fois fixé, a été adopté pour l'ensemble des romans imprimés par la suite[34] » : il suggère ainsi l'ordre *Charlemagne > Hercule > Artus de Bretagne > Godefroy de Bouillon*, quatre éditions qui ne sont pas encore conformes à ce modèle et qui doivent donc être plus anciennes.

En recoupant ces données, on peut en déduire qu'au moins les éditions d'*Artus de Bretagne*, de *Charlemagne* et d'*Hercule* sont anciennes, et que celles de *Morgant le Géant* et de *Godefroy de Bouillon* remontent aussi à la première production de Bonfons.

LES BOIS GRAVÉS
État de conservation et utilisation de copies

La comparaison des gravures sur bois nous permet de dater relativement plusieurs romans chevaleresques, même si la seule édition datée de la collection (*Jean de Saintré*, 5 mai 1553) ne comporte malheureusement qu'une seule illustration, sur la page de titre[35]. L'état de conservation d'un même bois partagé par plusieurs imprimés est en effet un atout précieux pour retracer un ordre de publication relatif. Une première enquête partielle prenant en compte ce paramètre[36] permet d'avancer les rapports de filiation suivants[37] :

---

34 Cappello, « La double réception du *Chevalier Doré* », p. 547.
35 La même gravure orne la page de titre de *Bertrand du Guesclin*, dans un état de conservation semblable.
36 *Cf. infra*, les tableaux en annexe.
37 Nous avons privilégié une comparaison *de visu* des imprimés, qui dépendait des conditions pratiques de consultation : la comparaison entre des exemplaires conservés sur des sites différents était impossible, sauf au moyen d'un exemplaire disponible en ligne ou dont

- la première édition d'*Artus de Bretagne* précède celle de *Godefroy de Bouillon* (tableau 1) ;
- *Huon de Bordeaux* précède *Morgant le Géant* (tableau 2) ;
- *Huon de Bordeaux* et *Theseus de Cologne* précèdent tous deux *Berinus* (tableaux 3 et 4), lui-même antérieur à *Bertrand du Guesclin* (tableau 5) ;
- *Guy de Warwick* et *Bertrand du Guesclin* précèdent *Le Chevalier Bayard* (tableau 6), lui-même antérieur à *Artus de Bretagne** (tableau 7) ;
- *Guy de Warwick* précède *Alexandre le Grand* (tableau 8), lui-même antérieur à *Artus de Bretagne** (tableau 7) ;
- *Artus de Bretagne** précède *Mabrian* (tableaux 7 et 9) ;
- *Beuve de Hantonne* précède *Guy de Warwick*, lui-même antérieur à *Philippe de Madien* (tableau 10) ;
- *Paris et Vienne* précède *Artus de Bretagne** (tableaux 7 et 11).

Par ailleurs, nous avons rencontré à plusieurs reprises un bois et sa réplique (parfois presque identique), ce qui n'a rien de surprenant puisqu'on sait que les bois pouvaient être loués, vendus ou prêtés entre les ateliers. Cette donnée n'est pas dénuée d'intérêt pour notre propos. En fait, si l'on admet que l'utilisation alternée d'un bois et de sa copie est peu économique (le libraire utilisant alternativement un bois, sa copie, puis de nouveau le bois, etc.), on peut également avancer les classements suivants :

- *Godefroy de Bouillon* – *Jourdain de Blaves* – *Alexandre le Grand* / *Artus de Bretagne** / *Bertrand du Guesclin* / *Guy de Warwick* / *Paris et Vienne*[38]

---

nous avons pu nous procurer une reproduction. Pour ces raisons, l'examen n'est donc malheureusement pas exhaustif, et l'essai de datation relative ne vaut que pour les exemplaires consultés (l'absence de dates ne permettant pas, par ailleurs, de déterminer de quel tirage est issu l'exemplaire en question). Par ailleurs, étant donné l'objectif de contextualisation de *Guy de Warwick* que nous poursuivons, nous avons privilégié la comparaison des bois utilisés pour *Guy de Warwick*, mais avons étendu l'enquête à tous les bois figurant dans au moins deux éditions en ligne, ainsi qu'aux illustrations des pages de titre partagées par au moins deux des exemplaires consultés. Enfin, les tableaux que nous présentons (qui ne reprennent que les éléments qui nous paraissent probants et/ou que confirme la comparaison de plusieurs bois) ont pour but de recueillir nos premières observations quant à l'état des bois : pour embrasser l'ensemble de la production chevaleresque non datée de Bonfons, il faudrait recenser et examiner systématiquement toutes les gravures de ses éditions et étendre l'enquête à d'autres éléments (paratextuels, décoratifs, typographiques, etc.) pour pouvoir avancer une chronologie plus certaine.

38   Tantôt, *Godefroy de Bouillon* et *Jourdain de Blaves* partagent le même bois, répliqué dans *Alexandre*, *Artus de Bretagne**, *Bertrand du Guesclin*, *Le Chevalier Bayard*, *Guy de Warwick*, *Mabrian* et *Paris et Vienne* (*cf.* tableau 7) ; tantôt, la copie du bois de *Godefroy de Bouillon*

- *Godefroy de Bouillon – Le Chevalier Bayard / Guy de Warwick / Mabrian / Morgant le Géant*[39] ;
- *Berinus – Beuve de Hantonne / Guy de Warwick* [*cf.* tableau 10[40]].

Au final, lorsque l'on regroupe toutes ces données, on peut donc proposer l'hypothèse de datation relative suivante pour les éditions prises en compte ici[41] :

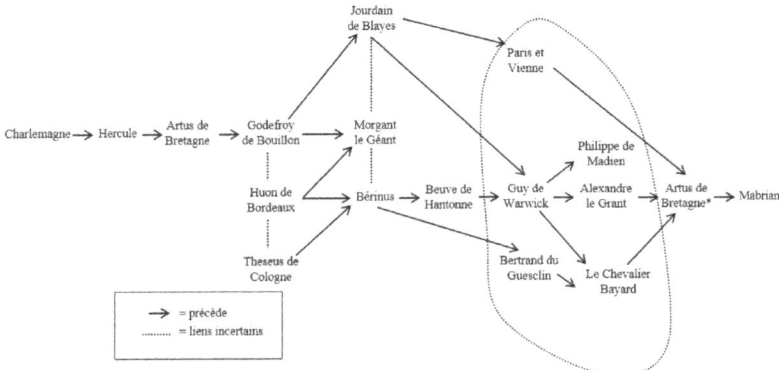

Il ne fait aucun doute que les recoupements entre les différents paramètres permettant de classer les imprimés doivent être interprétés sans négliger les précautions méthodologiques que nous avons exposées. La prudence doit donc rester de mise. Malgré cela, cette chronologie fondée sur un faisceau d'indices convergents peut fournir une première base pour notre investigation. Revenons-en donc à l'édition de *Guy de Warwick*.

---

est utilisée dans *Alexandre le Grand*, *Artus de Bretagne**, *Bertrand du Guesclin*, *Guy de Warwick*, *Jourdain de Blaves*, *Philippe de Madien*, *Paris et Vienne* et *Theseus de Cologne* (*cf.* tableau 1b). Par recoupement, *Jourdain de Blaves* se situe donc à la charnière de deux groupes distincts (d'un côté, *Godefroy de Bouillon*, de l'autre, au minimum, *Alexandre le Grand*, *Artus de Bretagne**, *Bertrand du Guesclin*, *Guy de Warwick* et *Paris et Vienne*) faisant bloc dans l'utilisation d'un bois ou de sa réplique.

39 Le bois représente un homme chapeauté, les bras croisés, à gauche, et trois cavaliers en armure, à droite, devant un édifice (une église ?) : *Godefroy de Bouillon*, f⁰Ssvii v⁰ ; *Le Chevalier Bayard*, f⁰ˢCiii r⁰ et Iiii v⁰ ; *Guy de Warwick*, vue 31 ; *Mabrian*, f⁰ˢ LVIII r⁰, XCV r⁰, CXI v⁰ et CXXV v⁰ ; *Morgant le Géant*, f⁰ˢEiii v⁰, Fi v⁰ et Oii v⁰. Pour le renvoi aux éditions (foliotation, cahiers ou vues des numérisations), *cf. infra*, Annexe.

40 Par recoupement avec l'état de conservation du bois, *Berinus* précède nécessairement *Beuve de Hantonne*, lui-même antérieur à *Guy de Warwick*.

41 Nous ne pouvons pas proposer actuellement une chronologie sur la base de l'état des bois pour *Geoffroy a la grand dent*, *Guerin de Montglave*, *Hercule* et *Ysaïe le Triste*.

CONCLUSIONS

L'intérêt de la datation relative, dans le cas qui nous occupe, est principalement de savoir si les éditions de *Paris et Vienne* et de *Guy de Warwick* sont rapprochées dans le temps ou, en d'autres termes, si l'état des gravures suggère peu d'intermédiaires entre les deux éditions. Comme le montre le schéma ci-dessus, les éditions de *Guy de Warwick* et de *Paris et Vienne* semblent en effet avoir été réalisées dans la même fourchette chronologique, à côté de *Bertrand du Guesclin* ou d'*Alexandre le Grant*, par exemple. Dans l'état actuel des connaissances et au vu des éléments que nous avons présentés, seule l'hypothèse que le libraire aurait voulu publier à la même époque *Guy de Warwick* et *Paris et Vienne* nous permettrait d'expliquer l'orientation générique de la mise en prose que Bonfons choisit pour la page de titre, qui tiendrait donc moins au contenu de l'œuvre qu'à une stratégie commerciale de la part du libraire. Il ne nous semble pas anodin, en effet, que *Paris et Vienne* et *Guy de Warwick* soient les deux seules éditions de la collection pour lesquelles le libraire utilise une telle gravure pour orner sa page de titre, à bon escient dans le premier cas, de manière illégitime du point de vue du contenu pour le second. Si les dates de parution de ces deux romans sont effectivement rapprochées, le lectorat de Bonfons n'aura pas manqué de faire rapidement le lien entre les deux œuvres. Faut-il en déduire que la publication de *Paris et Vienne* aurait rencontré un grand succès à l'époque, succès que Bonfons aurait souhaité réitérer en proposant à ses lecteurs une sorte de réplique éditoriale ? Les documents nous manquent pour confirmer une telle hypothèse.

Ainsi, l'examen de l'histoire éditoriale de la mise en prose de *Guy de Warwick* au XVIᵉ siècle pose sans doute plus de questions qu'elle n'apporte de réponses certaines. Cela étant, la comparaison des éditions de Regnault et de Bonfons entre elles, mais aussi de chacune d'elles avec la production des éditeurs, met en évidence que *Guy de Warwick* a suscité un intérêt certain de la part des deux libraires : suffisant pour que Regnault souhaite le diffuser (le premier[42] ?) auprès de son lectorat, plus

---

42 *Cf. supra*, p. 212-213.

habitué à une production savante, et peut-être conquérir de nouveaux lecteurs ; tel que Bonfons l'aurait peut-être choisi pour réitérer un succès éditorial et toucher lui aussi un autre lectorat, cette fois plus féminin.

Sophie LECOMTE
Scuola Normale Superiore, Pisa

ANNEXE

Comparaison de l'état des bois gravés

Comme indiqué précédemment, la foliotation des imprimés de Jean Bonfons, quand elle existe, est très irrégulière. Afin d'éviter toute confusion, les bois auxquels nous faisons référence ci-après sont sommairement décrits et accompagnés d'un renvoi aux numérisations ou aux cahiers des éditions ; le renvoi à la foliotation n'est effectué que pour *Mabrian*.

Tableau 1

	Artus de Bretagne	*Godefroy de Bouillon*
a. Chevalier s'agenouillant devant deux demoiselles	f⁰ Ci r⁰ entaille oblique de 17 mm sur les jupes des demoiselles ; bordure inférieure entaillée dans le coin droit	f⁰ˢ Lii r⁰ et Mi r⁰ entaille oblique plus profonde et angle inférieur droit totalement effacé
b. Cavalier terrassant son adversaire devant un couple couronné	f⁰ˢ Dii v⁰ et Giiii v⁰ bordure inférieure entaillée sur 6 mm, sous le cheval ; bordure inférieure entaillée trois fois sur 1mm du côté gauche ; lance du chevalier de droite entaillée dans sa partie inférieure sur 2,5 mm	f⁰ Iii v⁰ coins supérieurs gauche et droit entaillés
c. Cavalier en armure enfonçant son épée dans le cou d'un autre cavalier, couronné[43]	f⁰ Iiii r⁰[44] bordure extérieure largement entaillée	f⁰ˢ Jjvii r⁰, Nniii v⁰ et Aaaii v⁰ bordure extérieure pratiquement invisible

---

43　Le bois décrit au tableau 8 en est une copie.
44　Il s'agit du deuxième cahier signé I.

Tableau 2. Chevalier étendu à terre, la tête tranchée

Huon de Bordeaux (vues 104 et 128)	*Guy de Warwick* (vues 50 et 89[45]) / *Philippe de Madien* (f° Oii v°) / *Alexandre le Grand* (f° Giiii r°) / *Artus de Bretagne** (vue 98) / *Bertrand du Guesclin* (vues 22 et 47) / *Morgant le Géant* (f° ʒi r°)
entaille de 2 mm de diamètre sous la voûte de droite ; deux entailles obliques, respectivement sur 5 mm et 3 mm, sous le corps du chevalier étendu ; fine entaille horizontale sur le côté droit, sur minimum 23 mm, à hauteur des hanches du chevalier et jusqu'au cadre	bordure inférieure entaillée sur 4 mm où le sang s'arrête de couler

Tableau 3. Scène de bataille à proximité d'un château ; deux pendus en arrière-plan

Huon de Bordeaux (vue 20)	*Berinus* (vue 253) / *Morgant le Géant* (f° Pi v°)
diverses entailles dans la bordure (bordure supérieure, au centre et sur le côté droit avant le coin ; bordure inférieure sur le côté gauche avant le coin) ; petite entaille dans l'armure du chevalier à l'avant-plan sur l'épaule gauche	entaille de la bordure supérieure étendue au coin ; deuxième petite entaille dans l'armure du chevalier à l'avant-plan sur l'épaule gauche

Tableau 4. Ville et route, à gauche ; tour, au centre ; troupe armée tenant lances et écus, à droite

Theseus de Cologne (vue 121)	*Artus de Bretagne** (vue 272) / *Berinus* (vues 53, 59 et 95) / *Bertrand du Guesclin* (vues 30 et 145)
bordure supérieure entaillée du côté droit ; bordure latérale droite entaillée avant le coin ; entaille dans la ligne inférieure de la tour centrale	entaille plus marquée du coin inférieur droit de la bordure ; coin supérieur droit partiellement effacé

---

45   Paris, BnF, Rés. Y2-693bis.

Tableau 5. Noble montrant de l'index de la main droite un groupe armé tenant des lances

Berinus (vue 64)	*Bertrand du Guesclin* (vues 15 et 146)
bordure latérale droite, en bas, partiellement effacée	entaille dans les plis de la tenue du personnage à l'avant-plan

Tableau 6. Deux chevaliers brandissant leur épée, écu contre écu

Bertrand du Guesclin (vues 44 et 129) / *Guy de Warwick* (vue 54)	*Artus de Bretagne** (vue 58) / *Le Chevalier Bayard* (f° Diii r°)
bordure inférieure entaillée sur 2 mm (milieu-gauche); bordure supérieure (côté gauche) entamée sur 2 mm	deuxième entaille, de 3 mm, à droite de l'entaille de la bordure supérieure

Tableau 7. Homme agenouillé devant un couple couronné

Alexandre le Grand (f°s Aiiii r° et Eii r°) / *Bertrand du Guesclin* (vue 49) / *Le Chevalier Bayard* (f° Kii r°) / *Paris et Vienne* (vue 9) / *Guy de Warwick* (vue 4)	*Artus de Bretagne** (vues 42 et 52)	*Mabrian* (f° xxx r°)
diverses entailles dans la bordure; entaille sur la plante du pied droit du personnage agenouillé	entaille horizontale du côté droit sur minimum 21 mm à travers les personnages couronnés	bordure latérale gauche presque totalement effacée; entailles plus marquées dans la bordure supérieure; coin supérieur droit presque totalement effacé

Tableau 8. Cavalier en armure enfonçant son épée dans le cou d'un autre cavalier, couronné

Guy de Warwick (vue 97)	*Alexandre le Grand* (f° Ciii v°)	*Artus de Bretagne** (vue 320)
entaille de 6 mm sur la patte avant droite du cheval à terre; coin inférieur droit de la bordure entaillé sur 6 mm; entaille dans la lance du haut à droite (n'est	entaille de 4 mm sur la ligne marquant le pli de la patte du cheval à terre	bordure inférieure largement entaillée sur 13 mm sous la patte du cheval

plus visible que la partie supérieure de la lame, entamée elle aussi deux fois sur 1 mm) ; entaille sur la partie supérieure de la deuxième lance, après le fer, sur 1,5 mm		

Tableau 9. Chevalier en armure brandissant son épée devant deux lions

Berinus (vue 193)	*Artus de Bretagne** (vue 123)	*Mabrian* (page de titre)
entaille dans l'armure du personnage central à l'épaule gauche	entaille entre les deux colonnettes ; entaille à gauche de la colonnette de gauche, dans la frise	entaille plus marquée entre les deux colonnettes

Tableau 10. Copiste dans son *scriptorium*, la joue droite appuyée sur sa main

Beuve de Hantonne (vue 12)	*Guy de Warwick* (vue 2)	*Philippe de Madien* (f° Avi v°)
entaille verticale traversant l'image depuis le bras gauche du personnage jusqu'à la bordure inférieure ; diverses entailles dans la bordure (principalement bordure supérieure, milieu-droit)	entaille sur la tablette de la table de travail, juste en dessous de la marge inférieure du livre ; clou supérieur gauche du livre à terre partiellement effacé	entaille de 2 mm de diamètre dans les plis de la tenue du copiste, dans l'axe de l'entaille verticale

Tableau 11. Couple dans un jardin

Guy de Warwick (vues 1 et 21) / *Paris et Vienne* (vues 1 et 26)	*Artus de Bretagne** (vue 229)
bordure entamée en biseau à gauche à hauteur du muret ; quatre entailles dans le cadre du personnage masculin, partie inférieure (la plus importante au milieu, juste au-dessus du tronc, sur 3 mm) ; main droite de la demoiselle entaillée (pouce et index) ; entaille circulaire sur une des branches supérieures de l'arbre central	deux des entailles du cadre du personnage masculin ont fusionné en une grosse entaille de 6,5 mm

IMPRIMÉS
ET TRADITION TEXTUELLE

LES ÉDITIONS D'ANTOINE VÉRARD,
DES TÉMOINS (PAS) COMME LES AUTRES ?

La renommée d'Antoine Vérard, sans aucun doute le plus célèbre des libraires-éditeurs parisiens de la fin du XVe et du début du XVIe siècle, est bien établie, et ce de longue date : la monographie fondatrice de John Macfarlane, qui a dressé le premier catalogue de ses titres, puis l'étude magistrale de Mary Beth Winn, qui a surtout mis en lumière les relations entretenues par Vérard avec la plus haute aristocratie de son temps et a édité le riche corpus de ses prologues, constituent, d'un bout à l'autre du XXe siècle, deux références incontournables auxquelles se sont ajoutés, surtout à partir des années 1990, des contributions ponctuelles, consacrées à l'une ou à l'autre de ses éditions, un fascicule monothématique du *Moyen français*, et la thèse récente de Louis-Gabriel Bonicoli, centrée sur ses livres illustrés[1].

À l'unanimité, les critiques – historiens du livre et historiens de l'art au premier chef, mais aussi historiens de la littérature – ont célébré ses mérites, qui pourraient se résumer sous trois rubriques :

- la richesse et la variété de sa production, qui comprend des livres de dévotion (Livres d'Heures et *Légende dorée* entre autres, en latin et en français), des traductions de l'italien (Boccace), des titres importants de la tradition médiévale française (*Lancelot* et *Tristan*

---

1 John MacFarlane, *Antoine Vérard*, Londres, Chiswick Press, 1900 (*Illustrated Monographs issued by the Bibliographical Society*, 7) ; Mary Beth Winn, *Anthoine Vérard, Parisian Publisher (1485-1512) : Prologues, Poems and Presentations*, Genève, Droz, 1997 (*Travaux d'Humanisme et Renaissance*, 313) ; *Antoine Vérard, Le Moyen Français*, t. 69, 2011 (*cf.* notamment Mariagrazia Ricci, « Bibliographie sur A.V. (1995-2011) », *ibid.*, p. 161-171) ; Louis-Gabriel Bonicoli, *La production du libraire-éditeur parisien Antoine Vérard (1485-1512). Nature, fonctions et circulation des images dans les premiers livres imprimés illustrés*, 3 vol., Thèse de doctorat, Université Paris Ouest-La Défense, 2015 : son *Catalogue*, qui recense 219 titres, est actuellement en cours de révision. Je remercie très vivement Monsieur Bonicoli d'avoir mis à ma disposition la version pdf de ce volume.

en prose, *Merlin, Roman de la Rose, Guiron le Courtois…*), ainsi que des auteurs et titres plus récents voire contemporains (*Cent Nouvelles nouvelles*, Olivier de la Marche, Jean Molinet, *Jardin de Plaisance*, et encore Guillaume Tardif, Octovien de Saint-Gelais, Jean Bouchet…), sans oublier les versions françaises de nombreux classiques (Cicéron, Ovide, Virgile, Salluste…) ;

— la qualité artistique de certains de ses livres : à côté de ses gros in-folio sur papier pour la plupart illustrés de bois gravés, Vérard a fait tirer quelques exemplaires sur vélin, coloriés et décorés à la main, destinés au roi et à son entourage, qui constituent aujourd'hui encore des trésors dans les collections de nos bibliothèques ;

— son rôle de pionnier dans le monde encore jeune du marché du livre, en tant que responsable de nombreuses *editiones principes*, pour des titres parfois destinés à une longue fortune.

Rares sont en revanche les critiques ayant osé commettre ce véritable crime de lèse-majesté qui consiste à lire les ouvrages édités par Antoine Vérard dans une perspective philologique, autrement dit à les traiter comme de simples témoins au sein d'une tradition textuelle donnée, en vue d'établir une édition critique. Qui plus est, les éditions de Vérard ont souvent été choisies comme texte de base – et ce encore dans des années récentes – sur la base de critères bibliophiliques voire esthétiques bien plus que philologiques au sens plein du terme.

QUELQUES ÉDITIONS « CRITIQUES » FONDÉES SUR VÉRARD[2]

Première en date à avoir « présenté et transcrit » un texte de Vérard, Marie-Madeleine Ival a très honnêtement admis, non seulement qu'une édition critique de *Beuve de Hantone* en prose devrait se baser sur le

---

2 Par commodité, j'attribue à Vérard la responsabilité de ses textes, bien conscient du fait que notre libraire ne fut jamais imprimeur, et qu'il serait du plus haut intérêt de connaître avec précision à quels collaborateurs il confia tel ou tel titre : une telle recherche, à laquelle la thèse de Louis-Gabriel Bonicoli a donné une nouvelle impulsion, n'est pas encore achevée.

manuscrit Paris, BnF, fr. 12554[3], mais aussi que l'édition Vérard contient un nombre important de fautes de tous genres, allant des simples coquilles à l'altération de passages entiers[4], ce qui a pour résultat d'offrir un texte souvent dégradé[5]. C'est donc ailleurs qu'il faudra chercher les critères qui ont pu déterminer le choix de publier ce texte : l'introduction ne s'exprimant pas à ce sujet, on ne sera sans doute pas loin de la vérité en supposant que l'existence d'un exemplaire du *Beuve de Hantone* de Vérard à la Bibliothèque Méjanes (INC Q 108, lacunaire de deux feuillets) aura été décisive[6]. Malgré des limites certaines – parmi lesquelles un glossaire des plus réduits, ce qui a privé le *DMF* d'un nombre important d'occurrences de mots et locutions rares – l'édition Ival a le mérite de signaler dans les notes les leçons du manuscrit français 12554 utiles pour amender le texte de base[7].

Plus récemment, Hans-Erich Keller et Nikki L. Kaltenbach, confrontés à deux rédactions assez différentes quoique apparentées de *Galien le Restoré* en prose, l'une manuscrite (Paris, BnF, ms. fr. 1470), l'autre éditée par Vérard en 1500, ont pris le parti de les publier l'une à la suite de l'autre[8] : à leurs yeux, en effet, « il s'agit de deux ouvrages indépendants, inspirés peut-être par un ancêtre commun, mais toujours si originaux qu'ils méritent une publication séparée[9] ». Et même si une collation ponctuelle menée sur la base de quelques échantillons a prouvé une proximité certaine qu'il vaudra la peine d'approfondir, toujours est-il que, grâce à cette édition, un autre texte de Vérard est aujourd'hui facilement accessible. Celui-ci présente comme d'habitude un certain nombre de coquilles, qui toutes ont pu être corrigées *ex ingenio* : pour s'en rendre compte, on n'aura qu'à vérifier l'apparat en pied de page de Keller – Kaltenbach.

---

3   *Beufves de Hantonne. Version en prose (Édition Vérard)*, éd. Marie-Madeleine Ival, Aix-en-Provence, CUERMA, 1984 (*Senefiance*, 14), p. XLII.

4   *Ibid.*, p. XVIII.

5   *Ibid.*, p. XXIII.

6   L'édition de Marie-Madeleine Ival est en effet issue d'une thèse de doctorat de 3ᵉ cycle, sous la direction de Marguerite Rossi, soutenue à l'université de Provence en 1982.

7   Je reviendrai dans la seconde partie de ce propos sur le rapport entre le manuscrit fr. 12554 et l'édition Vérard.

8   *Galien le Restoré en prose*, éd. Hans-Erich Keller et Nikki L. Kaltenbach, Paris, Champion, 1998 (*Nouvelle Bibliothèque du Moyen Âge*, 43), respectivement p. 17-167 pour le manuscrit, et p. 169-379 pour l'incunable.

9   *Ibid.*, p. 12-13.

Quant à l'édition de *Doolin de Maience* par Marie-Jane Pinvidic, basée
sur la *princeps* de Vérard[10], elle constitue un bel exemple du prestige, si ce
n'est du charme, exercé par notre éditeur-libraire sur les chercheurs de notre
temps. Le choix du texte de base n'étant pas discuté dans l'introduction,
on peut supposer que celui-ci repose sur la chronologie : après Vérard,
Doolin de Maience connut en effet au moins six autres éditions tout au long
du XVIᵉ siècle, depuis celle de Jean Trepperel entre 1502 et 1511 jusqu'à
celle de Benoist Rigaud en 1597[11]. Ce texte de Vérard contient lui aussi
de nombreux mots et passages fautifs, voire des leçons aberrantes que
l'éditrice a conservées[12] ; deux exemples suffiront. Dans l'extrait suivant,
c'est une forme du verbe *se tenir* qui conviendrait au contexte : [le jeune
Doon] *se print à l'arçon de la selle et fust cheust à terre, mais Nostre Seigneur
le garda, et l'enfant se **teut** ung peu et le cheval s'arresta [...]*[13]. Baudouin,
prisonnier avec Doolin dans une même cellule, déclare : *ung mauvais
senechal me tient cy em prison en ceste chartre obscure, où j'ay tant esté et tant
enduré de fain et de povreté, car **les poulx** me croissent en mes habillemens comme
l'herbe en ung pré et suis velu comme ung matin ou comme ung ours*[14].

Encore plus récemment, éditant la version en prose d'*Ogier le Danois*,
Aurélia Dompierre a elle aussi pris le parti de publier le texte de Vérard[15] :
les arguments qui ont fondé son choix méritent qu'on s'y arrête un

---

10   *La Fleur des batailles Doolin de Maience publiée par Antoine Vérard (1501)*, éd. Marie-Jane
     Pinvidic, Paris, Champion, 2011 (*Textes Littéraires de la Renaissance*, 6) (édition fondée
     sur l'exemplaire Nantes, Musée Dobrée, 554).

11   *Cf.* Maria Colombo Timelli, « Doolin de Maience », *Nouveau Répertoire de mises en prose
     (XIVᵉ-XVIᵉ siècle)*, dir. Maria Colombo Timelli, Barbara Ferrari, Anne Schoysman et François
     Suard, Paris, Classiques Garnier, 2014 (*Textes littéraires du Moyen Âge*, 30 – *Mises en prose*,
     4), p. 209-214 ; Marie-Jane Pinvidic, « La tradition en prose de *Doon de Maience*, chanson de
     geste. Inventaire des éditions des XVIᵉ et XVIIᵉ siècles », *Romania*, t. 115, 1997, p. 207-246.

12   *Cf.* le compte rendu dans *Studi francesi*, t. 168, 2012, p. 550-551. Je me permets aussi de
     renvoyer à ma contribution : Maria Colombo Timelli, « *La fleur des batailles Doolin de
     Maience* (Paris, Antoine Vérard, 1501) », '*Le monde entour et environ*', *La geste, la route et le
     livre dans la littérature médiévale (Mélanges Claude Roussel)*, dir. Émilie Goudeau, Françoise
     Laurent et Michel Quereuil, Clermont-Ferrand, Presses universitaires Blaise-Pascal, 2017
     (*Collection Erga*, 14), p. 45-53.

13   *La fleur des batailles Doolin de Maience*, Paris, Vérard, fᵒ 4 rᵒ ; *La Fleur des batailles Doolin
     de Maience*, éd. citée, p. 105, 277 (n.).

14   *La fleur des batailles Doolin de Maience*, Paris, Vérard, fᵒ 19 vᵒ ; *La Fleur des batailles Doolin de
     Maience*, éd. citée, p. 152 (pas de note). Dans ce cas, la correction *poilz* serait encore étayée
     par la source en vers : *très parmi mes dras me va le poil croissant ; / autresi sui velus com mastin
     recréant (Doon de Maience*, éd. Alexandre Pey, Paris, Vieweg, 1859, p. 164, v. 5457-5458).

15   Aurélia Dompierre, *Édition et étude littéraire de la version française en prose de la légende
     d'Ogier le Danois conservée dans les trois premiers imprimés : Lyon, Jean de Vingle (1496) ; Paris,*

instant. *Ogier*, dont le seul manuscrit connu est aujourd'hui perdu[16], est transmis par de nombreuses éditions imprimées, dont les trois plus anciennes sont dues au Lyonnais Jean de Vingle (1496, 3 exemplaires conservés), au Petit Laurens (Paris, sans date, un seul exemplaire) et à Antoine Vérard (également sans date, 6 exemplaires). Les trois éditions s'équivalant en gros sur le plan de la qualité textuelle, l'éditrice s'est basée sur des critères *externes* ayant trait au nombre des exemplaires conservés, qui seraient le reflet du plus grand succès du livre auprès des lecteurs, et à leur beauté. En d'autres termes, elle a décidé de publier le texte apparemment le mieux diffusé de son temps – ce qui serait, à la limite, défendable, si ce critère ne pouvait pas être facilement inversé : ce sont en effet les livres luxueux qui ont le plus de chance de se transmettre d'une collection à l'autre ; et en effet, trois des six exemplaires de Vérard sont des éditions sur parchemin[17]. Dans une telle perspective, il n'est pas surprenant qu'Aurélia Dompierre ait sélectionné ultérieurement un de ces derniers exemplaires sur vélin, somptueusement enluminés, et en particulier celui de la Bibliothèque nationale de France, disponible qui plus est sur Gallica dans une magnifique reproduction en couleur[18]. Ce qui nous intéresse ici, ce n'est cependant pas de critiquer un choix sur lequel Aurélia Dompierre elle-même est revenue en préparant l'édition définitive de son texte, qui se fondera sur l'exemplaire de Vingle conservé à Florence (le seul complet des trois) ; c'est plutôt de vérifier une fois de plus comment, d'une part, les éditions signées Vérard peuvent être fautives, et de constater d'autre part combien la beauté du livre risque de nous amener à défendre et à garder des leçons manifestement erronées qu'il serait pourtant facile d'amender, que ce soit *ex ingenio* ou sur la base d'autres témoins.

Pourvu qu'elle ne nous éblouisse au point de nous aveugler, la qualité des éditions fournies par Antoine Vérard mérite certes d'être connue :

(*pour*) *Antoine Vérard* (*s. d.*) ; *Paris, Le Petit Laurens* (*s. d.*), Thèse de doctorat, Strasbourg, Université de Strasbourg, 2015.

16 Enregistré dans l'inventaire *post mortem* de Philippe le Bon (1467-1469 : *cf.* Joseph Barrois, *Bibliothèque protypographique, ou Librairies des fils du roi Jean, Charles V, Jean de Berri, Philippe de Bourgogne et les siens*, Paris, Treuttel et Würtz, 1830, p. 192, n° 1314). Je tire l'essentiel des informations qui suivent de Muriel Ott, « Ogier le Danois », *Nouveau Répertoire*, p. 623-642, reprises et développées dans la thèse d'Aurélia Dompierre.

17 Paris, BnF, Vélins 1125 ; Londres, BL, C-22-c-1 ; Turin, BNU, XV-V-183, ce dernier offert au roi Louis XII.

18 Dompierre, *Édition et étude littéraire*, p. 61-62.

tel était le but des fac-similés publiées par Cedric Pickford dans les années 1970[19], que renouvellent avec une qualité souvent admirable les numérisations offertes aujourd'hui par les banques de données[20]. De telles reproductions photographiques, dont Pierre Jodogne n'a pas manqué de souligner les avantages[21], relèvent cependant de la pratique philologique uniquement dans la mesure où elles mettent à notre disposition des exemplaires difficiles d'accès : pour précieux qu'ils soient, les livres de Vérard ne fournissent à mes yeux que des textes parmi d'autres qu'il sera prudent d'évaluer au cas par cas.

LES ÉDITIONS VÉRARD,
DES TÉMOINS PRÉCIEUX (PARMI D'AUTRES)

Pour vérifier mon point de vue, je propose de revenir au premier titre que j'ai évoqué ici, ce *Beuve de Hantone* dont seul le texte de Vérard est aujourd'hui accessible au lecteur moderne[22]. Ce long récit, qui réécrit en prose la deuxième version continentale de la chanson de geste[23], est transmis par deux manuscrits et plusieurs imprimés :

---

19 *Guiron le Courtois*, Londres, Scolar Press, 1977 (Vérard, *ca* 1501); *Merlin*, Londres, Scolar Press, 1977 (Vérard, 1498); *Tristan*, Londres, Scolar Press, 1978 (Vérard, 1489). On rappellera aussi l'édition du *Jardin de Plaisance et Fleur de Rhétorique* par Eugénie Droz et Arthur Piaget (Vérard, *ca* 1501) et celle d'*Ogier le Dannoys*, par Knud Togeby (Vérard, 1498) : *Le Jardin de Plaisance et Fleur de Rhétorique*, éd. Eugénie Droz et Arthur Piaget, 2 vol., Paris, Firmin-Didot et E. Champion, 1910-1925 (*Publications de la Société des anciens textes français*); *Ogier le Dannoys*, éd. Knud Togeby, Copenhague, Munskgaard, 1967.

20 Outre Gallica, on recommandera le site Early European Books (http://eeb.chadwyck. co.uk, consulté le 5 janvier 2020), ainsi que les liens indiqués pour chaque imprimé ancien dans ISTC et USTC.

21 Pierre Jodogne, « L'édition : de la représentation graphique au contenu de la pensée », *Revue belge de philologie et d'histoire*, t. 67, 1989, p. 556-562 ; ses remarques, qui concernent les manuscrits, peuvent très bien s'appliquer aux premiers imprimés (*cf.* en particulier *ibid.*, p. 557).

22 Je complète ici les informations réunies dans Jean-Pierre Martin, « Beuve de Hantone », *Nouveau Répertoire*, p. 115-121.

23 *Der festländische Bueve de Hantone, Fassung II*, éd. Albert Stimming, 2 vol., Dresde, Gesellschaft für romanische Literatur, 1912-1918 (*Gesellschaft für romanische Literatur*, 30, 41), disponible en ligne, sur Gallica.

– Paris, BnF, ms. fr. 12554, issu de la bibliothèque de Philippe le Bon (*ante* 1467-1469 ; numérisé sur Gallica) : P1 ;

– Paris, BnF, ms. fr. 1477 (*inter* 1499 et 1512, sur la base du filigrane ; numérisé sur Gallica) : P2 ;

– Paris, Vérard, s. d. [1499-1502], quatre exemplaires conservés : Paris, BnF, Rés. Y2-148 incomplet ; Cambridge MA, Harvard University of Limerick, Houghton Library, Inc. 8458-1 ; Modène, Biblioteca Estense e Universitaria, α.&.5.23 ; Turin, BNU, Ris. 24-6, utilisé ici (V) ;

– Paris, Michel Le Noir, 1502 ; trois exemplaires : Paris, BnF, Rés. Y2-674 (numérisé sur Gallica) ; Chantilly, Musée Condé, III-G-029 ; Munich, BSB, 4 P.o.gall. 9u ;

– Paris, Philippe Le Noir, 1525 (?) ; un exemplaire : Londres, BL, C-22-a-53 ;

– Lyon, Olivier Arnoullet, 1532 ; deux exemplaires : Paris, BnF, Arsenal, Rés. 4-BL-4366 ; Nantes, Musée Dobrée, 557 ;

– Paris, Jean Bonfons, s. d. [1547-1568] ; deux exemplaires : Paris, BnF, Rés. Y2-673 ; Cambridge, UL, F154-d-4-10, incomplet.

Si la tradition manuscrite de *Beuve de Hantone* est limitée – ce qui est souvent le cas pour les « mises en prose[24] » – le passage à l'imprimé grâce à Antoine Vérard marque le début d'une fortune relativement importante, à Paris et à Lyon, qui lui garantira une diffusion prolongée[25]. Une fois qu'on lui aura reconnu ce mérite, faudra-t-il pour autant faire de son texte un témoin privilégié au sein de cette transmission ? L'examen de quelques aspects nous permettra, je l'espère, de fournir une réponse objective.

Ma collation prend en compte les deux manuscrits (P1 et P2) et la *princeps* de Vérard (V). Possible jusqu'au chapitre 58 du texte imprimé (pour la suite, V donne un texte abrégé par rapport à P1, où même la

---

24 *Cf.* Tania Van Hemelryck, « Le livre mis en prose à la cour de Bourgogne. Réflexions pour une approche codicologique d'un phénomène littéraire », *Mettre en prose aux XIV*ᵉ-*XVI*ᵉ *siècles*, dir. Maria Colombo Timelli, Barbara Ferrari et Anne Schoysman, Turnhout, Brepols, 2010 (*Texte, Codex & Contexte*, 11), p. 245-254.

25 Je me permets de renvoyer à deux de mes contributions : Maria Colombo Timelli, « Du manuscrit à l'imprimé : le cas des 'mises en prose' », *Au prisme du manuscrit. Regards sur la littérature française du Moyen Âge (1300-1550)*, dir. Sandra Hindman et Elliot Adam, Turnhout, Brepols, 2019, p. 219-239 ; *Ead.*, « Le XVIᵉ siècle, proses et renouvellements », *'Par deviers Rome m'en renvenrai errant'*, dir. Maria Careri, Caterina Menichetti et Maria Teresa Rachetta, Rome, Viella, 2017, p. 277-294.

fragmentation en chapitres et paragraphes ne coïncide plus que partiellement ; quant à P2, il abrège aussi, sans dépendre toutefois de V),
elle a été menée sur un peu plus de la moitié du texte, à savoir jusqu'au
chapitre 42 sur un total de 82 : une telle portion permet de mesurer
les écarts entre les trois versions avec une bonne approximation et d'en
évaluer la portée sur la qualité de l'ensemble.

Les variantes entre P1 et V, comme on pouvait s'y attendre, concernent
tout d'abord la langue, sans que cela soit automatiquement et uniquement
attribuable à la distance chronologique entre les deux ; il s'agit de variantes

— graphiques : bien que dépourvues de valeur philologique, celles-
  ci peuvent s'avérer intéressantes lorsqu'elles révèlent, de par leur
  régularité, l'existence d'un « système » ; par exemple, le copiste de
  P1 utilise deux formes pour la troisième personne du verbe *faire* :
  fai(c)t dans le récit, *fet* en incise de discours direct[26] (*fet* + sujet
  nominal ou pronominal) ; par contre, dans V seule la forme *fait*
  apparaît, tous contextes confondus ;
— morphologiques[27] : V semble régulariser quelques adjectifs féminins épicènes (*meilleur ne plus douce vie*, f° 1 r° / *meilleure*, f° 1b) ou
  les formes devant voyelle (*en son vielx aaige*, f° 1 r° / *en son vieil aage*,
  f° 1a ; *vielx et flory*, f° 1 r° / *vieil et fletry*, f° 1b) ; de même les formes
  analogiques verbales semblent plus régulières, qu'elles portent
  sur les désinences (*s'en repenti*, f° 1 r° / *s'en repentit*, f° 1a) ou sur le
  radical (*veant*, f° 1 r° / *voyant*, f° 1b ; *aroit*, f° 1 r° / *auroit*, f° 1b). Ces
  formes, dont il faudra vérifier la régularité dans une portion de
  texte plus significative, vont dans le sens d'une modernisation dont
  les imprimés semblent se faire porteurs.
— lexicales : c'est le domaine où la standardisation opérée par V est la plus
  marquée, dans la mesure où bien des archaïsmes et des régionalismes
  disparaissent dans le texte imprimé. Un examen étendu ayant été

---

26 On ne compte que deux exceptions sur quelque 300 occurrences de *fet* dans la portion de
    texte considérée : *Que avez vous*, fait *elle, fait, beausseigneurs ?* (Paris, BnF, ms. fr. 12554,
    f° 7 r°) ; *Ne avez vous*, fait *elle, veu celui qui tant est povrement vestu que de toutes pars lui voit on
    la char ?* (Paris, BnF, ms. fr. 12554, f° 14 r°) ; remarquons toutefois que dans les deux cas
    le contexte grammatical (proximité de l'auxiliaire *avoir*) peut avoir confondu le copiste.
27 Le dépouillement a été limité au premier chapitre. Dans mes citations, je renvoie aux
    feuillets des deux manuscrits (r°/v°, les deux étant copiés à longues lignes), aux colonnes
    de l'édition Vérard (a, b, c, d).

mené ailleurs[28], je me contenterai ici de donner quelques exemples :
parmi les mots désuets, V supprime *acouveter* ('couvrir' ; P1 f° 89 v°),
freiz ('froissement, bruit en général' ; P1 f° 75 v°), *posnee* ('action arro-
gante, bravade' ; P1 f° 53 r°) ; parmi les régionalismes : *bove* ('cave' ; P1
f° 36 v°), *cavain* ('grotte' ; P1 f° 44 v°), *glavir (de faim)* ('avoir très faim' ;
P1 f° 35 r°), *volequin* ('vêtement de laine, sorte de mantille' ; P1 f° 15 v°).

Un certain nombre d'autres variantes sont plus conséquentes, dans la
mesure où elles ont des retombées sur le sens même du texte et interrogent
par là l'éditeur critique sur la leçon à retenir ; pour les évaluer, celui-ci
se devra de faire appel à deux autres textes de contrôle : en amont, la
source en vers, et, en parallèle, le manuscrit P2, que j'ai laissé pour le
moment de côté parce qu'il transmet un texte décidément modernisé
et souvent différent de P1/V, certainement apparentés entre eux.

Nous sommes au début du récit ; la femme de Gui de Hantone, *belle,
jenne, amoureuse et fresche* (P1 f° 1 r°), ayant décidé de se débarrasser d'un
mari *vielx et flory, de nature deshbilité et feble* (f° 1 r°), convoque un secrétaire
afin de lui dicter la lettre qu'elle enverra à Doon de Mayence ; les variantes
entre les trois témoins, et surtout les corrections que le copiste de P1 a
apportées à son texte après relecture (les mots en question, barrés, sont
remplacés en interligne), nous informent sur la transmission du texte
et sur sa version première :

> *Elle apela ung ~~chapelain~~*[29] [barré et exponctué] *clerc* [*clerc* en interligne ; V :
> *ung chappellain,* f° 2b ; P2 : *ung chevalier,* f° 3 r°] *qui assez estoit privé d'elle, et tant
> lui sermonna et prommist de biens que il s'acorda à faire tout son plaisir. La dame,
> qui moult en fut joieuse, le mercya, et tout son fait en secret lui declaira et fist escripre
> pour envoier à Doon qui à Mayance estoit. Et lui meesmes l'entreprist aporter et faire
> son messaige en telle maniere qu'elle le voulu proposer. Sy se parti le ~~chappelain~~ clerc*
> [*clerc* en interligne ; V : *le chappellain,* f° 2b ; P2 : *ledit messaige,* f° 3 v°] *par le
> congié de la dame, à qui moult tarda en avoir nouvelles. Et quant le ~~chappelain~~
> clerc* [*clerc* en interligne ; V : *le chappellain,* f° 2b ; P2 : *le chevalier,* f° 3 v°] *fut
> arrivé à Maiance, il demanda le conte, et on lui enseigna. Doon, qui estoit en son
> palaix avecques plusieurs chevaliers et gentilz hommes allemens, receut les lettres de
> la dame, à quoy il n'avoit onques encores pencé, vist la teneur d'icelles au loing, puis*

---

28 Maria Colombo Timelli, « *Beuve de Hantone* : des vers à la prose », *Uns clers ait dit que
    chanson en ferait. Mélanges de langue, d'histoire et de littérature offerts à Jean-Charles Herbin*,
    dir. Marie-Geneviève Grossel, Jean-Pierre Martin, Ludovic Nys, Muriel Ott et François
    Suard, Valenciennes, Presses Universitaires de Valenciennes, 2019, p. 229-241.

29 Le mot *chapelain* est ici barré et exponctué.

*regarda le ~~chapelain~~ clerc [clerc en interligne; V : le chappellain, f° 2b ; P2 : ledit
messaige, f° 3 v°] et commanda qu'il feust servi de tout ce que mestier lui seroit (f° 2 v°).*

Ce personnage secondaire, dont il ne sera plus question par la suite, est
bien *un clerc* dans la chanson de geste[30], où il porte le nom de *Salemon* ;
le substantif *chap(p)elain*, bien que toujours barré par le copiste de P1,
dénonce manifestement la parenté avec V, alors que P2 se situe indubitablement à part (si *messaige*, qui revient deux fois sur quatre, exprime
le rôle joué par ce comparse, *chevalier* pourrait bien s'expliquer par une
lecture fautive de *clerc*, pris pour l'abréviation courante *chlr*) ; reste à
expliquer le passage de *chap(p)elain* à *clerc* dans P1, qu'il serait tentant
d'attribuer – sans que l'on puisse être formel – à une relecture du texte
en prose en parallèle avec les vers.

Beaucoup plus loin, éloigné de son pays par sa mère, mariée à Doon
de Mayence, Beuve est mis en vente comme esclave sur le marché de la
ville d'Aubefort, en Arménie :

> *Le roy Hermins se tira où la presse estoit, qui tost fut ouverte et rompue pour sa venue ;*
> *sy regarda mout ententivement l'enfant, qui par semblant n'estoit guieres esbahy, puis*
> *lui demanda : « Chetif, fet il, dont es tu né ? » « De France [V : d'Angleterre, f° 9c ;*
> *P2 : de France, f° 18 r°], sire, ce respondi Beufvon [...] » (f° 12 v°).*

Dans ce cas, la leçon de P1, confirmée cette fois par P2, est confortée
par les vers (*Sire, dist Bueves, de France le regné [...]*[31]) ; la variante dans
V n'est pourtant pas isolée : pendant tout l'épisode qui suit, le protagoniste sera désigné comme *le damoisel de France* dans P1 (f° 14 r°-v°) /
P2 (f°s 19 v°-20 r°), *d'Angleterre* dans V[32] (f° 10c-d) ; ce n'est qu'à partir
du f° 10d que V se rallie aux deux autres : dorénavant, ici aussi Beuves
sera *le damoisel de France*[33]. Reste à s'interroger sur la raison de cette
apparente disparate ; il se peut en effet que le responsable du texte de
Vérard se soit rendu compte d'une contradiction, le chapitre préliminaire
du « roman » situant bien l'histoire de Beuve Outre-Manche, ce que son
patronyme ne fait que confirmer :

---

30 *Der festländische Bueve de Hantone*, éd. citée, p. 11, v. 241.
31 *Ibid.*, p. 72, v. 1676.
32 *Ibid.*, p. 77, 79, 80 : *le françois escuier* (v. 1833), *le François* (v. 1869, 1888, 1892…).
33 Modification relevée par Marie-Madeleine Ival dans une note : « Ici commence
    – constate-t-elle – la confusion France-Angleterre pour les imprimés » ; en réalité, la
    « confusion » s'est produite jusqu'ici (*Beufves de Hantonne*, éd. citée, p. 289, 27, 25).

En Angleterre, qu'on souloit jadiz nommer la Grant Breteigne, pour le temps que les chevaliers errans y souloient querir les advantures, en advint une [...] (P1 f° 1 r° ; seule variante significative dans V : **leurs** *advantures*, sans doute leçon correcte, f° 1a ; variantes dans P2 : *on s. j.* **appeler** *la G.B.* ; *les ch. e. y* **queroient leurs** *a.*, f° 1 r°[34]).

Rappelons d'ailleurs que lorsque Josianne, amoureuse de Beuve, regrette son absence, c'est toujours le *doux païs de France* qu'elle évoque :

Et vous estes au plaisir de vostre cueur **en ce doux païs de France**, *si vous estes bien parti seleement quant je n'ay rien sceu de vostre alee* (f° 30 r°, pas de variantes dans V f° 22d, ni dans P2 f° 40 r°) [*Or iés en France a joie en ton regné [...]*[35]].

Et un peu plus loin :

[...] et lors se metoit elle à une fenestre et regardoit le vent venir, et par especial avoit tousjours la veue **du costé de France** *[V idem f° 23d ; P2 idem f° 41 v°] ; sy lui sembloit plus doulx et plus delitable sans differance que nul autre. Adonq baisoit elle celui gant et disoit : « Haa, doux amis et gent chevalier Beufvon ! comment vous va il maintenant ? Si estes vous à l'aise de vostre cueur* **en ce doulx païs** *[V ce d. pays* **de France**, *f° 23d ; P2 ce d. pays, f° 41 v°] dont je sent [sic] le vent venir ? »* (f° 31 v°) [*Or es en France a joie entre ta gant*[36]].

Les passages cités jusqu'ici confirment déjà que – au-delà des variantes individuelles – les trois versions de *Beuve de Hantone* ont une origine commune et que, d'autre part, P1 et V s'opposent à P2[37]. Il est temps maintenant de s'interroger sur le rapport qui unit le manuscrit le plus

---

34 La chanson, s'abstenant quant à elle de mentionner un pays, introduisait aussitôt le personnage de *Guion... de Hantoune* (v. 55-56), puis encore aux vers 68, 71... (*Der festländische Bueve de Hantone*, éd. citée, p. 3, 4).

35 *Ibid.*, p. 110, v. 2694.

36 *Ibid.*, p. 110, v. 2707. Dans un passage ultérieur, Josianne s'adresse au vent venant de France : *Mais toutes et quantes fois qu'elle avoit l'air d'un* **vent françois**, *elle le saluoit et à lui se complaignoit de ses amours [...] : 'Haa,* **vent françois**, *que tant tu confortes mon cueur !'* (f° 41 r° ; V *idem* f° 30d ; P2 *idem* f° 54 r° ; *cf. ibid.*, p. 151, v. 3749-3752). *Cf.* François Suard, « Le *Beuve de Hantonne* en prose : importance et expression du sentiment amoureux », *Études littéraires sur le* XVe *siècle. Actes du* Ve *Colloque International sur le Moyen Français, Milan 6-8 mai 1985*, 3 vol., Milan, Vita e Pensiero, 1986, t. 3, p. 73-88.

37 Il n'est pas lieu ici de donner une liste, ne fût-ce que très partielle, des leçons qui confirment cette parenté : le dépouillement complet du texte ne laisse cependant aucun doute. Il en découle qu'en cas de coïncidence P1/P2 contre V, on a de fortes chances d'avoir sous les yeux la leçon originale : *cf.* par exemple, dans l'extrait en Annexe, le participe *bien emparentee* (P1/P2) *vs. de grant lignage* (V).

ancien et la *princeps* de Vérard, ce que nous allons faire sur la base des leçons fautives de l'un et de l'autre et des amendements possibles.

Comme j'ai pu le relever dans l'ensemble du texte, l'imprimé s'avère être beaucoup plus fautif que P1, et ce dès les premiers mots, qui coïncident avec un distique de décasyllabes tiré, comme la plupart de ceux qui suivent, des *Proverbes moraux* de Christine de Pizan[38] :

> *Pour neant met l'omme peine à apprendre // Se user ne veult de sens et le bien prendre* (P1 f° 1 r°)
> *Pour neant met l'homme paine à aprendre se user ne veult de raison et de sens et le bien prendre*[39] (V f° 1a).

L'innovation introduite par V, avec insertion d'un doublet synonymique, fait évidemment éclater le rythme en produisant une leçon fautive, comme le confirme la confrontation avec la source (n° 62 de Christine).

Ces tout premiers mots ne font qu'annoncer les multiples fautes de V dans le premier chapitre déjà, parfois évidentes à la lecture, parfois étayées par la collation avec la chanson de geste, parfois indirectement confirmées par P2[40] :

- *ung chevalier moult **sage*** (*aaigé* P1, *aagé* P2) : faute par anticipation, Gui étant qualifié de *sage* quelques mots à peine plus loin, tant dans V que dans P1 ; par ailleurs, les laisses IV et V de la chanson insistent à maintes reprises sur l'âge avancé de Gui et sur les risques qu'entraîne un mariage entre un vieillard et une jeune fille[41] ;
- *qui <**à**> mary le lui avoit donné* (*qui a mary* P1 et P2) : lacune ;
- *tant belle, jeune, amoureuse et frisque <**estoit**> que merveilles estoit de sa beaulté veoir* (*estoit* P1 et P2) : lacune provoquée sans doute par la répétition à quelques mots de distance du même verbe ;
- *<**sy fut**> comme ravye de joye* (*sy fut* P1, *si fut* P2) : lacune ;

---

38 Je me permets de renvoyer à Maria Colombo Timelli, « *Beuve de Hantone*, ou de l'intérêt des proverbes dans une mise en prose peu fréquentée », *Romania*, t. 134, 2016, p. 204-224.

39 Ce proverbe manque dans P2. Le copiste de P1 adopte une même mise en page, avec alinéa à chaque vers, pour tous les 38 distiques introduits, alors que dans V celle-ci est beaucoup plus aléatoire et semble dépendre de raisons typographiques, notamment de l'espace disponible dans la colonne et/ou dans la page.

40 La transcription du passage en Annexe donne un aperçu des rapports textuels entre les trois témoins.

41 *Der festländische Bueve de Hantone*, éd. citée, p. 4, 5, 6, v. 75-77, 94-95, 109-111.

- *Helas, fait la dame, qui se commença à **merveiller** (merancolier P1)* :
  faute paléographique ;
- *[…] cestuy vieillart qui par sa vieillesse **advantura** mon corps (aneantira*
  P1 et P2) : faute paléographique, d'autant plus évidente que le temps
  verbal adopté par V ne convient pas (passé simple au lieu du futur) ;
- peut-être aussi *la façon de sa **bouche**, sa poictrine belle et large (de sa*
  blanche poitrine, onnie et large P1 ; om. P2).

P1 n'est évidemment pas exempt de fautes, mais les cas où V apporte
son secours sont beaucoup moins nombreux ; pour ma démonstration
je n'ai retenu qu'un nombre réduit de passages significatifs :

- *Chascun poigni le cheval adonc, car là avoit belle praerie, et s'entreviennent*
  *les ungs aux autres à bonnes mains, qui mielx pour<**roit**> l'un l'autre*
  deschevaulchier (f° 13 v°) (V : *qui mieulx **pourroit** l'ung l'autre desche-*
  vaucher, f° 10b ; P2 : *qui mieulx l'ung l'autre **deschevaucheroit**,* f° 19 r°).
  La ponctuation de P1 pourrait suggérer une solution différente ;
  une barre oblique se situant entre *mielx* et *pour,* la phrase *qui mielx*
  <mielx>, pour… ne serait pas impossible ; c'est là que le recours à
  V (et indirectement à P2) s'avère indispensable.
- *mais au devaler les degrez [Beuve] encontra comme au pié de la dessendue*
  *<**quatre lions**> qui le voulurent assaillir* (V : *les d. il rencontra **quatre***
  ***lyons** au pied de la descendue qui le v.*, f° 20d ; P2 : *les d. trouva au pié*
  *de la descendue **gens** qui le vouloient a.*, f° 36 v° ; chanson : *A l'avaler*
  *du palais marberin / **Quatre lion** le vaurrent assaillir*[42]). *Et lors cuida*
  aler prendre son destrier Arondel, qui, si tost comme il le vist de lui pres
  (V : *si t. comme il vint pres de lui*), *s'enfuy, et lors eust si grant paour*
  *des **quatre lions** qu'il tressailli et s'esveilla* (f° 27 v°). Dans ce cas, le
  contexte de P1 aurait permis de compléter même en l'absence de
  textes de contrôle : V et la chanson ne font donc que confirmer une
  conjecture aisée à établir. Resterait à expliquer la faute dans P2
  (*gens* pour *quatre lions*), d'autant plus que dans la phrase suivante
  les bêtes qui effraient Beuve en rêve sont bien évoquées (*[…] et lors*
  eut si grant paour de quatre lyons qu'il tressaillit et s'esveilla : toutefois,
  la préposition simple, *de quatre lyons*, prouve bien que ceux-ci sont
  cités pour la première fois).

---

42 *Ibid.*, éd. citée, p. 103, v. 2511-2512.

— *Et quant Doon vist Sebault qui present le roy lui avoit telle injure faicte,*
il haulça le poing et le cuida saisir aux cheveulx, mais il failli, car il
avoit une coifette de fer dessoulx, si lui mist la main au menton, et lui
*arracha une poigniee **de ses cheveulx qu'il avoit grans**, car la barbe*
lui venoit jusques sur la poitrine (f° 85 v°). La cohérence de la phrase
peut être rétablie par le recours aux textes de contrôle : V : *et luy*
*a. une poignee **de sa barbe** laquelle luy venoit jusques sur la poictrine*
(f° 63c) ; P2 : *et luy a. une partie **de sa barbe** car il l'avoit grande*
(f° 111 v°) ; chanson : *Parmi la barbe prist Soibaut le guerrier, / **Cent***
***pels li fist de la barbe** esracier*[43].

Dans un seul cas V et P2 permettent, sinon de refuser, au moins de
mettre en doute une correction introduite après coup par le copiste de P1 :

> *Celle dame, veant son seigneur vielx et flory, de nature desbilité et feble au regard*
> *d'elle, qui ne requeroit que esbatement et joieuseté par l'amonicion de jennesse qui*
> *la gouvernoit, comme celle qui en sa ~~fleur~~ beauté [beauté en interligne] estoit, bien*
> *pencee, bien nourrie, bien vestue et paree, et pourveue de toutes choses qu'elle pouoit*
> *desirer [...]* (f° 1 r°).

Dépourvu de textes de contrôle, l'éditeur attentif relèverait néanmoins
une incongruité entre la *jennesse* de la dame de Hantone et le rappel de
sa *beauté*, qui banalise le plein épanouissement indiqué par la *fleur* ; or,
tant V que P2 gardent cette leçon (respectivement f° 1b et f° 1 v°), qui
a toute chance d'être la leçon voulue par l'auteur anonyme.

Implicite dans l'intitulé de ce propos, la réponse à la question posée
est des plus banales et ne repose finalement que sur deux constatations.

La première, de portée générale, ne nous étonnera pas : la beauté
matérielle des livres – manuscrits ou imprimés – n'offre aucune garan-
tie quant à la « bonté » du texte ; bien au contraire, les cas ne sont pas
rares de copistes qui, pour ne point déparer leur page par des ratures,
conservent des leçons fautives en adaptant la suite du texte, quitte à
créer des passages inconséquents. Pour ce qui est des imprimés anciens,
la seule différence tient à la confection mécanique des livres, qui n'a
que réduit la possibilité d'intervenir rapidement et directement sur les
textes : les tirages successifs d'une même édition permettaient certes
d'introduire des corrections, mais il s'agissait d'une pratique coûteuse

---

43 *Ibid.*, p. 348, v. 8908-8909.

et chronophage que tous les imprimeurs ne semblent pas avoir adoptée régulièrement[44].

La seconde, qui en découle, concerne plus en particulier notre Antoine Vérard : s'il a souvent diffusé des versions remaniées des œuvres qu'il publiait, et aussi souvent fautives[45], il peut parfois offrir des leçons utiles pour l'établissement du texte. Ma contribution ne voudrait donc se proposer que comme une simple mise en garde : loin de succomber à la beauté des volumes, à la quantité des exemplaires conservés, voire à toute facilité de transcription, les éditeurs que nous sommes se doivent de traiter les éditions Vérard comme des témoins parmi d'autres, manuscrits et/ou imprimés, en y ayant recours avec autant de prudence que d'esprit critique.

Maria COLOMBO TIMELLI
Sorbonne Université – STIH

---

44 Pour notre *Beuve de Hantone*, et pour les passages examinés ici, je n'ai relevé aucune variante dans les exemplaires que j'ai pu consulter (Turin, Aix, Paris).

45 En dehors du domaine littéraire, le cas examiné tout récemment par Pierre Nobel est des plus intéressants, certaines des erreurs de Vérard ayant une portée théologique qui pèse lourd sur l'interprétation du texte : Pierre Nobel, « L'*editio princeps* de la *Bible historiée* par Antoine Vérard », *La traduction entre Moyen Âge et Renaissance. Médiations, auto-traductions et traductions secondes*, dir. Claudio Galderisi et Jean-Jacques Vincensini, Turnhout, Brepols, 2017 (*Bibliothèque de Transmédie*, 4), p. 89-109.

ANNEXE

Beuve de Hantone, chapitre premier

En **gras**, les mots faisant l'objet d'un commentaire.

P1	V	P2
	[f° 1a] *Le livre de Beufves de Hantonne.*	
[f° 1 r°] *Pour neant met l'omme peine à aprendre Se user ne veult de sens et le bien prendre.*	*Pour neant met l'homme paine à aprendre se user ne veult de raison et de sens et le bien prendre.*	
*En Angleterre, qu'on souloit jadiz nommer la Grant Breteigne, pour le temps que les chevaliers errans y souloient querir les advantures, en advint une, non mie pour lors mais depuis, d'un chevalier moult **aagié** qui en son temps, pour lors que jennesse le gouvernoit, estoit riche, **saige**, aymé de ses hommes, bienvenu en toux lieux, et par especial à la court de Londres, où plus se* [~~teno t.~~] *tenoit le roy qui pour adonq regnoit en icelui païz. Il estoit plain de vaillance, garni d'onneur et plain de bon conseil, et tousjours avoit esté amoureux, par especial de belles dames. Et de son nom veult l'istoire parler ad ce qu'il en puisse mieulx souvenir à ceulx ou celles qui ceste matiere recorderont : on l'apeloit Gui seigneur de Hantonne, lequel en son vielx aaige se maria, ne dit point cy l'istoire se ce fut à la premiere ou deux^{me}*	*En Angleterre, que on souloit jadis nommer la Grant Bretaigne, pour le temps que les chevaliers errans y souloient querir **leurs** advantures, en advint une, non mye pour lors mais depuis, d'ung chevalier moult **sage** qui en son temps, pour lors que jeunesse le gouvernoit, estoit riche, **saige** et aymé de ses hommes, bienvenu en tous lieux, et par especial à la court de Londres, où plus se tenoit le roy qui adonc regnoit en icelluy pays. Il estoit plain de vaillance, remply d'onneur et plain de bon conseil, et tousjours avoit esté amoureux, par especial de belles dames. Et de son fait veult l'istoire parler, à ce qu'il en puisse mieulx souvenir à ceulx et celles qui ceste matiere regarderont : on l'appelloit Guy de Hantonne, lequel en son vieil aage se maria ; et ne dit point cy l'istoire se ce fut la premiere ou deuxiesme femme, mais en*	[f° 1 r°] <E>*n Angleterre, que on souloit jadis appeller la Grant Bretaigne, pour le temps que les chevaliers errans y queroient **leurs** adventures, en advint une, depuis ledit temps, d'un chevalier moult **aagé** qui en son temps, pour lors que jeunesse le gouvernoit, estoit riche et amé de ses hommes, et estoit bienvenu en toute place, et par especial à la court de Londres.* *Il estoit plain de vaillance, garny d'onneur, et tousjours avoit esté amoureux, par especial de belles dames.* *Et se nommoit iceluy chevalier Guy de Hantonne, lequel en son vieil aage se maria*

*femme, mais en sa malle heure en prist une, fille de noble homme, riche, **bien emparentee**, et tellement à son plaisir que nul ne l'en sceut destourner, sy s'en repenti depuis, fin de compte ; tant belle la vist qu'il l'espousa, geust aveq elle et engendra ung beau filz, lequel en nom de baptesme fut apelé Beufves. Icelui enfant fut bienvenu, car moult l'ayma son pere, et le fist pencer et nourrir bien diligemment ; si le veoit chascun jour tant qu'il lui plaisoit ; ne plus n'en post avoir que celui de la dame, qui tant belle, jenne, amoureuse et fresche **estoit** que merveilles estoit de sa grant beaulté veoir.*
*Celle dame, veant son seigneur vielx et flory, de nature desbilité et feble au regart d'elle, qui ne requeroit que esbatement et joieuseté par l'amonicion de jennesse qui la gouvernoit, comme celle qui en sa **beauté** [fleur ; beaute en interligne] estoit, bien pencee, bien nourrie, bien vestue et paree, et pourveue de toutes choses qu'elle pouoit desirer, excepté de ce qui plus lui estoit necessaire qu'elle ne pouoit avoir à son plaisir, dont souvent se clamoit lasse et maleureuse, pençant à soy que jamais meilleur ne plus doulce vie n'aroit aveq le seigneur de Hantonne, mauldisant qui à mary le lui avoit donné, car ce n'estoit mie ce qu'i lui convenoit, la dame, ainsi souvent*

*sa maleure en print une, fille de noble homme, riche **et de grant lignage**, et tellement estoit à son plaisir que nul ne l'en sceut destourner, si s'en repentit depuis, fin de compte ; tant belle la veit qu'il l'espousa, puis geut avecques elle et luy engendra ung beau filz, lequel au fons de baptesme fut appellé Beufves. Icelluy enfant fut bienvenu, car moult l'ayma son pere et le fist bien penser et nourrir bien diligemment ; si le veoit chascun jour [fᵒ 1b] tant luy plaisoit ; plus n'en peust avoir que celluy de la dame, qui tant belle, jeune, amoureuse et frisque <...> que merveilles estoit de sa beaulté veoir.*
*Celle dame, voyant son seigneur vieil et flettry, debilité et foible au regard d'elle, qui ne queroit que esbatemens et joyeusetez par l'amonition de jeunesse qui la gouvernoit, comme celle qui en sa **fleur** estoit, bien pensee, bien nourrie, bien vestue et paree, pourveue de toutes choses qu'elle pouoit desirer, excepté de ce qui lui estoit plus necessaire, qu'elle ne pouoit avoir son plaisir, dont souventeffois se clamoit lasse et maleureuse, pensant à soy que jamais meilleure ne plus doulce vie n'auroit avecques le seigneur de Hantonne, mauldisant qui <...> mary le luy avoit donné, car ce n'estoit mye ce qu'il luy convenoit, la dame, insi souvent pensant et comme*

*et print une fille de moult noble lieu et riche et **bien emparentee**, et estoit moult à son plaisir, mais il s'en repentit depuis ; si la espousa et jut avecques elle et luy engendra ung beau filz, lequel fut nommé Beufves d'Antonne.*

Iceluy enfant fut moult amé de son pere, et le vouloit tousjours avoir avecques luy,
*et plus n'en peut avoir de sa femme, qui tant **estoit** belle que c'estoit merveille.*

*<C>elle dame, voyant son seigneur vieil et fleury, de nature debilité et foible au regard d'elle, qui ne requeroit que esbatement et joyeuseté par l'amonition de jeunesse qui la gouvernoit, comme celle [fᵒ 1 vᵒ] qui en sa **fleur** estoit, bien nourrie, bien vestue, et avoit tout ce qu'elle vouloit desirer, excepté de ce que plus luy estoit <...>, qu'elle ne pouoit avoir à son plaisir, dont souvent se clamoit lasse et maleureuse, pensant en soy que jamais bonne vie n'auroit avecques le seigneur de Hantonne, mauldissant qui à mary le luy avoit donné, car ce n'estoit mye ce qu'i luy failloit, la dame ainsi pensant se leva par ung matin d'emprés son seigneur, où il y ennuya*

pençant et comme tous les jours au deduit gracieulx, se leva par ung [f° 1 v°] matin [~~dempre~~ dempres] d'emprés son seigneur, où il lui ennuya pour tant, ce lui sambloit, que son temps y pardoit, et aussi qu'elle ne pouoit dormir comme il faisoit ; tout ainsi comme celui qu'on fait couchier sans souper ne peut reposer, non faisoit la dame, pource qu'elle n'avoit mie ce qu'elle eust bien voulu avoir, à quoy elle pençoit moult souvent.

Et quant elle fut levee et entree en son retrait, qui bel et plaisant estoit, elle se lassa gentement en maniant son corps qui gentement estoit fait, prist ung mirouer bel et cler pour soy veoir, si parceut sa face belle, couloree et plaisant, la façon de sa **blanche** poitrine, onnie et large, et les mammelles dessuz assises, rondes et droite\<s\> ; si ne se peust tenir de rire, qui bien lui seoit et mignotement, puis regarda par une fenestre en ung jardin où il faisoit deduisant, et y chantoient les oisellés pource que c'estoit ou temps d'esté ; *sy fut* comme ravie en joie, et pença plus que devant aux biens qu'Amour envoie, dont il lui sembloit avoir petite part. « Helas, fet lors la dame, qui se commença à **merancolier**, de quelle heure peus je estre nee, qui ne suy à mon gre par mariaige assignee à homme qui aveques moy se sceut joieusement maintenir !

---

tous les jours au deduyt gracieux, se leva par ung matin d'emprés son seigneur, pour tant, ce luy sembloit, que son temps y perdoit, et aussi que elle ne pouoit dormir comme il faisoit ; tout ainsi que celuy que on fait coucher sans soupper ne peut reposer, non faisoit la dame, pource qu'elle n'avoit pas ce qu'elle eust bien voulu avoir, à quoy elle pensoit moult souvent.

*Et quant elle se fut levee, elle se lassa gentement en maniant son sein qui gentement estoit fait. Et aprés elle print ung mirouer bel et cler pour se veoir, si apperceut sa face belle et coulouree et plaisant, la façon de sa **bouche**, sa poictrine belle et large, et les mamelles dessus assises, rondes et droictes ; si ne se peut tenir de rire, car bien luy seoit et mignotement. Aprés ce, regarda par une [f° 1c] fenestre en ung jardin où il faisoit deduisant, et y chantoient les oyseletz pource que c'estoit ou temps d'esté ; \<...\> comme ravye de joye et pensant plus que devant aux biens qu'Amour envoye, dont il luy sembloit avoir petite part : « Helas, fait la dame, qui se commença à **merveiller**, de quelle heure puis je estre nee, que ne suis à mon gre par mariage assignee à homme qui avecques moy se sceust joyeusement maintenir !*

---

pour tant qu'i luy sembloit qu'elle y perdoit son temps, et aussi qu'elle ne pouoit dormir comme il faisoit ; tout aussi comme celuy que on fait coucher sans soupper ne peut reposer, non pouoit la dame, pource qu'elle n'avoit mye ce qu'elle eust bien voulu avoir, à quoy elle pensoit moult souvent.

Et quant elle fut levee, elle entra en son secret et se laxa gentement en manyant son corps qui gentement estoit fait, et print ung mirouer bel et cler pour veoir sa belle face et ses belles mamelles, rondes et droictes, si ne se peut tenir de rire ;

puis regarda par une fenestre en ung jardin où il faisoit tresplaisant pour les petis oyseaux qui chantoient dedens ces arbres ; **si fut** *comme toute ravye en joye, et pensa plus que devant aux biens qu'Amours envoye, dont il luy sembloit avoir petite part. « Helas, fait elle, de quelle heure peuz je estre nee, [f° 2 r°] qui suis si mal mariee à mon gre, et que je ne fuz assignee à homme qui se sceust joyeusement maintenir avec moy !*

Las, quel damaige de cestui viellart, qui par sa viellesse **aneantira** mon corps, qui ma face me lessera palir, ma grant beaulté flestrir et seichier par faulte de jennesse, qui sur lui n'a aucune vertu ne dominacion. Or ne plaise ja à Dieu que je soie consentante d'ainsi languir emprés lui longuement, car plus n'en [~~pourro p.~~] pourroie endurer, ains m'en cuide si brief et si bien delivrer que j'en auray ung qui sera à mon plaisir, jenne, amoureux et puissant, pour vivre en joieuseté et user ma jennesse autrement que je n'ay fait ja par l'espasse de sept annees. »

Las, quel dommaige de cestuy vieillart, qui par sa vieillesse **advantura** mon corps, qui la face me fera pallir, ma grant beaulté flestrir et seicher par faulte de jeunesse, qui sur luy n'a aucune vertu ne domination. Or ne plaise ja à Dieu que je soye consentant de ainsi languir emprés luy longuement, car plus n'en pourroye endurer, mais m'en cuyde si bien et si brief venger que j'en auray ung qui sera à mon plaisir, jenne, amoureux et puissant, pour vivre en joyeuseté et user ma jeunesse autrement que je n'ay fait ja par l'espace de sept annees. »

Las, quel dommaige de cestuy vieillart, qui par sa vieillesse **aneantira** mon corps, qui ma face me laira pallir, ma grant beaulté fleustrir et seicher par faulte de jeunesse, qui sur luy n'a aucune vertu. Or ne plaise à Dieu que je soye contente d'ainsi vivre longuement emprés luy, car plus n'y pourroye endurer, ains m'en cuide si bien et si brief delivrer que j'en auray ung qui sera à mon plaisir, jeune, amoureux et puissant, pour vivre en joyeuseté et user ma jeunesse autrement que je n'ay fait par l'espace de sept ans. »

ÉDITER LES *ILLUSTRATIONS DE GAULE ET SINGULARITEZ DE TROYE* DE JEAN LEMAIRE DE BELGES[1]

ENJEUX PHILOLOGIQUES

En 1976, Jacques Abélard publiait un volume fondamental sur les *Illustrations de Gaule et Singularitez de Troye* de Jean Lemaire[2] ; il y reprenait l'étude des éditions et la genèse de l'œuvre, qui avaient constitué le premier volume de sa thèse consacrée, sous la direction de Jean Frappier, à l'édition critique de ce texte majeur de la Renaissance. Ensuite, sa vie durant, le savant lyonnais n'abandonna jamais la préparation de la publication de l'édition critique du texte, restée malheureusement inédite à sa mort, survenue en 2015. Les enfants de Jacques Abélard ont alors confié à Adeline Desbois-Ientile le soin de porter à la publication cette édition, qui s'est révélée être, après l'examen d'une masse imposante de fichiers et d'autres documents de travail, dans un état de préparation fort avancé[3].

---

1   La partie *Enjeux philologiques* est rédigée par A. Schoysman ; la partie *Enjeux linguistiques* est rédigée par A. Desbois-Ientile.

2   Jacques Abélard, *Les* Illustrations de Gaule et Singularitez de Troye *de Jean Lemaire de Belges. Étude des éditions. Genèse de l'œuvre*, Genève, Droz, 1976 (*Publications romanes et françaises*, 140). Quelques années plus tôt avait paru la monographie de Pierre Jodogne, qui consacrait un chapitre aux *Illustrations* : Pierre Jodogne, *Jean Lemaire de Belges, écrivain franco-bourguignon*, Bruxelles, Palais des Académies, 1972 (*Académie Royale de Belgique. Mémoires de la Classe des Lettres*, Collection in-4°, 2ᵉ série, t. 13, fasc. 1), p. 404-439.

3   Adeline Desbois-Ientile a consacré à Jean Lemaire le volume : *Lemaire de Belges, Homère Belgeois. Le mythe troyen à la Renaissance*, Paris, Classiques Garnier, 2019 (*Bibliothèque de la Renaissance*, 19). Pour la révision de l'édition de J. Abélard, elle est épaulée par Marthe Paquant, ancienne collègue de Jacques Abélard à l'université de Lyon II, lexicologue et ingénieur de recherche au CNRS, qui se charge de la révision et de l'intégration du glossaire. L'édition paraîtra chez Droz.

Nous voudrions ici faire le point, de manière synthétique, sur les questions méthodologiques soulevées par l'édition critique des *Illustrations*. Une tradition textuelle dense, composée de très peu de manuscrits et de nombreuses éditions, toutes antérieures à 1550, fait en quelque sorte de cette œuvre un cas d'école pour l'étude de la transmission des textes par l'imprimerie dans la première moitié du XVIe siècle. Il ne s'agit évidemment pas de remettre en question les choix ecdotiques opérés par Jacques Abélard dans son édition, mais d'éclairer les enjeux philologiques de l'édition critique moderne d'une tradition imprimée ancienne. Quant aux enjeux linguistiques qui y sont indissociablement liés, Adeline Desbois-Ientile s'y arrêtera dans la seconde partie de cette contribution.

Le texte des *Illustrations de Gaule et Singularitez de Troye*, auquel Jean Lemaire a commencé à travailler dès 1500, a été composé en trois livres : la *princeps* du livre I a paru en mai 1511, à Lyon, chez Étienne Baland ; celle des livres II et III à Paris, chez Geoffroy de Marnef, respectivement en août 1512 et en juillet 1513[4]. Ces livres ont été réédités séparément, à plusieurs reprises, jusqu'au début des années 1520, presque exclusivement chez les de Marnef. Ensuite, de 1524 à 1549, ont paru des éditions complètes des trois livres, chez divers éditeurs, à Paris (Philippe Le Noir, François Regnault, Ambroise Girault, Pierre Vidoue pour Galliot du Pré, Nicolas Hicman pour Ambroise Girault, Jean Réal pour Jean Bonfons) et à Lyon (Jacques Maréchal, Antoine du Ry, et enfin Jean de Tournes, qui a donné la dernière édition du texte au XVIe siècle, en 1549)[5].

Ajoutons encore que nous sont aussi parvenus des manuscrits : outre un fragment du livre I[6], une copie intégrale du livre II (Genève, BGE, ms. fr. 74, fonds Petau 117) et une du livre III[7] (Berne, Burgerbibliothek, ms. 241).

---

4   Pour l'édition *princeps* de chacun des trois livres, *cf.* Abélard, *Les* Illustrations, p. 57 (édition A[1]), p. 93 (édition A[2]) et p. 109 (édition A[3]).

5   Jacques Abélard identifie 9 éditions séparées du livre I (1511-1523), 8 du livre II (1512-1521), 7 du livre III (1513-1524), et 10 éditions complètes (1524-1549) auxquelles il faut ajouter une édition d'Ambroise Girault qui regroupe, en 1528-1529, de nouvelles éditions séparées des trois livres (pour le détail des éditions et leur datation, *cf.* Abélard, *Les* Illustrations, p. 57-157).

6   Pierre Jodogne, « Le fragment manuscrit Bruxelles, B.R., IV 630/14 : une page des *Illustrations de Gaule* de Jean Lemaire de Belges », *Scriptorium*, t. 38/1, 1984, p. 103-105.

7   Sur le manuscrit de Genève, qui contient aussi *Les XXIV coupletz de la valitude et convalescence de la royne*, *cf.* Kathleen Miriam Munn, *A Contribution to the Study of Jean Lemaire de*

Face à une telle tradition, la tentation était grande de donner une édition moderne sur la base d'une édition complète des trois livres. C'est ce qu'a fait Jean Stecher, qui publia la première édition moderne des *Illustrations de Gaule et Singularitez de Troye*[8] en reproduisant l'édition de Jean de Tournes (1549). Ce choix est néanmoins étonnant, si l'on considère qu'il s'agit de la toute dernière étape de la tradition textuelle, parue bien après la mort de Lemaire. Jean Stecher s'en justifie par le fait qu'il s'agirait de « l'édition la plus exacte, la vraie *vulgate* de Lemaire[9] », sans autre argument sinon que, comme l'avait déjà signalé l'abbé Pernetti au XVIIIe siècle, De Tournes se distingua « par la beauté et la netteté de ses caractères, par l'exactitude de sa correction, par le bon choix et le grand nombre de livres qu'il publia[10] », ayant à son service des correcteurs qui étaient de véritables savants. Vu que l''édition' de Jean Stecher, malgré les services qu'elle a rendus jusqu'ici, n'est, selon la formule de Jean Frappier, « critique à aucun degré[11] », puisqu'il ne s'agit que d'une copie souvent maladroite de l'édition de Tournes, on est en droit de se demander si le choix de ce texte n'a pas été dicté essentiellement par la facilité, vu le grand nombre d'exemplaires conservés[12].

Or, à la lumière des collations effectuées par Jacques Abélard, l'édition de Tournes s'est révélée être en réalité d'une grande valeur philologique, puisqu'elle apparaît dériver des tout premiers exemplaires des *Illustrations*, imprimés plus de 35 ans auparavant. Jacques Abélard a en effet démontré

Belges, New York, Columbia University, 1936 [Genève, Slatkine Reprints, 1975], p. 85 ; Jean Lemaire de Belges, *Épistre du roy à Hector et autres pièces de circonstance (1511-1513)*, éd. Adrian Armstrong et Jennifer Britnell, Paris, Société des Textes Français Modernes, 2000, p. LVI-LVII (avec bibliographie). Sur le manuscrit de Berne, *cf.* Munn, *A Contribution*, p. 85-86. Nous parlerons plus loin de la valeur philologique que Jacques Abélard attribue à ces deux manuscrits.

8   Jean Lemaire de Belges, *Œuvres*, éd. Jean Stecher, 4 vol., Louvain, J. Lefever, 1882-1891 [Genève, Slatkine Reprints, 1969] (Livre I : t. 1 ; Livre II : t. 2, p. 1-245 ; Livre III : t. 2, p. 247-475).

9   *Ibid.*, t. 4, p. XCIX (*Bibliographie. B. Éditions imprimées*).

10   Jacques Pernetti, *Recherches pour servir à l'histoire de Lyon, ou Les Lyonnois dignes de mémoire*, 2 vol., Lyon, Frères Duplain, 1757, t. 1, p. 320, cité dans Lemaire de Belges, *Œuvres*, éd. Stecher, t. 4, p. XCIX-C.

11   Jean Lemaire de Belges, *La concorde des deux langages*, éd. Jean Frappier, Genève, Droz, 1947 (*Textes littéraires français*, 9), p. LXIV. Une vive critique à l'égard de l'édition de Jean Stecher avait été formulée dès 1895 : Philipp August Becker, « Nachträge zu Jean Lemaire : 4. Lemaires letzte Reise », *Zeitschrift für romanische Philologie*, t. 19, 1895, p. 552.

12   L'édition de Tournes est aussi celle qui regroupe le plus grand nombre de textes de Jean Lemaire : *cf.* Abélard, *Les* Illustrations, p. 156-157 (édition S).

qu'elle se fonde sur l'édition B[1] du livre I (Étienne Baland, Lyon, datable entre mai 1511 et novembre 1512), sur l'édition C[2] du livre II (Geoffroy de Marnef, Paris, novembre 1512) et sur l'édition A[3], *princeps* du livre III (Geoffroy de Marnef, juillet 1513); de plus, le réviseur, Antoine Du Moulin, « ne corrige éventuellement qu'après avoir consulté une autre tradition[13] ». Mais d'autre part, l'édition de Tournes effectue une nette modernisation (ortho)graphique, donnant à lire le texte des *Illustrations* dans une langue fort éloignée de celle de Jean Lemaire – question que reprendra ci-dessous Adeline Desbois-Ientile, en particulier pour la ponctuation[14]. Disons d'emblée que cette donnée de fait ne doit en aucune manière porter à un jugement de valeur négatif sur l'entreprise louable d'Antoine Du Moulin, dont l'intention était précisément d'offrir au public de Jean de Tournes un texte à la fois fiable et linguistiquement non marqué par le « gothique » du début du siècle ; il n'y a certes rien d'exceptionnel si, dans une tradition textuelle, un copiste, un prote ou un éditeur innovent sur le plan linguistique. Le contraste entre une volonté de fidélité textuelle aux éditions originales et une évidente modernisation linguistique ne constitue méthodologiquement un problème que pour le philologue moderne dans la mesure où il considère que l'histoire du texte est caractérisée *aussi* par sa langue, ses graphies et sa ponctuation – préoccupation que de toute évidence ne partageait pas Antoine du Moulin en 1549. Il n'y a pas lieu ici de s'étendre sur les raisons pour lesquelles les intérêts, et donc les choix, des philologues ont pu varier dans le temps. Une édition moderne du texte de 1549 publié par de Tournes peut très bien se justifier sur le versant de la réception de Jean Lemaire à l'époque de la *Deffense et Illustration de la langue française*, entre intérêts historiographiques pour les origines de la France et exigences de rénovation linguistique[15]. Soulignons toutefois

---

13 *Cf. ibid.*, p. 205-206 (cit. p. 206).

14 Sur les variantes linguistiques des éditions de Tournes, *cf.* aussi Anne Schoysman, « Antoine Du Moulin, réviseur de textes : le moyen français au filtre d'un système graphique d'imprimerie en 1549 », *La littérature française à la croisée des littératures européennes. Actes du VIe Colloque de l'AIEMF (Turin, 2016) – 2e partie, Le Moyen Français*, t. 84, 2019, p. 129-145.

15 Jean Stecher rappelle du reste qu'Émile Picot lui a signalé un exemplaire portant la signature autographe de Montaigne : Lemaire de Belges, *Œuvres*, éd. Stecher, t. 4, p. XCIX (*Bibliographie. B. Éditions imprimées*). Cet exemplaire, conservé à la Bibliothèque municipale de Fontenay-le-Comte (Médiathèque Jim Dandurand, 4000), en Vendée, a récemment été décrit par Marie-Luce Demonet et Alain Legros (programme ANR 2012,

que c'est précisément grâce aux collations effectuées par Jacques Abélard qu'il est possible aujourd'hui d'évaluer les spécificités et les qualités de l'édition de Tournes. La transcription servile de Jean Stecher, qui plus est souvent fautive et dépourvue d'apparat philologique, empêche le lecteur de percevoir la double valeur du texte publié en 1549, à la fois critique et adapté à la langue profondément rénovée de 1549. Preuve, si besoin en était, qu'aucune édition même purement « bédiérienne » – si l'on veut entendre par là l'édition d'un témoin plutôt que d'un texte reconstitué – ne peut se passer de l'examen de la tradition.

À l'opposé de Jean Stecher, Jacques Abélard aborde le texte des *Illustrations* dans une optique fondamentalement lachmanienne : il établit le texte à partir des manuscrits des livres II et III, et de l'ensemble des imprimés, de 1511 à 1549. S'appuyant sur une étude de la tradition qui lui permet d'identifier les témoins les plus proches de la version originale, il choisit comme texte de base, pour le livre I, l'édition *princeps* d'Étienne Baland (Lyon, édition datée 1511, siglée A[1]) ; pour le livre II, le manuscrit conservé à Genève ; pour le livre III, l'édition *princeps* de Geoffroy de Marnef (Paris, juillet 1513, édition siglée A[3]). Les implications de ce choix sont particulièrement significatives dans le cas d'une tradition imprimée ancienne, pour des motifs de deux ordres, en partie liés. Les premiers sont dus à la spécificité des imprimés gothiques ; les seconds, à la genèse du texte des *Illustrations*.

Rappelons d'abord que la position des éditions anciennes dans une filiation textuelle ne se laisse pas aisément déterminer sur la base de leur description bibliographique, comme le savent bien les spécialistes du livre ancien. Non seulement de nombreuses éditions sont non datées, mais elles peuvent aussi porter, pour des raisons de diffusion commerciale, des dates factices. On trouve des éditions partagées, dont le texte est totalement ou partiellement identique mais où les indications des imprimeurs ou vendeurs diffèrent ; on trouve des éditions partiellement recomposées, que ce soit pour remettre sur le marché sous une nouvelle présentation des cahiers déjà composés, pour modifier une épître dédicatoire en fonction d'un nouveau commanditaire, pour remédier à une erreur typographique ponctuelle ou pour refaire un registre de signatures. Ces particularités sont singulièrement épineuses quand il s'agit d'identifier des éditions gothiques

---

Montaigne à l'œuvre, site web : https://montaigne.univ-tours.fr/lemaire-de-belges-jean-les-illustrations-de-gaule-lyon-tournes-1549/, consulté le 15 juillet 2017).

du premier tiers du siècle réunies en recueils, comme c'est le plus souvent le cas pour les premières éditions des différents livres des *Illustrations* et d'autres textes de Lemaire. On sait qu'il est fréquent que soient réunis, dans des recueils factices, des textes imprimés séparément, parfois à des dates diverses (ou modifiées), voire chez des imprimeurs ou pour des vendeurs différents ; d'autre part, mais plus rarement dans le premier quart du siècle, des recueils homogènes ont été conçus d'emblée pour réunir plusieurs textes imprimés ensemble. Il est souvent très malaisé de distinguer ces deux types de recueils : signatures et colophons des différents opuscules peuvent donner certaines indications, mais les pages de titre remaniées, les réimpressions partielles, l'absence de datation ou les datations retouchées induisent facilement en erreur quand il s'agit d'identifier les pièces d'un recueil factice, élaboré à des fins commerciales. La difficulté est telle que Jacques Abélard conclut à la nécessité d'en consulter le plus grand nombre d'exemplaires possible, le critère le plus sûr pour identifier les recueils factices étant que l'ordre des pièces peut y varier, alors que dans les recueils homogènes l'ordre des textes est nécessairement invariable[16].

Il n'est pas inutile d'attirer l'attention sur le fait que pour établir la filiation des éditions, à côté de l'indispensable examen comparé des exemplaires pour les raisons que l'on vient d'énumérer, seules d'amples plages de collation entre exemplaires ont permis à Jacques Abélard d'identifier l'édition *princeps* de chacun des trois livres[17], d'établir les filiations textuelles et de constater que les trois livres des *Illustrations* ont longtemps été imprimés séparément, puis à partir de 1524 seulement dans des éditions complètes[18]. Dans le cas d'une tradition textuelle

---

16   Abélard, *Les* Illustrations, p. 13-29 ; *Id.*, « *Les Illustrations de Gaule* de Jean Lemaire de Belges », *Cahiers de l'Association internationale des études francaises*, t. 33, 1981, p. 111-128 (spécialement p. 111-115).

17   Pour le livre I, les éditions A^1 et B^1, parues chez Étienne Baland, sont toutes deux non datées (Abélard, *Les* Illustrations, p. 57, 76) ; pour le livre II, les éditions A^2 et B^2 de Geoffroy de Marnef sont toutes deux datées de 1512 et Jacques Abélard précise qu'il réunit sous le sigle B^2 des exemplaires dont le titre et le colophon sont identiques, mais qui peuvent correspondre à diverses recompositions partielles de A^2, soit « différents états, fictivement datés d'août 1512 » (*ibid.*, p. 93, 97) ; pour le livre III, les éditions A^3 et B^3 portent la date de juillet 1513 et c'est encore l'examen du texte qui a permis de voir l'originale en A^3 (*ibid.*, p. 99-100) ; l'édition B^3, quoiqu'elle porte la même date, a été imprimée plus tard, mais avant 1515-1516 (*ibid.*, p. 117).

18   Il est intéressant de remarquer que, si la filiation est linéaire pour les éditions séparées des trois livres assumées essentiellement par les de Marnef, la tradition des éditions complètes est loin d'être linéaire, preuve de l'intérêt renouvelé de différents éditeurs pour

comme celles des *Illustrations*, la collation corrobore ou supplée les données de la description bibliographique non seulement pour l'établissement du stemma, mais aussi pour la simple datation relative des différentes éditions. La perspective stemmatique adoptée par Jacques Abélard n'est donc pas uniquement liée au choix d'une édition critique de type lachmannien ; elle se révèle être aussi un auxiliaire indispensable de la description bibliographique des témoins imprimés. En soi, cette situation ne diffère pas d'une tradition manuscrite où la filiation des témoins est donnée par l'identification de fautes communes, mais elle est évidemment compliquée par le fait que la reproduction mécanique permet des reprises et des recompositions partielles. Alors que chaque manuscrit est au sens propre un témoin unique, une édition partagée ou une réimpression peuvent offrir le statut ambigu de témoignage unique d'un texte ou d'une portion de texte dont la variation de certains éléments, le plus souvent des éléments paratextuels, multiplient les descriptions bibliographiques et remettent en question la définition même d'exemplaire.

D'autre part, la genèse complexe du texte des *Illustrations* entraîne dans l'édition critique des implications méthodologiques d'un autre ordre. Au moment où le premier livre des *Illustrations* a été publié, en 1511, l'œuvre était conçue et présentée en plusieurs livres et comme unitaire mais, nous l'avons rappelé plus haut, ces livres ont longtemps été édités séparément et aucun éditeur n'en a donné d'édition complète avant 1524. En fondant son édition sur un imprimé lyonnais d'Étienne Baland (livre I), une copie manuscrite (livre II) et un imprimé parisien de Geoffroy de Marnef (livre III), Jacques Abélard effectue une opération textuelle véritablement critique en réunissant ce matériel de provenance disparate dans l'intention de donner à lire la forme la plus proche possible de la première version de l'œuvre élaborée par l'historiographe. Révélateur est, pour le livre II, le choix d'un manuscrit dont les graphies semblent plus proches de celles de l'auteur que celles de l'édition de Marnef[19], alors que pour le livre III l'imprimé est préféré au manuscrit

---

l'œuvre de Lemaire à partir du second quart du siècle (*cf.* les stemmas dans Abélard, *Les Illustrations*, p. 207-209).

19   Le manuscrit de Genève n'est ni autographe, ni daté, et l'étude des variantes par rapport à l'édition *princeps* de Geoffroy de Marnef (A²) ne porte pas à des conclusions probantes sur la présence d'éventuelles interventions d'auteur. Ce manuscrit a toutefois été contrôlé par Lemaire lui-même et c'est pour sa plus grande conformité avec les habitudes graphiques

conservé à Berne[20]. Cette perspective reconstructrice, fondée sur le choix des témoins les plus haut placés dans le stemma – mais de nature et de provenance diverses – comme textes de base de l'édition, valorise l'unité intellectuelle et l'idée originelle de l'entreprise historiographique de Lemaire plutôt que la physionomie de l'œuvre telle qu'elle a été diffusée au XVIe siècle par l'imprimerie (auquel cas on aurait pu choisir d'éditer plutôt les trois livres dans les premières éditions qu'en a donné Geoffroy de Marnef, soit les éditions C^1, A^2 et A^3, qui sont à la base de pratiquement toute la tradition imprimée successive, comme le montrent clairement les stemmas de Jacques Abélard[21]).

Or, étant donné que la correspondance de Lemaire et certaines épîtres dédicatoires imprimées témoignent de son intérêt pour la correction des exemplaires imprimés, les variantes des nombreuses éditions que Lemaire a pu réviser (jusque vers 1518, année présumée de sa disparition[22]) pourraient se configurer comme variantes d'auteur. Pour les distinguer des variantes de prote ou de correcteur d'imprimerie, la tradition imprimée, permettant des corrections typographiques, est par nature plus opaque qu'une tradition manuscrite où la main correctrice apparaît plus clairement. Seule la critique externe permet généralement d'identifier, ou de supposer, les interventions de Lemaire dans les éditions postérieures aux *principes*. Dans l'édition critique, ces informations sont confiées à des notes. Il reste donc, en aval de la reconstitution critique du texte, une marge de flou quant à la 'dernière volonté de l'auteur'.

De plus, la spécificité du texte des *Illustrations* est telle que les premières éditions, dans les années 1511-1513, portent elles-mêmes les traces des différentes étapes, en amont, de l'élaboration de l'œuvre à laquelle

---

de l'auteur que Jacques Abélard le choisit comme base de son édition du livre II (Abélard, *Les* Illustrations, p. 171-173).

20   Le ms. de Berne, copie du livre III, mal conservé, a été écarté au profit de l'édition A^3, qui porte des traces d'intervention de l'auteur (Abélard, *Les* Illustrations, p. 182-185); en outre, dans l'épître dédicatoire de l'édition A^3 adressée à Guillaume Cretin, Lemaire affirme que le troisième livre *est imprimé assez feablement* : Jean Lemaire de Belges, *Lettres missives et épîtres dédicatoires*, éd. Anne Schoysman, Bruxelles, Académie Royale de Belgique, 2012 (*Classe des Lettres. Collection des Anciens auteurs belges*, Nouvelle série, 17), p. 222).

21   Abélard, *Les* Illustrations, p. 207-209.

22   La date de la mort de Jean Lemaire est incertaine, mais nous n'avons plus de traces objectives de son activité ou de sa présence après 1518 : *cf.* Anne Schoysman, « Jean Lemaire de Belges et la Généalogie d'Anne de la Tour d'Auvergne dans le ms. 74 G 11 de La Haye (1518) », *Le Moyen Français*, t. 57-58, 2005-2006, p. 315-333.

Jean Lemaire travaillait depuis l'année 1500[23]. Jacques Abélard s'en explique :

> Après avoir mis au net un texte qui avait été passablement défiguré par les imprimeurs, nous avons eu la surprise de constater que les disparates de l'œuvre étaient pour une part originelles [...]. Nous avons en effet dû nous rendre à l'évidence : les *Illustrations* [...] avaient été publiées en partie inachevées et portaient la marque de rédactions successives. [...] Nous espérons que l'intérêt de notre travail sera d'avoir quelque peu éclairé les relations qui, vers 1510, existent non seulement entre l'œuvre et la situation d'un écrivain engagé au service des princes, mais encore entre l'œuvre et le livre matériel. De même que la publication échelonnée des trois livres des *Illustrations* n'est que la dernière et la plus visible manifestation de la façon de travailler et de concevoir de l'auteur, de même la comparaison du livre et de l'œuvre nous semble faire ressortir leur caractère commun de réfection constante et toujours partielle[24].

Pour paraphraser le processus décrit ici par Jacques Abélard, ce n'est donc pas l'étude des variantes, mais ce sont « les disparates de l'œuvre », dans la version du texte attestée la plus haut placée dans le stemma, qui révèlent les phases antérieures de la genèse du texte, entre 1500 et 1511-1513. En extrême synthèse, des données externes (informations biographiques, correspondance) et de nombreux éléments internes (propos métadiscursifs, renvois internes incohérents, raccords voyants de pièces hybrides, césures stylistiques) permettent de découvrir que le projet initial de Lemaire, *indiciaire* et historiographe de Bourgogne, était fondé sur l'histoire de Pâris, Hélène et Œnone et considérait donc uniquement la matière troyenne (avant 1509). Sur ces primitives *Singularitez de Troye* (auxquelles s'est ajouté momentanément, vers 1508, le projet d'un troisième livre « de Turquie ») se sont greffées, à partir de 1509, les *Illustrations de Gaule* scindées en deux parties (*grosso modo* premiers chapitres du livre I et livre III) pour encadrer le noyau troyen (fin du livre I et livre II). Ce changement de cap (et de style : le texte se fait compilation historique érudite) s'explique par les difficultés de carrière de Jean Lemaire, qui finit par se tourner vers la France d'Anne de Bretagne. Dans le livre II subsistent de très nombreux renvois à un *derrenier livre* auxquels rien ne correspond dans le livre III, lui-même inachevé. En 1509, lorsqu'il publie la *Légende des Vénitiens*, l'indiciaire

---

23   Abélard, *Les* Illustrations, p. 213.
24   *Ibid.*, p. 8.

demande un privilège pour les *Singularitez de Troye et Illustrations de Gaule*, titre que les circonstances modifieront dans les premières éditions imprimées en *Illustrations de Gaule et Singularitez de Troye*[25]. Aussi Jacques Abélard peut-il en déduire que « la publication échelonnée des trois livres des *Illustrations* n'est que la dernière et la plus visible manifestation de la façon de travailler et de concevoir de l'auteur », et que les premiers témoins imprimés, placés en tête des stemmas, révèlent non pas l'œuvre achevée, mais une étape des « relations qui, vers 1510, existent non seulement entre l'œuvre et la situation d'un écrivain engagé au service des princes, mais encore entre l'œuvre et le livre matériel ». L'étude que Jacques Abélard a consacrée à l'examen des éditions et à la genèse de l'œuvre démontre en effet combien l'imprimé ancien et le texte des *Illustrations* partagent ce caractère commun « de réfection constante et toujours partielle[26] ». Il est par conséquent légitime de se demander comment cette nécessaire attention à l'aspect fortement *in fieri* du texte – et du travail d'atelier d'imprimerie qui en augmente le caractère mouvant – se concilie avec un projet d'édition reconstructrice d'inspiration lachmannienne, sur la base des témoins identifiés comme les plus proches d'un état original du texte.

Jacques Abélard se montre parfaitement conscient de la nécessité de prendre en considération, pour une œuvre comme les *Illustrations*, à la fois l'axe vertical de la tradition – seule possibilité de remonter au projet original de l'auteur et d'en distinguer les interventions d'une tradition typographique successive – et l'axe horizontal, soit la distinction des différentes étapes de l'élaboration d'une œuvre caractérisée précisément par son état mouvant de réélaboration constante et d'inachèvement. Dans l'étude de la tradition, cette double optique pousse l'éditeur à « diversifier les approches les plus minutieuses, les unes synchroniques, en quelque sorte, les autres diachroniques, quand nous établissions la filière des éditions[27] ». Dans l'édition critique proprement dite, où l'axe vertical de la

---

25   Je me réfère ici au chapitre consacré par Jacques Abélard à « La genèse de l'œuvre » (Abélard, *Les* Illustrations, p. 213-227), mais le matériel de préparation à l'édition légué par Jacques Abélard reprend et approfondit encore toute l'étude de la genèse du texte ; ce matériel sera publié avec l'édition critique. Sur la réécriture du mythe troyen et la rhétorique registrale des *Illustrations*, cf. Desbois-Ientile, *Lemaire de Belges, Homère Belgeois*, spécialement p. 103-161, 319-355.

26   Abélard, *Les* Illustrations, p. 8 (pour les trois citations).

27   *Ibid.*, p. 7.

tradition est confié à l'apparat des variantes, les contextualisations et les motivations des diverses phases de réélaboration de l'œuvre sont confiées, comme d'habitude, à des notes explicatives. Or, le cas des *Illustrations* a ceci de particulier que, comme on l'a vu, le texte critiquement édité, à l'origine de la tradition attestée, est lui-même témoignage de phases rédactionnelles antérieures. Cette particularité est vraisemblablement la raison pour laquelle, dans le matériel que nous a légué Jacques Abélard, le texte critique est accompagné non pas seulement de notes explicatives, mais aussi d'une section séparée de commentaires sur les sources et sur la genèse du texte. Ceux-ci permettent en effet de réunir les différents éléments utiles à décrire les phases de la rédaction des *Illustrations*, c'est-à-dire à la fois les traces de réécritures que trahissent des renvois inconséquents ou des variations stylistiques au sein même du texte édité, et les variations textuelles successives aux témoins édités enregistrées parmi les variantes. De cette manière, l'éditeur arrive à concilier la restitution du caractère évolutif et inachevé propre au texte des *Illustrations*, dû aux aléas des engagements historiographiques de Jean Lemaire d'abord et aux pratiques des imprimeurs plus tard, et une édition d'inspiration lachmanienne fondée sur les témoins les plus proches du projet originel de Lemaire tel qu'il a été confié à l'imprimerie, dans les années 1511-1513. Mais on aura compris que, plutôt qu'une conciliation, c'est là une nécessité, le caractère *in fieri* des *Illustrations* ne pouvant être valorisé que par l'étude minutieuse de la tradition et par sa reconstitution stemmatique.

ENJEUX LINGUISTIQUES
Le cas de la ponctuation

À côté des enjeux philologiques, le travail éditorial sur les *Illustrations* pose des problèmes d'ordre linguistique, en synchronie car la langue de Lemaire, auteur originaire du nord de la France, porte la trace de régionalismes inégalement conservés dans les éditions ultérieures[28], et en diachronie en ce que l'évolution de la langue et de l'imprimerie

---

28 Jacques Abélard relève, par exemple, la graphie *queuwe* pour *queue*, marque d'un dialectalisme wallon.

au XVIe siècle a profondément affecté la physionomie de l'œuvre dans ses diverses rééditions entre les années 1511 et 1549. Ainsi, l'édition de 1549, choisie comme texte de base par Jean Stecher au XIXe siècle, présente un texte modernisé sur le plan ortho-typographique et donne à lire le texte dans une langue qui est, sous cet aspect, plus proche de celle de 1540 que de celle de Lemaire lui-même. Antoine Du Moulin a également corrigé et complété les citations latines données par Lemaire, nous éloignant encore un peu plus du texte original.

Le choix de Jacques Abélard de s'appuyer sur les témoins les plus anciens, manuscrits ou imprimés, a des conséquences importantes sur le plan linguistique. Le texte établi reproduit la langue de Lemaire, y compris dans son orthographe, selon les pratiques courantes des seiziémistes. Jacques Abélard a procédé à un certain nombre d'interventions habituelles dans une édition critique (distinction entre *i* et *j* / *u* et *v*, résolution des abréviations, introduction de signes diacritiques, agglutination et désagglutination de termes, harmonisation de certaines graphies, translittération des chiffres romains), et il a harmonisé l'usage des majuscules. Ces interventions modifient des formes graphiques relevant de l'histoire de la langue et des pratiques ortho-typographiques, mais ne relèvent pas, à l'exception de certains emplois des majuscules, et en l'état actuel de nos connaissances, d'un choix délibéré mettant en jeu le sens du texte. La perte d'informations vaut pour l'historien de la langue et des pratiques d'écriture, mais pas pour un lecteur désireux avant tout d'accéder au contenu du texte.

Il n'en est pas de même pour la ponctuation du texte, dont la pratique se renouvelle à la Renaissance, période féconde en expérimentations et théorisations favorisées par le développement de l'imprimerie[29]. Alors que le traité de Dolet, publié en 1540, contribue au renouveau des signes de ponctuation[30], le système, tel qu'il se met progressivement en place, se centre sur le marquage de deux types d'unités, rhétoriques et syntaxiques[31], héritières de la triple valeur rythmique, syntaxique et

---

29 Pour un état des lieux récent, *cf.* Alexei Lavrentiev, « Ponctuation française du Moyen Âge au XVIe siècle : théories et pratiques », *La ponctuation à l'aube du XXIe siècle. Perspectives historiques et usages contemporains*, dir. Sabine Pétillon, Fanny Rinck et Antoine Gautier, Limoges, Lambert-Lucas, 2016, p. 39-62.

30 Étienne Dolet, « De la punctuation », *La Maniere de bien traduire d'une langue en aultre*, Lyon, Etienne Dolet, 1540.

31 Olivier Millet, « Entre grammaire et rhétorique : à propos de la perception de la phrase au XVIe siècle », *L'Information grammaticale*, t. 75, octobre 1997, p. 3-9.

énonciative de la ponctuation médiévale[32]. Le système de ponctuation ainsi pensé a une incidence sur le rythme du texte et peut jouer un rôle direct dans sa réception, d'où le choix de certains éditeurs modernes de reproduire dans l'édition critique la ponctuation d'origine des œuvres, en dépit d'usages éloignés de nos pratiques actuelles[33].

L'histoire éditoriale des *Illustrations* porte la marque de ces bouleversements : si la ponctuation de l'édition de 1549, qui suit les principes de Dolet, peut être reprise telle quelle dans une édition moderne, moyennant quelques avertissements au lecteur, la ponctuation des éditions les plus anciennes est bien plus déconcertante, car elle recourt à un système de signes obsolète de nos jours et donc opaque pour un lecteur moderne non spécialiste des textes anciens. Les trois principaux signes y sont en effet le pied-de-mouche (¶), le point (.) et la barre oblique (/), cette dernière pouvant être suivie d'une minuscule ou d'une majuscule.

Sans surprise, Jacques Abélard a fait le choix de moderniser la ponctuation :

> De quelque intérêt que soient ces signes [de ponctuation] qui, entre autres fonctions, rythment la respiration et modulent la diction, et qui sont chargés de significations et d'intentions, nous avons dû renoncer à les reproduire, détourné que nous en étions par l'inégalité des textes qui nous ont été transmis. Non seulement en effet une bonne part de l'œuvre n'est pas parvenue à l'"amplification" finale qui détermine la coupe de la phrase, ou bien n'accordait pas la même importance à la ponctuation [...], mais l'infidélité de la tradition textuelle, aggravant les disparates originelles, nous interdisait toute tentative de fac-similé un peu étendue et systématique. Les signes de ponctuation sont en effet, soit négligés ou à peine lisibles dans la plus grande

---

32 Elena Llamas Pombo, « Ponctuer, éditer, lire. État des études sur la ponctuation dans le livre manuscrit », *Syntagma*, t. 2, 2008, p. 131-173.

33 Ces enjeux sont commentés, pour le XVIe siècle, par André Tournon au sujet de Montaigne : il montre combien la ponctuation des *Essais*, en dépit de son caractère déroutant aux yeux du lecteur moderne, est l'instrument du « style coupé » et « marque les structures du "nouveau langage" requis, selon [Montaigne], par une philosophie de l'incertitude et de l'aventure intellectuelle », tandis que l'orthographe ancienne ne serait qu'une « gêne » pour les lecteurs (Michel de Montaigne, *Essais. Livre I*, éd. André Tournon, Paris, Imprimerie Nationale, 1998, p. 11, 15 (« Éditer les *Essais* »); *cf.* aussi *Id.*, « "Ny de la ponctuation". Sur quelques avatars de la segmentation autographe des *Essais* », *Nouvelle revue du seizième siècle*, t. 17/1, 1999, p. 147-159). Pour un bilan de la question au Moyen Âge, *cf.* Alexei Lavrentiev, « Traitement de la ponctuation dans les éditions de textes en français médiéval : normes, introductions, pratiques », *Linguistiques au premier chef ? Les introductions linguistiques aux éditions de textes. Actes du colloque de Paris, 17-19 septembre 2015*, dir. Frédéric Duval, Céline Guillot-Barbance et Fabio Zinelli, sous presse.

partie des manuscrits, soit parmi les premiers caractères qu'a modifiés ou fait disparaître la composition typographique, de telle sorte que la ponctuation qui nous est parvenue est trop souvent inexacte ou lacunaire. Si l'on ajoute que la reproduction de [c]es signes en fac-similé aurait considérablement gêné une lecture moderne, parce que leurs fonctions sont diverses, ou nous sont étrangères, on comprendra pourquoi nous nous sommes résigné à ponctuer nous-même le texte. Nous nous sommes seulement efforcé de ne pas trop nous éloigner de la ponctuation de Lemaire, lorsque du moins la clarté n'en souffrait pas, afin de donner une idée de ce qui relevait d'une diction plus que de l'écriture[34].

Ce propos met en évidence trois critères ayant conduit Jacques Abélard à refondre entièrement la ponctuation : l'inégalité dans l'emploi qui est fait de la ponctuation à l'intérieur du texte, en fonction des différents types de passages (prose historique, prose stylistiquement plus travaillée) ; l'instabilité de la ponctuation d'un texte à l'autre, en fonction du support (manuscrit ou imprimé) et de la date d'impression ; et enfin l'évolution dans l'emploi de la ponctuation entre le XVIᵉ siècle et aujourd'hui.

En choisissant d'éditer les états les plus anciens des *Illustrations*, Jacques Abélard choisit ainsi paradoxalement d'être à la fois plus fidèle et plus infidèle au texte de Lemaire que ne le serait une édition parfaitement rigoureuse de l'édition de 1549 : plus fidèle, en ce qu'il respecte le texte de Lemaire et l'état de langue qui était le sien ; plus infidèle, en ce que la ponctuation ne doit plus rien aux systèmes de ponctuation de la Renaissance, et que la langue se trouve de ce fait fortement modernisée.

S'il est exclu de revenir sur ce choix dans l'édition qui sera publiée, il paraît également utile de revenir sur les propos de Jacques Abélard pour en nuancer un peu la portée. En dépit de sa diversité d'un texte à l'autre, en particulier lorsque l'on y ajoute la tradition manuscrite, le système de ponctuation dans les plus anciens témoins des *Illustrations* n'est pas aussi arbitraire qu'il n'en a l'air, ce qui rend problématique le fait le moderniser sans ambages et invite à s'interroger sur la possibilité d'en rendre compte, ou au moins d'en donner une idée, dans l'édition critique moderne. Le propos sera centré ici sur les imprimés, point de départ de la tradition éditoriale en amont du premier traité théorique français.

---

34   Ce texte est extrait de l'introduction de Jacques Abélard à son édition critique, dans la partie qui concerne l'établissement du texte.

LES SIGNES DE PONCTUATION DE L'ÉDITION *PRINCEPS*

Les trois livres de l'édition *princeps* sont sortis des presses de deux imprimeurs différents, Etienne Baland pour le livre I et Geoffroy de Marnef pour les livres II et III[35]. Dans les trois volumes, la prose de Lemaire de Belges est divisée en paragraphes de longueurs variables, allant d'une demi-dizaine de lignes pour les plus courts à une trentaine pour les plus longs ; et ces paragraphes sont eux-mêmes divisés en unités par le recours à trois principaux signes de ponctuation : le pied de mouche (¶), qui représente la pause la plus forte en termes de degré et la plus stable dans l'ensemble de la tradition, le point (.) et la barre oblique (/), auxquels s'ajoutent les parenthèses et les deux-points pour les trois livres, et le point d'interrogation pour les seules éditions de Geoffroy de Marnef.

Le livre I est le plus homogène. Signes de ponctuation forte, les pieds-de-mouche isolent des ensembles correspondant à des unités discursives et articulent les différents moments du discours ou de la narration au sein des unités formées par les paragraphes : changement dans le type de texte (passage de la description à la narration ou inversement), marquage du début ou de la fin d'un discours direct, évolution de la matière (introduction d'une nouvelle séquence narrative, introduction d'une digression, marquage d'un nouveau moment de l'argumentation), ou encore articulation d'une période oratoire. Ainsi, dans le passage où Mercure demande à Vénus, Pallas et Junon d'accéder à la requête de Pâris souhaitant les voir nues, la réaction des déesses est structurée par une suite de pieds-de-mouche qui marquent le passage de la narration au discours ou un changement de focalisation :

> *Les autres non respondans mot comme surprinses de honte & vouloir de non faire /*
> *Venus la plus hardie va dire en ceste maniere.* ¶ *Quelle timidite vous est survenue*
> *maintenant (O mesdames & deesses) icy ne voy je point occasion de reffuz. Car puis que*
> *si avant les choses sont alees / il nest point temps de reculer. Aincois vous voy monstrer*
> *le chemin moy mesmes pour la premiere.* ¶ *En ce disant elle commenca a dessaindre*

---

35 Jean Lemaire de Belges, *Les Illustrations de Gaule et singularitez de Troye. Avec les deux epistres de l'Amant Vert*, Lyon, Etienne Baland pour Jean Richier, [1511] ; *Id., Le second livre des Illustrations de Gaule et singularitez de Troye*, Paris, Geoffroy de Marnef, Blois, Hilaire Malican, août 1512 ; *Id., Le tiers livre des Illustrations de Gaule et singularitez de Troye*, Paris, Geoffroy de Marnef, juillet 1513 : Orléans, BM, Rés. E2707.1-3. Toutes nos références ultérieures renvoient à ces éditions.

> *sa noble cainture / nommee ceston / que dame nature lui forgea jadis / pour la res-*
> *traindre de sa trop grand licence et voluntairete. Et la bailla a garder a ses nobles*
> *Graces & demoiselles. ¶ Adoncq Juno ce voyant / dit ainsi. ¶ Certes dame Venus de*
> *fouyr navions nous nulle envie pour craincte de reboutement. Mais je ymagine quil*
> *est malseant a deesses immortelles et castes. Mesmement a Pallas la pucelle / & a moy*
> *qui suis femme de Roy et Dempereur de se monstrer nues / a aucun homme mortel*[36].

De manière plus spécifique, enfin, les pieds-de-mouche peuvent également servir à marquer les différents éléments d'une énumération :

> *[Fulgentius Placiades] dit que les anciens philosophes cuiderent jadis / chascun des*
> *dieux & deesses obtenir certaine seignourie / sur aucune partie des corpz humains.*
> *¶ Cestassavoir que Juppiter dominast au chief. ¶ Minerve aux yeulx. ¶ Juno aux*
> *bras. ¶ Neptune a la poictrine. ¶ Mars au faulx du corpz. ¶ Venus aux rains &*
> *aux parties pudendes*[37].

À l'intérieur de ces unités, les points servent à marquer les limites
des propositions, quel que soit leur statut, en particulier lorsqu'elles
s'ouvrent sur une conjonction de coordination, une conjonction de
subordination, un adverbe, un pronom relatif, ou un syntagme nominal
ou pronominal en position de sujet. Plus ponctuellement, le point peut
signaler un élément en construction détachée (apostrophe, apposition,
complément circonstanciel) et précède les opérateurs de reformulation
cestadire et *cestassavoir*. L'élément le plus déroutant de ce système vient
du fait que le point n'y a pas encore sa valeur de clausule, mais joue un
simple rôle de démarcateur syntaxique. Il peut ainsi être utilisé pour
délimiter des propositions incidentes, comme dans ce discours du père
putatif de Pâris à ses enfants :

> *Or doncques mes chiers & bien aimez enfans. Se nostre estat de bergerie. Ainsi comme*
> *je ditz / est totalement fonde sur honneur & sur prouffit (dont lun ne peut estre sans*
> *lautre) honnourez le / & il vos prouffitera*[38].

Les barres obliques suivies d'une majuscule peuvent présenter les mêmes
emplois que les points et les deux signes sont donc en partie concurrents[39],

---

36   *Id., Les Illustrations de Gaule*, Lyon, Etienne Baland pour Jean Richier, [1511], f° G viii r°
       (I, 33).
37   *Ibid.*, f° H v-r° (I, 35).
38   *Ibid.*, f° D viii r° (I, 22).
39   Cette situation de concurrence s'explique parfaitement si l'on pense que les manuscrits
       médiévaux pouvaient ne recourir qu'à un seul signe polyvalent, si bien que la spécification

mais on les trouve également en tête de syntagmes de différentes natures : syntagme participial en position détachée, apposition, verbe (séparé de son sujet), groupe nominal juxtaposé ou coordonné. Elles tendent ainsi à marquer des pauses légèrement moins fortes. On relève également quelques rares emplois de barres obliques suivies d'une majuscule devant le COD du verbe, ou à l'intérieur de syntagmes juxtaposés ou coordonnés, mais ces emplois restent marginaux, et c'est la barre oblique seule que l'on trouve généralement pour ces emplois.

La barre oblique suivie d'une minuscule est en effet majoritairement employée au niveau infra-propositionnel : devant un complément circonstanciel ou essentiel (complément d'objet direct ou indirect ou complément du nom), devant la conjonction *et* coordonnant deux syntagmes de type nominal ou adjectival, devant un adjectif épithète, une forme en -*ant* ou une proposition relative épithète, ou encore devant le verbe de la proposition. Enfin, il faut signaler leur emploi devant une conjonction de subordination en concurrence avec la barre oblique ou le point suivis d'une majuscule.

Si la répartition des signes de ponctuation n'est pas d'application systématique, elle n'en dessine pas moins un système cohérent, reposant sur quatre signes hiérarchisés[40] : la barre oblique suivie d'une minuscule, la barre oblique suivie d'une majuscule, le point suivi d'une majuscule et d'un pied-de-mouche, auxquels on peut ajouter le changement de paragraphe, toujours signifiant. L'emploi de la majuscule seule, comme ponctuation de phrase[41], s'explique, dans la quasi-totalité des cas, par le fait que le signe de ponctuation se serait trouvé en fin de ligne et a donc été omis.

La ponctuation imprimée des livres II et III est plus déroutante, en revanche, parce qu'elle présente une diversité plus grande dans le contexte d'apparition des signes. Ponctuellement, les pieds-de-mouche peuvent

---

des signes semble postérieure à leur apparition. *Cf.* Alexei Lavrentiev, *Tendances de la ponctuation dans les manuscrits et incunables français en prose, du XIIIe au XVe siècle*, 2 vol., Thèse de doctorat, Lyon, École Normale Supérieure, 2009, t. 1, p. 85-86.

40 Marie-Luce Demonet observe également, à propos de *Gargantua*, un système de hiérarchisation sur quatre niveaux, et non trois (Marie-Luce Demonet, « Ponctuation et narration chez Rabelais et ses contemporains », *La Licorne*, t. 52, 2000, p. 47-48).

41 La majuscule est par ailleurs employée comme ponctuation de mot, en tête des noms propres (y compris pris comme antonomases), des pronoms renvoyant anaphoriquement à un personnage sacré (comme Noé), ou encore de termes possédant le sème /sacré/ (en particulier la famille lexicale de *roi*).

ainsi être précédés d'une barre oblique au lieu du point, les points
suivis d'une minuscule au lieu d'une majuscule, les deux-points suivis
d'une majuscule au lieu d'une minuscule, et les majuscules employées
seules à l'intérieur de la ligne. Dans la mesure où ces usages restent
largement minoritaires, on peut se demander s'il ne s'agit pas simplement de variantes des formes correspondantes, dues à la reproduction
de pratiques manuscrites (en particulier l'emploi de la majuscule seule,
présente dans le manuscrit du livre II), à des contraintes matérielles
(disponibilité des caractères, remplissage de la ligne), ou encore à un
manque d'attention du prote :

> Car a certain son de trompettes / qui leur estoit baille pour signe. tous les Troyens /
> Phrigiens / Dardaniens / et Peoniens estans desja armez & bien empoint / sesmeurent
> soubdain. Et premierement et avant toute euvre se saisirent de leurs hostes / es maisons
> desquelz ilz estoient logez Et se firent maistres de leurs personnes / de leurs logis et
> armures[42].

Ici, la majuscule seule (*Et se firent maistres*) ouvre une nouvelle proposition coordonnée à la précédente et pourrait être précédée d'un point
ou d'une barre oblique. Inversement, la minuscule qui suit le point
(*pour signe. tous*), à la charnière entre le complément circonstanciel et
le sujet, pourrait tout à fait être remplacée par une majuscule. Il n'en
reste pas moins que le choix de la minuscule renforce l'intégration des
segments situés de part et d'autre du point, qui acquiert de ce fait une
valeur non conclusive.

En revanche, parmi les signes d'emploi fréquent, on peut se demander
quel est le rôle dévolu aux deux-points, par rapport aux barres obliques
et aux points, et si les signes ne fonctionnent pas en concurrence plus
qu'en complémentarité. Certains passages se caractérisent par la prédo-
minance d'un signe par rapport aux autres sans qu'on puisse y détecter
une valeur particulière, comme la surreprésentation des deux-points
dans l'extrait suivant :

> Et pour ce que es genealogies des princes : les noms sont de grand efficace et continuation[43]
> J'estime que le nom des Pepins : servira beaucop a la clarification de ce troiziesme livre.
> Et ce que je diz je le vueil prouver : par la deduction des genealogies de Berosus de

---

42   Jean Lemaire de Belges, *Le second livre des Illustrations de Gaule et singularitez de Troye*,
    Paris, Geoffroy de Marnef, Blois, Hilaire Malican, août 1512, f° xv r° (II, 8).
43   Fin de ligne.

> *caldee : auquel il fault adjouster foy : & y avoir recours en ce cas : avecques rememo-*
> *ration necessaire du sang : du grand Hercules de Lybie dixiesme Roy de Gaule : dont*
> *est faicte ample mention : ou premier livre de ces Illustrations*[44].

Inversement, dans d'autres passages, des signes différents sont employés à des endroits similaires sur le plan syntaxique, comme les deux-points et les barres obliques qui sont utilisés en alternance dans la série d'infinitifs juxtaposés de l'extrait suivant, tiré des plaintes d'Œnone :

> *Quel noble femme / extraicte de hault lignage fut jamais contente de laisser paternelz*
> *& maternelz delices / & se gesir sur ung petit de feurre es bordes champestres mal*
> *resistentes a la neige et froidure pour lamour de son amy / si nom*[45] *moy. ne quel*
> *dame ou demoiselle se trouva jamais si franche & si hardie : que en postposant /*
> *toute tendresse et imbecillité feminine : de **suivre son espoux à la chasse parmy***
> ***les haulx rochiers lui monstrer les repaires des bestes sauvaiges** : **tendre***
> ***les filez** / **mener les chiens en queste** : **& faire toutes choses laborieuses &***
> ***virilles** / par grant affection / si non moy lasse dolente*[46].

Un peu avant dans le même discours, l'éditeur avait recouru à une seule reprise au point d'interrogation au milieu d'une succession d'interrogations ponctuées par des points. Inconstance dans l'usage ? On peut aussi y voir une volonté de désambiguïser l'énoncé, puisque la proposition ponctuée par le point d'interrogation est la seule à ne pas s'ouvrir sur un mot exclusivement interrogatif, mais au contraire utilisé de façon récurrente comme relatif :

> *Quel obstacle sest mis entre toy & moy / quel meschief mest advenu. Pourquoy blesse*
> *tu si rudement mon cueur / quil fault que je me plaigne de toy / Comme de celui qui*
> *nest plus mien. **Lesquelz des dieux sont ce qui contrarient au comble de mes***
> ***desirs** ? Quel crime me scauroies tu reprocher / obstant lequel je ne doibve demourer*
> *tienne a perpetuite*[47].

Ce point d'interrogation étant la seule occurrence, semble-t-il, de tout le livre II[48], toute interprétation est délicate. Cela pourrait révéler, toutefois,

---

44 *Id., Le tiers livre des Illustrations de Gaule et singularitez de Troye*, Paris, Geoffroy de Marnef, juillet 1513, f° I r°-v°.

45 Coquille pour *non*.

46 *Id., Le second livre des Illustrations de Gaule et singularitez de Troye*, Paris, Geoffroy de Marnef, Blois, Hilaire Malican, août 1512, f° xxv v° (II, 13). Nous soulignons.

47 *Ibid.*, f° xxv r° (II, 13). Nous soulignons.

48 On en relève également une seule occurrence, semble-t-il, dans l'édition *princeps* du livre III : *Et qui mouvoit Helenus frere Dhector denhorter a ce ledit Eneas ? Id., Le tiers livre*

ADELINE DESBOIS-IENTILE ET ANNE SCHOYSMAN

l'émergence d'un signe, dans le contexte d'une spécification débutante des différents signes de ponctuation.

Toutefois, le caractère inconstant de la ponctuation à l'échelle des deux livres ne doit pas nous faire conclure trop vite à son caractère arbitraire : la confrontation des deux imprimés avec les manuscrits (non autographes) des livres II et III révèle une certaine stabilité dans les lieux ponctués. Les pieds-de-mouche et les majuscules de phrase (systématiquement précédées d'un signe de ponctuation dans les imprimés, non systématiquement dans les manuscrits), en particulier, sont présents, sauf exception, aux mêmes endroits. La ponctuation forte, la plus signifiante sur le plan discursif, apparaît ici aussi comme étant la plus stable.

UN DOUBLE MARQUAGE SYNTAXIQUE ET ÉNONCIATIF

Sans être complètement cohérent, et moins encore dans les livres II et III que dans le livre I, le système de ponctuation semble néanmoins obéir à une double logique syntaxique et énonciative. Rares sont les cas où la ponctuation va à l'encontre des groupes syntaxiques, comme on le voit dans l'exemple suivant, où elle est employée entre la préposition *apres*, peut-être confondue avec l'adverbe, et son régime : *Tantost **apres** / **le regne** de babilonne / quon peut dire monarchie / Noe fonda en europe quatre Royaumes particuliers*[49]. La ponctuation, en revanche, dans l'usage qui est fait des barres obliques, deux-points et points, marque les limites de syntagmes et de propositions, tandis que les deux-points scandent les moments de la narration ou du discours.

La ponctuation est aussi révélatrice de la lecture que l'on peut faire de certains passages. C'est le cas de ces vers, dont Œnone rappelle à Pâris qu'il les avait gravés sur l'écorce des arbres en signe d'amour éternel :

> *Tous les arbres de la grant forest Ida / estoient marquez et entaillez de mon nom.* ¶ *Le grand pouplier du rivaige de mon pere le noble fleuve Xanthus fut alors enrichy de ma devise : la ou tu escriviz une fois ces vers.* ***Quand Paris delaisser** / **Oenone pourra** / **Xanthus, le fleuve cler** / **ensus retournera***[50].

---

des Illustrations de Gaule et singularitez de Troye, Paris, Geoffroy de Marnef, juillet 1513, n. p. (prologue).

49 *Id.*, *Les Illustrations de Gaule*, Lyon, Etienne Baland pour Jean Richier, [1511], f° A v r° (I, 4). Nous soulignons.

50 *Id.*, *Le second livre des Illustrations de Gaule et singularitez de Troye*, Paris, Geoffroy de Marnef, Blois, Hilaire Malican, août 1512, f° xxv v° (II, 13). Nous soulignons.

Si l'on s'accorde facilement sur le fait qu'il s'agit de deux alexandrins, les quatre barres obliques mettent en évidence le rapprochement entre les deux termes à l'hémistiche (*delaisser*/*cler*) dont on peut imaginer, dans l'hypothèse où le /r/ final était réalisé à la pause, qu'ils rimaient entre eux. La ponctuation nous invite ainsi à voir dans ces deux vers deux rimes brisées, voire un quatrain de rimes croisées, renforçant d'autant leur poéticité.

Dans certains passages, plus particulièrement travaillés, la ponctuation sert également l'expressivité du texte, comme dans cet extrait du livre II, qui évoque le massacre des Lacédémoniens par Pâris et ses hommes :

> *Alors a ung son de trompette / tout le demourant de la cite fut habandonnee a pillaige. ¶ Leffroy fut grand / la noise fut horrible / Les povres lacedemoniens / trahiz et circonvenuz soubz umbre de bonne foy / ne scavoient a quel les*[51] *courir / & ne povoient donner ordre a ce quilz se ralliassent / pour faire une poincte de deffense*[52] *La y eut mainte noble femme honnie / et mainte belle pucelle violee. ¶ Maint vaillant homme qui cuida resister a leur dampnable emprise pour le salut de son pays & fut meurtry & affole. ¶ Maint huys y fut rompu / & maint coffre effondre / et le dedens expose a pillaige et rapine. ¶ Les temples des dieux mesmes / par sacrilege y furent brisez / et prophanez / & les statues et symulachres dor et dargent emportez. ¶ Et brief / tout le desroy inhumain / et criminelle abhomination / que licence militaire et fureur bellicque ont acustume de commettre en tel cas / y fut exploitee / Et croy que encoires ne se abstindrent ilz point / de bouter les feuz en divers lieux. ¶ Si estoit pitie et horreur / douyr les criz feminins. Les pleurs des enfans. Les souspirs des vieillars. Le chappliz*[53] *des frappans. Le charpentement des vanicqueurs*[54]. *Le bruit des harnois. Les regretz des fuyans. Les plainctz des mourans. Lurlement des mourans : & le gemissement tumultueux de toute la cite confuse*[55].

Jacques Abélard avait observé que la ponctuation dans l'édition *princeps* pouvait être rythmique plus que syntaxique : pour le chercheur, Lemaire dispose d'un système cohérent de signes qu'il « utilise de façon concertée dans les proses éloquentes ou poétiques[56] ». De fait, on observe

---

51 *Les*, issu du latin *latus*, signifie 'côté' (DMF 2015).
52 Fin de ligne.
53 *Chappli* : 'combat' (DMF 2015).
54 *Charpentement* : 'échange de coups violents' (DMF 2015) ; *vanicqueurs* : coquille pour *vaincqueurs*.
55 Jean Lemaire de Belges, *Le second livre des Illustrations de Gaule et singularitez de Troye*, Paris, Geoffroy de Marnef, Blois, Hilaire Malican, août 1512, f° xv r°-v° (II, 8).
56 *Les Illustrations de Gaule et singularitez de Troye. Édition critique*, éd. Jacques Abélard, 3 vol., Thèse de doctorat d'État, Université Paris IV – Sorbonne, 1972, t. 2, p. IX.

que la ponctuation est ici mise au service du rythme : l'énumération est marquée par les pieds-de-mouche d'une part qui soulignent l'anaphore en *maint*, et par les points de l'autre. Ainsi, les différents syntagmes de l'énumération finale sont séparés non pas par des barres obliques mais par des points, et le syntagme de clausule *gemissement tumultueux* est séparé de ce qui précède par des deux-points. D'un point de vue proprement graphique, on peut noter le fait que les pieds-de-mouche et les majuscules sont des signes particulièrement visibles sur la page, signalant d'emblée au lecteur la singularité du passage. Sur le plan discursif, une telle ponctuation introduit un rythme haché qui rend saillante cette accumulation dans l'horreur.

Inversement, dans le livre I, le passage de prose poétique mettant en scène Pâris s'endormant au sein d'un *locus amoenus* passe par l'emploi exclusif des barres obliques :

> *Certains jours apres le rencontre des Scepsiens / Paris Alexandre / tout lasse de la course dun cerf / lequel il avoit longuement suivy en la forest Ida / a cor & a cry / Et en le poursuivant sestoit eslongne de ses compaignons / Sendormit en lombre des lauriers tousjours verdoyans / aupres dune fontaine nommee Creusa / Laquelle est au fons dune plaisant valee des montaignes Idees / La ou le fleuve Xanthus ou Scamander prent son origine / La delectation du val plaisant & solitaire / & lamenite du lieu coy / secret & taciturne / avec le doulx bruit des cleres undes argentines partans du roch / Inciterent le beau Paris / a sommeiller & sestendre sur lherbe espesse & drue / & sur les flourettes bien flairans / Faisant chevet du pie du rochier / & ayant son arc & son carquois soubz son bras dextre*[57].

Le choix de la barre oblique entre *origine* et *La delectation* est ici surprenant, en raison de la double rupture syntaxique et thématique, et on observe qu'elle a été remplacée par un point dans les éditions ultérieures. Faut-il, dans tels passages, donner une valeur iconique à la ponctuation, tendant tantôt du côté d'un rythme haché, tantôt d'une prose labile ? Si l'on pense que le texte était encore lu à voix haute, on devine aussi ce que ces divergences de ponctuation pouvaient impliquer, invitant le lecteur à adopter tantôt une ponctuation scandée, tantôt au contraire faiblement contrastive.

On voit avec l'orthographe, dont les éditions critiques actuelles reproduisent les formes anciennes, que l'œil est capable de s'habituer à

---

57   Jean Lemaire de Belges, *Les Illustrations de Gaule*, Lyon, Etienne Baland pour Jean Richier, [1511], f° E iii v° (I, 24).

des pratiques éloignées de nos usages modernes, et l'on peut supposer qu'il en serait de même pour la ponctuation. Dans le cas des *Illustrations*, l'argument le plus fort en faveur de la modernisation de la ponctuation est l'hétérogénéité des pratiques entre manuscrits et imprimés d'une part, et entre imprimeurs de l'autre, alors même qu'on ignore la part que Lemaire de Belges a pu prendre dans l'instauration de ces signes. Il est toutefois utile de rester conscient de la perte liée à la transposition, aussi bien pour l'histoire de la langue et de la typographie, que sur les plans énonciatif et rythmique. La ponctuation est aussi un indice de la manière dont le texte a été pensé, lu et reçu par ses premiers lecteurs.

La ponctuation des éditions *princeps* a été modifiée dans les éditions ultérieures des *Illustrations* à la Renaissance, conjointement à l'orthographe, signe du caractère transitoire de ces usages. Si les lieux ponctués restent en grande partie les mêmes, l'évolution de la ponctuation va dans le sens d'une spécification des signes et du renforcement de leur valeur syntaxique au détriment des hyper-phrases marquées par les pieds-de-mouche. On voit ainsi émerger, progressivement, un usage plus proche de nos pratiques modernes, qui contribue d'autant plus à l'oubli des formes anciennes.

Adeline DESBOIS-IENTILE
Université Paris-Sorbonne

Anne SCHOYSMAN
Université de Sienne

VARIANCE
DANS LA TRADITION IMPRIMÉE

Étude de la stratégie éditoriale
de deux imprimeurs-libraires,
Michel Le Noir et Nicolas Chrestien

Entre 1515 et 1530 sortent des presses des imprimeurs parisiens quelques milliers d'exemplaires de plusieurs romans de chevalerie, dont la plupart sont des réécritures d'œuvres médiévales[1]. Michel Le Noir a été l'un des artisans de leur succès en donnant à lire à son public des éditions inédites[2] qu'il dit avoir *fait escripre et translater de viel et ancien langaige en bon stille et commun françoys*[3]. Ses éditions sont encore réimprimées plus de vingt ans après sa mort, notamment par le libraire et maître imprimeur Nicolas Chrestien. Ces quelques années qui séparent l'activité des deux hommes ont vu les pratiques éditoriales d'une technique inventée un siècle plus tôt évoluer, autant que les goûts des clients.

C'est en préparant l'édition de *Jourdain de Blaves* que nous avons constaté combien les différences entre deux imprimés d'une même tradition pouvaient être grandes. *Jourdain de Blaves* est une mise en prose qui nous est parvenue à travers cinq éditions, toutes imprimées au XVI⁰ siècle[4]. L'édition *princeps* est celle de Michel Le Noir ; elle est aussi la seule datée, de 1520. À sa suite, son fils Philippe Le Noir a réédité le texte, puis Alain Lotrian, Jehan Bonfons et Nicolas Chrestien[5]. La collation de ces textes

---

1   François Roudaut, *Le livre au XVI⁰ siècle : éléments de bibliologie matérielle et d'histoire*, Paris, Champion, 2003 (*Études et essais sur la Renaissance*, 47), p. 84.
2   Sergio Cappello, « L'édition des romans médiévaux à Lyon dans la première moitié du XVI⁰ siècle », *Réforme, Humanisme, Renaissance*, t. 71, 2011, p. 62.
3   *Jourdain de Blaves*, Paris, Michel Le Noir, 1520 : Paris, BnF, Rés. Y2-155, f⁰ 1a.
4   Aucun manuscrit contenant cette version n'est connu aujourd'hui.
5   Pour l'étude de la tradition textuelle de *Jourdain de Blaves*, nous renvoyons à notre article sur le sujet : Laura-Maï Dourdy, « Le travail des imprimeurs, entre copie et réécriture : l'exemple de la transmission de *Jourdain de Blaves*, mise en prose du XV⁰ siècle », *Raconter*

a fourni un observatoire idéal des interventions éditoriales et a révélé le remaniement de Nicolas Chrestien. L'édition préparée sous son contrôle, bien plus que celles des autres maîtres imprimeurs, offre un texte notablement plus court aux reformulations et corrections remarquables. Nous nous sommes donc interrogée sur le rôle particulier des compagnons imprimeurs dans la transmission des textes au XVIᵉ siècle : qu'est-ce qui motive de tels remaniements ? Quelles étaient, plus généralement, les pratiques éditoriales de ces professionnels du livre imprimé ? Quelles étaient leurs stratégies pour vendre les imprimés[6] ?

Il faut probablement chercher les réponses à ces questions à travers le prisme d'un contexte particulier : celui du développement de l'imprimerie avec tous les changements culturels et économiques qu'il implique. La consommation de la matière imprimée fait évoluer les mentalités et les pratiques de lecture : le lectorat augmente et se diversifie progressivement.

Pour mener cette enquête, nous avons élargi notre corpus et avons sélectionné, en plus du *Jourdain de Blaves*, deux autres mises en prose[7] éditées d'abord dans l'atelier de Michel Le Noir puis dans celui de Nicolas Chrestien : la *Genealogie de Godefroi de Bouillon* de Pierre Desrey et *Guerin de Montglave*[8].

Pour pousser plus avant notre étude, nous avons relevé les autres mises en prose éditées par Nicolas Chrestien[9] : *Renaut de Montauban*, *Ciperis de Vignevaux*, *Giglan* de Claude Patin, *Fierabras* de Jean Bagnyon et *Ogier le*

---

     en prose (XIVᵉ-XVIᵉ siècles), dir. Paola Cifarelli, Maria Colombo Timelli et Anne Schoysman, Paris, Classiques Garnier, 2017 (*Rencontres*, 279 – *Civilisation médiévale*, 21), p. 167-185.

6   Ces questions – et beaucoup d'autres – ont notamment motivé l'organisation d'un colloque à l'École nationale des Chartes et à la Bibliothèque Sainte-Geneviève les 30 et 31 mars 2009, colloque dont les actes sont rassemblés dans ce volume : *Passeurs de textes. Imprimeurs et libraires à l'âge de l'humanisme*, dir. Christine Bénévent, Annie Charon, Isabelle Diu et Magali Vène, Paris, École des Chartes, 2012 (*Études et rencontres de l'École des Chartes*, 37).

7   En effet, il nous a semblé préférable de limiter les interférences liées au genre pour que l'étude constrastive soit plus fiable.

8   Michel Le Noir a fourni les éditions *princeps* de *Jourdain de Blaves* et *Guerin de Montglave* et c'est Jean Petit, avec lequel Michel Le Noir s'est souvent associé, qui a réalisé la *princeps* de la *Genealogie de Godefroi de Bouillon* de Pierre Desrey. *Cf.* Isabelle Weill et François Suard, « *Généalogie de Godefroi de Bouillon* de Pierre Desrey », *Nouveau Répertoire de mises en prose (XIVᵉ-XVIᵉ siècle)*, dir. Maria Colombo Timelli, Barbara Ferrari, Anne Schoysman et François Suard, Paris, Classiques Garnier, 2014 (*Textes Littéraires du Moyen Âge*, 30 – *Mises en prose*, 4), p. 305-320 ; François Suard, « *Guérin de Montglave* », *ibid.*, p. 427-432 ; Olivier Delsaux, « *Jourdain de Blaves*, prose II », *ibid.*, p. 527-531.

9   Elles sont moins nombreuses que celles éditées par Michel Le Noir, ce qui s'explique facilement : Michel Le Noir a exercé pendant 34 ans alors que Nicolas Chrestien n'a tenu son atelier que pendant 10 ans. *Cf.* Jean-Dominique Mellot et Élisabeth Queval, *Répertoire d'imprimeurs/libraires (vers 1500 – vers 1810). Nouvelle édition mise à jour et augmentée (5200*

Danois. Exception faite de deux de ces imprimés (sur huit) – *Giglan* et *Ciperis de Vignevaux* – elles ont toutes été préalablement éditées par Alain Lotrian, le prédécesseur de Nicolas Chrestien à l'Écu de France. Ayant lu avec profit le mémoire de Florine Levecque-Stankiewicz sur la galaxie Le Noir, nous savons que Lotrian avait épousé la veuve d'un fils de Michel Le Noir[10]. Chrestien faisait donc rééditer les succès de librairie d'Alain Lotrian dont il avait repris l'atelier, l'Écu de France, en épousant sa fille, et nous pensons en outre que ses compagnons se servaient aussi d'autres éditions de confrères parisiens pour remanier les textes qu'ils imprimaient. L'étude de la tradition textuelle de *Jourdain de Blaves* le montre[11] : certaines leçons rapprochent le texte de Chrestien de celui de Michel Le Noir et excluent l'hypothèse d'une copie faite uniquement à partir de l'imprimé d'Alain Lotrian.

Passant d'une étude du livre dans sa matérialité à une analyse du texte, des différences formelles aux variations textuelles puis linguistiques, nous rendrons compte de la divergence des pratiques éditoriales dans les deux ateliers de la Rose blanche couronnée et de l'Écu de France et essaierons de comprendre les motivations sous-jacentes qui donnent un sens aux pratiques, de mettre en lumière l'arrière-fond expliquant les choix éditoriaux.

Pour cette étude, nous avons consulté les imprimés suivants[12] :

	Imprimé Le Noir consulté	Imprimé Chrestien consulté
Jourdain de Blaves	Paris, BnF, Rés. Y2-155 (numérisé) > **A** 1520	Paris, BnF, Arsenal, Rés. 4-BL-4294 > **B** s. d.
Genealogie de Godefroi de Bouillon de Pierre Desrey	Paris, BnF, Rés. Y2-89 (numérisé) > **A2** 1511[13]	Chantilly, Musée Condé, III-F-094 > **B2** *ca* 1550[14]

---

notices), Paris, Bibliothèque nationale de France, 2004, p. 139 (n° 1164, Nicolas Chrestien) et p. 350 (n° 3100, Michel Le Noir).

10 Florine Levecque-Stankiewicz, *Répertoire de l'imprimeur Michel Le Noir. L'EAD au service du livre ancien*, Lyon, Mémoire de l'Université de Lyon – ENSSIB, 2010, p. 39.

11 *Cf.* Dourdy, « Le travail des imprimeurs, entre copie et réécriture », p. 33.

12 Les exemples extraits des imprimés ont été édités par nos soins.

13 Nous avons collationné cet imprimé, qui est une édition de Michel Le Noir pour Jean Petit sortie des presses en 1511, et une édition Le Noir de 1504 et nous nous sommes assurée de pouvoir utiliser l'imprimé de 1511, dont la numérisation est d'une excellente qualité. Les deux textes sont, en effet, presque semblables ; seules les graphies varient ponctuellement.

14 Weill et Suard, « *Généalogie de Godefroi de Bouillon* de Pierre Desrey », p. 318.

Guerin de Montglave	Paris, BnF, Rés. Y2-337 > **A3** 1518	Munich, BSB, 4 P.o.gall. 73 (numérisé) > **B3** 1533[15]

« LE LIVRE [...]
EST UNE SOURCE SUR LE LIVRE[16] »

De nombreux travaux, dont ceux de Henri-Jean Martin[17], montrent
qu'il est important de comprendre le livre dans sa matérialité pour proposer une lecture critique des imprimés. Premièrement, l'on observera
que les imprimés de Michel Le Noir sont au format in-folio à deux
colonnes, faisant passer les imprimés de Nicolas Chrestien, des in-quarto
à une ou deux colonnes, pour des livres de poche, au format pratique et
peu encombrant. Deuxièmement, la confrontation textuelle qui suit la
comparaison des imprimés montre, non seulement que les éditions de
Chrestien sont plus petites, mais aussi que le texte qu'elles contiennent
est très nettement plus court. Les coupes sont fréquentes et l'on observe
une récurrence certaine dans le choix des lieux élagués.

Les syntagmes nominaux sont réduits : les adjectifs qui abondent
dans les imprimés Le Noir sont souvent supprimés chez Chrestien (1, 2)
et les appositions intégrées dans les constructions directes comprenant
un nom propre se limitent souvent à des syntagmes ne contenant que
le nom propre (3, 4).

1. A3 : [f° 1a] *le **noble** duc Guerin*
    B3 : [f° 1a] *le duc Guerin*

---

15 Cette date est indiquée dans *French Vernacular Books*, dir. Andrew Pettegree, Malcolm
    Walsby et Alexander S. Wilkinson, Leyde, Boston, Brill, 2007, p. 710, mais elle ne
    correspond pas aux dates d'exercice de Nicolas Chrestien (1547-1557).
16 Nous empruntons cette formule à Jean-François Gilmont, qui fait lui-même référence
    au travail de Charlton Hinman : Jean-François Gilmont, *Le livre & ses secrets*, Genève,
    Droz, 2003 (*Études de Philologie et d'Histoire*, 65), p. 60 ; Charlton Hinman, *Printing and
    Proof-reading of the first folio of Shakespeare*, Oxford, Clarendon Press, 1963.
17 Henri-Jean Martin, *La naissance du livre moderne. Mise en page et mise en texte du livre français
    (XIVᵉ-XVIIᵉ siècles)*, Paris, Éditions du Cercle de la Librairie, 1999.

2. A2 : [f° A 2a][18] *seul aussi jouyssant et possesseur de plusieurs autres* **innumerables et merveilleux** *paÿs regions et contrees*
    B2 : [f° A 1a] *seul aussi jouyssant et possesseur de plusieurs autres paÿs, regions et contrees*
3. A3 : [f° 55b] *le chastel ou Guimardes* **la pucelle** *estoit*
    B3 : [f° 92a] *le chastel ou Guimande estoit*
4. A : [f° 68b] **Le roy** *Jourdain demanda a la povre femme*
    B : [f° 104c] *Jourdain demanda a la pauvre femme*

Ces remarques peuvent se généraliser à tous les éléments modificateurs : on observe des suppressions de syntagmes prépositionnels qui viennent modifier les noms têtes de syntagmes nominaux ou d'autres syntagmes prépositionnels dont la fonction est d'être compléments de phrase, de certains adverbes qui modifient verbes et adjectifs. Les coupes interviennent aussi sur des propositions subordonnées conjonctives ou relatives entières (5), des coordonnées (7) ou encore sur des gérondifs (6) :

5. A2 : [f° 5d] *le cerf que avez chassé et mis en fuyte,* **lequel s'est saulvé dedans l'eaue**
    B2 : [f° B 2a] *le cerf que vous avez chassé et mis en fuyte*
6. A2 : [f° 6a] *Adoncques luy respondit le roy* **en disant**
    B2 : [f° B 2a] *Adonc luy respondit le roy*
7. A3 : [f° 1b] *et par la vertu de Dieu conquestay la cité et la tour de Montgravier* **et acquis Montgravier**
    B3 : [f° 1b] *et par la vertu de Dieu conquestay la cité et la tour de Montgravier*

Ces modifications donnent parfois lieu à des reformulations. Dans ce cas, les tours des imprimés Chrestien sont plus économiques sur le plan textuel :

8. A : [f° 141d] *il s'exploicta tant luy et son armee qu'ilz sont arrivez au port de Presseure*
    B : [f° 227c] *si a tant exploicté qu'il est arrivé au port de Presseure*

---

18   La foliotation n'étant pas indiquée dans le ms. Chantilly, Musée Condé, III-F-094, nous avons reporté la pagination des cahiers. Pour les autres imprimés, il ne sera fait référence à la pagination des cahiers que lorsque la foliotation est absente – généralement lorsque l'on travaille sur des extraits qui précèdent le texte de la mise en prose.

Certains remaniements sont plus significatifs : ils touchent l'écriture formulaire et répétitive propre au genre de la mise en prose[19]. Les binômes synonymiques qui abondent en moyen français sont souvent réduits dans les imprimés Chrestien :

9. A2 : [f° 5a] *la fille d'ung autre roy riche et puissant a merveilles nommee* **et dicte** *Matabrune*
   B2 : [f° B1a] *la fille d'un autre roy riche et puissant a merveilles nommee Matabrune*
10. A2 : [f° 157d] *la faulte qu'il avoit commis de avoir murtry* **et mis a mort** *sa femme douloureusement et comme plain de felonnye*
    B2 : [f° EEE3a] *la faute qu'il avoit commis d'avoir meurtry sa femme*

D'autres exemples témoignent de la suppression de motifs extradiégétiques déjà présents dans les chansons de geste et restés dans les premières éditions des dérimages :

11. A3 : [f° 29a] *Or approuche le temps que France eust beaucoup a souffrir,* **ainsi que vous orrez cy aprés**
    B3 : [f° 47b] *Or aproche le temps que France aura beaucoup a souffrir*
12. A3 : [f° 55b] **Oÿez de Galien comment il s'advisa :** *il print* [...]
    B3 : [f° 92a] *Galien print* [...]
13. A : [f° 141d] **Que vous alongeroye la matiere ?** *Il s'exploicta tant* [...]
    B : [f° 227c] *Si a tant exploicté* [...]

Les retouches ne sont toutefois pas systématiques et ces traits caractéristiques du style des mises en prose sont lissés sans complètement disparaître ; il s'agit seulement d'alléger le style qui est celui des dérimages placés les plus hauts dans la tradition textuelle, au plus près de la source versifiée.

Les lecteurs des imprimés Chrestien achètent un livre plus petit au texte plus court, au style moins archaïsant et plus efficace. *A contrario*, les lecteurs de Michel Le Noir peuvent apprécier le sel des mises en prose et palper la proximité de ces textes avec les chansons de geste dont elles sont issues.

---

19 Sandrine Hériché-Pradeau s'attache à décrire, dans l'un de ses articles, certains motifs épiques propres aux mises en prose. Sandrine Hériché-Pradeau, « Motifs rhétoriques, clichés et formules : de la chanson de geste à la mise en prose de David Aubert, *Garin le Loherain* », *Mettre en prose aux XIVᵉ-XVIᵉ siècles*, dir. Maria Colombo Timelli, Barbara Ferrari et Anne Schoysman, Turnhout, Brepols, 2010 (*Texte, Codex & Contexte*, 11), p. 137-158.

Nous allons maintenant nous attacher à montrer que les textes sortis des presses de l'Écu de France gagnent en brièveté mais aussi en clarté en procédant à une analyse textuelle approfondie des six éditions.

CLARIFIER, PRÉCISER, CORRIGER
Le travail scrupuleux des compagnons de Nicolas Chrestien

TRAQUER LA FAUTE

En éditant *Jourdain de Blaves*, nous avons constaté que les leçons de l'imprimé Chrestien étaient d'une aide précieuse pour corriger les lieux fautifs de notre imprimé de base, celui de Michel Le Noir, comme viennent l'appuyer les exemples suivants :

14. A : [f° 1b] *En ce point demourerent jusques au soir qu'il fut temps **de souper les napes mais ilz firent** pour menger et furent servis de plusieurs metz, lesquelz metz je delaisse pour cause de briefveté.*
    B : [f° 1d] *En ce point demourerent jusques au soir et qu'il fut temps **de souper et, les napes mises, s'assirent** pour menger et furent servis de plusieurs metz, lesquelz je delaisse pour cause de briefveté.*
15. A : [f° 147c] *Si se destourna, mais le cheval en eut du pis, car il luy couppa la teste et **Richart** cheut a terre.*
    B : [f° 137a] *Si se destourna, mais le cheval en eut du pis, car il luy coupa la teste et **Thibault** cheut a terre.*
16. A : [f° 2a] *Quant les seigneurs entendirent le bon sainct homme, ilz en eurent moult grant joye, et par dessus tous les aultres Renier **devant amys** et sa femme.*
    B : [f° 2d] *Quand les seigneurs entendirent le sainct homme, ilz en eurent grand joye et par dessus tous Renier **de Vantamis** et sa femme.*

La locution *soupper les napes* que l'on trouve dans l'imprimé Le Noir n'est pas attestée et elle n'est pas intelligible (14). Le remplacement du nom *Richart* par *Thibault* (15) témoigne d'une attention particulière portée au texte : le roi Richart est mort depuis longtemps, c'est bien de

Thibault dont il est question dans cette bataille finale. L'erreur initiale contamine néanmoins toute la tradition imprimée de *Jourdain de Blaves*, à l'exception de l'imprimé Chrestien. En 16, il s'agit d'une simple erreur de lecture : la segmentation chez Le Noir est fautive.

La collation des deux autres traditions textuelles ne nous a permis de repérer des différences qui pourraient bien être des corrections que dans le *Godefroi*[20], mais les lieux variants y sont nombreux. Certaines retouches sont évidemment des corrections. Nous avons relevé ici une erreur de lecture (17) et une confusion (18) : Béatris a bien *redargué* Oriant, lui signalant qu'il lui était interdit de chasser sur ses terres. Le verbe est en outre évoqué quelques lignes plus tôt : l'erreur ne fait aucun doute.

17. A2 : [f⁰ 5a] *pource qu'elle estoit riche et* **douce** *de grans bien terriens.*
    B2 : [f⁰ B 1a] *pource que celle estoit riche et* **douee** *de grands biens.*
18. A2 : [f⁰ 6a] *faire amender et reparer l'injure que avez faicte de moy* **regarder**
    B2 : [f⁰ B 2b] *faire amendés et reparer l'injure qu'avez faicte de moi* **redarguer**

Les nombreuses corrections des éditions Chrestien amènent toutefois à beaucoup de prudence : il ne s'agit pas de se tourner vers la *lectio facilior* offerte par ce dernier. L'exemple 19 est ambigu :

19. A2 : [f⁰ 5b] *dont celle et ceulx qui a tort et injustement avoient estez par elle villipendez furent lors miraculeusement et par l'annoncement de l'ange de Dieu* **esleuz** *en plus grande exaltacion.*
    B2 : [f⁰ B 2a] *dont ceulx et celles qui a tort et injustement avoient esté par elle vilipendez furent lors miraculeusement et par l'annoncement de l'ange de Dieu* **eslevez** *en plus grande exaltacion.*

Une recherche dans le Dictionnaire du Moyen Français[21] montre que la proximité du verbe *élever* lemmatisé et du substantif *exaltation* est courante ; l'exaltation est, par ailleurs, l'action d'élever. Toutefois, il s'agit peut-être ici d'une émendation facile et l'on pourrait choisir de lire *élire* au sens religieux qu'il peut revêtir : les *vilipendés* recevraient alors une distinction divine.

---

20   Mais c'est lié, probablement, à la taille des corpus, plus restreints que notre collation de *Jourdain de Blaves* : chaque texte de *Godefroi* est composé d'environ 22.000 mots, ceux de la tradition de *Guerin* d'environ 15.000 mots.
21   DMF 2015.

La présentation de ces nombreux lieux variants nous permet de mettre en relief l'attitude interventionniste des ouvriers de l'Écu de France.

UNE TENTATIVE D'HOMOGÉNÉISATION TYPOGRAPHIQUE ?

Une autre brève analyse de la mise en page et des éléments typographiques montre que les imprimés Chrestien se démarquent des autres éditions ; c'est notamment grâce à la comparaison des cinq éditions de *Jourdain de Blaves* que nous pouvons l'affirmer. Les caractéristiques typographiques du *Jourdain* de Chrestien se retrouvent dans ses deux autres éditions étudiées ici.

D'abord, les abréviations sont trois à quatre fois moins nombreuses dans les éditions de l'Écu de France. On note également un emploi presque systématique des majuscules à l'initiale des noms propres ; leur emploi dans les imprimés Chrestien permet en outre de clarifier nombre de cas où la segmentation était difficile dans les éditions Le Noir, et l'usage des barres obliques donne lui aussi des clés pour une lecture moins ambiguë. Enfin, les parenthèses dans l'imprimé Chrestien du *Godefroi* permettent à la fois d'isoler les *verba dicendi* (20) – ce qui permet de disjoindre l'incise et son hôte et de donner au discours direct plus de linéarité – et certaines phrases coordonnées ou syntagmes supprimables qui donnent un surplus d'informations non nécessaires sémantiquement ou syntaxiquement (21).

20. A2 : [f⁰ 5c] *Et qui vous a, dist elle, doncques donné congé et licence de ce faire ?*
    B2 : [f⁰ 2a] *Et qui vous a (dist elle) donc donné conge de ce faire ?*
21. A2 : [f⁰ 5a] *mais alors et par ce traicté de mariage fut pacifié le discord d'iceulx.*
    B2 : [f⁰ B 1a] *mais alors (et par ce traicté de mariage) fut pacifié le discort d'iceulx.*

La structuration des imprimés de l'Écu de France envisagée au travers d'une étude de la ponctuation, de l'emploi des majuscules et d'autres signes typographiques semble suivre une politique de clarification et presque de standardisation ; les habitudes typographiques de l'atelier commencent à s'éloigner des pratiques des scribes pour ressembler à celles qui deviendront les nôtres. D'autres détails convergent vers cette hypothèse : l'indéfini *ung* est graphié avec un -*g* final dans les imprimés

Le Noir. Dans les premiers imprimés, on suit les graphies des manuscrits dans lesquels le -*g* avait une fonction diacritique après quatre jambages ; avec l'utilisation de nouveaux caractères, il devient superflu.

Rappelons que les imprimés étudiés, dont les dates d'édition sont séparées de seulement vingt ou trente ans, ont été confectionnés au siècle suivant l'invention de l'imprimerie. Au XVIᵉ siècle, les techniques se développent considérablement et à grande vitesse et les confrontations entre différentes éditions mettent en valeur ces évolutions.

Les interventions nombreuses et raisonnées des compagnons de Chrestien sont conjuguées à des modifications linguistiques qui nous amènent à employer le terme de *remaniement*.

REMANIER UNE RÉÉCRITURE[22]
Le rajeunissement linguistique[23]

LES GRAPHIES

À l'instar d'autres travaux sur les graphies médiévales[24], et bien qu'il s'agisse du travail d'imprimeurs et non de scribes, nous pensons que les modèles qui ont servi de support à ceux qui copient n'influent pas le système graphique du professionnel du livre de manière significative. Les tendances que nous avons observées sont révélatrices de deux conceptions différentes de la langue.

---

22 Nous nous alignons ici sur la terminologie proposée dans Raymund Wilhem, « L'édition de texte – entreprise à la fois linguistique et littéraire », *Manuals of Romance Linguistics. Volume 4 : Manuel de la philologie de l'édition*, dir. David Trotter, Berlin, Boston, De Gruyter, 2015 (*Manuals of Romance Linguistics*, 4), p. 131-151. La réécriture est un changement de forme et de genre alors qu'on parle de remaniement lorsqu'il y a modification de la microstructure textuelle.

23 Nous ne donnerons ici que des exemples significatifs ponctuels et renvoyons à un autre travail, consacré intégralement à l'étude linguistique : Laura-Maï Dourdy, « Mettre et remettre en prose : mesurer l'étude du français à partir des réécritures de *Jourdain de Blaves* », *Rythmes d'évolution du français médiéval*, dir. Zinaida Geylikman et Pauline Lambert, Paris, L'Harmattan, 2017 (*Sémantiques*), p. 25-52.

24 Yvonne Cazal, Gabriella Parussa, Cinzia Pignatelli et Richard Trachsler, « L'orthographe : du manuscrit médiéval à la linguistique moderne », *Médiévales*, t. 45, 2003, p. 98-118.

Les consonnes quiescentes abondent chez Le Noir. Certaines ont des motivations étymologiques (*exploit* vient d'*explicitum* : A3 : *exploict*, B3 : *exploit*) et d'autres ont probablement été introduites par analogie (*mectre* vient de *mittere*, A3 : *mectez*, B3 : *mettez*). Les graphies sont lissées dans les imprimés Chrestien : ces consonnes quiescentes sont supprimées.

Remarquons aussi que, dans nos éditions de l'Écu de France, les consonnes finales tombées sont rétablies (A3 : *ras*, B3 : *ratz*) et les consonnes sourdes remplacées par les sonores de l'étymon latin en position finale (A : *sanc*, B : *sang*), ce qui permet d'établir une relation claire entre les mots d'un paradigme morphologique. Est notable aussi le retour à un vocalisme étymologique dans les imprimés Chrestien (*complainte* vient de *complangere* en latin vulgaire, A3 : *compleincte*, B2 : *complaincte*).

D'autres habitudes graphiques ont été révélées par la confrontation textuelle : qu'elles soient motivées par l'étymologie ou non, les imprimés Le Noir favorisent les consonnes doubles comme il est fréquent en moyen français (A3 : *reculler*, B3 : *reculer* ; A2 : *limittes*, B2 : *limites*) ; au suffixe *-aige*, qui peut être la continuation du suffixe latin *-aticu* suite à la palatalisation de [a] devant [ʒ][25], on préfère *-age* à l'Écu de France (A3 : *lignaige*, B3 : *lignage*) et au *ie* derrière palatale on préfère *e* (A3 : *chiere*, B3 : *chere* ; A2 : *congie*, B2 : *congé*). Pour Claire Vachon[26], le remplacement de *ie* par *e* derrière une palatale se situerait en prose entre 1535 et 1550 et serait concomitant à une évolution phonétique. Pour Meigret, pourtant, on prononce encore le [i] en 1545[27]. En tout cas, la simplification phonétique n'est aboutie qu'au XVIIe siècle. Quoi qu'il en soit, la variante *ie* est choisie chez Le Noir presque aussi systématiquement que *e* l'est chez Chrestien.

Nous n'avons ici exposé que des tendances graphiques, qui ne sont pas nécessairement systématiques, mais qui nous semblent refléter deux conceptions différentes de la langue. Les imprimés Le Noir font l'effet d'un observatoire idéal des phénomènes graphiques du moyen français qui fleurissent dans ses textes. Les choix graphiques de Chrestien

---

25 Phénomène qui se répand ensuite par analogie graphique, quand il ne s'agit pas d'une évolution phonétique.

26 Claire Vachon, *Le Changement linguistique au XVIe siècle. Une étude basée sur des textes littéraires français*, Strasbourg, Éditions de linguistique et de philologie, 2010 (*Bibliothèque de linguistique romane*, 6), p. 87.

27 Louis Meigret, *Traité touchant le commun usage de l'escriture françoise*, Paris, J. de Marnef, Veuve D. Janot, 1545 : Paris, BnF, Rés. X-1943, fol. A5 vᵒ.

s'affranchissent des tendances des XIVe et XVe siècles : son système fait preuve de régularité et nombre des formes modifiées dans ses imprimés sont celles qui perdureront jusqu'en français moderne.

LA MORPHOLOGIE

Les pronoms personnels régime

C'est en moyen français que les formes atones commencent à supplanter les formes toniques dans un groupe introduit par une préposition lorsque le pronom régime est suivi par un infinitif ou par un participe présent[28]. À ce stade de l'analyse, on comprend aisément que les imprimés Le Noir continuent à présenter le tour archaïsant *préposition + forme tonique + forme en -ant* ou *infinitif* alors que les éditons Chrestien suivent encore une fois de plus près l'évolution de la langue :

22. A3 : [f° 6b] *en **moy** departant vostre grace*
    B3 : [f^o B 3a] *en **me** departant vostre grace*
23. A : [f° 34b] *Je te deffie de Dieu, qu'il luy plaise de **moy** ayder contre toy*
    B : [f° 51d] *Qu'il luy plaise de **me** ayder contre toy.*

La morphologie verbale

L'observation des désinences du conditionnel fait apparaître une P1 en *-ois* dans les imprimés Chrestien (A3 : *vouldroye*, B3 : *vouldroys* ; A2 : *seroye*, B3 : *serois*). Pour Ferdinand Brunot, la désinence apparaît au XIVe siècle et le « mouvement se précipite[29] » au XVe siècle.

La collation a aussi fait apparaître des différences formelles entre les bases du subjonctif présent à la P3. Les imprimés Le Noir présentent des formes qui portent la trace d'une ancienne palatalisation : elle est gommée dans les éditions Chrestien (A3 : *souviengne*, B3 : *souvienne* ; A2 : *viengne*, B2 : *vienne*).

D'autres différences touchent les bases du futur : si un *-e-* s'intercalait fréquemment entre la base vocalique et le morphème du futur *-r-*, il

---

28 Christiane Marchello-Nizia, *La langue française aux XIVe et XVe siècles*, Paris, Nathan, 1997 (*Fac. Linguistique*), p. 248-251.

29 Ferdinand Brunot, *Histoire de la langue française des origines à 1900. Tome I, De l'époque latine à la Renaissance* (4e édition revue et augmentée), Paris, Armand Colin, 1933, p. 452.

semble ne plus être prononcé au xve siècle[30] – même si l'amuïssement n'est définitif qu'au xviie siècle[31] – et n'est plus présent dans la graphie des imprimés Le Noir, qui suit, peut-être, la prononciation (A3 : *salurez*, B3 : *saluerez*). Le *-e-* intercalaire, purement graphique, demeurera jusqu'en français moderne, comme il est resté dans la graphie des imprimés Chrestien.

LE LEXIQUE[32]

Les mêmes tendances s'observent à travers de nombreux exemples d'actualisation lexicale. *Revenir de* vient remplacer *retourner de* présent chez Le Noir (24). Bien que les emplois de *retourner* lemmatisé et suivi de la préposition *de* soient constants dans le corpus Frantext de 1300 à 1700, ceux de *revenir de* augmentent au xvie siècle jusqu'à être presque deux fois plus nombreux que *retourner de*, ce qui est signe d'un changement lexical en cours, du remplacement progressif d'une unité lexicale par une autre[33]. Les mêmes corpus nous informent que la collocation du verbe *descendre* et de l'adverbe de lieu *jus* apparaît peu, et ne dépasse pas 1600 (25).

24. A3 : [f° 55c] *que Charlemaigne **retourne** d'Espaigne*
    B3 : [f° 92b] *que Charlemaigne **revient** d'Espaigne*
25. A2 : [f° 5d] *qu'i **descendit jus** du cheval*
    B2 : [f^o B 2a] *qu'il **descendit** de dessus son cheval*

De même, *exadverser*, employé chez Le Noir, est supprimé et remplacé par *avoir bataille* (26). En effet, Frantext nous indique qu'*exadverser* ne présente que de rares occurrences dans les corpus, qui datent toutes du xve siècle.

26. A2 : [f° 157a] *les remercia moult benignement de ce qu'ilz avoyent ainsi **exadversé** contre ses ennemys.*
    B2 : [f^o EEE1b] *les remercia moult benignement de ce qu'ilz avoient ainsi **bataillé** contre ses ennemys.*

30 Marchello-Nizia, *La langue française aux xive et xve siècles*, p. 270.
31 François de La Chaussée, *Initiation à la morphologie historique de l'ancien français*, Paris, Klincksieck, 1989 (*Bibliothèque française et romane. Série D – Initiation textes et documents*, 10), p. 242.
32 Nous avons choisi de ne traiter ici que les variantes de *Guerin* et *Godefroi*, l'analyse comparative du lexique des deux éditions Le Noir et Chrestien de *Jourdain* ayant déjà été faite dans notre article cité (Dourdy, « Mettre et remettre en prose »).
33 L'évolution continuera puisque *revenir de* sera six fois plus fréquent que *retourner de* au xviie siècle.

Un dernier exemple a attiré notre attention : le remplacement de *tresuchemente* par *vehemente* (27). Dans les dictionnaires, *huchement* n'est qu'un substantif faisant référence à l'"action d'appeler à haute voix'[34] ou encore à une 'proclamation judiciaire'[35]. En revanche, *hugement* est un adverbe anglo-normand qui signifie 'cruellement'[36] et il existe un autre adverbe, *ahogement*, qui, lui, signifie 'avec force'[37] ; nul doute que ces sens se rapprochent de celui de l'adjectif dans le texte de A2. Le sens de *vehemente* est, bien sûr, plus évidemment accessible.

> 27. A2 : [f° 157a] *il fut empoisonné de poyson si* **tresuchemente** *qu'il fut incontinent trespassé*
> B2 : [f° EEE2a] *il fut empoisonner de poison si* **vehemente** *qu'il fut incontinent trespassé*

Il faudrait analyser toute la tradition de *Godefroi* pour affirmer que c'est dans l'atelier de Chrestien, et non dans celui d'un autre imprimeur interventionniste, que ce changement a été apporté. Toutefois, la modification lexicale suit les tendances éditoriales révélées par ailleurs et nous pensons, comme Yan Greub, que ce remaniement est « plus neutre linguistiquement que le texte copié[38] » puisqu'il efface non pas seulement les archaïsmes, mais aussi les dialectalismes.

La somme des remarques qui pourraient venir s'ajouter à cette étude linguistique et appuyer notre propos est immense mais nous espérons avoir montré, à travers la présentation de ces quelques exemples, que Nicolas Chrestien est un tenant de l'innovation linguistique et que ses textes donnent à voir un système placé plus avant sur une ligne évolutive.

---

34 *Dictionnaire Étymologique de l'Ancien Français*, H 687-688. Site Internet : http://www. deaf-page.de (consulté le 5 janvier 2020).
35 *Cf.* DMF 2015.
36 *Anglo-Norman Dictionary*. Site Internet : http://www.anglo-norman.net/.
37 *Ibid.*
38 Yan Greub, « Sur un mécanisme de la préstandardisation de la langue d'oïl », *Bulletin de la Société de Linguistique de Paris*, t. 102, 2007, p. 429-434 (cit. p. 431).

CONCLUSIONS

Même si les traditions textuelles de *Guerin de Montglave* et *Godefroi de Bouillon* n'ont pas été élucidées ici, la récurrence indiscutable des caractéristiques matérielles, typographiques, textuelles, stylistiques et linguistiques nous invite à penser que, quelle que soit l'édition copiée, les stratégies éditoriales des deux ateliers gardent les mêmes lignes directrices.

Chercher à comprendre le lissage opéré à l'Écu de France nous amène à croiser ces données avec d'autres, plus historiques, touchant à l'histoire de l'imprimerie. Les professionnels du livre démontrent que « dès l'origine, l'imprimerie s'affirme comme une industrie soumise aux mêmes lois que toutes les autres industries[39] », dans laquelle « les choix éditoriaux sont bien souvent dictés par des impératifs économiques[40] ». Les « politiques de rentabilité[41] » sont alors aussi nombreuses que les ateliers d'imprimerie, mais on peut émettre quelques hypothèses quant à leurs motivations. Rappelons que les romans de chevalerie constituent, jusqu'en 1550, un « phénomène éditorial[42] », et que Michel Le Noir fournit un certain nombre d'éditions *princeps* de ces mises en prose. Ses imprimés conservent l'empreinte cachée de leur source : ses lecteurs redécouvrent dans les dérimages des textes parfois anciens écrits quelques siècles plus tôt. Mais lorsque le mouvement s'essouffle au milieu du siècle[43], il devient nécessaire de changer de stratégie éditoriale pour que s'écoulent des romans qui ne se vendaient plus. Nicolas Chrestien s'est alors attelé à renouveler le fonds traditionnel pour s'adapter à son lectorat qui se diversifie avec le développement de l'imprimerie et propose donc des textes remaniés. Il a cherché, somme toute, à s'adapter aux « besoins » et aux « désirs de la clientèle[44] » en éditant des romans plus courts et

---

39 Henri-Jean Martin, *Histoire du livre*, 2 vol., Paris, Bibliothèque nationale, 1964, t. 1, p. 46.
40 Roudaut, *Le livre au XVIᵉ siècle*, p. 74.
41 *Ibid.*, p. 84.
42 *Ibid.*
43 D'ailleurs, toute la production d'imprimés en langue française connaît une chute vers 1550. *Ibid.*, p. 89.
44 Jean-Yves Mollier, *Une autre histoire de l'édition française*, Paris, La Fabrique, 2015, p. 30-31.

en les débarrassant des traits archaïques stylistiques, typographiques, linguistiques pour s'éloigner d'une écriture épique qui n'était plus au goût du jour et supprimer des références qui n'étaient plus connues.

Laura-Maï DOURDY
Université Paris 3 –
Sorbonne Nouvelle – CLESTHIA

LE RÔLE DES IMPRIMÉS DANS L'ÉDITION D'UNE MISE EN PROSE MANUSCRITE

La *Belle Hélène de Constantinople*

Transmise par trois manuscrits et au moins onze éditions du XVIᵉ siècle, la *Belle Hélène de Constantinople* anonyme est l'une des vingt proses à tradition 'mixte' recensées dans le *Nouveau Répertoire des mises en prose*[1]. Le passage à l'imprimé, le succès et les modalités de diffusion de ce groupe de textes entre la fin du XVᵉ et les premières décennies du XVIᵉ siècle ont été étudiés récemment par Maria Colombo Timelli, qui a mis en relief la continuité et même, dans quelques cas, la contemporanéité de cette double tradition[2].

Si nous considérons ce corpus du point de vue de la transmission textuelle, mis à part le cas de *Clamadés*, dont le seul manuscrit conservé est une copie de l'incunable lyonnais de Guillaume Le Roy[3] (*ca* 1479-1480), deux situations peuvent se présenter : soit le modèle des premières éditions subsiste, et donc celles-ci, en tant que *descriptae*, ne peuvent fournir aucun apport à l'établissement du texte[4] ; soit l'antécédent des

---

1   Barbara Ferrari, « *Belle Hélène de Constantinople* anonyme », *Nouveau Répertoire de mises en prose (XIVᵉ-XVIᵉ siècle)*, dir. Maria Colombo Timelli, Barbara Ferrari, Anne Schoysman et François Suard, Paris, Classiques Garnier, 2014 (*Textes littéraires du Moyen Âge*, 30 – *Mises en prose*, 4), p. 61-69.

2   Maria Colombo Timelli, « Du manuscrit à l'imprimé : le cas des 'mises en prose' », *Au prisme du manuscrit. Regards sur la littérature française du Moyen Âge (1300-1550)*, dir. Sandra Hindman et Elliot Adam, Turnhout, Brepols, 2019, p. 219-239. Un cas exemplaire de diffusion parallèle est celui de la *Vengeance de Notre Seigneur* : au moins treize éditions incunables à partir de 1479 et six manuscrits copiés entre 1480 et le début du XVIᵉ siècle (Barbara Ferrari, « *Vengeance de Notre Seigneur* ou *Destruction de Jérusalem* », *Nouveau Répertoire de mises en prose*, p. 873-890 ; Colombo Timelli, « Du manuscrit à l'imprimé »).

3   *Le Cheval volant en bois. Édition des deux mises en prose du* Cleomadés *d'après le manuscrit Paris, BnF fr. 12561 et l'imprimé de Guillaume Leroy (Lyon, ca. 1480)*, éd. Fanny Maillet et Richard Trachsler, Paris, Classiques Garnier, 2010 (*Textes littéraires du Moyen Âge*, 14 – *Mises en prose*, 2), p. 18-27 ; Fanny Maillet, « *Clamadés* », *Nouveau Répertoire de mises en prose*, p. 175-181.

4   C'est le cas le moins fréquent, puisque les manuscrits qui ont servi de modèles aux imprimeurs ne nous sont parvenus que très rarement.

imprimés ne nous est pas parvenu, et par conséquent leur contribution devrait être prise en compte et traitée au même titre que celle de tout témoin dont l'ancêtre direct est perdu et qui peut donc en conserver les leçons. À partir de ces considérations, je voudrais d'abord examiner rapidement quelle attitude ont adoptée les éditeurs modernes à l'égard des mises en prose à double tradition, pour montrer ensuite, par une étude de cas, l'importance de l'apport des premiers imprimés pour l'édition d'un texte transmis également sous forme manuscrite.

À la seule exception des différentes versions de *Bertrand du Guesclin*, des deux *Pèlerinages, de vie humaine*[5] et *de l'âme* et de *Theseus de Cologne*[6], toutes les proses de notre corpus ont été éditées au moins une fois à partir des années 20 du XXe siècle. Un rapide examen des éditions critiques en question fait ressortir des positions différentes en ce qui concerne l'attention accordée aux imprimés[7] :

- *Baudouin de Flandre*[8], la *Vengeance de Notre Seigneur*[9] et *Gerard de Nevers*[10] ont été publiés uniquement sur la base des manuscrits. Dans les deux premiers cas, les éditeurs n'ont pas justifié leur choix de ne tenir aucun compte des imprimés anciens, mais il est permis d'imaginer que leur attitude ait été déterminée par le nombre important des manuscrits conservés : 10 pour *Baudouin*[11]

---

5   Édition en préparation par Françoise Bourgeois.
6   La récente édition de Mari Bacquin concerne la version de Jean Servion, qui n'a pas connu de diffusion imprimée. Mari Bacquin, Le Théséus de Cologne *de Jean Servion. Un cri au secours*, Lund, Lund University, 2017 (*Études Romanes de Lund*, 105).
7   Je n'ai pu tenir compte des thèses inédites concernant : *Baudouin de Flandres* (G. Chouffani El Fassi), *Ciperis de Vignevaux* (M. C. De Clippele), *Guy de Warwick* (F. Desmet), *Renaut de Montauban*, prose vulgate (J.-M. Léard), et le *Roman de la Rose moralisé* (J. Devaux) ; pour les données bibliographiques complètes, je renvoie aux notices correspondantes dans le *Nouveau Répertoire de mises en prose*.
8   *Baudouin de Flandre*, éd. Élisabeth Pinto-Mathieu, Paris, Librairie Générale Française, 2011 (*Le Livre de Poche*, 31774 – *Lettres Gothiques*).
9   *La Vengeance de Nostre-Seigneur, The Old and Middle French Prose Versions : The Version of Japheth*, éd. Alvin E. Ford, Toronto, Pontifical Institute of Medieval Studies, 1984 (*Studies and Texts*, 63).
10   *Gérard de Nevers. Prose version of the Roman de la Violette*, éd. Lawrence F. H. Lowe, Princeton, Princeton University Press, Paris, PUF, 1928 [New York, Kraus Reprint Corporation, 1965] (*Elliot Monographs in the Romance Languages and Literature*, 22) ; *Histoire de Gérard de Nevers. Mise en prose du* Roman de la Violette *de Gerbert de Montreuil*, éd. Matthieu Marchal, Villeneuve-d'Ascq, Presses universitaires du Septentrion, 2013 (*Bibliothèque des seigneurs du Nord*).
11   *Cf.* Maria Colombo Timelli, « *Baudouin de Flandre* », *Nouveau Répertoire de mises en prose*, p. 39-49 (ici p. 39-44) : des douze manuscrits signalés, les n°s 2 et 9 sont des copies

et 29 pour la *Vengeance*[12]. En revanche, les éditeurs de *Gerard de Nevers*, transmis par deux manuscrits et deux éditions du XVIᵉ siècle, excluent les imprimés de l'établissement du texte parce qu'ils les font remonter à l'un ou à l'autre des témoins manuscrits : P (Paris, BnF, ms. fr. 24378) selon Lawrence Lowe, B (Bruxelles, KBR, ms. 9631) selon Matthieu Marchal. Seul celui-ci, cependant, fonde ses conclusions sur un examen des rapports entre tous les témoins de la mise en prose[13].

— Le cas opposé, à savoir celui d'éditions se fondant sur un imprimé, même en présence d'un ou de plusieurs manuscrits, est représenté par *Clamadés*, où la *princeps*, comme je le rappelais plus haut, a servi de modèle au seul manuscrit existant[14], et par *Beuve de Hantone*, publié par Marie-Madeleine Ival sur la base de l'édition d'Antoine Vérard (entre 1499 et 1503)[15]. Tout en reconnaissant qu'une édition critique de la mise en prose devrait se fonder sur le manuscrit Paris, BnF, fr. 12554[16] plutôt que sur le texte, souvent fautif, de Vérard, Marie-Madeleine Ival choisit de publier l'*editio princeps* pour « montrer l'état d'un roman imprimé au début du XVIᵉ siècle avec ses dégradations, qui [...] paraissent significatives de l'évolution du genre[17] » ; les leçons du manuscrit qui permettraient d'amender

---

respectivement du XIXᵉ et du XXᵉ siècle.

12 *Cf.* Ferrari, « *Vengeance de Notre Seigneur* », p. 873-884.

13 *Gérard de Nevers*, éd. Lowe, p. V ; *Histoire de Gérard de Nevers*, éd. Marchal, p. 61, 404-405 (stemma). Dans son édition, Matthieu Marchal fait dériver les deux imprimés anciens de son manuscrit de base B à travers un intermédiaire perdu ; mais un nouvel examen de la tradition textuelle lui a permis récemment de démontrer qu'en réalité « le ms. B et les éditions forment [...] deux familles distinctes issues indépendamment d'un modèle commun », et que la *princeps* de 1520 peut donc fournir un apport à l'établissement du texte (Matthieu Marchal, « La réception de l'*Histoire de Gérard de Nevers* dans les imprimés du XVIᵉ siècle (Paris, Hemon Le Fevre, 1520 ; Paris, Philippe Le Noir, 1526), *Raconter en prose (XIVᵉ-XVIᵉ siècles)*, dir. Paola Cifarelli, Maria Colombo Timelli, Matteo Milani et Anne Schoysman, Paris, Classiques Garnier, 2017 (*Rencontres*, 279 – *Civilisation médiévale*, 21), p. 225-242).

14 *Cf. Le Cheval volant en bois*, éd. citée, p. 23-27 ; Maillet, « *Clamadés* », p. 175.

15 *Beufves de Hantonne. Version en prose (Édition Vérard)*, éd. Marie-Madeleine Ival, Aix-en-Provence, CUERMA, 1984 (*Senefiance*, 14).

16 Un autre manuscrit (Paris, BnF, ms. fr. 1477) transmet une version abrégée du roman (*cf.* Jean-Pierre Martin, « *Beuve de Hantone* », *Nouveau Répertoire de mises en prose*, p. 115-121, ici p. 116).

17 *Beufves de Hantonne*, éd. Ival, p. XLII. Sur l'édition Ival, *cf.*, ici-même, Maria Colombo Timelli, « Les éditions d'Antoine Vérard, des témoins (pas) comme les autres ? ».

l'édition Vérard sont signalées dans les notes, mais le texte n'est corrigé qu'en cas d'erreurs importantes.

- Pour deux proses, nous disposons tant de l'édition d'un manuscrit que de celle d'un imprimé, ce qui s'explique par l'existence de deux rédactions différentes pour chaque mise en prose : tel est le cas pour *Galien le Restoré*[18] et pour *Mabrien/Mabrian*[19].
- Dans cinq autres cas, enfin, même si les éditeurs modernes ont choisi de publier le texte d'un manuscrit, le témoignage des imprimés a été pris en compte et les variantes de la première ou des premières éditions ont été enregistrées de façon plus ou moins exhaustive dans l'apparat critique ou ailleurs : il s'agit de *Berinus, Ciperis de Vignevaux, Fierabras* de Jean Bagnyon, *Guy de Warwick* et du *Livre de Regnart*.

En examinant de plus près ces éditions, on se rend compte que l'apport des imprimés pour la *constitutio textus* est d'une importance inégale : Robert Bossuat signale dans l'apparat de *Berinus* quelques variantes intéressantes de la *princeps*, publiée à Paris par Jean Janot au début des années 1520[20], et adopte comme table des matières ses rubriques, que la langue « très rajeunie[21] » interdisait d'incorporer au texte. Laura Ramello, qui édite *Ciperis de Vignevaux* d'après le seul manuscrit conservé (Bruxelles, KBR, ms. 3576-3577), avec traduction italienne en regard[22], relève, dans les notes au texte italien, et non dans l'apparat, les leçons les plus significatives des deux premières éditions

---

18　*Galien le Restoré en prose*, éd. Hans-Erich Keller et Nikki L. Kaltenbach, Paris, Champion, 1998 (*Nouvelle Bibliothèque du Moyen Âge*, 43). Le texte du ms. Paris, BnF, fr. 1470 (*Galien Restoré*) et celui de l'incunable d'Antoine Vérard (*Galien Rethoré*, 1500) sont publiés l'un après l'autre ; cf., ici même, Colombo Timelli, « Les éditions d'Antoine Vérard ».

19　*Mabrien, Roman de chevalerie en prose du xv* siècle*, éd. Philippe Verelst, Genève, Droz, 1998 (*Romanica Gandensia*, 28) (édition du ms. Paris, BnF, fr. 19177) ; *Mabrian. Roman de chevalerie en prose : édition de Paris, Jacques Nyverd, 1530 (BnF, Rés. Y².75)*, éd. Philippe Verelst, 2 vol., Genève, Droz, 2009-2010 (*Romanica Gandensia*, 39, 41). La *princeps* de Galliot du Pré et Jacques Nyverd date de 1525 (privilège) ; le choix de publier l'édition de 1530 a été déterminé par des raisons d'ordre pratique plutôt que philologique (cf. *Mabrian*, éd. Verelst, p. 10).

20　*Bérinus, roman en prose du xiv* siècle*, éd. Robert Bossuat, 2 vol., Paris, Société des Anciens Textes Français, 1931-1932.

21　*Ibid.*, p. LIII.

22　*Un mito alla corte di Borgogna. Ciperis de Vignevaux in prosa. Edizione con note critiche e commento linguistico-letterario*, éd. et trad. Laura Ramello, Alessandria, Edizioni dell'Orso, 2012 (*Scrittura e Scrittori*, 27).

(dont les rapports réciproques et avec le manuscrit ne sont cependant pas discutés) ; en plus, elle a recours à la *princeps* parisienne de la Veuve Jean Saint-Denis (1531-1533) pour combler les importantes lacunes matérielles du manuscrit (au moins six feuillets). Le *Livre de Regnart*, comme *Ciperis*, est édité sur la base du manuscrit unique[23] (Chantilly, Musée Condé, ms. 473). Le texte est transmis également par deux imprimés dont Elina Suomela nous dit seulement qu'ils « concordent très souvent[24] », ce qui lui permet de corriger presque toujours le manuscrit à l'appui d'une leçon commune aux deux éditions anciennes ; un relevé complet des variantes des imprimés est donné dans l'apparat critique. Denis J. Conlon, en revanche, propose un classement des témoins de *Guy de Warwick*, deux manuscrits et deux imprimés, sans d'ailleurs le justifier par des données textuelles[25] ; il choisit d'éditer le manuscrit réputé le plus ancien (Londres, BL, ms. Royal 15 E VI, le célèbre Shrewsbury Book) en le corrigeant à l'aide de l'autre manuscrit (Paris, BnF, ms. fr. 1476) et de la *princeps* parisienne[26] (François Regnault, 1525). Hans-Erich Keller est le seul à proposer un stemma, fondé sur les fautes communes, illustrant les rapports de filiation entre les deux manuscrits du *Fierabras* de Jean Bagnyon et l'incunable publié vers 1479 à Genève par Simon Dujardin[27] ; le texte du manuscrit de base G (Genève, BGE, ms. fr. 188), représentant une version antérieure à celle transmise par l'autre manuscrit B (Cologny-Genève, Bibliothèque Bodmer, ms. fr. 15) et

---

23   *Le* Livre de Regnart. *Édition critique avec introduction, notes et glossaire du manuscrit 473 de la Bibliothèque du Musée Condé de Chantilly*, éd. Elina Suomela-Härmä, Paris, Champion, 1998 (*Bibliothèque du* XVᵉ *siècle*, 60).

24   *Ibid.*, p. XIII. Il s'agit des éditions parisiennes de Michel Le Noir (1516) et de son fils Philippe Le Noir (vers 1534) ; deux autres éditions, du milieu du siècle, transmettent un texte fort abrégé (*cf.* p. X).

25   *Le Rommant de Guy de Warwik et de Herolt d'Ardenne*, éd. Denis J. Conlon, Chapel Hill, University of North Carolina Press, 1971 (*Studies in the Romance Languages and Literatures*, 102), p. 31-32.

26   Pour une étude des rapports entre les manuscrits et les imprimés de *Guy de Warwick*, en vue de l'établissement d'une nouvelle édition critique, *cf.* Sophie Lecomte, « Le *Guy de Warwick* en prose entre manuscrits et imprimés. Problèmes d'édition », *Le Roman français dans les premiers imprimés*, dir. Anne Schoysman et Maria Colombo Timelli, Paris, Classiques Garnier (*Rencontres*, 147 – *Civilisation médiévale*, 17), p. 81-93.

27   Jehan Bagnyon, *L'Histoire de Charlemagne (parfois dite Roman de Fierabras)*, éd. Hans-Erich Keller, Genève, Droz, 1992 (*Textes Littéraires Français*, 413), p. XXXV-XXXVII. L'incunable de Simon Dujardin suit la *princeps* d'Adam Steinschaber (Genève, 1478) dont Dujardin utilise les caractères (*cf.* François Suard, « *Fierabras* de Jean Bagnyon », *Nouveau Répertoire de mises en prose*, p. 229-238, ici p. 233).

par l'incunable (famille *a*), est corrigé normalement à l'aide de B, mais parfois sur la base de l'imprimé ; cependant l'éditeur, « pour des raisons purement pratiques[28] », adopte la division en livres, parties et chapitres propre à la famille *a*.

En conclusion de ce bref excursus, nous pouvons constater que les éditeurs de mises en prose à tradition mixte ont rarement négligé l'apport des imprimés ; dans quelques cas ils l'ont même privilégié, comme nous le montre ici Maria Colombo pour les éditions de Vérard[29]. En revanche, ils ne se sont pas toujours préoccupés d'éclaircir les rapports de filiation entre les témoins afin de situer les imprimés dans l'ensemble de la tradition de chaque texte et de pouvoir donc évaluer avec plus de justesse le poids de leurs leçons dans la *constitutio textus*. Heureusement une attitude nouvelle, plus philologique, à l'égard du rôle des imprimés dans les éditions des textes médiévaux commence à s'affirmer[30] et les études réunies dans ce volume en sont un exemple.

Dans cette perspective, je voudrais maintenant examiner le cas de la *Belle Hélène de Constantinople*[31], histoire d'armes et d'amours, comme récite le prologue[32], issue d'une chanson de geste du milieu du XIVe siècle qui raconte, sur la toile de fond des affrontements entre païens et chrétiens, les vicissitudes de la malheureuse fille du roi de Constantinople, obligée de fuir un père incestueux, faussement accusée d'un accouchement monstrueux auprès de son époux, le roi d'Angleterre, mutilée, séparée de ses enfants jusqu'aux heureuses retrouvailles finales[33].

---

28 Bagnyon, *L'Histoire de Charlemagne*, éd. citée, p. XXXIX.

29 Colombo Timelli, « Les éditions d'Antoine Vérard ».

30 *Cf.*, par exemple, les études de Matthieu Marchal et de Sophie Lecomte citées aux notes 13 et 26 ; mais déjà, à propos d'*Ysaïe le Triste*, autre roman à tradition 'mixte', Gabriel Bianciotto écrivait : « Constatant la qualité d'ensemble de l'imprimé du XVIe siècle, l'éditeur moderne doit tenter de le considérer à l'égal d'une copie manuscrite, pour le situer dans un stemma et éventuellement en tirer parti dans l'établissement du texte critique ». Gabriel Bianciotto, « Le roman d'*Isaïe le Triste* : les imprimés », *'Ensi firent li ancessor'. Mélanges de philologie médiévale offerts à Marc-René Jung*, dir. Luciano Rossi, Christine Jacob-Hugon et Ursula Bähler, 2 vol., Alessandria, Edizioni dell'Orso, 1996 (*Fuori Collana*, 26), t. 2, p. 623-639 (cit. p. 633).

31 « *Histoire de la Belle Hélène de Constantinople* ». *Edizione critica di una 'mise en prose' anonima del XV secolo*, éd. Barbara Ferrari, Thèse de doctorat, Milan, Università degli Studi di Milano, 2002-2003.

32 Ferrari, « *Belle Hélène de Constantinople* anonyme », p. 64.

33 *La Belle Hélène de Constantinople. Chanson de geste du XIVe siècle*, éd. Claude Roussel, Genève, Droz, 1995 (*Textes littéraires français*, 454).

À la différence de l'autre mise en prose inspirée par la chanson en alexandrins, rédigée par Jean Wauquelin vers 1448 et transmise par un seul codex[34], la prose anonyme a connu un succès de longue durée[35]. De l'étape initiale de l'histoire de ce texte nous sont parvenus trois manuscrits, tous copiés vraisemblablement dans les trente dernières années du XVe siècle et tous les trois actuellement conservés à la Bibliothèque nationale de France, sous les cotes fr. 1489 (P1), fr. 19167 (P2) et n. a. fr. 20592 (P3). Les erreurs et les omissions individuelles que l'on rencontre dans tous ces témoins prouvent qu'il s'agit de copies, alors que l'analyse des liens de parenté exclut tout rapport de filiation directe. Des trois manuscrits, P1 est celui qui transmet la rédaction la plus complète et, en même temps, la moins altérée du roman, comme le prouve, entre autres, la conservation de quelques passages versifiés, manquants ou remaniés dans P2 et P3 ; P2 présente quatre lacunes dues à la perte de quelques feuillets, dont la plus importante (5 feuillets) concerne le début de l'œuvre ; le texte de P3, enfin, présente une lacune de trois longs chapitres concernant la conquête de la Flandre et la guerre contre l'Écosse ; en outre, ce manuscrit est acéphale : en effet, le premier feuillet n'est qu'un faux du XIXe siècle, dont le texte a été copié sur celui de P1[36].

Malgré le nombre important de variantes, les trois manuscrits témoignent sans aucun doute d'une même version du roman ; les résultats de la collation – que j'ai présentés ailleurs[37] – m'ont permis de les classer en deux familles : l'une représentée par le seul P1, l'autre (x) formée par P2 et P3. Même si ces derniers descendent d'un ancêtre commun, P2 représente une étape ultérieure de la transmission textuelle par rapport à P3, comme le prouvent l'insertion des rubriques et la modification des attaques de chapitre. En revanche, l'absence de fautes conjonctives communes aux trois manuscrits ne permet pas de supposer l'existence d'un archétype.

---

34 Jean Wauquelin, *La Belle Hélène de Constantinople. Mise en prose d'une chanson de geste*, éd. Marie-Claude de Crécy, Genève, Droz, 2002 (*Textes littéraires français*, 547).

35 *Cf.* Annie Chassagne-Jabiol, *Évolution d'un roman médiéval à travers la littérature de colportage : « La Belle Hélène de Constantinople »*, XVIe-XIXe siècles, Thèse de l'École des chartes, 1974 (*Position des Thèses de l'École des chartes*, 1974, p. 45-50).

36 Barbara Ferrari, « La Belle Hélène de Constantinople anonyme en prose. La tradition manuscrite », *L'écrit et le manuscrit à la fin du Moyen Âge*, dir. Tania Van Hemelryck et Céline Van Hoorebeeck, Turnhout, Brepols, 2006 (*Texte, Codex & Contexte*, 1), p. 121-132.

37 Barbara Ferrari, « Per l'edizione de *La Belle Hélène de Constantinople* anonima in prosa », *La Parola del Testo*, t. 12/2, 2008, p. 331-351.

Le passage à l'imprimé marque une étape décisive pour la diffusion de la *Belle Hélène* en prose, dont les éditions se succèdent tout au long du XVIᵉ siècle et même aux siècles suivants grâce aux éditeurs de colportage. Les relations entre les imprimés avaient déjà été établies par Annie Chassagne-Jabiol dans sa thèse de l'École des chartes sur l'évolution de notre roman dans la Bibliothèque Bleue, et ma collation n'a fait que confirmer son classement qui distingue deux familles, l'une parisienne, l'autre lyonnaise, remontant aux deux éditions les plus anciennes[38] : respectivement, Paris, Veuve Trepperel, s. d. (1517-1525) (T) et Lyon, Olivier Arnoullet, 1524 (A).

La confrontation entre les deux premiers imprimés fait ressortir leur indépendance réciproque, puisqu'ils présentent des omissions individuelles plus ou moins significatives. Plus nombreuses dans *T*, ces lacunes sont généralement la conséquence d'un saut du même au même. Je n'en donnerai que quelques exemples[39] :

> *[…] et l'eussent rescoussé se le conte n'eust faict tant venir de gens d'armes renger de toutes pa[r]s*, tellement que nul ne pouoit approucher fors le **conte** qui la menoit et ne passa oncques homme fors le **conte** (om. A) *et sa niepce et le bourreau qui cuidoit que ce fut la royne Helaine.* (T, fᵒˢ B i vᵒ-B ii rᵒ)

> *[…] mais il fut en chartre et par luy sceut le roy Constant* **depuis** comment l'enfant fust laissé au boys car il fut **depuis** (om. A) *prins et mis en chartre avecques celuy qui cuida celer les fleurins.* (T, fᵒ E iii vᵒ)

> *Quant la vieille vit qu'elle* ne se pouvoit eschapper et que peché l'encombroit, elle dist qu'elle (om. T) *diroit verité et congneust comment elle embla le seau de Helayne entendis qu'elle dormoit sur son giron.* (A, fᵒ C iiii vᵒ)

> *[…] et la furent tous occis les payens* et eut le roy grant joye du blanc chevalier qui ainsi le secourut (om. T) *et luy demanda quil il estoit. Je suis dist il Gorges le chevalier de Dieu qui t'a envoyé secourir pour ce qu'il veoit que tu estoys ferme en la foy.* (A, fᵒ E iiii vᵒ)

---

38 Chassagne-Jabiol, *Évolution d'un roman médiéval*, p. 54-59 ; Barbara Ferrari, « *La Belle Hélène de Constantinople* au XVIᵉ siècle », *La Réception de la littérature en moyen français aux XVIᵉ-XVIIᵉ-XVIIIᵉ siècles. Actes du IIIᵉ Colloque international sur la Littérature en Moyen Français (Milan, 21-23 mai 2003)*, dir. Sergio Cigada, Anna Slerca, Giovanna Bellati et Monica Barsi, *L'Analisi Linguistica e Letteraria*, t. 12, 2004, p. 95-117. Pour une liste mise à jour des éditions du XVIᵉ siècle, je me permets de renvoyer aux notices « *Belle Hélène de Constantinople* » que j'ai établies pour la base *ELR*, dir. Pascale Mounier, en ligne : https:// rhr16-elr.unicaen.fr/fiches/66 (consulté le 14 mai 2020) et pour le *Nouveau Répertoire des mises en prose* (Ferrari, « *Belle Hélène de Constantinople* anonyme », p. 65-66).

39 Les caractères romains indiquent les parties manquantes respectivement dans A et dans T.

Les deux éditions doivent cependant dériver d'un même ancêtre, comme le prouvent quelques fautes communes[40] :

[…] et auront toux deux ainchois maint anoy et mainte povreté, et tout par le vielle, que Dieu maudie, qui la faisoit le dolante *pour son filx qui s'en aloit.* (V.9) *Et chilx maronnier fust chilx meismes qui au chief de* XVI *ans aprés* passa droit *ou il prist Ellaine. Et la trouva l'hermite et les deux enffans, les quelz se partirent de l'hermite et entrerrent ou vaissel […]* (VIII.11-12)	*que Dieu mauldie* pour la mensonge qui *pour son filz qui s'en alloit au mandement du pape.* (T, f°. A vi r° ; A, f° B ii r°) passa les deux enfans droit *ou il print Helaine […]* (T, f°. B ii v° ; A, f° C i v°)

Ce qui ne permet pas de négliger l'apport des deux éditions est le fait que leur antigraphe ne nous est pas parvenu. En effet, bien que P2 offre un texte proche de celui des imprimés, entre autres par la présence des titres de chapitre (qui manquent dans les deux autres manuscrits), il ne peut pas être leur antécédent direct, puisque ses lacunes ne sont pas partagées par T et A. Dans les exemples suivants, par exemple, les passages en romain, omis par P2, se lisent dans les imprimés :

> *Et puis revint a son capelain et lui commanda qu'il escripsit encores VIII paires de lettres samblans a la premiere, tousjours enforchant le commandement ; et qu'il meist en les desraines que le roy mandoit au conte, sur peine a perdre corps et avoir,* qu'il ardeist la dame comme celle qu'il renioit a tousjours (T, f° A viii r° ; A, f° B iii v°), *comme celle qu'il avoit trouvee dont il avoit esté faulsement dechut.* (VI.59)

> *Et pour ton bon serviche je te donne heritablement a tous jours a ty et a tiens,* sans que jamais roy ne t'em puist faire tort aprés my (T, f° C ii v° ; A, f° D i r°), *le VIIe piet en Engleterre, et tout par tout en mon roialme ou tu passeras VI pas tu porras dire au VIIe : « De cy suis sires et est mon droit hiretage ».* (XII.113)

Quelques innovations et fautes communes à P2 et aux deux éditions prouvent, néanmoins, que l'antécédent de celles-ci devait remonter au même modèle que P2. L'un des changements les plus significatifs concerne la mutilation d'Hélène : celle-ci est condamnée au bûcher à cause de la fausse accusation montée par sa belle-mère, et quand le conte de Clocestre, à qui Henri d'Angleterre avait confié son règne avant de

---

40 Je cite d'après le texte établi dans ma thèse inédite (« *Histoire de la Belle Hélène de Constantinople* », éd. Ferrari) en reproduisant la numérotation des chapitres et des paragraphes.

partir en guerre, dit à Hélène qu'il devra montrer au roi une preuve de son exécution, elle lui offre sa main avec l'anneau nuptial ; dans P1 et P3, conformément à la source en vers, c'est le conte de Clocestre lui-même qui tranche le bras à Hélène, tandis que dans P2 et dans les imprimés la mutilation est exécutée par un *sergent*, ce qui atténue, d'une certaine façon, la cruauté de l'épisode[41]. Parmi les fautes qui opposent P2 et les imprimés à P1 et P3 je me limite à signaler les suivantes :

Lors se partit l'hermite et porta l'enffant en son hermitage, et puis si s'en rala vers la taniere au lion et la se mucha *tant qu'il vit le lion vuidier et aler querre sa poenture en la forest.* (VII.13)	et escoucta (P2, f° 20 r° ; T, f° B ii v° ; A, f° C i v°)
Et avint que, au cief de XVI ans, *li saint preudhoms aloit esbattre avoeucq les enffans es bos, et tant qu'il vindrent assés pres de le mer ou Ellaine s'endormit quant elle perdit ses enffans ou li hermites les trouva.* (XIII.4)	*Et advint* au bout que *le saint preudomme* (P2, f° 31 v°) *Et advint* ung jour que *le sainct preudhomme* (T, f° C iii r° ; A, f° D i v°) (Suite à l'omission de '*de XVI ans*' dans le modèle, attestée par P2, l'antécédent des imprimés a modifié le texte pour le rendre acceptable)

En conclusion, l'ancêtre perdu des deux éditions les plus anciennes de la *Belle Hélène de Constantinople* se placerait dans le stemma au même rang que le manuscrit P2 :

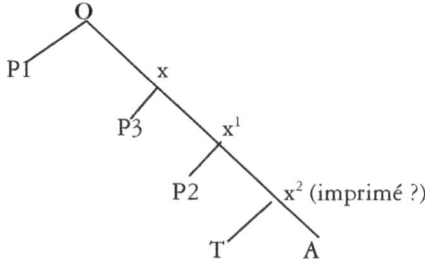

41 Cf. « *Histoire de la Belle Hélène de Constantinople* », éd. Ferrari, p. 110 (VI.111 et la note correspondante).

Reste à établir si cet antigraphe était un manuscrit ou un imprimé. Cette seconde hypothèse semble la plus probable car, à la seule exception de quelques variantes de détail, le texte de T et A est sensiblement le même, à tel point que même la ponctuation coïncide. En outre, les deux éditions partagent les mêmes innovations textuelles : titre, prologue, table des rubriques. La *Belle Hélène de Constantinople* serait donc passée sous les presses avant les années 20 du xvie siècle, auxquelles remontent l'édition de la Veuve Trepperel et d'Olivier Arnoullet[42].

Après avoir situé les premiers imprimés dans la tradition textuelle de notre mise en prose, il est temps de considérer leur utilité pour l'édition critique de la *Belle Hélène*. Ce qui précède ne laisse pas de doutes quant au choix du texte de base : P1 est non seulement le seul témoin complet, il est aussi celui qui transmet la version la moins altérée de la prose ; il présente, quand même, des fautes individuelles qui peuvent souvent être corrigées par le recours aux autres témoins de la famille x[43]. Cependant, l'état lacunaire de P3 et P2 a pour conséquence que pour certains passages le recours aux témoins imprimés s'avère précieux, voire indispensable, car ils sont les seuls représentants de cette famille. En particulier, les feuillets 46 et 47 de P1 présentent des déchirures qui empêchent de lire quelques lignes de texte ; le chapitre où se situent ces lacunes manque dans P3, et même P2 est ici endommagé par la perte d'un feuillet : seul le recours aux imprimés, par conséquent, permet de rétablir la portion de texte perdue, comme le montre l'exemple suivant[44] :

> *Quant le* roys Gham*aulx se vit affoler il fut fort* (A *mout*) *courroucé* et crie Mah*om et dist : "Prenez moy ce chien crestien qui ce cop m'a donné, et* vous ne le m'amenez *ou je vous regnie. Lors Brice fut assailly de toutes* costés, et quant Martin le vit *parmi eulx, il cria l'evesque* (A *et dist*) : « *Mon* frere est perdus s'i n'a secours. » (XXXV.16-17, T, f⁰ H i r⁰ ; A, f⁰ I i v⁰)

Malgré la distance temporelle qui sépare les éditions des manuscrits, leur valeur en tant que témoins de la famille x n'est pas en question, non seulement en raison du principe *recentiores, non deteriores*, mais aussi parce que dans le cas de la *Belle Hélène* le passage du manuscrit

---

42 *Cf.* Ferrari, « *La Belle Hélène de Constantinople* au xvie siècle », p. 102.
43 Ferrari, « Per l'edizione de *La Belle Hélène de Constantinople* », p. 342 ; « *Histoire de la Belle Hélène de Constantinople* », éd. Ferrari, XII.25, XIV.19, XXXI.17, etc.
44 Le texte de T (avec les variantes de A) est imprimé en italiques.

à l'imprimé n'a pas comporté un rajeunissement significatif du texte. En effet, comme je l'ai démontré ailleurs[45], la plupart des modifications linguistiques par rapport à la rédaction la plus ancienne transmise par P1 se relèvent déjà dans les manuscrits P2 et P3, qui témoignent d'une langue plus moderne, que les premiers éditeurs n'ont pas eu besoin de mettre à jour ultérieurement. L'intégration des variantes de T et A dans l'apparat critique ne peut que mettre en évidence cette continuité.

Pour toutes les raisons évoquées, la tradition textuelle de la *Belle Hélène de Constantinople* me semble fournir un bon exemple, non seulement d'une continuité de transmission manuscrite et imprimée à cheval entre XVe et XVIe siècle, mais aussi quant au devoir, qui revient à l'éditeur critique, de traiter avec une même attention les différents témoins de son texte, quel que soit leur support.

Barbara FERRARI
Università degli Studi di Milano

---

45 Barbara Ferrari, « Variantes locutionnelles dans les éditions du XVIe siècle de *La Belle Hélène de Constantinople* », *Langue littéraire et changements linguistiques*, dir. Françoise Berlan, Paris, PUPS, 2006, p. 281-290.

RÉFLEXIONS SUR LE REMANIEMENT D'UNE CHANSON DE GESTE CONNU UNIQUEMENT PAR DES IMPRIMÉS

Le cas de *Florent et Lyon*, mise en prose d'*Othevien*

Florent et Lyon est une mise en prose qui relate l'enlèvement en pleine forêt par un singe et un lion de deux jeunes frères jumeaux, fils de l'empereur Octavien. Ce rapt par des animaux sauvages précède l'éducation chevaleresque des deux héros éponymes et les hauts faits d'armes qu'ils accomplissent dans leur jeune âge à l'encontre d'ennemis sarrasins. La prose est une réécriture qui suit fidèlement *Othevien*[1], texte en vers à la croisée du roman de chevalerie et de la chanson de geste[2]. La source versifiée, composée de 5370 octosyllabes à rimes plates, a été probablement réalisée dans les années 1229-1244[3] ; elle est actuellement connue par un seul manuscrit datant de la fin du XIIIe siècle, le manuscrit Oxford, Bodl. Libr., Hatton 100. *Florent et Lyon* appartient aux mises en prose connues uniquement par l'imprimé[4], au même titre que d'autres œuvres très célèbres du Moyen Âge, comme *Giglan*, *Guillaume de Palerne*, *Huon de Bordeaux*, *Milles et Amys*, *Ogier le Danois*,

---

1   *Cf.* Paolo Di Luca, « *Florent et Lyon* », *Nouveau répertoire des mises en prose (XIVᵉ-XVIᵉ siècle)*, dir. Maria Colombo Timelli, Barbara Ferrari, Anne Schoysman et François Suard, Paris, Classiques Garnier, 2014 (*Textes littéraires du Moyen Âge*, 30 – Mises en prose, 4), p. 239-244 (cit., p. 240) : « La mise en prose est conçue comme une adaptation presque littérale d'*Octavian* : non seulement l'intrigue est suivie fidèlement, mais plusieurs vers/hémistiches/syntagmes de la source sont conservés ».

2   *Octavian, altfranzösischer Roman nach der Oxforder Handschrift Bodl. Hatton 100 zum ersten Mal*, éd. Karl Vollmöller, Heilbronn, Henninger, 1883 (*Altfranzösische Bibliotek*, 3). Nous tirons nos citations du texte inédit de Jean-Philippe Llored qui prépare actuellement une édition critique de l'œuvre sous la direction de Marie-Madeleine Castellani. Nous remercions bien vivement l'auteur de nous avoir donné accès à son texte.

3   *Ibid.*, p. IV.

4   À la différence de la prose bourguignonne conservée uniquement par des manuscrits médiévaux ; *cf.* Paolo Di Luca, « *Florent et Octavien* », *Nouveau répertoire des mises en prose (XIVᵉ-XVIᵉ siècle)*, p. 245-252.

ou encore *Valentin et Orson*. Nous souhaitons ici étudier le rôle dévolu à
une source en vers manuscrite dans le cadre de l'édition de sa mise en
prose fondée uniquement sur des imprimés (puisque les manuscrits font
défaut). Nous montrerons comment le texte source versifié, pourtant
distant de plus de deux siècles et n'appartenant pas au même domaine
générique, peut néanmoins être susceptible d'apporter des éclairages
propres à affiner un travail philologique fondé sur les imprimés[5].

Florent et Lyon a connu une très large diffusion imprimée, d'abord à
Lyon puis à Paris au XVIᵉ siècle, et ensuite dans la Bibliothèque Bleue,
à Troyes et Rouen au XVIIᵉ siècle. Cette riche histoire éditoriale a été
parfaitement étudiée par Sergio Cappello[6] et elle a fait l'objet d'un
excellent article de Paolo di Luca[7]. Comme le rappelle ce dernier, « au
cours de sa diffusion éditoriale le texte n'a pas subi de modifications
substantielles[8] » ; nous avons donc suivi son exemple et choisi de prendre
l'édition *princeps* comme témoin de base pour confronter la version
d'*Othevien* et celle de l'imprimé. On doit l'édition *princeps* à l'imprimeur
lyonnais Martin Havard qui la compose en 1500[9]. Le texte est complet
et, à l'exception des habituelles coquilles, il est soigné et compréhensible.
Pour mener ce travail, nous nous sommes également appuyé sur une
édition de contrôle, l'édition lyonnaise d'Olivier Arnoullet datant de

---

5   Nous entendons ici le terme d'édition au sens large et nous incluons dans nos perspectives
     l'établissement du texte bien sûr, mais également l'introduction littéraire et les différents
     apparats critiques (comme le glossaire, la table des proverbes ou l'index des noms propres).
6   Sergio Cappello, « [Florent et Octavien] Florent et Lyon », *ELR : Éditions Lyonnaises de
     Romans du* XVIᵉ *siècle (1501-1600)*, dir. Pascale Mounier, en ligne : https://rhr16-elr.unicaen.
     fr/fiches/32 (consulté le 14 mai 2020).
7   Paolo Di Luca, « Pour une première approche de *Florent et Lyon*. Source, histoire éditoriale
     et morphologie de la mise en prose », *Le Roman français dans les premiers imprimés*, dir. Anne
     Schoysman et Maria Colombo Timelli, Paris, Classiques Garnier (*Rencontres*, 147 – *Civilisation
     médiévale*, 17), p. 59-79. Cet article prépare l'édition du texte annoncée par l'auteur.
8   *Ibid.*, p. 71.
9   *Lyon et Florent*, Lyon, Martin Havard, 23 octobre 1500 : Lyon, BM, Rés. Inc-903, sigle
     [H] (les sigles sont repris d'après Di Luca, « Pour une première approche »). Il existe
     une édition du texte accompagnée de sa traduction allemande du XVIᵉ siècle : *Florent et
     Lyon. Wilhelm Salzmann : Kaiser Octavianus*, éd. Xenja von Ertzdorff, Ulrich Seelbach et
     Christina Wolf, Amsterdam, Rodopi, 1993 (*Internationale Forschung zur allgemeinen und
     vergleichenden Literaturwissenschaft*, 4). L'édition reproduit l'ensemble des bois gravés (qui
     auraient été réalisés spécifiquement pour l'édition) ; elle offre un apparat critique qui
     signale les corrections d'un certain nombre de fautes de l'édition Havard (bourdons,
     coquilles, interversion de lettres) et signale quelques variantes textuelles (sans relever
     toutefois l'emplacement et l'intitulé des cinq rubriques supplémentaires que l'on trouve
     dans l'édition Arnoullet).

1526[10]. L'étude d'une version imprimée au regard de sa source permet d'envisager la réception d'un texte médiéval à une époque donnée et en lien avec un milieu géographique précis. À ce titre, un élément absent de la source est remarquable : parmi les troupes sarrasines rassemblées à Venise dans le but d'assiéger Paris, on compte des Grisons[11] : *et y vindrent les Arabes et Percens, les Yndois et les Grisons de Grisonne, et plusieurs aultres, lesquelz en venant destruisoient tout le pais*[12]. Ces *Grisons de Grisonne* semblent correspondre aux membres de la Ligue grise, fondée en 1395 ; le texte de l'imprimé pourrait donc ici refléter une actualité récente puisque cette ligue s'était alliée à l'ancienne Confédération suisse pour combattre à ses côtés lors de la Guerre de Souabe en 1499. Comme Claude Dalbanne a émis l'hypothèse d'une édition antérieure à celle de Martin Havard[13] et comme notre texte rend compte d'événements politiques contemporains ayant eu lieu sur le territoire helvète, on pourrait dès lors conjecturer que le texte a connu une impression en Suisse, peut-être à Genève. L'extrait relevé correspondrait ainsi à une mention de propagande qui rendrait compte d'actes de violences commis par les soldats de la Ligue grise à l'égard de la population locale et qui n'aurait pas été effacée lors de la réimpression du texte à Lyon. Cette hypothèse relève évidemment de la littérature-fiction, mais elle n'est

---

10 *Florent et Lyon*, Lyon, Olivier Arnoullet, 30 mai 1526 : Wolfenbüttel, Herzog August Bibliothek, 142-3-Quad(4), sigle [A1]. Cette édition est probablement issue d'une édition antérieure à la *princeps* : « L'édition est ornée de plusieurs bois qui semblent être exécutés spécialement pour le roman. L'examen des bois, dont des fêlures d'encadrement témoignent d'un usage antérieur, permet [...] d'avancer l'hypothèse de l'existence d'une édition précéd[ant] celle d'Havard. [...] Arnoullet reproduit le même texte, mais il modifie la chapitration en introduisant cinq nouveaux chapitres, qui passent de 44 à 49 [45 et 50 si on ajoute le premier chapitre qui n'a pas de titre] » (Cappello, « [Florent et Octavien] Florent et Lyon », d'après Claude Dalbanne, *Typographie lyonnaise au XVᵉ siècle*, Lyon, Bibliothèque de la Ville, 1934 (*Documents paléographiques, typographiques, iconographiques*, 11), p. 13-44, en particulier p. 15-16, 21). Il faut signaler également qu'« entre les éditions lyonnaises de Martin Havard et d'Olivier Arnoullet, il y a certainement eu une édition parisienne sortie de l'atelier des Trepperel avant 1522, aujourd'hui perdue, imprimée par la Veuve Jean Trepperel et Jean Janot, seuls ou associés (entre 1512 et jusqu'en 1519) » (Cappello, « [Florent et Octavien] Florent et Lyon ») : *Florent et Lyon*, Paris, Jean Janot, s. d. (*ante* 1522), sigle [J].

11 Comme l'édition diplomatique allemande ne permet pas une lecture des plus confortables, nous donnons pour plus de commodité les citations d'après notre propre lecture de l'imprimé selon une édition normalisée tout en ajoutant les références à l'édition de 1993.

12 *Lyon et Florent*, Havard, fᵒ d (6) rᵒ ; *Florent et Lyon*, éd. citée, p. 112, l. 20-25. *Cf.* dans la source : *Molt i avoit des Arrabis / Qui tout ardoient le païs* (v. 1693-1694).

13 *Cf. supra*, n. 10.

pas totalement infondée si l'on songe aux liens privilégiés d'échanges
entre ces deux villes commerciales, connues pour avoir été deux grands
centres de diffusion du livre imprimé. Quoi qu'il en soit, en l'état de
nos connaissances, la présence dans les éditions lyonnaises des Grisons
au milieu des peuples musulmans demeure pour le moins énigmatique.

Dans le titre de l'édition *princeps*, on est frappé par « l'inversion de
l'ordre traditionnel du nom des deux protagonistes, rétabli au colophon
(…) [qui] correspond (…) à l'ordre de leur présentation dans la gravure
de la page de titre où Lyon est à gauche et Florent à droite[14] ». À ce sujet,
Claude Dalbanne a émis une hypothèse tout à fait convaincante : « le choix
de l'éditeur lyonnais Havard de mettre Lyon en premier lieu serait un
moyen pour attirer ou flatter la clientèle locale par le biais de l'*equivocatio*
du nom de l'un des héros et celui de la ville[15] ». L'ordre de la dénomination
dans le titre canonique, *Florent et Lyon*, renvoie à l'ordre des enlèvements :
dans *Othevien*, c'est d'abord Florent qui est emporté par un singe, puis
c'est au tour du second enfant, Othevien, d'être enlevé par une lionne
qui l'allaite[16]. Le prosateur reprend de la source le fait que l'enlèvement
est motivé par un instinct de survie – la lionne emporte l'enfant *pour le
faire menger a ses petis lyonneaulx*[17] – mais il accroît le rôle dévolu à la lionne
avant qu'elle ne devienne l'animal de compagnie du fils de l'empereur : la
plupart des mentions à la lionne que l'on trouve dans l'imprimé sont ainsi
absentes de la source. L'animal est façonné comme de coutume à l'image
d'une bête sauvage[18], mais le prosateur personnifie la lionne en insistant
sur l'amour maternel[19] et sur la protection qu'elle offre au jeune bébé :

> *et tous les jours lechoit et nettaioit de sa langue ledit enfant, puis se couchoit pres de
> luy et l'enfant mettoit pres de ses mammelles entre ses jambes, et de son poil luy faisoit
> orillier. Et quant fain avoit, il mengoit de la chair du griffon*[20].

---

14 Cappello, « [Florent et Octavien] Florent et Lyon ».
15 Dalbanne, *Typographie lyonnaise au XVᵉ siècle*, p. 15.
16 *La lionesse bien s'afaite, / Ses mammeles li met devant, / Por ce que laiter velt l'enfant* (v. 622-624).
17 *Lyon et Florent*, Havard, fᵒ b (5) rᵒ ; *Florent et Lyon*, éd. citée, p. 50, l. 18-19. *Cf.* dans la
    version en vers : *Lors pense qu'il l'enportera / A ses lioneaus por mengier* (v. 560-561).
18 *Le lyon qui est si grant et si hydeux est yssu hors la fosse et sy a les ongles d'ung demy pié. Si nous
    eust peu tenir, il n'eust ja eu mercy de nous qu'i ne nous eust mis a mort* (*Lyon et Florent*, Havard,
    fᵒ b (6) vᵒ ; *Florent et Lyon*, éd. citée, p. 58, l. 15-17) ; *c'est une terrible et merveilleuse beste a
    veoir* (*Lyon et Florent*, Havard, fᵒ c (i) rᵒ ; *Florent et Lyon*, éd. citée, p. 60, l. 9-11).
19 *La lyonnesse qui si tendrement l'aymoit* (*Lyon et Florent*, Havard, fᵒ b (6) vᵒ ; *Florent et Lyon*,
    éd. citée, p. 56, l. 23-24).
20 *Lyon et Florent*, Havard, fᵒ b (6) rᵒ ; *Florent et Lyon*, éd. citée, p. 54, l. 12-16.

Ainsi, c'est l'amour de la lionne pour le jeune enfant qui motive dans la prose la substitution du nom du héros : *il estoit bon crestien car sa mere l'avoit fait baptiser et fut l'enfant nommé Lyon pource que le lyon tant l'aymoit*[21]. Othevien est littéralement rebaptisé Lyon dans la prose, ce qui, par un effet d'équivoque volontaire, renvoie à la ville d'édition du texte. La confrontation à la source permet donc de mettre en lumière la figure tutélaire de la lionne dans la prose, ce qui confirme selon nous l'hypothèse selon laquelle le titre alternatif (*Lyon et Florent*) aurait été volontairement choisi pour complaire aux goûts du lectorat de la ville de Lyon.

L'histoire de *Florent et Lyon* se déroule principalement à Paris durant le règne du roi Dagobert. On trouve mis en exergue dans le prologue le renvoi à une source fantaisiste censée donner plus de poids historique à la fiction littéraire : la prose serait en effet tirée des *Grandes Chroniques de France* : *Lequel livre a esté translaté a Paris de latin en françoys et extraict des Croniques des roys de France*[22]. Or, il est frappant de noter la fréquence avec laquelle le prosateur insiste sur le lien entre le roi Dagobert et saint Denis, le premier évêque de Paris. Assiégé par une armée redoutable de Sarrasins, le souverain français implore à cinq reprises l'aide du saint qui, tel un spectre, intervient en personne aux côtés des Chrétiens pour remporter la bataille : *saint Denis a l'encontre leur vient et maintz Sarrazins mist par terre*[23]. Or, tous les passages mentionnés sont absents de la source en vers. La mise en prose participe ainsi d'une entreprise de glorification de la royauté française par l'intermédiaire du roi mérovingien fondateur de l'abbaye de Saint-Denis. Citons à ce titre un passage particulièrement évocateur de la mise en prose dans lequel Dagobert promet d'achever une église en l'honneur du saint :

> *Ha ! saint Denis, dist il, gardés la couronne de France qu'elle ne soit mise a bas. He ! beau sire saint Denis, priés le Roy de Gloire que je ne perde ainsi mes gens ; et je fais veu a Dieu et a vous que vostre eglise je parferay, et aux religieux donneray tel tresor que tous ceulx qui le verront diront que c'est la plus riche religion de France*[24].

---

21 *Lyon et Florent*, Havard, f⁰ i (4) r⁰ ; *Florent et Lyon*, éd. citée, p. 272, l. 2-3.

22 *Lyon et Florent*, Havard, f⁰ a (ii) r⁰ ; *Florent et Lyon*, éd. citée, p. 8, l. 7-8.

23 *Lyon et Florent*, Havard, f⁰ i iij r⁰ ; *Florent et Lyon*, éd. citée, p. 268, l. 7-8. Notons également que Florent est couronné roi d'Angleterre par Dagobert dans l'église Saint-Denis : *A Florent s'accorderent tous et droit a Sainct-Denis le menerent ou Dagobert le couronna* (*Lyon et Florent*, Havard, f⁰ k (iij) v⁰ ; *Florent et Lyon*, éd. citée, p. 312, l. 4-5).

24 *Lyon et Florent*, Havard, f⁰ i iijr⁰ ; *Florent et Lyon*, éd. citée, p. 266, l. 16-19.

En recourant au texte versifié, nous avons pu dégager quelques points susceptibles d'éclairer les motivations du passage du texte à l'imprimé. L'histoire des deux fils jumeaux de l'empereur Octavien a peut-être connu une impression à Genève, mais c'est sa publication à Lyon qui permet d'accroître le rôle dévolu à la figure tutélaire de la lionne et qui entraîne une substitution dans la dénomination du chevalier au lion d'une part, et dans l'ordre canonique de présentation des deux héros d'autre part. Enfin, dans la perspective de flatter la royauté française, la prose met en exergue la figure du roi Dagobert, héros fondateur de l'abbaye de Saint-Denis.

La comparaison entre la source versifiée et l'imprimé révèle par un jeu de miroirs plusieurs faits d'actualisation de la langue, ce qui permet en particulier d'enrichir le glossaire de l'édition critique par la mise en évidence d'expressions typiques du moyen français. Le travail comparatif a donc également un intérêt linguistique. Plusieurs mots ou expressions typiques du moyen français et qui méritent une place de choix dans le glossaire, se situent dans des passages sans appui de la source. On peut signaler à ce titre le mot *déceler* dans un emploi transitif (qui prend la signification de 'dénoncer quelqu'un') : *vous savez que nous aurions plus cher mourir que de vous desseler*[25]. De même, on note un emploi intéressant du participe passé *aiguillé* : *Florent vit leurs pavilons tous agulliés a beaux pommeaux*[26], phrase que l'on peut gloser par 'Florent vit les tentes avec de jolis élément décoratifs en forme de pomme placés (au lieu de l'aiguille) au sommet, en haut'. Parmi les locutions absentes de la source, citons entre autres *mettre quelqu'un au pain querre* (qui signifie 'réduire quelqu'un à la mendicité') – *Il n'est mye saige ! Par luy seray au pain querir*[27] ! – ou *parler autre latin* (dans le sens de 'parler d'autre façon'[28]) : *Vous allez vous de moy mocquant ? Parler vous feray autre latin*[29] ! On trouve également par deux fois l'expression *par malice* où *malice* a le sens de 'vive contrariété, fureur'[30]. Or, cette expression et ce sens ne sont pas enregistrés dans le

---

25   *Lyon et Florent*, Havard, f° h (ii) r° ; *Florent et Lyon*, éd. citée, p. 232, l. 8-9.

26   *Lyon et Florent*, Havard, f° g (iiij) v° ; *Florent et Lyon*, éd. citée, p. 204, l. 4.

27   *Lyon et Florent*, Havard, f° d (i) r° ; *Florent et Lyon*, éd. citée, p. 84, l. 4-5.

28   *Cf.* Gilles Roques, « Parler d'autre Martin », *Travaux de Linguistique et de Philologie*, t. 37, 1999, p. 109-122.

29   *Lyon et Florent*, Havard, f° e (6) v° ; *Florent et Lyon*, éd. citée, p. 146, l. 4-5.

30   Article *Malice* dans FEW, t. 6, p. 111 : Walther von Wartburg, *Französisches Etymologisches Wörterbuch. Eine Darstellung des galloromanischen Sprachschatzes*, coll. Jean-Pierre Chambon, Jean-Paul Chauveau, Carl Theodor Gossen et Otto Jänicke, 25 vol., Tübingen, Mohr, Bâle, Zbinden, 1928-2002,

DMF[31], alors qu'on les trouve notamment dans un extrait qui précède une prise de parole lors de laquelle Clément décharge sa colère sur son fils adoptif : *A Florent dit par grant malice [...]*[32]. D'autres locutions propres à la prose appellent de plus amples commentaires. On trouve dans l'imprimé de Havard l'expression *faire la figue – Adonc Florent la figue luy fist*[33] – que l'on relève après que Florent a subi une provocation de la part d'un garçon boucher : *Allés vous pendre a ung gibet et vous ostez d'icy ! Ou de ce boyau que en ma main je tien vous donneray parmy la joue*[34] ! Dans ce contexte, l'expression signifie moins 'se moquer de quelqu'un' (comme on peut le trouver dans le DMF[35]), que 'braver quelqu'un, le défier, le provoquer' par un geste obscène. En effet, *faire la figue* est un calque de l'occitan *far la figa* que l'on trouve notamment dans *Jauffré*[36] ou de l'italien *far la fica*[37], dans laquelle *figa* ou *fica* ('la figue') désigne le sexe féminin : il s'agit donc d'un geste offensant à connotation sexuelle qui consiste par provocation à montrer à son adversaire son pouce placé entre le doigt du milieu et l'index (sens qui est d'ailleurs développé dans le dictionnaire de Furetière[38]). On doit par ailleurs relever deux termes techniques en lien avec le métier de changeur de monnaies exercé par Gladoyn, le demi-frère de Florent. Dans un passage sans équivalent dans le texte en vers, on relève le terme *gecter*[39] pour *jeter une monnaie* dont le sens est 'fondre, couler un métal dans un moule (pour former une monnaie)'. On note à la suite la mention technique *changer le billon* (absente du DMF), que l'on peut rapprocher d'un terme du même paradigme morphologique : *billonner*, 'porter (de la monnaie, des objets précieux) au *billon* (masse de métal à monnayer), afin de les fondre et de frapper de la monnaie à un autre titre et à un autre poids'[40]. Ces emplois techniques doivent être relevés dans le glossaire et sans doute

---

31   Article *Malice* dans DMF 2015.
32   *Lyon et Florent*, Havard, f° c (5) v° ; *Florent et Lyon*, éd. citée, p. 78, l. 5-6.
33   *Lyon et Florent*, Havard, f° c (5) r° ; *Florent et Lyon*, éd. citée, p. 74, l. 12.
34   *Lyon et Florent*, Havard, f° c (5) r° ; *Florent et Lyon*, éd. citée, p. 74, l. 10-12.
35   Article *Figue* dans DMF 2015.
36   Article *Figue* dans FEW, t. 3, p. 496.
37   Article *Figue*, dans *Le Trésor de la langue Française informatisé*, ATILF – CNRS & Université de Lorraine. Site internet : http://www.atilf.fr/tlfi (consulté le 5 janvier 2020).
38   Article *Figue*, dans Antoine Furetière, *Dictionnaire universel contenant tous les mots françois, tant vieux que modernes, & les termes de toutes les sciences et des arts*, 3 vol., La Haye, Rotterdam, Arnout, Reinier Leers, 1690, t. 2, p. 52, col. b.
39   *Lyon et Florent*, Havard, f° c (6) r° ; *Florent et Lyon*, éd. citée, p. 80, l. 9.
40   Article *Billonner* dans DMF 2015.

accompagnés d'une note explicative, d'autant plus qu'ils accroissent la tonalité ironique du chapitre suivant, dans lequel on voit Florent faire un mauvais échange, d'un trésor contre un cheval. Enfin, il nous faut tenter d'apporter un éclairage à une expression assez obscure. Il est un passage d'un grand comique dans le texte : il s'agit du chapitre où Florent, non encore adoubé, revêt les vieilles armes rouillées de son père adoptif pour combattre courageusement contre les assaillants sarrasins. Après avoir tué un terrible géant et lui avoir coupé la tête, Florent parade dans le camp adverse à la recherche de la belle amie du sarrasin. Les jeunes princesses orientales, à la vue de ce chevalier si mal accoutré, se mettent à se moquer de lui et la fille du sultan s'exclame : *Icy vient ung chevalier armé villainement ! Regardez quel harnoys enrouillé, quel escu et quelle lance ! De le veoir j'ay grant paour ! Il seroit bon au passaige d'une haye*[41] *!* On sent bien toute l'ironie de la moquerie, mais il est assez difficile de comprendre ce que signifie littéralement 'l'utilité au passage d'une haie'. La source donne la leçon suivante : *Cist chevaliers molt nos esmaie, / Molt seroit bons a treu de haie* (v. 2606-2607). Si le mot *passage* est dans la prose l'adaptation de *treu* ('droit de passage, péage'[42]), on peut alors lui donner le sens de 'droit de passage'. On rapprocherait alors la fonction supposée du ridicule Florent de celle d'un *hayer*, l'officier préposé à la garde d'une *haie* (c'est-à-dire d'un bois seigneurial). Dans un contexte cynégétique, une haie désigne également la 'rangée de buissons coupés, fermée avec des filets, dans laquelle les rabatteurs forcent les bêtes à s'engager' (d'après le DMF qui offre de nombreux exemples à l'appui de ce sens[43]). L'injure renverrait alors à la bassesse d'extraction ou à la bassesse d'un métier en lien avec le monde de la campagne ; elle serait alors proche d'un terme comme *vilain*. Toutefois, cette signification n'est pas pleinement satisfaisante et il faut chercher ailleurs. Dans son compte rendu de l'édition Vollmöller, Gaston Paris propose de voir en *treu* le mot *trou* et propose la glose suivante : « il serait bon à mettre [comme épouvantail] devant une brèche de haie[44] », reprenant ainsi la

---

41 *Lyon et Florent*, Havard, f° (ii) v° ; *Florent et Lyon*, éd. citée, p. 156, l. 7-9.
42 Article *Passage* dans Frédéric Godefroy, *Dictionnaire de l'ancienne langue française et de tous ses dialectes du IXe au XVe siècle*, 10 vol., Genève, Paris, Slatkine, 1982 (1re éd., Paris, 1881-1902), t. 6, p. 22.
43 Article *Haie* dans DMF 2015.
44 Gaston Paris, Compte rendu de « *Octavian*, éd. K. Vollmöller », *Romania*, t. 11, 1882, p. 609-614 (cit. p. 613).

proposition 'épouvantail' (*Vogelscheuche*) avancée par Vollmöller en note[45]. Cette glose, pour séduisante qu'elle soit du point de vue du sens, ne semble pourtant pas appuyée sur des attestations précises permettant d'associer explicitement le trou d'une haie au recours à un épouvantail. Une dernière orientation est également intéressante : on pourrait mettre notre expression en relation avec la locution *chivaler de haie* relevée par l'*Anglo-Norman Dictionary* et dont les significations seraient 'unchivalrous and cowardly knight' ('chevalier couard et sans vertu chevaleresque'[46]). On regrette toutefois que l'AND ne donne qu'un exemple à l'appui de cette expression[47] sans en expliquer l'origine. Néanmoins, selon ce rapprochement, on pourrait comprendre pour notre texte que les vieilles armes de Florent seraient la preuve de sa lâcheté : il ressemblerait donc à un chevalier de pacotille, ce qui nous semble être la signification la plus convaincante pour ce passage.

Certaines réalités du monde médiéval, ainsi que des termes anciens, des mots issus d'un vocabulaire spécialisé ou encore quelques noms propres ne sont plus accessibles aux imprimeurs des premières années du XVIᵉ siècle et sont l'objet de réinterprétations. Les variantes ainsi introduites peuvent être créatives ou au contraire sources d'erreur ; dans le cadre de l'établissement du texte en prose, elles sont alors laissées à la libre interprétation de l'éditeur moderne qui peut choisir ou non de corriger le texte. Dans tous les cas, le recours à la source apporte des éclairages non négligeables et permet parfois des résolutions satisfaisantes.

La source versifiée peut être d'un plus grand recours en cas d'accord problématique entre les différentes versions imprimées. Ainsi, lorsque Florent fait un marché de dupe en échangeant deux gros bœufs contre un épervier, il est tancé vertement par son père adoptif. Florent répond alors : *Beau pere, entendés ! Ne voyés vos qu'il est plumé*[48] *?* Même si l'on peut considérer qu'en contexte le participe passé *plumé* peut renvoyer par ironie d'une part à un oiseau de qualité inférieure, d'autre part à

45   *Octavian*, éd. citée, p. 144.
46   Article *Haie¹* dans AND : *Anglo-Norman Dictionary*. Site Internet : http://www.anglo-norman.net/ (consulté le 5 janvier 2020).
47   John Gower, *Miroir de l'Omme*, dans Id., *The Complete Works of John Gower*, éd. George Campbell Macaulay, 4 vol., Oxford, Clarendon Press, 1889-1902, t. 1, p. 1-334 (cit. p. 261-262, v. 23715-23727) : *Il se tient coy, / Ne quiert sercher terre foraine ; / Ainz a l'ostell som prou bargaigne / (…) Tiel chivaler q'ensi s'essaie / L'en nomme un chivaler de haie, / Car chastell ja n'assiegera*.
48   *Lyon et Florent*, Havard, fᵒ c (5) vᵒ ; *Florent et Lyon*, éd. citée, p. 78, l. 9-10.

la situation de Florent lui-même, dépouillé, volé, dupé, il semble bien pourtant nécessaire de corriger la leçon de l'imprimé en *emplumé* ('couvert de plumes') conformément au texte en vers[49] et au développement propre à la prose : *Vrayement, il est bel et gent ! Ne scay pourquoy vous courroucés car il vault ung grant tresor ; ses plumes luysent bien*[50]. La source versifiée permet également d'exclure certaines leçons fautives de la mise en prose, comme la formation d'hapax. Les éditions Havard et Arnoullet en comprennent deux : les mots-fantômes *clamine* et *flamine*. On trouve le premier à deux reprises et l'on devine alors que la *clamine* désigne une sorte de manteau : *A tant clement fist sa clamine aporter et son chapeau*[51] ; *Sire roy souldam, ma clamine et mon chappeau vous donne pour vostre cheval*[52]. Quant à la *flamine*, elle constituerait comme une variété de couvre-chef : *Ledit clement affeubla sa flamine et son chappeau mist a terre*[53]. Or, il s'agit bien évidemment d'une erreur de lecture reproduite ou introduite dans l'imprimé, puisque dans le contexte Clément se déguise en pèlerin pour accéder au camp des Sarrasins. L'on reconnaît ainsi le mot *esclavine* qui désigne un 'manteau d'origine slave adopté par les pèlerins' ; ce mot est bien présent dans le texte source[54], ce qui permet de supprimer les hapax et de corriger en particulier le dernier exemple en *Ledit Clement [des]fubla son [esclavine].*

Toutefois, toutes les variantes de ce type n'entraînent pas légitimement une correction. Les leçons singulières de l'imprimé, bien que fautives vis-à-vis de la tradition, peuvent être néanmoins acceptables du point de vue du sens et l'éditeur moderne doit se prémunir contre une tentation d'hyper-correction. Ainsi, lors du siège de Paris, le sultan s'exclame : *Assiegés Paris tout entour et y portés mon dragon*[55] ! La leçon de la prose serait inacceptable si l'on identifie trop rapidement le dragon à l'animal fabuleux[56]. Or, à cet endroit, la source comporte une leçon divergente : *Paris asegiés environ, / Ore tost montés de grant randon* (v. 3647-3648). On peut

---

49 *Pere, dist Florens, esgardés, / Com est ore bien emplumés / Come ses plumes le sevent bien !* (v. 1122-1124).
50 *Lyon et Florent*, Havard, f° c (5) v° ; *Florent et Lyon*, éd. citée, p. 78, l. 10-11.
51 *Lyon et Florent*, Havard, f° h (4) r° ; *Florent et Lyon*, éd. citée, p. 240, l. 18-19.
52 *Lyon et Florent*, Havard, f° h (5) v° ; *Florent et Lyon*, éd. citée, p. 248, l. 6-7.
53 *Lyon et Florent*, Havard, f° h (5) r° ; *Florent et Lyon*, éd. citée, p. 246, l. 22-23.
54 Respectivement v. 4074, 4076 ; v. 4210 ; v. 4246.
55 *Lyon et Florent*, Havard, f° h (i) r° ; *Florent et Lyon*, éd. citée, p. 224, l. 25-26.
56 Cette première lecture, un peu rapide et propre à un lecteur du XXIe siècle plus familier du monstre chimérique que de l'héraldique, est favorisée par le fait que dans le texte le sultan possède un cheval cornu, ce qui associe le monde oriental à la merveille.

donc aisément supposer que *dragon* s'est substitué à la locution ancienne *de grant randon* (qui signifie 'avec impétuosité, à toute vitesse') en raison de la proximité entre les deux ensembles graphiques. Toutefois l'on sait que *dragon* peut avoir dans l'ancienne langue (du XIIe au XVIe siècle d'après le FEW[57]) un emploi spécial en héraldique et désigner un étendard, ce qui est le cas, nous semble-t-il, dans le texte de Havard. La leçon est donc acceptable, même si le texte de l'imprimé comporte vraisemblablement une altération fautive de la source.

Parfois, il peut arriver que les variantes de l'imprimé, bien que fautives au regard de la source, soient créatives et enrichissent le sens de l'extrait. Dans ces circonstances, l'éditeur se doit alors de ne pas corriger, mais d'apporter des éclairages et des commentaires en notes. C'est le cas pour le mot *gault* ('forêt', 'petit bois') qui semble avoir été pris à tort pour un nom propre[58] : *si la fist convoyer par cinq chevaliers et leur commanda qu'ilz la menassent du tout hors du pais en ung boys en la forest au Gault*[59]. À cet endroit, la source énumère trois synonymes, *bois*, *forest* et *gaust*[60], ce qui inviterait l'éditeur moderne à corriger en *en la forest [ou en] gault*. Toutefois, la lecture du prosateur donne lieu à un développement significatif au sein d'une prolepse narrative sans équivalent dans le texte en vers :

> *Car depuis il voulut faire ardoir sa femme et les deux enfans et a la fin les fist bannir et mener en exil en la forest au Gault qui est une forrest terrible ou il n'abite sinon brigans, copeurs de gorges, orribles bestes saulvaiges qui depuis cuyderent menger sa femme et des deux beaux enfans*[61].

À travers cette description, la forêt de Gault est présentée comme un lieu merveilleux, redoutable et infernal (peut-être par un jeu d'écho sonore avec le royaume de Gorre) ; or, c'est elle qui servira de décor à l'enlèvement des deux jumeaux par le singe et la lionne. Le passage du nom commun au nom propre revêt dès lors un caractère symbolique et ouvre des portes vers l'Autre Monde par un effet d'intertextualité.

---

57 Article *Dragon* dans FEW, t. 3, p. 151.
58 Cette erreur est soulignée par les éditeurs dans l'apparat critique (*Florent et Lyon*, éd. citée, p. 361).
59 *Lyon et Florent*, Havard, f° b (i) v° ; *Florent et Lyon*, éd. citée, p. 32, l. 17-21.
60 *Si leur comanda par devis / Qu'il la mainent hor du païs, / En bois, en foreste ou en gaust* (v. 395-397).
61 *Lyon et Florent*, Havard, f° a (5) r° ; *Florent et Lyon*, éd. citée, p. 22, l. 6-10.

D'autres lieux variants, en revanche, sont susceptibles d'appauvrir le sens du texte. Ils concernent des passages non corrompus dans lesquels le sens est clairement compréhensible, mais qui abandonnent des termes issus d'un vocabulaire spécialisé. Dans ce cas de figure, la correction, bien que discutable, est néanmoins souhaitable. On trouve un exemple de ce type dans le portrait d'un nain sarrasin : *il tenoit en sa main une grosse corde dont souvent frappoit son cheval*[62]. Le lecteur familier de l'ancienne langue (et de Chrétien de Troyes en particulier) identifie très vite une erreur de lecture et reconnaît dans la *corde* du nain une *courgée* (un 'fouet à lanières'), ce que confirme la confrontation à la source : *Une grande corgie tenoit, / Dont son cheval sovent feroit* (v. 1861-1862). Certes, la leçon de la prose n'est pas absurde et pourrait être retenue ; toutefois, nous serions enclin à corriger et à rétablir la mention de l'attribut traditionnel du nain dans l'univers merveilleux médiéval. Citons un autre exemple : on peut lire lors du siège de Paris par les Sarrasins : *quant le souldam fut venu devant Paris, ceulx qui dedans estoient les regarderent et vistement monterent sur leurs chevaulx*[63]. Ce passage n'offre en apparence aucune difficulté dans un contexte large : Dagobert sort de Paris monté sur le cheval cornu dérobé au sultan et part combattre les Sarrasins précédé des sergents à pieds[64]. Toutefois, le contexte restreint de l'extrait cité résiste à cette lecture : on comprend mal comment les Parisiens peuvent apercevoir derrière les murs d'enceinte la tente du sultan (il faudrait pour cela qu'ils occupent une position surplombante) et pourquoi Dagobert demande à ses hommes de s'armer (ce qui n'est pas très logique s'ils sont déjà montés à cheval pour défendre Paris). La prise en compte de la source est déterminante pour la compréhension de ce passage : *Cil de Paris les esgarderent, / Qui amont a quarneaus monterent* (v. 4386-4387). On trouve ainsi dans le texte en vers non pas le mot *chevaux*, assez général, mais le terme *créneaux* (ici dans une graphie régionale picarde) qui appartient au vocabulaire de l'architecture (il désigne les 'ouvertures pratiquée de distance en distance au sommet d'un rempart, d'un mur de défense'). Lorsque l'on se reporte à la source, tout devient plus clair et l'on comprend mieux pourquoi le sultan assemble ses hommes contre les murailles et jure d'abattre les murs de Paris. Même si la leçon de l'imprimé n'est

---

62   *Lyon et Florent*, Havard, f° e (i) v° ; *Florent et Lyon*, éd. citée, p. 120, l. 15-18.
63   *Lyon et Florent*, Havard, f° h (6) r° ; *Florent et Lyon*, éd. citée, p. 252, l. 15-19.
64   *Lyon et Florent*, Havard, f° h (6) v° ; *Florent et Lyon*, éd. citée, p. 254, l. 9-13.

pas aberrante du point de vue du sens, une correction de *chevaulx* en *creneaulx* semble ici indispensable pour rétablir la cohérence narrative du début de ce chapitre XXXVII.

Enfin, lorsque les imprimés comportent des passages corrompus, la correction devient nécessaire et obligatoire et le recours à la source rend souvent de précieux services. Un passage de l'édition Havard se prête ainsi à une correction car il présente une construction syntaxique défaillante : *quant entor Paris l'ostz veoyent, les couars les cuers tremblant et rebondissent aux hardis*[65]. L'édition Arnoullet, qui semble avoir identifié cet écueil, offre une leçon bien éloignée : *quant entour de Paris l'ost regardoyent, ilz estoient tous espardus et trembloient comme la fueille de l'arbre au vent*[66]. Pour ce passage, la source offre une leçon satisfaisante : *Quant les os entor Paris voient ; / As coars vont li cuers tramblant / Et as hardis esbaudisant* (v. 1804-1806). Il est donc possible de proposer une correction *a minima* du texte en prose qui prenne en compte la leçon du texte versifié : *[aux] couars [vont] les cuers tremblant et rebondiss[a]nt aux hardis*. Comme souvent, c'est autour des noms propres, et plus particulièrement des toponymes, que se cristallisent les principales difficultés d'interprétation. On trouve ainsi dans la prose un passage particulièrement corrompu qui concerne la réunion des principaux chefs sarrasins :

> *Les roys d'Arabe et de Perse y vindrent a grant puissance. Et puys vint le roy des jayans qui mena de Persens avec luy .xxx. mille. Aprés vint le roy de Cathelie, le roy de Marah* (Arnoullet : *Marath*) *et d'Erupte (de Rupte ?)* (Arnoullet : *de Rute*) *tout ensemble a .xx. mille. N'y demoura Turc ne Sarrazin qui se soient assemblés au Coinne* (Arnoullet : *a l'assemblee*[67]).

Ici, plusieurs toponymes ne sont pas clairement identifiables et, dans ce cas de figure, la source se révèle d'une grande utilité. En effet, on peut y lire :

> *Li rois Goulias de Persie / I vint a grant chevalerie, / Et aprés le rois de jaians, / Qui maine .xxx. mile Persans. / De coste, par dever Persie, / I vint li rois de Tatellie, / Li rois de Marros et de Rouple, / Vint mile sont en une couple. / Par voir les di et sel créant, / Jusqu'au Sec Arbre la devant / Ne remist Tors ne Sarrazin / Ne Aufricant ne Boduin, / Ne soient ensemble en Coine* (v. 1311-1323).

---

65   *Lyon et Florent*, Havard, f° e (i) r° ; *Florent et Lyon*, éd. citée, p. 118, l. 3-5.
66   *Florent et Lyon*, Arnoullet, f° D ii r°.
67   *Lyon et Florent*, Havard, f° d (ii) v° ; *Florent et Lyon*, éd. citée, p. 92, l. 1-5.

Cathelie serait donc une mauvaise lecture de *Tatellie* et pourrait renvoyer
à la Tartarie[68] ; *Marah* correspondrait à Marros, sans doute le Maroc.
En revanche, *d'Erupte* ou *de rute* (forme altérée pour *d'Egypte* ?) posent
davantage problème : la source offre une forme *Rouple* qui n'est pas
davantage identifiable ; nous y verrions volontiers pour notre part une
altération d'*Andrinople* (l'actuelle Edirne en Turquie). Quant au *Coinne*,
mention supprimée dans l'édition Arnoullet, elle renvoie probablement à l'ancienne *Iconium*, capitale de la Lycaonie, actuellement Konya
en Turquie. Le passage corrompu nécessiterait donc d'être amendé en
suivant les observations tirées d'*Othevien*.

Le présent travail constitue une tentative de résolution des leçons
problématiques du texte en prose par la prise en compte de sa source
versifiée. La démarche entreprise n'a pas été de proposer une correction
du texte de Havard en aval – c'est-à-dire en prenant en compte les
variantes textuelles et les leçons des éditions imprimées ultérieures
qui auraient pu rectifier un certain nombre de coquilles, de bourdons
ou d'erreurs de lecture – mais elle a consisté à regarder en amont de
l'édition *princeps*, vers la source versifiée, afin d'émettre des hypothèses
sur la provenance des passages obscurs et d'ouvrir quelques pistes de
réflexion pour corriger le texte là où les différents témoins imprimés
ne sont d'aucun recours pour l'éditeur moderne. À travers cette étude
de cas, nous pensons avoir montré l'intérêt de prendre en compte et
d'inclure dans l'apparat critique de l'édition de *Florent et Lyon* la version
en vers, *Othevien*, dont découle le texte imprimé.

Matthieu MARCHAL
Université de Lille
ULR 1061 – ALITHILA –
Analyses Littéraires
et Histoire de la Langue
F-59000 Lille, France

---

68   Ce rapprochement est d'ailleurs suggéré par Gaston Paris dans son compte rendu de
     l'édition Vollmöller (Paris, Compte rendu de « *Octavian* », p. 613).

INDEX DES NOMS DE PERSONNE[1]

---

1   Les noms des auteurs sont répertoriés selon les critères du *Dictionnaire des Lettres françaises* : pour les auteurs actifs avant le XVIe siècle, le prénom précède le nom.

INDEX DES TITRES[1]

---

1   Les titres en caractères gras renvoient aux textes imprimés à date ancienne. Les titres attestés tantôt sous une forme brève (ex. *Hector*), tantôt sous une forme longue (ex. *Lhistoire de Hector, Les faictz et prouesses du puissant et preux Hector*) sont répertoriés au terme le plus significatif.

INDEX DES MANUSCRITS
ET ARCHIVES PAR LIEU DE DÉPÔT

INDEX DES IMPRIMÉS ANCIENS
PAR LIEU DE DÉPÔT

RÉSUMÉS

« Introduction »

Regroupant les contributions issues des journées d'étude qui se sont tenues tour à tour à l'université de Liège et à l'université Littoral – Côte d'Opale (Dunkerque) le 17 mai et le 9 décembre 2016, ce volume entend interroger la problématique du passage des lettres françaises du Moyen Âge à la première Modernité par le biais de l'imprimerie.

Paola CIFARELLI, « Antoine Vérard, éditeur des *Faits d'armes et de chevalerie* de Christine de Pizan »

Les *Faits d'armes et de chevalerie* furent le premier ouvrage de Christine de Pizan qui passa à l'imprimé, quoique sous forme anonyme. Cet article prouve que l'édition, publiée par Antoine Vérard en 1488, s'apparente à trois manuscrits tardifs du groupe B (Paris, BnF, ms. fr. 23997 ; Cambridge MA, Houghton Library, ms. fr. 168 ; Turin, BR, ms. Saluzzo 17), et contribue à construire le profil des lecteurs de l'imprimé par l'analyse d'un exemplaire de l'édition Vérard conservé à Turin.

Paola CIFARELLI, « Les *Quinze Joies de Mariage*, des manuscrits aux incunables »

La description de l'*editio princeps* des *Quinze Joies de Mariage* (Lyon, Guillaume Le Roy, 1479-1480) aura pour but de montrer que l'impression de dépaysement que le lecteur moderne éprouve face à ce texte est partiellement atténuée, surtout à cause de l'absence de conclusion et des différences dans la proportion de plusieurs nouvelles ; cependant, dans l'ensemble les premiers imprimés transmettent un texte qui, comme le manuscrit de Rouen, brise les conventions de la prose narrative.

Catherine GAULLIER-BOUGASSAS, « Des manuscrits aux imprimés du *Roman de Philippe de Madien* et du *Roman de Florimont*. Deux stratégies éditoriales »

Cet article compare les deux éditions *principes* des romans de *Florimont* et de *Philippe de Madien* (Galliot du Pré, 1527 ; Jean Longis, 1528) et étudie les choix différents que font les imprimeurs pour la transmission de textes médiévaux proches par leur invention d'ancêtres imaginaires d'Alexandre le Grand.

Elisabetta BARALE, « Le passage à l'imprimé des œuvres de Jean Miélot »

Cette étude propose de faire le point sur le passage à l'imprimé des œuvres de Jean Miélot. L'analyse des éditions incunables de trois traductions du chanoine picard – la *Controversie de noblesse*, le *Debat d'honneur de trois chevaleureux princes* et le *Traittié des quatre dernières choses advenir* – permet enfin de dégager une réflexion sur la réception de ces textes, tant dans les anciens Pays-Bas méridionaux (1470-1480) qu'en milieu parisien (1490).

Danielle QUÉRUEL, « *Les Passages d'outremer* de Sébastien Mamerot. Des manuscrits aux imprimés »

L'histoire des croisades de Sébastien Mamerot (1474) est encore d'actualité au début du XVIᵉ siècle. L'Occident demeure inquiet devant la disparition de la présence chrétienne dans les pays d'outremer. En 1518 Michel Le Noir reprend ce texte en y ajoutant des récits de voyage, des extraits de la *Chronique du Pseudo-Turpin*, des *Grandes Chroniques de France*, des *Saintes Pérégrinations de Jhérusalem* de Nicole Le Huen. Il modernise le texte en s'adressant non plus aux croisés, mais aux pèlerins.

Maria COLOMBO TIMELLI, « Mises en prose et éditeurs "périphériques". Quels titres pour quels lecteurs ? »

Cette contribution vise à offrir un panoramique des éditions de « mises en prose » parues en dehors de Paris et Lyon entre le XVᵉ et le XVIᵉ siècle : l'enquête porte sur les villes et les éditeurs concernés, les choix opérés au sein de ce corpus, les dates de parution de ces titres et leur fortune ultérieure.

Renaud ADAM, « La réception imprimée de la littérature médiévale dans le comté de Hainaut (XVᵉ-XVIᵉ siècles) »

Cette étude propose d'analyser la diffusion de la littérature médiévale en langue française par le biais de l'imprimé dans le comté de Hainaut aux XVᵉ et XVIᵉ siècles. Ancrée dans le temps long, elle vise notamment à montrer comment ce média a permis à la bourgeoisie de s'approprier cette littérature, née dans les sphères curiales. Elle a également permis de souligner que la césure avec la tradition littéraire du Moyen Âge ne fut pas aussi abrupte que d'aucuns auraient pu le penser.

Muriel OTT, « La prose d'*Ogier le Danois*. Des trois premiers imprimés à deux éditions ultérieures »

Cet article étudie la prose d'*Ogier le Danois* en observant l'organisation du texte (titres, lettrines, bois, organisation des chapitres et des paragraphes) dans les trois premiers imprimés puis dans deux imprimés ultérieurs. La comparaison met en évidence qu'à partir de l'*editio princeps* (Jean de Vingle, 1496) ont été réalisées deux éditions extrêmement proches de la première, par Antoine Vérard puis le Petit Laurens. Les deux imprimés ultérieurs apportent des modifications assez considérables.

Jonathan DUMONT, « Au creuset des transitions littéraires et politiques. *La tryumphante et solemnelle entree* de Rémi Dupuis »

La tryumphante et solemnelle entree de Rémi Dupuis relate l'entrée de Charles de Habsbourg à Bruges (18 avril 1515). Ce texte synthétise la tradition des chroniques bourguignonnes à destination d'un public plus large que celui de la cour. Dupuis développe également un ensemble de thématiques exaltant l'État et le prince (*Corpus Politicum*, Jardin et Navire de l'État), révélant les ambitions du règne qui s'ouvre : un contrôle accru sur les villes et une reprise de la centralisation étatique.

Christine FERLAMPIN-ACHER, « L'édition de 1528 de *Perceforest*. *"O magnifiques seigneurs [...]. Lisez et perlisez les chevaleureux gestes [...]"* »

L'édition intégrale de *Perceforest* (1528) n'a guère été étudiée. Pourtant elle constitue une tentative éditoriale intéressante, du fait de la longueur du texte publié. En analysant son paratexte, sa présentation, la table des matières et quelques menues modifications textuelles, il est possible de mettre en évidence la place que cette édition occupe dans le paysage éditorial. Témoignant d'une nette désarthurianisation du texte, cette édition a certainement préparé le lecteur à accueillir *Amadis*.

Marie-Madeleine CASTELLANI, « *Florimont* dans l'imprimé lyonnais d'Olivier Arnoullet (1529) »

Cet article confirme que la source de l'imprimé du *Florimont* édité chez Olivier Arnoullet en 1529 est la version d'Aimon de Varennes et non la mise en prose du fonds Wavrin. Une comparaison entre ce manuscrit bourguignon (Paris, BnF, ms. fr. 12566) et l'imprimé montre qu'on n'y retrouve pas la conquête par Florimont de l'ensemble du monde méditerranéen, spécifique de la mise en prose bourguignonne. Reste un récit qui vise à l'efficacité et qui se veut d'abord un roman d'aventures chevaleresques.

Sophie LECOMTE, « Histoire éditoriale et réception de la mise en prose de *Guy de Warwick* au XVIe siècle. Le cas de l'édition Bonfons »

La contribution vise à mieux cerner la place que les imprimés du *Guy de Warwick* en prose occupent dans la production de leurs éditeurs, François Regnault (1525) et Jean Bonfons (ca. 1550). L'attention se porte particulièrement sur cette deuxième édition, qui aurait peut-être été l'objet d'une manipulation générique de la part du libraire. Le raisonnement amène à avancer une hypothèse de datation relative pour dix-huit imprimés de Bonfons, notamment par la comparaison des bois gravés.

Maria COLOMBO TIMELLI, « Les éditions d'Antoine Vérard, des témoins (pas) comme les autres ? »

La qualité artistique des livres publiés par Vérard, célèbre libraire-éditeur parisien, a souvent occulté leur faible qualité textuelle, à tel point que ses textes ont pu être privilégiés pour des éditions « critiques » récentes. Une telle pratique paraît discutable sur le plan philologique. L'analyse de *Beuve de Hantone* en prose, transmis par deux manuscrits et une édition Vérard, montre bien que celle-ci est à considérer comme un témoin parmi d'autres pour un texte à éditer critiquement.

Adeline Desbois-Ientile et Anne Schoysman, « Éditer les *Illustrations de Gaule et singularitez de Troye* de Jean Lemaire de Belges »

Cet article envisage les enjeux philologiques (choix du texte "de base" et constitution de l'apparat critique) d'une édition d'un texte transmis par de rares manuscrits et de nombreux imprimés : les *Illustrations de Gaule et Singularitez de Troye* de Jean Lemaire de Belges. Il examine ensuite des questions d'ordre linguistique soulevées par ce travail d'édition, en ce que l'évolution de la langue au XVIe siècle a profondément affecté la physionomie de l'œuvre dans ses diverses rééditions.

Laura-Maï Dourdy, « Variance dans la tradition imprimée. Étude de la stratégie éditoriale de deux imprimeurs-libraires, Michel Le Noir et Nicolas Chrestien »

Cette contribution s'intéresse aux pratiques éditoriales des compagnons d'imprimerie dans les ateliers parisiens du XVIe siècle à partir de l'analyse d'un corpus d'éditions préparées sous la direction de Michel Le Noir (première moitié du XVIe siècle) et de Nicolas Chrestien (deuxième moitié du XVIe siècle). Ce travail montre que les imprimés sont des reflets de l'évolution de la langue mais aussi de l'évolution de la technique, des mentalités et des pratiques de lecture et d'écriture.

Barbara Ferrari, « Le rôle des imprimés dans l'édition d'une mise en prose manuscrite. La *Belle Hélène de Constantinople* »

Cet article souhaite montrer, par une étude de cas, l'importance de l'apport des premiers imprimés pour l'édition d'un texte transmis également sous forme manuscrite. Les deux éditions les plus anciennes de la *Belle Hélène de Constantinople* anonyme en prose, en effet, dérivent indépendamment d'un ancêtre perdu, dont elles peuvent conserver les leçons ; en plus, dans la partie finale de la prose, l'état lacunaire des manuscrits rend indispensable le recours aux imprimés.

Matthieu MARCHAL, « Réflexions sur le remaniement d'une chanson de geste connu uniquement par des imprimés. Le cas de *Florent et Lyon*, mise en prose d'*Othevien* »

Florent et Lyon appartient aux mises en prose médiévales connues uniquement par des imprimés anciens. Cet article envisage les motivations de son passage à l'imprimé. Il démontre par ailleurs comment la chanson source, *Othevien*, pourtant distante de plus de deux siècles et n'appartenant pas au même domaine générique, apporte des informations indispensables à l'édition du texte en prose (résolution des leçons problématiques, correction des passages corrompus, établissement du glossaire).

TABLE DES MATIÈRES

LA RÉCEPTION DES TEXTES MEDIÉVAUX
PAR LES PREMIERS IMPRIMÉS

IMPRIMÉS
ET TRADITION TEXTUELLE

Achevé d'imprimer par Corlet Numéric,
Z.A. Charles Tellier, Condé-en-Normandie (Calvados), en juillet 2020
N° d'impression : 167277 - dépôt légal : juillet 2020
Imprimé en France